国家社会科学基金项目资助

当代中国工人阶级状况变化研究

（1978—2020）

RESEARCH ON THE CHANGES OF THE WORKING CLASS IN CONTEMPORARY CHINA

(1978—2020)

刘海军　著

中国工人出版社

天津师范大学马克思主义学院学术文库

全国重点马克思主义学院建设经费资助出版

目录

绪 论

中国工人阶级，既是当代中国社会结构的主体、中国社会主义现代化建设的主力军，也是中国社会变革的重要推动者、中华民族伟大复兴的中流砥柱，还是中国共产党执政的阶级基础，他们为国家发展和民族复兴作出了巨大贡献。一个明显的事实是，改革开放以来，工人阶级在各个方面都发生了巨大变化，这些变化无疑对中国社会产生了显著而深远的影响。跟踪和把握工人阶级结构和状况的总体变化，了解其各个不同组成部分（即阶层）的具体变化，对于我国经济和社会的发展，对于党和国家各项方针政策的贯彻和落实，对于中国特色社会主义建设事业的发展和中华民族复兴伟业的实现，都具有重要意义。自然地，这也成为几年来学界认真研究和深入探讨的重要课题。

一、 研究背景和意义

（一）研究背景

本文所使用的“当代”这一概念，指的是20世纪70年代末至今，我国改革开放以来的历史时期。它发轫于20世纪70年代末的改革开放，开启了中国特色社会主义现代化建设的新征程，已有40余年的时间跨度。一方面，改革开放使我国社会生产力获得了空前解放和发展，使社会焕发了前所未有的活力，使综合国力和人们生活水平迈上新台阶，取得了举世瞩目的成就。改革从经济领域开始，逐步改变了中国旧有的计划经济体制，建立起新的社会主义市场经济体制，经济结构得以不断调整和优化。另一方面，这一切强烈地冲击着我国旧有的社会结构，社会流动不断加快，整个社会的阶级阶层结构发生了巨大变化。原有的“两阶级一阶层”即工人阶级、农民阶级和知识分子阶层的社会结构出现了新变化，新的阶级和阶层不断涌现，新的社会阶级阶层结构逐步形成。

特别是党的十八大以来，中国特色社会主义进入了新时代，中国社会发展处于一个全新的历史方位。在新的历史时代，我国面临着前所未有的世界大变局，社会的主要矛盾发生了新变化，经济社会发展进入新常态。一方面，经济继续保持高速增长，成绩斐然；另一方面，改革进入深水区，社会发展中的深层次矛盾和问题不断显现，需要我们去着力研究并加以解决。面临复杂多变的国际局势和国内形势，在习近平新时代中国特色社会主义思想指引下，我们正在解决改革中棘手的问题。新时代，保障和改善民生成为国家建设的重要任务之一，以人民为中心的创新、协调、绿色、开放、共享的新发展理念成为我国社会主义建设各项工作的指导思想。2020 年我们完成了全面脱贫攻坚任务，按照党的十九大报告的部署，中国要在 2020 年全面建成小康社会的基础上，再奋斗 15 年，在 2035 年基本实现社会主义现代化。到本世纪中叶把我国建设成为富强民主文明和谐美丽的社会主义现代化强国。① 可以说，这一时期我们对社会结构各个方面进行了深度调整与治理，这是中华民族历史长河中非常关键的一段时期。

新冠肺炎疫情极大地改变了世界发展格局，给世界各国经济发展造成巨大冲击。中国在中国共产党的坚强领导下充分发挥制度优势，在疫情中表现出色，然而经济和社会发展以及人民生活依然受到很大影响。

在这样一种历史背景下，中国工人阶级作为中国社会发展的中流砥柱，是中国改革开放这一历史大潮的积极参与者与重要推动者，同时他们自身也在时代的变迁中不断被形塑，各方面状况不断发生变化。中国工人阶级状况的变化，既是改革开放以来社会发展变迁的结果，又是中国社会日益走向繁荣、富强的表现，还是中国继续前进、实现中华民族伟大复兴中国梦的重要基础和前提。

---

① 习近平：《决胜全面建成小康社会 夺取新时代中国特色社会主义伟大胜利——在中国共产党第十九次全国代表大会上的报告》，http：//www. gov. cn/zhuanti/2017 - 10/27/content_5234876. htm。

（二）研究意义

对当代中国工人阶级状况变化的研究，具有重要的理论意义和现实意义。

首先，从理论方面看，对当代中国工人阶级状况变化的研究，既是对马克思主义阶级理论的继承与坚持，又是结合中国实际对马克思主义阶级理论的应用和发展。阶级分析理论在整个马克思主义理论体系中居于基础性核心地位，是马克思主义“国家学说和革命学说的灵魂与基础”。而对无产阶级或者说工人阶级的论述，则是马克思主义阶级理论的核心。恩格斯曾在1847年《共产主义原理》中指出，科学社会主义是“关于无产阶级解放条件的学说”①。因此，运用马克思主义阶级分析方法，来观察和分析无产阶级的生存和发展状况，是分析和判断各国以及世界发展现状和发展趋势的一大学术范式。

其次，从现实方面看，研究中国工人阶级状况，就是研究当今中国社会最庞大的社会群体的生存发展状况，这不仅关系着中国社会的稳定大局，也关系到中国改革发展的大方向。正确认识当代中国工人阶级经济、政治、社会、文化状况及其变化，正确认识工人阶级内部各个阶层在社会主义现代化建设中的地位和作用，有利于得出中国工人阶级整体状况和发展趋势的正确结论，有利于加深我们对当代基本国情的认识，有利于我们制定正确的发展战略和经济社会政策。“阶级阶层分析，无论是在新民主主义革命时期，还是在社会主义建设时期，都是非常重要的问题。”② 新民主主义革命时期，为了批驳党内对中国革命力量认识上的错误倾向，阐明中国革命的依靠力量，毛泽东写作了《中国社会各阶级的分析》这一经典著作，为新民主主义革命的胜利提供了重要的理论指导。在社会主义革命和建设初期，毛泽东的《论十大关系》和《关于正确处理人民内部矛盾的问题》都是阶级分析的经典著作，为社会主义革命和建设的顺利进行提供了重要的理论遵循。改革开放后，我国各届领导集体都对中国社会的阶级状况，尤其是工人阶级状

① 《马克思恩格斯选集》（第1卷），北京：人民出版社，2012年，第295页。

② 李培林：《改革开放近40年来我国阶级阶层结构的变动、问题和对策》，《中共中央党校学报》2017年第6期。

况给予了高度重视，并多次作出重要指示。应当指出，今天我们研究工人阶级状况，不是为了强化敌友和阶级斗争，而是为了实现中华民族伟大复兴的共同目标，调动各方面的积极因素，认识现实国情、巩固阶级基础，把我国建成富强民主文明和谐美丽的社会主义现代化强国。

二、研究思路、结构与方法

（一）研究思路

本研究以马克思主义经典著作为主要文本依托，同时借鉴其他思想流派和理论家的经典理论和研究方法。首先，厘清当代阶级研究的理论渊源，清晰阐述本研究的理论基础。其次，明晰本研究所使用的阶级、阶层概念，尤其要清楚阐释“中国工人阶级”的内涵和范围，确定阶级结构划分标准。在此基础上，阐明工人阶级的总体构成、总体状况及其变化特点，指出应该高度关注的问题和解决策略。最后，对工人阶级内部各个阶层状况分别进行考察，发现问题并提出政策建议。在对工人阶级各个阶层状况的把握方面，选择具有重要意义的指标予以考察和阐释。在经济方面，主要考察分析工人阶级各个阶层的收入情况、就业情况和社会保障情况等；在政治方面，主要考察分析工人阶级各个阶层的政治信仰、政治心态和政治参与等情况；在道德文化方面，主要考察分析工人阶级各个阶层在教育程度和道德修为等方面的新变化新特点；在社会方面，主要考察分析工人阶级各个阶层在社会地位和职业声望等方面的新变化新特点。当然，根据不同阶层的具体情况和特点，以上考察指标会有所取舍，侧重点也会不同。但总体而言，以上指标构成本研究考察、分析和阐释工人阶级各阶层状况和把握工人阶级结构变化的基本参照和核心抓手。

（二）结构安排

研究成果整体上共分为九章，由四大组成部分构成。第一章构成第一部分。本部分主要梳理和阐述本研究的理论基础，共分三节，第一节梳理了当代中国阶级研究的两大理论渊源，第二节从文献学的角度梳理了马克思主义创始人关于工人阶级的经典论述，第三节梳理列宁以降马克思主义经典作家的工人阶级理论。

第二章构成第二部分。本部分主要对当代中国工人阶级状况变化进行总体分析和叙述，使读者对当代中国工人阶级状况形成总体认识和把握。本章共分四节，第一节阐明了当代中国工人阶级的总体构成。本研究所指的工人阶级，是指在中国境内党政机关、企事业单位和各种机构团体中以工资收入为主要生活来源的体力劳动者和脑力劳动者的总和，是作为中国执政党基础的工人阶级，是广义上的工人阶级概念。当代中国工人阶级内部由六大阶层构成：国家与社会管理者阶层、企业经理阶层、专业技术人员阶层、城市普通工人阶层、农民工阶层、下岗失业工人阶层。第二节总结了当代中国工人阶级状况变化的总体特点。第三节从总体上指出当代中国工人阶级状况变化中需要重视的问题。第四节提出新形势下确保工人阶级健康发展的政策建议。

第三部分包括第三章、第四章、第五章、第六章、第七章、第八章，是本研究的主体部分。本部分对我国工人阶级内部六个阶层的状况及其变化分别进行了较为详细的考察和阐述。对工人阶级内部各个阶层的调查研究，主要集中在六个方面：阶层的形成机制、阶层的经济状况、阶层的政治状况、阶层的社会状况、阶层的道德文化状况、阶层状况变化中应该重视的问题及对策建议。这六个方面，在每一章中分为六节进行呈现。在研究中，我们发现各个阶层之间的情况差异非常大，因此根据实际情况，我们对各个阶层的研究和阐述重点也分别有所侧重和调整，各章的布局和阐述内容也有所不同。

第九章构成第四部分。本部分对工人阶级状况变化中需要关注的新领域和新问题进行了初步分析和概括。本章包括两节内容：第一节对共享经济领域工人就业状况进行了考察和分析，第二节考察了人工智能对工人就业和收入的影响。

总而言之，本研究以时间为线索，采用总分结合的方式，对我国工人阶级的总体状况和内部各个阶层的具体状况进行考察研究，力求能够把握当代中国工人阶级状况的全貌，并予以全面真实的呈现。

（三）研究方法

本研究着力把“理论”与“现实”、“实证”与“规范”、“逻辑”与“历史”结合起来，既注重经典理论研究，又注重现实资料和数据收集，通过研究计划的科学制订、调研方案的合理设计和有效实施，既避免就材料论材料的浮泛议论，又避免从概念到概念的抽象推演。具体方法包括：

1. 文献考证法。注重对马克思主义经典作家和其他相关理论家经典文本研究，同时对国内外其他相关文献资料进行认真梳理，以此奠定基本的方法论基础和学理支撑。

2. 实证研究法。在研究过程中，本课题组通过各种途径，收集可靠资料和数据，进行整理、分析。同时，多次组成调研组深入“劳动现场”调研取证，进行访谈和发放问卷，努力获取当代中国工人阶级变化的相关数据和一手材料，然后进行梳理、分析和规整，得出具体结论。

3. 比较研究法。立足于马克思主义基本原理和方法，同时借鉴经济学、社会学等学科的相关研究成果，对中国工人阶级内部各阶层的状况进行比较分析和阐释。

4. 在研究过程中，借助相关统计软件，并通过网络发放部分调查问卷，起到了较好的科研辅助作用。

三、 研究难点

本课题研究的最大难点在于调研计划的实施，其难度是始料未及的。本研究基于马克思主义基本立场、观点和方法，以生产资料所有制作为社会整体阶级划分标准，对当代中国社会做了“两个阶级多个阶层”的总体判断。恩格斯在《共产党宣言》1888 年英文版中加了一个注释指出：“无产阶级是指没有自己的生产资料，因而不得不靠出卖劳动力来维持生活的现代雇佣工人阶级。”① 在此基础上，根据我国现实，我们对中国工人阶级的定义是：“不从事农业劳动，以工资收入为主要生活来源的劳动者群体”，具体而言，就是在中国境内党政机关、企事业单位和各种机构团体中以工资收入为主要生活来源的体力劳动者和脑力劳动者的总和。根据对已有文献的考察、对比和思考，我们把中国工人阶级分成特色鲜明的六大阶层：国家与社会管理者阶层、企业经理阶层、专业技术人员阶层、城市普通工人阶层、农民工阶层、下岗失业工人阶层。由此可见，我们需要研究和考察的范围非常大，这使我们的研究面临非常大的困难与压力。为了完成课题，课题组成员曾到中国社会科学院社会学所进行访学、请教、学

① 《马克思恩格斯文集》（第 2 卷），北京：人民出版社，2009 年，第 31 页。

习，并向清华大学、北京大学、中国人民大学等高校相关领域的专家进行请教，制定研究计划和研究方案，组织课题组进行研究。

在研究过程中，首先，理论难点通过一次次会议研讨不断被突破，思路逐渐明晰。然而，调研计划的实施却并不顺利，受限于我们的权限和身份，被调研单位和被调查者出于种种原因和顾虑而不愿配合，或者不能完全给出真实信息，这给我们的研究造成很大困扰，成为我们完成本课题的最大难点。但是，课题组成员克服困难，通过各种方法，还是获得了一些珍贵的一手材料，为课题的完成提供了很好的资料数据支撑与补充。

四、 特色与创新之处

本书既有对国内国际相关方面研究成果的广泛参考和吸收，也有基于多年研究的新思路和新观点，特色和一定程度的创新之处主要表现在以下几个方面。

其一，采用新的研究角度和研究框架。本课题以中国改革开放以来中国特色社会主义建设为背景，基于马克思主义视角，对当代中国工人阶级状况进行了系统而全面的研究考察，并尽力进行一次“全景式”呈现。这是本课题的一次尝试，也是本书的最大特色。无论国内还是国外，对于工人阶级的研究，都有相当可观的成果；然而，以往关于工人阶级的研究多局限或侧重于某一个局部，研究成果多体现和反映工人阶级某一方面的变化，这在一定程度上限制了研究的深入，无法从总体上把握和呈现工人阶级总体状况发生的变化。而本课题从中国工人阶级总体出发，采取总分结合的方式进行整体分析和考察，力图对中国工人阶级状况变化进行较为全面的研究和描述，尽力呈现中国工人阶级状况变化的整体特点和走势。

其二，从“历史”和“现实”两条线，以“动态”和“静态”结合的方式进行阐述，以此呈现我国工人阶级整体和局部的状况和变化，从而对当代中国工人阶级有一个较为清晰、系统、全面的把握和理解。

其三，为把握当代中国工人阶级的新变化提供新的研究资料与理论概括。本课题在对中国工人阶级新变化进行新概括的基础上，既揭示当代中国工人阶级变化所展现的积极方面，也指出了这些变化中存在的问题及其消极影响。在事关课题研究成败的重点和焦点问题上，我们在充分论证基础上，形成了一家之言；即使在一些难点问题上，我们难以提出自己的研究结论，但可以为今后的研究提供实证资料和问题意识。

其四，根据国际和国内经济社会发展的形势和新情况，对当代中国工人阶级变化中的新情况进行了考察分析，比如共享经济领域工人就业状况、人工智能对就业和收入的影响等。

其五，提出解决中国工人阶级总体变化和局部变化中存在问题的新建议。本课题遵循马克思“历史地”看待问题的基本观点，本着为实现中华民族伟大复兴中国梦积极建言献策的原则，提出了促进我国工人阶级健康发展的一系列具体对策与建议。

对于本课题的研究，虽然课题组负责人和各个成员做出了巨大努力，但由于研究对知识储备和学术素养的要求很高，而课题组的学术水平有限，加之研究时间和研究条件的限制，因而研究中不足甚至错讹之处在所难免，请各位同仁批评指正。

第一章
当代中国工人阶级研究的理论基础

阶级理论和阶级问题，不仅是马克思主义理论的重要内容，更是多年以来国内外学术界普遍关注和持续探讨的重大理论和现实问题。本章第一节首先梳理了在阶级研究领域占统治地位的两大理论传统，其次对本研究的理论基础——马克思主义工人阶级理论，分两节进行分析与阐述。

第一节　当代中国阶级研究的两大理论渊源[①]

改革开放后，国内学术界对阶级阶层问题的关注和研究始于20世纪80年代中期，90年代以后研究逐渐走向规范和成熟。近年来，社会学、哲学、经济学、政治学等纷纷从自身特有的学科视角出发，运用本学科的研究工具和研究方法对阶级阶层问题展开深入而细致的研究，产生了一批具有重要影响、结论见仁见智的研究成果，在不断推动理论研究向前发展的同时，也把越来越尖锐、越来越现实的问题摆到案头上来。本书对这些研究成果作出综述，供读者参考。

一、关于阶级分析的理论渊源

在近年国内围绕阶级阶层问题的研究中，不同学科和不同流派虽然研究的侧重点各有不同，但从理论渊源上看，都可以追溯到马克思主义的阶级理论和韦伯主义的阶级理论。作为两大占支配地位的理论传统，它们分别对社会阶级产生的根源、阶级划分的依据和标准、阶级结构与阶级关系、阶级存在与阶级意识、阶级归属与个体命运、阶级行为与社会发展等问题做了特色鲜明的理论阐释，代表了两种在取向上具有本质区别的阶级理论。《布莱克

① 本节内容以《近年国内阶级理论研究述评》为题，发表在《马克思主义研究》2009年第10期。

维尔政治学百科全书》在“阶级”词条中这样写道：“可以设想各种阶级理论是沿着一条连续线排列的。这一连线的两极完全可以视为由马克思和韦伯的经典理论分别占据。”①

阶级理论的这两大范式在我国学术界的地位和影响经历了一种历史的变化。总体上讲，在改革开放以前，马克思主义阶级理论毫无争议地占据统治地位，甚至达到了“全民话语”的程度。改革开放以后，韦伯主义阶级分析范式被引入国内，尤其是从20世纪80年代末90年代初开始，韦伯主义传统的阶级研究在国内学术界特别是社会学界备受青睐并逐渐被广泛应用。“20多年来，我国大多数社会分层研究是以市场经济的假定为取向的。这类研究最鲜明的特点是以职业为社会分层标准，或者以韦伯的权力、财富、声望等，从多元的角度（这种多元有时还把职业、群体、收入混合在一起）研究中国的社会分层。”②《当代中国社会分层与流动》《中国新时期阶级阶层报告》《当代中国社会阶层研究报告》和《当代中国城市社会结构：现状与趋势》③ 就深深打上了韦伯主义阶级分析范式的印记。

2001年，仇立平曾采用“职业地位”（主要是权力、声望、收入）作为社会分层的主要指标，对上海市的社会结构及社会分层状况进行了实证研究。④ 特别是《当代中国社会阶层研究报告》一书的出版，引起海内外舆论的广泛关注，并对之后中国阶级阶层问题的研究产生广泛而深刻的影响。此报告依据职业分化及其所包含的三种资源（组织、经济、文化）占有状况将中国社会划分为十大阶层，它们分属五种不同的社会地位等级。李春玲则采用职业声望和社会经济地位指数来测量当前中国社会的声望分层，其研究结果表明，收入、教育、权力和单位因素是决定人们声望地位的重要因素，

① ［英］戴维·米勒、韦农·波格丹诺：《布莱克维尔政治学百科全书》，邓正来译，北京：中国政法大学出版社，2002年，第134页。

② 仇立平：《回到马克思：对中国社会分层研究的反思》，《社会》2006年第4期。

③ 李强：《当代中国社会分层与流动》，北京：中国经济出版社，1993年；李培林：《中国新时期阶级阶层报告》，沈阳：辽宁人民出版社，1995年；陆学艺：《当代中国社会阶层研究报告》，北京：社会科学文献出版社，2002年；郑杭生：《当代中国城市社会结构：现状与趋势》，北京：中国人民大学出版社，2004年。

④ 仇立平：《职业地位：社会分层的指示器——上海社会结构与社会分层研究》，《社会学研究》2001年第3期。

其中权力的作用最为明显。[①] 应该说，这些研究成果，都是韦伯主义阶级理论传统在当代中国社会的应用与演化。

耐人寻味的是，近些年来，确切地说是从2004年开始，随着中国社会所发生的一系列新的变化以及研究者对阶级问题研究的学科视角的不断反思，情况正在发生某种“逆转”，阶级分析的理论范式逐渐向马克思主义“回归”，研究者越来越切实感受到马克思主义阶级分析理论的重要性和深刻性。吴忠民指出，由马克思恩格斯所创立的阶级分析理论，是社会分层研究的一个不可或缺的重要组成部分。阶级分析理论具有极为重要的学理价值和现实意义，它不仅对于社会分层研究具有开启性的意义，而且直接影响了人类文明的进程。无论是从理论发展承袭的角度还是从人们接受和认同的角度来看，中国目前对于社会分层的研究都无法回避阶级分析理论。[②] 仇立平从“资本”层面对支撑马克思主义阶级分析理论的现实基础作了深度挖掘，在他看来，马克思主义社会阶级理论在当今中国的阶级结构分析中的运用之所以可能，是因为在我国向市场经济转型之后，出现了多种经济成分，资本的力量再次出现，犹如马克思所讲的，资本将为自己强行开辟道路。[③] 从此国内学术界在阶级研究领域开始响起“回到马克思”的呼声，这种呼声不仅越来越高涨，而且与当代中国工人阶级和底层劳动者的命运联系起来，催生出诸多具有重大理论意义和实践价值的研究成果。

沈原首先发出呼吁，“把工人阶级带回分析的中心”。具体来讲，就是将阶级研究带回到社会转型分析中来，将工人阶级研究带回到阶级分析中来，将工作场所和工厂政体带回到工人阶级研究中来。其研究运用马克思主义阶级理论具体分析考察了我国社会转型时期工人阶级的形成和再形成的过程与机制。[④] 他指出，在当代中国社会的劳工研究中仍要“坚持马克思主义的阶级分析的方法”，“马克思的模型更适合解决农民工怎么被锻造成产业工人阶级”，卡尔·马克思的理论模型对中国转型条件下工人阶级的形成有

① 李春玲：《当代中国社会的声望分层——职业声望与社会经济地位指数测量》，《社会学研究》2005年第2期。

② 吴忠民：《从阶级分析到当代社会分层研究》，《学术界》2004年第1期。

③ 仇立平：《回到马克思：对中国社会分层研究的反思》，《社会》2006年第4期。

④ 沈原：《社会转型与工人阶级的再形成》，《社会学研究》2006年第2期。

重要的解释意义。①

孙立平明确指出：改革开放以来中国社会学对转型时期社会阶层结构变迁机制以及阶层结构的变化，都做出了丰富的解释与分析。但是，研究的局限性也相当明显，主要表现之一就是“在理论资源上，主要运用韦伯主义的社会分层理论，特别是戈德索普、帕金、吉登斯等人的理论，而忽视了马克思主义流派的阶级研究理论”“从分层模式向阶级模式的转换，在现实的层面可能表明，传统的分层模式已经不足以面对和解释中国目前社会结构变迁所提出的问题；在理论的层面我们也可以将之看作是社会结构研究中马克思主义传统的回归”。②

冯仕政针对近年来正在成为一种社会学呼声的重返阶级分析主张，从阶级分析和分层研究两种范式的内在逻辑出发，结合改革开放以来中国社会形势的变迁，回答了为什么要重返阶级分析的问题。他说：“尽管分层研究目前是中国社会不平等研究的主导范式，但事实表明，由于其固有的理论局限，它难以对中国社会不平等演变过程中的新问题做出令人满意的回答，如果不重新引入阶级分析视角，有关研究将缺乏足够的洞察力和前瞻性。‘重返阶级分析’主张表达的正是这样一种忧虑。”③

总而言之，当前国内学术界越来越多的研究者认识到，马克思的阶级理论不仅有严密的逻辑和完整的体系，而且具有明确的现实指向和坚实的历史基础，他对阶级社会的精辟分析，特别是对社会不平等本质和根源的深度揭露，是其他阶级阶层理论无法达到和替代的。正像仇立平等人所概括的那样：中国社会学越来越强烈地回荡着“回到”的声音。在“回到古典”“回到‘社会的’”“回到马克思”的召唤下，开始对过去研究的经验和理论方法进行总结和反思，并出现了一种实质性的转向，即从“实体论”向“关系论”的转向。这种转向在两个方面展开，一方面，在理论和方法上，回溯

---

① 沈原：《清华社会学的劳工研究——问题意识、理论志向和研究实例》，湖南社会学网2008年8月8日。

② 孙立平：《中国社会结构的变迁及其分析模式的转换》，《南京社会科学》2009年第5期。

③ 冯仕政：《重返阶级分析？——论中国社会不平等研究的范式转换》，《社会学研究》2008年第5期。

到对马克思阶级理论和方法的重新认识和定位上；另一方面，在这种转向的指引下，一批学者开始把研究目光投到处在历史交点上的工人阶级和底层群体的经验研究上。尽管这种研究尚处在理论准备和方法引介阶段，但是我们已经能够清楚地看到这种转向的趋势。①

二、关于阶级概念的研究

我们今天所使用的阶级概念最早源自西方。“但是，在西方社会科学中，阶级的概念是最具争议而又最为模棱两可的概念之一。在不同的社会科学家的具体论述中，阶级的确切含义与解释存在着很大的分歧。”② 然而在研究问题时，明确概念是前提。国内学者对“阶级”概念的研究和使用大致情况如下。

（一）马克思阶级概念的深入解读

在国内学术界，列宁的阶级定义③长期以来被视为经典定义。人们认为，列宁的定义深刻地揭示了阶级的实质和阶级划分的根据，因而直到今天仍是研究阶级问题的出发点和立论基础。近年来，随着阶级理论研究的深化，也随着在文献学文本学层面对马克思思想研究的开展，国内学者已经不再满足于列宁对阶级含义的阐释，而是直接从马克思和恩格斯那里寻求阶级理论的“真谛”，由此开启了对马克思和恩格斯阶级理论的重新整理与解读。而且很快发现：虽然说阶级概念是马克思主义理论的核心概念之一，但在马克思的著作中，并没有一个完整、规范的阶级定义，因此，只能透过马克思在不同背景下所作的关于阶级问题的具体阐述来理解和把握其阶级概念的具体含义。④

其一，马克思把生产资料的占有关系也即生产关系作为阶级划分的首要标准。“虽然马克思从来没有对阶级下过一个完整的定义，但是人们在对马克思阶级理论的解读中，尤其是在《资本论》中，马克思所讲的阶级是以生产资料占有关系为标准的，这是马克思主义社会阶级理论的核心。”⑤ “从

---

① 仇立平、顾辉：《社会结构与阶级的生产——结构紧张与分层研究的阶级转向》，《社会》2007 年第 2 期。

② 吴清军：《从学理层面重新审视阶级的概念与理论》，《社会》2008 年第 4 期。

③ 《列宁选集》（第 4 卷），北京：人民出版社，1995 年，第 11 页。

④ 吴清军：《从学理层面重新审视阶级的概念与理论》，《社会》2008 年第 4 期。

⑤ 仇立平：《回到马克思：对中国社会分层研究的反思》，《社会》2006 年第 4 期。

马克思的《资本论》等著作中可以看出，社会阶级是与资本主义特有的生产关系紧密联系在一起的，划分社会阶级的一个主要的标准就是是否拥有生产资料。”① 对于这一结论，人们还从恩格斯那里寻求佐证。恩格斯在《共产党宣言》1888 年英文版中加的一个注释中指出：“资产阶级是指占有社会生产资料并使用雇佣劳动的现代资本家阶级。无产阶级是指没有自己的生产资料，因而不得不靠出卖劳动力来维持生活的现代雇佣工人阶级。”② 这就清楚地表明，生产关系中的生产资料占有情况是阶级划分的首要标准。

其二，生产力发展水平是阶级产生和消亡的终极根源。人们普遍征引恩格斯在《反杜林论》中的一个观点：“社会分裂为剥削阶级和被剥削阶级、统治阶级和被压迫阶级，是以前生产不大发展的必然结果。只要社会总劳动所提供的产品除了满足社会全体成员最起码的生活需要以外只有少量剩余，就是说，只要劳动还占去社会大多数成员的全部或几乎全部时间，这个社会就必然划分为阶级。”③ 阶级并不是从来就有的，它的产生同生产力发展的一定历史阶段相联系，生产力虽然在发展却不发达是阶级产生和存在的根本原因。阶级是生产力发展到一定阶段的产物，也将随着生产力的发展而归于消亡。“如果说阶级的划分根据上面所说具有某种历史的理由，那也只是对一定的时期、一定的社会条件才是这样。这种划分是以生产的不足为基础的，它将被现代生产力的充分发展所消灭……所以，社会阶级的消灭是以生产高度发展的阶段为前提的，在这个阶段上，某一特殊的社会阶级对生产资料和产品的占有，从而对政治统治、教育垄断和精神领导的占有，不仅成为多余的，而且成为经济、政治和精神发展的障碍。”④

其三，阶级意识对于阶级存在和阶级行动至为重要，阶级的发展要经过由自在阶级到自为阶级的转化。人们非常重视马克思在《路易·波拿巴的雾月十八日》中讲的一段话：“小农人数众多，他们的生活条件相同，但是彼此间并没有发生多种多样的关系。他们的生产方式不是使他们互相交往，

① 吴清军：《从学理层面重新审视阶级的概念与理论》，《社会》2008 年第 4 期。
② 《马克思恩格斯选集》（第 1 卷），北京：人民出版社，2012 年，第 400 页。
③ 《马克思恩格斯选集》（第 3 卷），北京：人民出版社，2012 年，第 669 页。
④ 《马克思恩格斯选集》（第 3 卷），北京：人民出版社，2012 年，第 669 – 670 页。

而是使他们互相隔离……数百万家庭的经济生活条件使他们的生活方式、利益和教育程度与其他阶级的生活方式、利益和教育程度各不相同并互相敌对，就这一点而言，他们是一个阶级。而各个小农彼此间只存在地域的联系，他们利益的同一性并不使他们彼此间形成共同关系，形成全国性的联系，形成政治组织，就这一点而言，他们又不是一个阶级。”① 这段话进一步拓展了阶级概念的内涵，它揭示了：阶级之为阶级，不仅要求其成员在生活条件和生产方式上相同，而且要求他们突破地域性界限而相互交往并形成全国性的联合；要实现这一点，就要求在意识上必须对本阶级利益的一致性有一种共同的自省与自觉。按照雷蒙·阿隆的解释：“社会阶级只有当它具有自我意识时才真正存在，但倘若不承认阶级斗争就不可能有阶级意识。一个阶级只有当它发现它要对其他阶级进行斗争的时候，它才具有自我意识。”② 这正是马克思认为“小农既是一个阶级又不是一个阶级”的深层缘由。显然，马克思在阶级概念中加入了阶级意识的含义。与此相联系，马克思认为，各个社会阶级都要经历一个由自在阶级到自为阶级的发展历程。他在《哲学的贫困》中写道：“经济条件首先把大批的居民变成劳动者，资本的统治为这批人创造了同等的地位和共同的利害关系。所以，这批人对资本说来已经形成一个阶级，但还不是自为的阶级。在斗争（我们仅仅谈到它的某些阶段）中，这批人联合起来，形成一个自为的阶级。他们所维护的利益变成阶级的利益。”③ 在此，马克思区分了自在阶级（class in itself）和自为阶级（class for itself）两个概念。只有具有自我意识的阶级才是自为的阶级，才能为了共同的目标而采取统一行动，才有可能担负起改变阶级命运的重担。

（二）对韦伯阶级概念的解读

韦伯提出了一套有别于马克思的阶级概念和理论，这也为阶级分析提供了一套区别于马克思主义的分析范式，从而导致了韦伯之后的阶级分析一般

---

① 《马克思恩格斯选集》（第1卷），北京：人民出版社，2012年，第762页。

② ［法］雷蒙·阿隆：《阶级斗争——工业社会新讲》，周以光译，南京：译林出版社，2003年，第17页。

③ 《马克思恩格斯选集》（第1卷），北京：人民出版社，2012年，第274页。

都在马克思主义与韦伯主义两种传统中进行讨论。

韦伯首先提出了三种社会分层秩序：法律秩序、经济秩序和社会秩序。法律秩序指的是权力分层，韦伯重点分析的是政党；经济秩序指的是经济分层，也就是阶级的区分；社会秩序指的是声望分层，即身份的区分。而后，他把阶级定义为：“‘阶级’不是在这里确定的意义上的共同体，而仅仅是某一种共同体行为的可能的（和经常的）基础。在下述情况下，我们想说是一个‘阶级’：（1）对于为数众多的人来说，某一种特殊的、构成原因的生存机会的因素是共同的；（2）只要这种因素仅仅通过经济的货物占有利益和获利利益来表现；（3）即它是在（商品和劳务）市场的条件下表现的（阶级状况）。”① 对于韦伯的阶级定义，国内的学者们作了如下解读。

吴清军认为：韦伯所说的三点加起来就是人们通常所说的“阶级处境”。阶级处境还可以更简要地表述为人们获得产品供给、外在生活条件、个人生活体验的典型机会，而人们在某个给定的经济秩序中转让产品和技能以换取收入的机会究竟如何，则取决于他们是否有权力、有多大权力、有哪种权力。阶级，指的就是任何一群处于相同阶级处境的人们。首先，韦伯所说的“阶级处境”实际上是“市场处境”。市场为人们把财富变成资本，发挥自身技术、知识专长，为社会供给劳务等提供了和平有效的机会，并通过市场所特有的机制明确人们的市场地位和生活机遇。个人的生活机遇和阶级地位由市场机制决定。所以，在韦伯那里，阶级源于市场，人们的阶级地位就是他们的市场地位。其次，最基本的两类阶级处境是“有财产”和“没财产”。但是，我们不能由此就简单地认定韦伯把财产关系当作阶级的本质。虽然韦伯认可卡尔·马克思的财产关系概念，但他认为财产只是为其所有者提供了一定的经济特权，而这些特权只有在市场交换和分配的机遇中，才表现出对阶级地位的重要意义。只有那些在市场中存在的利益，才是促使阶级产生的因素。再次，阶级处境代表的仅仅是社会行动的“可能的和经常的基础”，具有相同阶级处境的群体，并不一定能产生阶级行动。最后，阶

① ［德］马克斯·韦伯：《经济与社会》（下卷），林荣远译，北京：商务印书馆，1997年，第247页。

级存在并非必然具有阶级意识，我们必须把“自在的”阶级和“自为的”阶级进行清楚的区分。①

仇立平则认为：韦伯的社会阶级定义包括生活际遇、经济利益和市场三个方面的规定。在韦伯那里，所谓阶级就是在市场上表现出来的具有相同生活际遇和经济利益的人。市场是韦伯阶级定义中的核心概念，人们的阶级地位取决于市场处境。也就是说工人的劳动力和资本家的财产只有在市场上才能构成阶级形成的两大因素，阶级因素只是在市场交换中的经济利益。因而，韦伯的阶级定义与市场密切相连，没有市场，阶级无从产生。也就是说，资本主义市场是产生阶级的先决条件；只有市场存在，人们才能在不同的阶级地位中流动，无论劳动力还是财产都会随着市场供求关系的变化而增值或者贬值，资产阶级和工人阶级之间的不平等仅仅是群体之间的紧张，而并非阶级冲突，因为市场竞争迫使参与者在竞争中追求最大的经济利益，因而社会将分裂成无数个利益群体，而不是两大阶级。②

（三）对阶级、阶层和分层关系的讨论

在研究阶级概念的时候，国内理论界对阶级、阶层、分层这三个概念的不同含义及其相互关系进行了研究。

“社会分层”是社会学社会结构研究的一个重要概念。所谓社会分层，是指社会中人们被区分为高低有序的不同等级、层次的过程与现象，通常情况下，它包括阶级划分法和阶层划分法。这也就是说，阶级和阶层通常是人们在进行社会分层时使用的两个概念。然而，国内一些学者却喜欢把分层与阶级或阶层在相同或相近的含义上使用。比如冯仕政就把韦伯的阶级或阶层理论传统称为“分层研究”，在他看来，“所谓分层研究，是指以所谓‘生活机会’的分配和获得为核心内容的社会不平等研究传统”。③

国内对阶级、阶层这两个概念及其关系的认识则比较复杂，概括起来有四种情况：（1）阶级与阶层被当作同义语不加区别地使用，坚持这种观点

---

① 吴清军：《从学理层面重新审视阶级的概念与理论》，《社会》2008 年第 4 期。

② 仇立平：《回到马克思：对中国社会分层研究的反思》，《社会》2006 年第 4 期。

③ 冯仕政：《重返阶级分析？——论中国社会不平等研究的范式转换》，《社会学研究》2008 年第 5 期。

的学者认为，阶级、阶层这两个词都是从英文“class”翻译过来的，原本就是一个意思，没有必要区分，只不过是在进行社会分层研究时所使用的两个不同名称罢了；（2）在一般社会分层研究中，阶层的含义较之阶级更为广泛，人们把阶级看成是阶层里的一种，而把阶级划分看成是社会基本阶层划分的一种特例；（3）把阶级当作大于阶层的“基本的”社会利益群体，而把阶层当作小于并“附属于”阶级的社会利益群体，人们在研究阶级内部结构时，通常使用这种区分；（4）阶级理论或阶级分析法特指马克思的社会分层传统；阶层理论或阶层分析法，特指韦伯主义社会分层传统。

三、关于两大阶级理论的本质区别与现实解释力

从马克思与韦伯的阶级概念来看，这两大阶级分析范式间的区别是十分明显的。如何看待这种区别？又如何审视和评价它们对现实问题的解释力？特别是如何估计和检验它们对于今天贯彻落实科学发展观、构建社会主义和谐社会的现实意义？笔者在介绍国内相关研究成果的基础上，提出自己的一些看法。

其一，二者划分阶级的标准不同。许多学者认为，这是两大阶级理论最明显的区别。在基本阶级划分上，马克思采用的是一种“两分法”，认为经济因素即人们对生产资料的占有关系是划分阶级的根本标准，人与人之间社会地位的不平等根源于社会的物质生产方式，其实质就是以生产资料的占有关系为核心的生产关系。这种不平等地位表现在一部分人对生产资料的垄断和以此为基础对另一部分人的剩余劳动的无偿占有和剥夺，前者形成社会的“统治阶级”，后者则形成社会的“被统治阶级”。正是这两大基本阶级之间的对抗和角力，推动了阶级社会的发展和变迁。

在韦伯的阶级理论中，财产占有无疑是决定阶级状况的基本因素，但是他在进行阶级分析的同时，还把社会地位政治权力作为社会分层的另外两个独立的划分依据，财产标准只是他整个分层依据中的一种。也就是说，在分析阶级结构时，韦伯采用了多重标准，他把阶级结构描绘成一个错综复杂的体系。他认为，纯粹的财产占有本身仅仅是真正“阶级”形成的初级阶段。导致共同行为和阶级利益的是人们命运的共同条件机制，即市场机会。个人

与市场机会相结合，由此产生的利益才能造就出“阶级”，因此，阶级结构是多层次的，而不仅是一个两分的结构。①

对照基于两种标准的阶级理论，人们认为：马克思的阶级标准，固然抓住了问题的根本，有其深刻之处，但面对复杂的社会现实，则显得过于简单且不易操作、不够灵活；而韦伯的阶级标准，虽然对人们从多角度分析复杂的社会现实结构提供了诸多依据和启发，但对社会不公平的揭示却过于浮泛，没能深入社会关系的深处。这就促使其后继者在面对社会发展现实时做出种种努力，致使“马克思主义与韦伯主义阶级分析之间交汇的地方越来越多，甚至在吉登斯、E. O. 赖特、马歇尔、戈德索普等人的论著中，我们很难分辨出哪些来源于马克思主义的传统，哪些又来自韦伯主义的传统，两条阶级分析的脉络在20世纪90年代以后逐渐走向了融合”。②

其二，阶级概念和阶级理论在两种理论体系中所处的地位和所指向的问题不同。阶级概念和阶级理论在整个马克思主义理论体系中处于核心地位，它是马克思主义“国家学说和革命学说的灵魂和基础”，也是历史唯物主义生产关系和经济基础原理的具体化。这决定了马克思的阶级理论具有宏观叙事特色，是对社会发展规律的高度抽象和概括；而且，在表述社会发展规律时，马克思将矛盾分析法这一马克思主义的根本方法论渗透到他的阶级理论中，因而在思维层次上是社会理论的哲学表述，从而使阶级理论更多体现为理论一般。③

而在韦伯那里，阶级概念与阶级理论“并不是理论分析的主轴，他的理论并不像马克思那样是建立在阶级与阶级斗争的概念基础之上的，阶级只是作为一种决定社会秩序的权力在现实中分配的结果”。④ 韦伯的阶级理论带有极为浓厚的微观、实证分析意味。

阶级理论地位的这种差别，就使二者在研究社会分层时所处的位置和所

---

① 李宝梁：《社会分层研究中的基本理论范式与最新进展评述》，《贵州师范大学学报（社会科学版）》2007年第4期。

② 吴清军：《从学理层面重新审视阶级的概念与理论》，《社会》2008年第4期。

③ 金林南：《从阶级到阶层——一种公共语境转换的解说》，《江苏行政学院学报》2003年第2期。

④ 吴清军：《从学理层面重新审视阶级的概念与理论》，《社会》2008年第4期。

指向的问题判然不同。正像仇立平所说的，在社会分层的研究中，实际上存在两种不同层次的社会分层结构，即社会分层的表面结构和深层结构。前者主要是回答“谁得到了什么”的问题，后者则主要是回答“怎样得到”的问题。以此来看，韦伯的地位（职业）分层指向的是社会分层的表面结构，而马克思主义的阶级分层指向的则是社会分层的深层结构——通过对生产资料占有关系的分析来解释“是怎样得到的”。虽然人们也可以借助于教育、权力等来解释“谁得到了什么”，但是仍然没有回答为什么人们的教育、权力本身等会有那么大的区别。因此，教育程度的不同、权力的大小或者有无，还只是“中介变量”，它的根源还是在于马克思揭示的生产资料的占有关系。①

其三，马克思的阶级理论基于社会冲突论，因而“斗争性”色彩浓厚；韦伯的阶级理论基于社会功能论，因而更具“整合性”与“调和性”色彩。对于这一点，冯仕政做了充分而深刻的分析与论证。他认为，马克思主义阶级分析理论与韦伯主义阶级分析理论的根本区别，就在于“前者关于社会不平等的基本假设是冲突论的，认为社会不平等是统治阶级的需要和权力强制的结果；而后者是功能论的，认为社会不平等是社会整体的需要和自由竞争的结果。因此，前者更关注社会剥夺和集体抗争，后者更关注地位获得和市场形势”。② 马克思的阶级理论主要侧重于阶级之间的矛盾和斗争，并指出阶级斗争在旧制度灭亡和新制度产生中的重要作用。而韦伯的阶级理论则不同，它不是对现世的批判，而更多地表现出对现代资本主义制度的论证和维护。这种认识与一些西方学者的分析不谋而合，抑或是受到后者启发后的产物。雷蒙·阿隆曾讲道：“亚里士多德摆出了每种制度应当解决的种种困难，提出了各种制度如何生存下去并获得繁荣的问题。马克斯·韦伯同样也提出了一种统治类型可能和必须发展的问题。”③ 可见，韦伯关注的是既有统治秩序的“延续”和“发展”问题。彼得·伯克也指出：马克思的阶级

① 仇立平：《回到马克思：对中国社会分层研究的反思》，《社会》2006 年第 4 期。

② 冯仕政：《重返阶级分析？——论中国社会不平等研究的范式转换》，《社会学研究》2008 年第 5 期。

③ ［法］雷蒙·阿隆：《社会学主要思潮》，葛智强、胡秉诚、王沪宁译，北京：华夏出版社，2000 年，第 376 页。

理论被认为占据着“社会冲突”的一极，被当然地定性为关于不平等、剥削、革命、冲突理论的代表，而“韦伯的模式是作为马克思模式的替代物提出来的”，占据着“社会整合”的一极，是解释现代社会整合与秩序（合法性）的最重要理论形态。①

总之，既然二者在阶级分析领域长期占据统治地位，并发展成为两大理论传统，那么这本身就证明它们有着自身独特的优势。

马克思的阶级理论以其深刻的洞察力和宏大的理论视野，向我们揭示了人类社会不平等以及阶级产生的根源和划分的根本标准，他从社会冲突论的角度，向我们阐释了阶级之间的矛盾和斗争，以及矛盾的激化和斗争的推进在旧制度灭亡和新制度产生中的巨大威力和重要作用。因而相对来说，“基于冲突论的基本立场，阶级分析更多地看到社会紧张和冲突的一面，对剥夺、反抗等问题更敏感、更有洞察力”。② 今天社会学界提出要“重返阶级分析”，其用意绝不是倡导搞什么阶级斗争，或推动两大阶级的相互直接对立，抑或煽动群众闹革命，而是要用阶级分析这一理论模型“诊断社会现实，预测历史趋势，以防止社会矛盾向社会冲突的方向发展”。我们看到，在社会主义市场经济条件下，由于两极分化一度不断加剧、社会矛盾日渐凸显，各地发生群体性冲突事件。关于如何理解与认识这些矛盾，如何从根本上解决这些矛盾，而不是漠视或掩盖矛盾，关系到改革开放的巨大成果和社会主义建设的美好前程，对此，马克思的阶级分析理论为我们提供了分析此类问题的有力视角。在这种情况下，如果仍然单向度地坚持分层研究的功能论立场，理论研究“将对中国社会冲突的发展态势失去敏锐性和洞察力”。③

韦伯的阶级理论，以其划分标准的多样性、灵活性，向我们揭示了社会现实的复杂性，并以其研究方法的微观性、实证性、易操作性，为我们研究社会结构问题提供了有效途径。而且韦伯从社会功能论的角度，为我们打开

---

① ［英］彼得·伯克：《历史学与社会理论》，姚朋、周玉鹏译，上海：上海人民出版社，2001年，第75页。

② 冯仕政：《重返阶级分析？——论中国社会不平等研究的范式转换》，《社会学研究》2008年第5期。

③ 冯仕政：《重返阶级分析？——论中国社会不平等研究的范式转换》，《社会学研究》2008年第5期。

了研究社会分层问题的新视野，指导我们如何通过市场和现存社会制度本身的调整与整合，使现存制度得以存续和发展。“分层研究更多地把社会想象为一个和谐、一致的整体，从而更倾向于从和平竞争的角度来理解社会不平等。”① 而这一点，正符合我们进行社会主义和谐社会建设的主题。社会和谐源于社会结构的稳定、协调和整合。现阶段我国社会存在着因利益分化而形成的不同阶层，关于如何对不同阶层之间的关系和利益进行分析、协调与整合，韦伯的阶级理论为我们提供了有利视角。

因此，要在坚持马克思主义阶级理论和分析方法的基础上，充分重视、吸收和借鉴韦伯主义阶级理论的合理成分，用以观察、分析、解决中国社会的现实问题，使我们的理论研究既保持深刻性、敏锐性和洞察力，又具有全面性、现实性和可操作性，从而保证我国社会持续、稳定、和谐、健康发展。

第二节　马克思主义创始人关于工人阶级的经典论述

当代，中国工人阶级状况发生了巨大变化。如果要从理论上全面而准确地研究和阐释当代中国工人阶级的状况，则需要我们运用马克思主义阶级分析的一般框架，作为研究的理论基础。从现实来说，认识当代中国工人阶级状况，这也是中国特色社会主义建设的一项重要课题，对于弄清中国国情、切实保证社会主义方向、促进社会健康和谐发展，具有重大而深远的现实意义。恩格斯指出：“工人阶级的状况是当代一切社会运动的真正基础和出发点……因此，为了一方面给社会主义理论，另一方面给那些认为社会主义理论有权存在的见解提供坚实的基础，为了肃清赞成和反对这种理论的一切空想和幻想，了解无产阶级的境况是十分必要的。”② 对于资本主义社会工人阶级状况的考察、思考，是马克思主义经典作家理论研究的重要领域。对资本主义社会工人阶级状况的分析与描述，也是马克思主义理论的重要组成部

① 冯仕政：《重返阶级分析？——论中国社会不平等研究的范式转换》，《社会学研究》2008 年第 5 期。

② 《马克思恩格斯文集》（第 1 卷），北京：人民出版社，2009 年，第 385 页。

分。马克思、恩格斯关于工人阶级的一系列理论阐述，是我们深入研究和正确认识工人阶级及其历史使命的理论源头和思想基础。然而，马克思主义工人阶级理论并非一蹴而就的，而是随着马克思、恩格斯对资本主义研究和认识的不断深化而逐步形成和发展起来的。它经历了一个从局部到整体、从现象到本质的历史演进过程。通过对马克思主义经典著作的文本考查，不难发现其工人阶级理论的形成发展与马克思主义基本原理的发展历程紧密相连，对工人阶级状况的分析与阐述，贯彻于历史唯物主义哲学、马克思主义政治经济学和科学社会主义理论的始终。① 因而对马克思主义经典作家工人阶级理论文本的挖掘，则成为研究马克思主义工人阶级理论的基础性工作。本部分从历史的角度，依从马克思主义发展史脉络，梳理与挖掘马克思、恩格斯对工人阶级状况进行考察和分析的经典著作，以期为后面的研究提供理论基础和研究方法指导。

一、马克思、恩格斯早期文献中对工人阶级状况的考察与论述

马克思、恩格斯的早期文献，这里指的是1848年《共产党宣言》发表以前的文本著作。在马克思主义发展史上，19世纪40年代是马克思主义诞生时期。马克思主义的诞生与19世纪40年代欧洲的经济发展态势、工人生活运动状况以及历史文化背景密不可分。19世纪上半叶是欧洲乃至整个世界发生历史性变化的重要时期。这一时期的基本特点是，资本主义生产方式在西欧主要国家已经确立了统治地位，欧洲主要资本主义国家英、法、德等先后完成了工业革命，大机器生产替代手工劳动，无产者数量激增，资本主义基本矛盾即生产社会化和生产资料资本主义私人占有之间的矛盾激化，无产阶级与资产阶级的斗争日趋尖锐，无产阶级发展成为一支独立的政治力量登上了历史舞台。马克思和恩格斯在这一时期开展了大量理论研究和社会实践活动，并撰写了一系列经典著作。他们分别从不同的角度对工人阶级的社会状况和社会地位进行了深入的分析与研究，为他们从唯心主义者向唯物主

① 李茗茗：《〈资本论〉及其手稿中工人阶级理论的文本研究》，北京：中国社会科学出版社，2018年，第51页。

义者、从革命的民主主义者向共产主义者的转变打下了坚实的基础，同时也是他们完成这“两大转变”的标志和取得的成果。

恩格斯以深入工人群众的生活和实践为基础，对当时英国工人阶级状况进行了深入考察，其研究成果主要集中于《国民经济学批判大纲》《英国状况》《英国工人阶级状况》《共产主义原理》等著作中，其中《英国工人阶级状况》是恩格斯系统考察工人阶级状况的重要文献。马克思在《〈黑格尔法哲学批判〉导言》中论述了德国落后的现实与无产阶级产生的背景和过程，并指出了无产阶级的历史使命。《1844 年经济学哲学手稿》是马克思第一部系统阐释工人阶级理论的重要经济学文献。这一时期马克思涉及工人阶级理论的重要文献还包括《哲学的贫困》《雇佣劳动与资本》《关于自由贸易问题的演说》等。这一时期，马克思和恩格斯合著的《神圣家族》和《德意志意识形态》中也都包括对工人的劳动和劳动报酬的描写与分析。而《共产党宣言》宣告了工人阶级科学世界观的诞生，是工人阶级和劳动人民解放的思想武器和奋斗纲领。

（一）《1844 年经济学哲学手稿》：马克思系统阐述无产阶级理论的第一次尝试

马克思在《莱茵报》时期就特别留意工人阶级的状况等问题，并将无产阶级看作处于劣势的君主专制政体和新式代理政权的牺牲品。① 1843 年 10 月—1845 年 1 月，马克思移居巴黎，在此他研读了大量政治经济学著作，并写作了 7 本札记，即《巴黎笔记》。马克思在《巴黎笔记》的基础上，于 1844 年 4—8 月写成了《1844 年经济学哲学手稿》（以下简称《手稿》）。《手稿》是马克思在完成思想转变过程中，第一次对无产阶级理论的系统阐述。异化劳动理论，是马克思站在无产阶级和整个人类解放事业的角度提出的，他指出：“社会从私有财产等等解放出来、从奴役制解放出来，是通过工人解放这种政治形式来表现的，这并不是因为这里涉及的仅仅是工人的解放，而是因为工人的解放还包含普遍的人的解放。”②

---

① 马明冲：《马克思恩格斯“无产阶级”和“工人阶级”概念的考辨——基于前〈资本论〉时期的文本研究》，《学术论坛》2016 年第 8 期。

② 《马克思恩格斯文集》（第 1 卷），北京：人民出版社，2009 年，第 167 页。

《手稿》中最重要的内容是异化劳动理论。马克思从资本主义私有制所决定的社会生活条件引申出异化概念，“其主要含义就是指主体在自己的劳动过程中，由于自身的活动而产生出自己的对立面，然后这个对立面又作为一种外在的、异己的力量反对主体自身”。[①]《手稿》中马克思提出了工人“劳动异化”的四种表现。

其一，工人与自己的劳动产品相异化。马克思说：“工人对自己的劳动的产品的关系就是对一个异己的对象的关系。”[②]“对对象的占有竟如此表现为异化，以致工人生产的对象越多，他能够占有的对象就越少，而且越受自己的产品即资本的统治。”[③] 在资本主义生产过程中，劳动者即工人需要与生产资料相结合，而在资本主义私有制条件下，资本家是生产资料和资本的所有者，工人作为劳动者为了使自己的劳动物化于劳动产品中，只能将自己的劳动力出卖给资本家，在资本家的组织和监督下进行生产。

其二，工人与本身劳动相异化。劳动与劳动者相异化，就是指劳动这一劳动者自己的活动本身与劳动者相分离、相对立。马克思说：“我的劳动是自由的生命表现，因此是生活的乐趣。”“我在劳动中肯定了自己的个人生命，从而也就肯定了我的个性的特点，劳动是我真正的、活动的财产。”[④]然而，在资本主义社会的生产关系中，劳动同工人发生了异化。“首先，劳动对工人来说是外在的东西，也就是说，不属于他的本质：因此，他在自己的劳动中不是肯定自己，而是否定自己，不是感到幸福，而是感到不幸，不是自由地发挥自己的体力和智力，而是使自己的肉体受折磨、精神遭摧残。因此，工人只有在劳动之外才感到自在，而在劳动中则感到不自在，他在不劳动时觉得舒畅，而在劳动时就觉得不舒畅。因此，他的劳动不是自愿的劳动，而是被迫的强制劳动。因此，这种劳动不是满足一种需要，而只是满足劳动以外的那些需要的一种手段。劳动的异己性完全表现在：只要肉体的强制或其他强制一停止，人们就会像逃避瘟疫那样逃避劳动。外在的劳动，人

① 《马克思主义发展史》编写组：《马克思主义发展史》，北京：高等教育出版社，2013年，第16－20页。

② 《马克思恩格斯文集》（第1卷），北京：人民出版社，2009年，第157页。

③ 《马克思恩格斯文集》（第1卷），北京：人民出版社，2009年，第157页。

④ 《马克思恩格斯全集》（第42卷），北京：人民出版社，1979年，第38页。

在其中使自己外化的劳动，是一种自我牺牲、自我折磨的劳动。最后，对工人来说，劳动的外在性表现在：这种劳动不是他自己的，而是别人的，劳动不属于他；他在劳动中也不属于他自己，而是属于别人。在宗教中，人的幻想、人的头脑和人的心灵的自主活动对个人发生作用不取决于他个人，就是说，是作为某种异己的活动，神灵的或魔鬼的活动发生作用，同样，工人的活动也不是他的自主活动。”“他的活动属于别人，这种活动是他自身的丧失。因此，结果是，人（工人）只有在运用自己的动物机能——吃、喝、生殖，至多还有居住、修饰等——的时候，才觉得自己在自由活动，而在运用人的机能时，觉得自己只不过是动物。动物的东西成为人的东西，而人的东西成为动物的东西。”①

其三，工人作为劳动者同自身的类本质相异化。马克思在《手稿》中指出：“人是类存在物”②，不论是在实践上还是在理论上，人都把自身当作一个类来对待。而劳动实践作为人“自由的有意识的活动”③体现了人的类特性。人类通过劳动改造自然、创造产品来满足自身的生存需要。劳动作为人的生命活动与动物的生命活动不同，“动物和自己的生命活动是直接同一的”，而人的生命活动则是“有意识的生命活动”，人是“有意识的存在物”。也正是这一点，人的活动才是自由的活动。劳动这种有意识的人的生命活动把人和动物的生命区别开来，表征了“人之为人”的类本质。劳动这种人类生活的手段是人本质的体现。但是“异化劳动把这种关系颠倒过来了，以致人正因为是有意识的存在物，才把自己的生命活动，自己的本质变成仅仅维持自己生存的手段”。④通过生产劳动，自然界表现为劳动者的作品，劳动对象是人的类生活的对象化。而在资本主义私有制条件下，资本家夺去了工人生产的对象性劳动产品，也就从工人那里“夺取了他的类生活，即他的现实的类对象性，把人对动物所具有的优点变成缺点”。⑤这样，“人的类本质，无论是自然界，还是人的精神的类能力，都变成了对人来说

---

① 《马克思恩格斯文集》（第 1 卷），北京：人民出版社，2009 年，第 160 页。
② 《马克思恩格斯文集》（第 1 卷），北京：人民出版社，2009 年，第 161 页。
③ 《马克思恩格斯文集》（第 1 卷），北京：人民出版社，2009 年，第 162 页。
④ 《马克思恩格斯文集》（第 1 卷），北京：人民出版社，2009 年，第 162 页。
⑤ 《马克思恩格斯文集》（第 1 卷），北京：人民出版社，2009 年，第 163 页。

是异己的本质，变成了维持他个人生存的手段。异化劳动使人自己的身体同人相异化，同样也使在人之外的自然界同人相异化，使他的精神本质、他的人的本质同人相异化”。①

其四，人与人相异化。马克思认为，在全面异化的资本主义社会里，前面所阐述的三种异化劳动，必然导致第四种异化，即人同人相异化。人与人相异化最显著的表现便是无产阶级与资产阶级的尖锐矛盾，两者同时处于异化中，但是资本家在异化中获得满足，而工人则遭受剥削及压迫。在资本主义生产方式下，工人在生产中生产出了自己的对立面，生产出占有自己的劳动和劳动产品并把自己的享乐建立在工人痛苦之上、支配和剥削工人的资本家阶级。对此，马克思指出：“如果劳动产品不是属于工人，而是作为一种异己的力量同工人相对立，那么这只能是由于产品属于工人之外的他人。如果工人的活动对他本身来说是一种痛苦，那么这种活动就必然给他人带来享受和生活乐趣。不是神也不是自然界，只有人自身才能成为统治人的异己力量。”②“通过异化的、外化的劳动，工人生产出一个同劳动疏远的、站在劳动之外的人对这个劳动的关系。工人对劳动的关系，生产出资本家——或者不管人们给劳动的主宰起个什么别的名字——对这个劳动的关系。”③

总之，在《手稿》中马克思通过对一系列“异化”的深入分析，揭示了资本主义社会无产阶级和资产阶级两大阶级之间的对抗，以及在资本主义生产关系下，工人阶级走向贫困的必然性。马克思指出，私有制和异化劳动之间的相互作用造成了资本主义社会的全面异化，马克思把劳动异化的扬弃与工人的解放以及全人类的解放紧密地联系在一起。

《手稿》是马克思研究和系统论述工人阶级理论的第一次尝试，尽管此时《手稿》还不能算作成熟的马克思主义著作，其中对劳动和人的本质的理解还留着较明显的旧哲学的痕迹，仍带着抽象和理想化的特点，而工人阶级理论仍然没有正确区分“劳动”与“劳动力”等重要概念，但这一文献通过对异化劳动的分析，对工人阶级状况进行了大量描述和分析，其中对工

① 《马克思恩格斯文集》（第1卷），北京：人民出版社，2009年，第163页。
② 《马克思恩格斯文集》（第1卷），北京：人民出版社，2009年，第165页。
③ 《马克思恩格斯文集》（第1卷），北京：人民出版社，2009年，第166页。

人阶级历史使命的论述为后来《资本论》及其手稿中工人阶级理论的完善和成熟奠定了坚实的基础。

（二）《英国工人阶级状况》：恩格斯对工人阶级状况的系统考察和论述

19 世纪 40 年代初，恩格斯在伦敦担任他父亲公司的办事员期间，“在 21 个月内从亲身观察和亲身交往中直接研究了英国的无产阶级，研究了他们的要求、他们的痛苦和快乐，同时又以必要的可靠的材料补充了自己的观察”。[①] 从而写就了《英国工人阶级状况》这本重要著作，并于 1845 年在德国的莱比锡出版。在马克思和恩格斯的早期文献中，对工人阶级状况进行系统考察并对工人阶级理论进行专门和系统阐述的，当属恩格斯的《英国工人阶级状况》一书。

1. 《英国工人阶级状况》的写作背景

《英国工人阶级状况》出版时，恰逢英国工业革命即将完成时期，该书所揭示的英国工人阶级的现实状况反映了工业革命期间整个工人阶级的生活与工作状态。当时，英国是世界经济发展的中心，有着资本主义生产方式最为发达、最为完备的形态。在西方社会走向工业化的同时，整个社会也在不断走向城市化。随着工厂的不断积聚，人口也不断集中，城市人口数量快速增长，在英国甚至在整个欧洲迅速出现了众多人口聚集的城市。正如恩格斯所说：“好像魔杖一挥，创造了居民共达 70 万的利物浦和曼彻斯特这样的大城市及其附近的城市……以及一系列的其他工厂城市。”[②] 而当时的这些工业中心，就成为广大工人阶级工作和生活的主要场所，促成了工人阶级的“集中性”。

然而资产阶级的掌权、生产力水平的大幅提高、工人阶级人口的激增和大量集中，带来的却是广大工人群众的持续贫困，从而造成社会矛盾激化，两大阶级矛盾越来越尖锐，19 世纪三四十年代，英国爆发争取人民宪章的工人运动，史称宪章运动，此运动的目的是争取工人的普选权，以便工人参

---

① 《马克思恩格斯全集》（第 2 卷），北京：人民出版社，1957 年，第 278 页。
② 《马克思恩格斯全集》（第 2 卷），北京：人民出版社，1957 年，第 288 页。

加国家管理。宪章运动显示了工人阶级对资产阶级国家政权的进攻，显示了工人阶级的政治力量。

2.《英国工人阶级状况》的主要内容

国内外不同的学者从不同的角度对《英国工人阶级状况》所反映的各种观点、信息进行了多角度的挖掘和解读。恩格斯也从不同角度和不同方面对19世纪40年代英国工人阶级状况进行了全面的研究。从本书的篇章结构来看，本书除了几篇序言外，共包括《导言》《工业无产阶级》《大城市》《竞争》《爱尔兰移民》《结果》《各别的劳动部门 狭义的工厂工人》《其他劳动部门》《工人运动》《矿业无产阶级》《农业无产阶级》《资产阶级对无产阶级的态度》12个部分。恩格斯从12个不同角度，对英国工人阶级的生存与发展状况进行了深入剖析，把现象阐述与理论分析结合，使整部著作成为逻辑统一的整体。

（1）阐述了在英国产业革命这一大的历史背景下英国工人阶级产生的历史过程。恩格斯说："近六十年来英国工业的历史，是人类的编年史中无与伦比的历史……产业革命对英国的意义，就像政治革命对于法国，哲学革命对于德国一样。"[①]"英国是发生这样一种变革（这种变革愈是无声无息地进行，就愈是强有力）的典型国家，因此，英国也是这种变革的主要结果（无产阶级）发展的典型国家。只有在英国，才能就无产阶级的一切相互关系来全面地研究这个阶级。"[②]

（2）论述了英国工人阶级的空间分布及生存状况。恩格斯首先介绍了大城市里工人的住宅情况，并详细地描写了伦敦的贫民窟，包括被称作"乌鸦窝"的圣詹尔士、集中了伦敦绝大部分工人的怀特柴泊和拜特纳—格林，真实地揭露了这些工人住宅区的杂乱、拥挤、阴暗、肮脏、污浊、破败。除伦敦外，恩格斯也记叙了英国其他大城市中工人的住宅情况，包括都柏林、爱丁堡、利物浦、诺定昂、格拉斯哥等。恩格斯说："每一个大城市都有一个或几个挤满了工人阶级的贫民窟。"[③] 穷人和富人的住宅被严格地区隔开

① 《马克思恩格斯全集》（第2卷），北京：人民出版社，1957年，第295－296页。
② 《马克思恩格斯全集》（第2卷），北京：人民出版社，1957年，第281页。
③ 《马克思恩格斯全集》（第2卷），北京：人民出版社，1957年，第306页。

来，穷人常常住在狭窄的小胡同里，通常居住在一块被划定的孤立地区，在富人看不到的地方挣扎着活下去。在曼彻斯特，恩格斯观察到："这个城市建筑得如此特别，人们可以在这里住上多少年，天天上街，可是，如果他只是出去办自己的事或散步，那就一次也不会走进工人区，甚至连工人都接触不到。其主要原因是，由于无意识的默契，也由于完全明确的有意识的打算，工人区和资产阶级所占的区域是极严格地分开的，而在那些不能公开这样做的地方，这种事情就在慈善的幌子下进行。"① 在通往热闹的曼彻斯特市中心的几条大街两边，是连绵不断的商店，而漂亮的商店背后则是肮脏的工人的小宅。恩格斯说："我毕竟还没有看到过一个地方，像曼彻斯特这样有系统地把工人阶级排斥在大街以外，这样费尽心机把一切可能刺激资产阶级的眼睛和神经的东西掩盖起来。"②

恩格斯还观察了工人的饮食情况。他指出，工人们吃的东西不光质量很差而且经常还得面对小商贩的缺斤短两，甚至掺杂掺假。而所有这一切都是以工人有工作为先决条件，如果工人丧失工作，就只能要么去乞讨，要么去偷窃，要么饿死。就穿着来说，"绝大多数工人都穿得很坏"。③ 他们用来做衣服的料子是防潮和防寒都不行的粗布，大多数人的衣服原本就不好，而且还经常把比较好的衣服送到当铺去。很多工人，特别是爱尔兰人，他们的衣服简直就是一些破布，上面补丁连补丁，连原来的颜色都认不出来了。

（3）恩格斯详细地考察了不同产业部门无产阶级的生存状况。在这里，恩格斯遵循"无产阶级产生的历史"。④ 他第一是研究产业工人，第二是矿业工人，第三是农业工人，第四是爱尔兰人。他认为，工厂工人是产业革命的初生子，他们始终是工人运动的核心，站在工人运动的最前列。在此，恩格斯用大量篇幅详细地叙述了技术改进和机器的使用，使大量成年男工遭到排挤而失业，而妇女和儿童因工资较低而被大量使用。这样的后果是妇女和儿童的身体遭到损害，同时工人的家庭遭到破坏。而矿业无产阶级的工作环

① 《马克思恩格斯全集》（第 2 卷），北京：人民出版社，1957 年，第 326 页。
② 《马克思恩格斯全集》（第 2 卷），北京：人民出版社，1957 年，第 328 页。
③ 《马克思恩格斯全集》（第 2 卷），北京：人民出版社，1957 年，第 349 页。
④ 《马克思恩格斯全集》（第 2 卷），北京：人民出版社，1957 年，第 299 页。

境更加恶劣，工人的境地更加悲惨。在农村，农业工人的情况也在变得越来越糟。“农业区成了慢性贫穷的发源地。”①

（4）对工人阶级体格、智力和道德面貌进行集中描述。关于英国工人阶级的身体状况，恩格斯这样描述：他们既不能保持健康，也不能活得长久，工人的身体不停地一点一点地被毁坏着，过早地被送进坟墓。② 而当时工人及其子女的教育具有师资缺乏、义务教育徒有虚名、投入少得可怜、宗教是最主要的课程的特点。在工人的道德方面，恩格斯这样说：“工人的整个状况、他们周围的整个环境都促使他们道德堕落。”③ 贫穷、生活没有保证、被强制性地过度劳动等，造成了工人酗酒、纵欲、犯罪等行为。

（5）考察了英国工人阶级的运动状况。在《工人运动》中，恩格斯写道：“英国工人在他们所处的那种状况下是不会感到幸福的；在这种状况下，无论是个人或是整个阶级都不可能像人一样地生活、感觉和思想。”④ 而工人要改变自己非人的状况，就只能奋起与剥削阶级进行斗争。“工人除了为改善自己的状况而进行反抗，就再也没有任何其他表现自己的人的感情的余地，那么工人自然就一定要在这种反抗中显出自己最动人、最高贵、最合乎人情的特性了。”⑤ 英国工业革命的世界历史意义之一在于促进了工人运动的发展。工人对资产阶级的反抗在工业发展开始后不久就已经开始，斗争的形式经历了不同的阶段。

恩格斯指出，“反抗的最早、最原始和最没有效果的形式就是犯罪”。⑥ 偷窃资本家的原材料、砸毁机器、捣毁工厂等，工人阶级的早期斗争是孤立的、局部的，“但是工人很快就发觉这样做是没有什么好处的。罪犯只能一个人单枪匹马地以盗窃来反对现存的社会制度；社会却能以全部权力来猛袭一个人并以占绝对优势的力量压倒他”。⑦ 而且工人又无法在舆论上替自己

---

① 《马克思恩格斯全集》（第 2 卷），北京：人民出版社，1957 年，第 550 页。
② 《马克思恩格斯全集》（第 2 卷），北京：人民出版社，1957 年，第 380 页。
③ 《马克思恩格斯全集》（第 2 卷），北京：人民出版社，1957 年，第 400 页。
④ 《马克思恩格斯全集》（第 2 卷），北京：人民出版社，1957 年，第 500 页。
⑤ 《马克思恩格斯全集》（第 2 卷），北京：人民出版社，1957 年，第 501 页。
⑥ 《马克思恩格斯全集》（第 2 卷），北京：人民出版社，1957 年，第 501 页。
⑦ 《马克思恩格斯全集》（第 2 卷），北京：人民出版社，1957 年，第 502 页。

辩驳。后来工人秘密结社、组织工会，并在工会的组织下组织一次次罢工。但是工会与资本家谈判或组织罢工的合法手段在资本家的引诱破坏下很少发生什么效力，“这些工会的历史充满了工人的一连串的失败，只是间或才有几次个别的胜利”。① 在工人与资本家长期的反复斗争中，工人逐步认识到法律的重要性，于是他们在19世纪30年代提出自己的法律——《人民宪章》，要求按照民主的原则改组下院，工人开始主张自己的政治权利。随着运动的发展，“宪章运动的多数领袖都已经成了共产主义者”。② 在此，恩格斯指出英国工人运动的目标是建立没有阶级对立的共产主义社会。他指出：革命是不可避免的，革命的形式是暴力的还是温和一些，这将取决于无产阶级的发展，“无产阶级所接受的社会主义思想和共产主义思想愈多，革命中的流血、报复和残酷性将愈少”。③ 共产主义是超乎资产阶级和无产阶级敌对之上的，“共产主义正是以消除这种敌对为目的的”。④

（6）描述了劳资之间的关系状况。《英国工人阶级状况》向我们描述了资产阶级对工人阶级的态度，揭示了资产阶级与无产阶级之间根本对立的阶级关系。恩格斯写道，“在资产阶级看来，世界上没有一样东西不是为了金钱而存在的，连他们本身也不例外，因为他们活着就是为了赚钱，除了快快发财，他们不知道还有别的幸福，除了金钱的损失，也不知道还有别的痛苦”。⑤ “英国资产者对自己的工人是否挨饿，是毫不在乎的，只要他自己能赚钱就行。一切生活关系都以能否赚钱来衡量，凡是不赚钱的都是蠢事，都不切实际，都是幻想。”⑥ 因而“厂主对工人的关系并不是人和人的关系，而是纯粹的经济关系。厂主是‘资本’，工人是‘劳动’”。⑦ 资本家为了赚钱，他们根本不把工人看作人，而仅仅看作替他们赚钱的“手”（hands）。为了个人的私利，他们刻意忽视无产阶级生活的种种悲苦，把他们低矮肮脏

① 《马克思恩格斯全集》（第2卷），北京：人民出版社，1957年，第505页。
② 《马克思恩格斯全集》（第2卷），北京：人民出版社，1957年，第587页。
③ 《马克思恩格斯全集》（第2卷），北京：人民出版社，1957年，第586页。
④ 《马克思恩格斯全集》（第2卷），北京：人民出版社，1957年，第586页。
⑤ 《马克思恩格斯全集》（第2卷），北京：人民出版社，1957年，第564页。
⑥ 《马克思恩格斯全集》（第2卷），北京：人民出版社，1957年，第565页。
⑦ 《马克思恩格斯全集》（第2卷），北京：人民出版社，1957年，第565页。

的房屋隐藏在繁华街道的背后；他们不顾工人的健康与安全，让工人在没有安全保障的恶劣环境中工作；他们把妇女和儿童当成低廉的劳动力进行盘剥；他们对工人实施苛刻的厂规，毫无怜悯地对工人进行惩罚；为了镇压工人的反抗，他们利用国家来对付无产者，他们使用立法、议会等手段，加上某些经济学家（如马尔萨斯）的理论共同来欺压工人阶级；同时他们还做出种种伪善，在济贫的名义下，把贫穷的工人投入习艺所这一“穷人的巴士底狱”。因此，工人“他们可以走的路只有两条：或者饿死，或者革命”。这里恩格斯指出了资本主义劳资关系对立的最后结果——无产阶级走向革命，推翻资产阶级统治的必然性。

3.《英国工人阶级状况》的理论价值和现实意义

《英国工人阶级状况》被认为是马克思主义发展史中一部极为重要的文献，它“标志着恩格斯开始从社会历史变化的根本动因和资本主义大工业发展的角度，对工人阶级的历史地位和历史使命有了较深入的认识”①，标志着恩格斯政治立场和世界观根本转变的完成。《英国工人阶级状况》对资产阶级和无产阶级之间的相互关系以及这两个阶级之间斗争必然性的描述，是恩格斯作为“一个坚定的唯物主义者和共产主义者对资本主义制度的理性思考”。“它运用大量的历史材料阐述了唯物史观的基本原理，从‘另一条道路’得出了与马克思同样的结论，从而对唯物史观的创立作出了卓越贡献。”② 而恩格斯这部著作的现实意义，不仅体现在他的某些理论仍然对于观察当今资本主义社会的工人阶级状况有着重要的指导意义，更重要的是他的研究视角和研究方法，对我们今天相关领域的研究具有重要的借鉴价值。

（三）《共产党宣言》中的工人阶级理论

《共产党宣言》是马克思和恩格斯为世界上第一个国际性的无产阶级政党“共产主义者同盟”起草的党纲，于1848年2月在伦敦发表。《共产党

---

① 《马克思主义发展史》编写组：《马克思主义发展史》，北京：高等教育出版社，2013年，第39页。

② 张雷声：《恩格斯关于英国工人阶级状况的研究——读恩格斯的〈英国工人阶级状况〉》，《思想理论教育导刊》2015年第9期。

宣言》是马克思主义首次系统而完整地表述的成果，它的发表宣告了马克思主义的诞生。在这里，马克思和恩格斯运用历史唯物主义观点，对资本主义社会乃至人类社会的历史进行了深刻剖析，并在总结工人运动经验的基础上，深刻地阐释了阶级和阶级斗争的基本原理，更加清晰地系统论述了无产阶级产生和无产阶级运动发展的过程，论证了无产阶级革命的历史必然性和无产阶级的历史使命，制定了无产阶级革命斗争的战略策略和无产阶级政党的建党纲领。

首先，《共产党宣言》清晰而系统地论述了工人阶级和资产阶级之间的对抗与斗争。《共产党宣言》第一部分简明扼要地阐明了马克思、恩格斯关于阶级斗争的理论，马克思、恩格斯首先指出“至今一切社会的历史都是阶级斗争的历史”①。过去各个历史时代社会都划分为阶级，分为统治者和被统治者，而阶级之间的每一次斗争的结局都使社会受到革命的改造。资本主义社会并没有消除阶级对立，这一阶级时代的特点是整个社会日益分裂为两大直接相互对立的阶级：资产阶级和无产阶级。

资产阶级在其产生和发展过程中，曾起过非常重要的历史作用。资产阶级创造了巨大的生产力，他们在不到一百年的阶级统治中所创造的生产力，比过去一切世代所创造的生产力的总和还要多；他们不断地摧毁封建的生产关系，不断地改变着陈旧的社会观念和传统的社会关系；打破各个民族闭关自守的状态，形成国际统一大市场，开辟了真正的世界历史。然而资产阶级所建立起来的生产关系已经开始阻碍生产力继续向前发展。经济危机的周期性爆发及其不断蔓延，表明消除资本主义生产关系的社会要求已经产生。资产阶级不仅锻造了置自身于死地的武器，还造就了运用这一武器的无产阶级。

无产阶级随着资本和资产阶级的发展而发展，无产阶级“反对资产阶级的斗争是和它的存在同时开始的”。② 马克思和恩格斯考察了工人运动和工人斗争的不同阶段：工人的斗争从个人反抗发展为有组织的工人运动，从最

① 《马克思恩格斯文集》（第 2 卷），北京：人民出版社，2009 年，第 31 页。
② 《马克思恩格斯文集》（第 2 卷），北京：人民出版社，2009 年，第 39 页。

初的捣毁机器发展为对资本主义生产关系的反抗，从同封建势力作斗争发展为同资产阶级进行对抗；从经济斗争发展为政治斗争，从地方性的分散斗争发展为全国和国际性的斗争；从隐蔽的国内战争发展为公开暴力革命。在同资产阶级进行斗争的一切社会群体中，“只有无产阶级是真正革命的阶级”①。现代无产者是大工业本身的产物和现代社会的基础，他们没有自己的私利需要保护，他们是旧世界的埋葬者和新社会的建设者。在无产阶级和资产阶级的这场较量中，无产阶级必然会最终战胜资产阶级。“资产阶级的灭亡和无产阶级的胜利是同样不可避免的。”②

其次，《共产党宣言》提出了无产阶级的斗争策略和无产阶级政党的建设纲领。马克思和恩格斯指出，无产阶级革命要取得胜利，首先必须建立自己的政党——共产党。共产党是整个工人阶级利益的代表。共产党人，要在实践中始终坚决地推动无产阶级运动向前发展，在理论中了解无产阶级运动的条件、进程和一般结果。共产党人的最近目的是“使无产阶级形成为阶级，推翻资产阶级的统治，由无产阶级夺取政权”。③ 而共产党人的最终目标则是消灭资产阶级私有制。

为了实现短期目标，无产阶级要参加资产阶级民主革命，要与小资产阶级等其他阶级建立联合的统一战线。但是无产阶级要坚持自己运动的未来方向，将短期目标和长远目标结合起来。夺取政权，是无产阶级解放的决定性前提，但并不是最终目的。无产阶级通过革命使自己成为统治阶级后，要利用自己的政治统治，逐步夺取资产阶级的全部资本，把一切生产资料集中在国家即组织成为统治阶级的无产阶级手中，消灭旧的生产关系。而后，无产阶级要尽快组织生产，恢复和发展生产力，增加生产力的总量。也就是说，发展生产力是无产阶级夺取政权后的首要任务和根本任务。

最后，《共产党宣言》阐述了无产阶级的历史使命。马克思和恩格斯明确提出，无产阶级要不间断地进行革命，直到把大大小小一切生产资料占有者的统治全都消灭，直到无产阶级取得国家政权，直到无产阶级的联合发展

---

① 《马克思恩格斯文集》（第2卷），北京：人民出版社，2009年，第41页。
② 《马克思恩格斯文集》（第2卷），北京：人民出版社，2009年，第43页。
③ 《马克思恩格斯文集》（第2卷），北京：人民出版社，2009年，第44页。

使世界上一切举足轻重国家的无产者摆脱彼此之间的竞争为止，至少是发展到使那些有决定意义的生产力都集中到无产阶级手中。无产阶级进行这一切革命变革的实质，用马克思的话说，就是要消灭阶级、实现向无阶级社会的过渡。消灭阶级和阶级的统治，实现共产主义，是无产阶级的历史使命。关于无产阶级历史使命的学说，是马克思主义的主要观点，列宁指出，《共产党宣言》“对这个学说作了完整的、系统的、至今仍然是最好的阐述”。① 它以天才透彻的鲜明语言描述了崭新的世界观，阐述了以阶级斗争为核心的历史唯物主义、共产主义，以及共产主义社会的缔造者无产阶级所肩负的世界性历史使命的理论。

《共产党宣言》产生于资本主义蓬勃发展和阶级矛盾不断激化的时代，虽篇幅不长，但言简意赅、内容丰富，是第一个国际无产阶级政党的纲领性文件。《共产党宣言》的发表，标志着马克思主义的问世，标志着马克思主义同工人运动的结合。《共产党宣言》为无产阶级反对资产阶级的斗争提供了强大的思想武器，是指导无产阶级革命和实现人类解放的科学指南与行动纲领。发表以来，《共产党宣言》先后被翻译成200多种文字，是全世界传播时间最长、流传领域最广、拥有读者最多、影响时间最久的政治性文献。列宁说，这篇文献“篇幅不多，价值却相当于多部巨著：它的精神至今还鼓舞着、推动着文明世界全体有组织的正在进行斗争的无产阶级”②。

二、《资本论》中的工人阶级理论

《资本论》是马克思毕生研究的最高成果，是马克思和恩格斯共同心血和智慧的结晶。马克思和恩格斯一生理论研究的主题是实现无产阶级和全人类的解放。因而，寻求无产阶级解放的条件和道路，成为马克思和恩格斯终生理论探索的根本目的和基本任务。基于此，《资本论》通过对资本主义经

① 中央马克思恩格斯列宁斯大林著作编译局：《列宁专题文集：论马克思主义》，北京：人民出版社，2009年，第61页。

② 中央马克思恩格斯列宁斯大林著作编译局：《列宁专题文集：论马克思主义》，北京：人民出版社，2009年，第57页。

济进行考察，阐明了资本主义经济的内在联系，揭示了资本主义的本质和发展规律，具体说明了无产阶级经济学的立场、观点，形成了马克思主义的政治经济学。这种政治经济学的创立，为工人阶级实现自身解放提供了强大的思想武器。1886 年恩格斯在《资本论》第一卷英文版序言中写道："《资本论》在大陆上常常被称为'工人阶级的圣经'。任何一个熟悉工人运动的人都不会否认：本书所作的结论日益成为伟大的工人阶级运动的基本原则……各地的工人阶级都越来越把这些结论看成是对自己的状况和自己的期望所作的最真切的表述。"[①] 1867 年，马克思在查阅大量文献资料并收集大量事实材料的基础上，经过反复修改正式出版《资本论》第一卷（德文第一版）。马克思逝世后，恩格斯花费大量精力整理《资本论》第二、第三卷，分别于 1885 年和 1894 年出版。从某种意义上说，整部《资本论》围绕着工人阶级与资本家阶级之间的关系展开分析，它深刻而系统地揭示了资本家剥削工人的前提、秘密、根源、途径、方式等，并用丰富的材料描述了工人阶级遭受剥削、压迫的种种悲惨境地。

总体而言，资本无疑是《资本论》研究的核心内容，而体现资本本质特征的是其生产目的。资本的生产目的就是通过无偿占有工人在剩余劳动时间所创造的剩余价值来实现资本价值增殖，因而资本的增殖过程就是对工人的剥削过程。可以说，对资本增殖也就是对工人被剥削的分析和阐释构成了整个《资本论》的红线和中心思想。具体来说，对工人的剥削或者说资本增殖，需要具备两个环节，或者说经历两个过程，一是剩余价值生产，二是剩余价值实现。马克思在《资本论》第一卷中，集中地分析和阐释了资本家是如何通过延长劳动时间尽量多地让工人生产绝对剩余价值，如何通过提高"社会劳动生产力"让工人生产相对剩余价值，如何通过提高"个别劳动生产力"让工人生产超额剩余价值，从而实现对工人的剥削。在《资本论》第二卷中，马克思集中分析阐释了实现剩余价值的条件，即实现对工人剥削所需具备的各种条件。因为资本主义生产是一种商品生产，剩余价值生产出来之后还必须通过市场交换把商品卖出去，从而"实现"剩余价值。

① 马克思：《资本论》（第 1 卷），北京：人民出版社，2004 年，第 34 页。

“生产剩余价值”和“实现剩余价值”成为资本剥削工人的两个不可或缺的环节。资本连续不断实现剩余价值的条件包括资本的三种职能形式在“空间”上并存，在“时间”上继起，简单再生产所必须具备的三大均衡条件，以及扩大再生产所必须具备的三大条件等。在《资本论》第三卷中，马克思首先通过生产价格理论分析阐释了资本家阶级分割工人剩余价值的内在机制，在此基础上，揭示说明了资本主义剩余价值生产和剩余价值实现之间的矛盾和冲突。用马克思的话说：工人生产的剩余价值越多，受工人支付能力的限制，资本家就越是难以把剩余价值卖出去以实现剩余价值，也就是越难以实现对工人的剥削。这一矛盾和冲突最终将资本主义生产方式送上了历史的断头台，促成了资本主义的崩溃和消亡。

（一）工人劳动力的商品化

马克思说，货币“是资本的最初表现形式”①，但作为货币的货币和作为资本的货币，却有着本质的不同。马克思通过分析资本总公式得出结论，资本是“生出货币的货币”②，是能够进行价值增殖的价值。然而，“货币羽化为资本的流通形式，是和前面阐明的所有关于商品、价值、货币和流通本身的性质的规律相矛盾的”。③ 也就是说，资本流通总公式从形式上看与价值规律等价交换的原则相矛盾。而解决这一矛盾的条件是“他（指货币，作者注）变为蝴蝶，必须在流通领域中，又必须不在流通领域中”。④ 马克思通过对资本运动各个环节的分析发现，资本家在流通领域购买到劳动力这种商品，使之在生产领域中与生产资料相结合，生产出包含剩余价值的新商品，然后资本家再到流通市场把商品出售掉，便使他的资本得到了增殖。于是在完全遵循价值规律的前提下，资本增殖的秘密被揭开，资本总公式的矛盾得到了解决。由此马克思得出结论，劳动力成为商品是货币转化为资本的前提，“只有当生产资料和生活资料的占有者在市场上找到出卖自己劳动力

① 马克思：《资本论》（第 1 卷），北京：人民出版社，2004 年，第 171 页。
② 马克思：《资本论》（第 1 卷），北京：人民出版社，2004 年，第 181 页。
③ 马克思：《资本论》（第 1 卷），北京：人民出版社，2004 年，第 182 页。
④ 马克思：《资本论》（第 1 卷），北京：人民出版社，2004 年，第 194 页。

的自由工人的时候，资本才产生”。[①] 而劳动力要成为商品，必须同时具备两个条件：“一方面，工人是自由人，能够把自己的劳动力当作自己的商品来支配，另一方面，他没有别的商品可以出卖，自由的一无所有，没有任何实现自己的劳动力所必需的东西”[②]。而这两个条件的具备，则是在“资本主义生产方式的基础上才会发生的”。[③] 在《资本论》第一卷“资本原始积累”部分，马克思描述了欧洲封建社会末期和资本主义早期，英国通过圈地运动，把农奴转变为工人“为城市工业造成不受法律保护的无产阶级的必要供给”[④] 的历史过程。

同时，马克思考察了工人劳动力这种独特商品的特殊价值和使用价值。劳动力的使用价值最具特殊性，它是价值的源泉，它在使用过程中不但能够创造出劳动力自身的价值，而且能够创造出高于自身价值的价值。而资本家正是看准了这一点。劳动力的价值“是由生产和再生产这种独特物品所必要的劳动时间决定的”。[⑤] 但由于劳动力是劳动者的体力和脑力的总和，因此劳动力的生产“要以活的个人的存在为前提”[⑥]，因此“劳动力的价值可以归结为一定量生活资料的价值”。[⑦] 劳动力的最低量，是劳动力承担者维持身体所必不可少的生活资料的价值。而在资本主义生产方式下，劳动者要获得生产自身劳动力的生活资料价值，就得首先将自己的劳动力使用权卖出去。如果“劳动力不卖出去，对工人就毫无用处，不仅如此，工人就会感到一种残酷的自然必然性：他的劳动能力的生产需要一定量的生存资料，它的再生产又不断地需要一定量的生存资料。于是，他就和西斯蒙第一样发现了：‘劳动能力……不卖出去，就等于零。’”[⑧] 也就是说，劳动力卖不出去，劳动者便没有任何生存资料，只有死路一条。在这里，马克思不无感慨地说道，在流通领域劳动力的买卖的确遵循着所有者自由交易和平等交换的原

① 马克思：《资本论》（第1卷），北京：人民出版社，2004年，第198页。
② 马克思：《资本论》（第1卷），北京：人民出版社，2004年，第197页。
③ 马克思：《资本论》（第1卷），北京：人民出版社，2004年，第197页。
④ 马克思：《资本论》（第1卷），北京：人民出版社，2004年，第842页。
⑤ 马克思：《资本论》（第1卷），北京：人民出版社，2004年，第198页。
⑥ 马克思：《资本论》（第1卷），北京：人民出版社，2004年，第198页。
⑦ 马克思：《资本论》（第1卷），北京：人民出版社，2004年，第200页。
⑧ 马克思：《资本论》（第1卷），北京：人民出版社，2004年，第202页。

则，然而资本主义生产关系，却已决定了资本家和工人之间不同的社会地位。“原来的货币占有者作为资本家，昂首前行；劳动力占有者作为他的工人，尾随于后。一个笑容满面，雄心勃勃；一个战战兢兢，畏缩不前，像在市场上出卖了自己的皮一样，只有一个前途——让人家来鞣。”① 在这里，马克思深刻地分析了资本主义条件下工人劳动力成为商品的必要性与必然性。

（二）工人创造剩余价值的过程

资本家剥削工人的秘密隐藏在剩余价值的生产过程中。在《资本论》中，马克思用大量的笔墨向我们展示了资本主义生产过程中的价值形成过程和价值增殖过程，以及这二者之间的转化。“如果我们现在把价值形成过程和价值增殖过程比较一下，就会知道，价值增殖过程不外是超过一定点而延长了的价值形成过程。如果价值形成过程只持续到这样一点，即资本所支付的劳动力价值恰好为新的等价物所补偿，那就是单纯的价值形成过程。如果价值形成过程超过这一点而持续下去，那就成为价值增殖过程。”② 剩余价值就是雇佣工人所创造的并被资本家无偿占有的超过劳动力价值的那部分价值（m），是雇佣工人在剩余劳动时间创造的价值。资本家剥削工人的秘密就此被揭开了。

（三）资本家对工人剥削程度的计算

剩余价值率，又称剥削率，马克思以此来计算资本家对工人的剥削程度。在资本主义生产过程中，资本家投入不变资本（c）和可变资本（v），即 $c+v$ 经过生产过程，产生剩余价值（m），生产出价值为 $c+v+m$ 的产品。马克思认为，剩余价值是可变资本带来的，因而反映资本家对工人剥削程度的数值——剩余价值率（m′），就是剩余价值（m）同可变资本（v）的比率。剩余价值率的表示方法有两种，一种是物化劳动即价值表示法：$m'=m/v$，表示在雇佣工人劳动所创造的价值中，资本家和工人各占多少份额；另一种是活劳动即劳动时间表示法：m′ = 剩余劳动时间/必要劳动时间。

① 马克思：《资本论》（第 1 卷），北京：人民出版社，2004 年，第 205 页。
② 马克思：《资本论》（第 1 卷），北京：人民出版社，2004 年，第 227 页。

该公式表明，在工人一个工作日的全部劳动时间中，有多大部分用于补偿劳动力的价值，多大部分用来无偿地给资本家生产剩余价值。剩余价值率的高低是决定资本家获得剩余价值量多少的一个重要因素，另外一个因素是雇佣工人数量或可变资本总量的多少。如果资本家雇佣工人总数是一定的，则剩余价值率越高，他获得的剩余价值量也越多。可见，资本家要获得更多的剩余价值，一般可以通过两条途径：提高对工人的剥削程度和增加可变资本总量。

（四）资本家剥削工人的两种基本方法：生产绝对剩余价值和生产相对剩余价值

1. 绝对剩余价值的生产

资本主义制度下，工人的工作日分为两部分：必要劳动时间和剩余劳动时间。绝对剩余价值，是指在必要劳动时间不变的条件下，通过延长工作日而生产的剩余价值。马克思说："……工作日不是一个不变量，而是一个可变量。它的一部分固然是由不断再生产工人本身所必需的劳动时间决定的，但是它的总长度随着剩余劳动的长度或持续时间而变化。"① 必要劳动时间既定的条件下，工作日越长，剩余劳动时间就越长，资本家从工人身上榨取的剩余价值就越多，从而剩余价值率也就越高。马克思指出，在资本主义发展的早期，资本家总是力图通过延长工人的工作时间来榨取更多的剩余价值。在必要劳动时间既定的条件下，工作日越长，剩余劳动时间就越长，资本家从工人身上榨取的剩余价值就越多，从而剩余价值率也就越高。此外，资本家还用提高工人劳动强度的方法来榨取剩余价值。提高劳动强度，意味着工人在同样的工作时间内支出了更多的劳动量，实际上等于延长了工作日。在《资本论》中，马克思用大量的资料描述了当时英国等资本主义国家工人的工作日状况和工人为争取缩短工作日所进行的各种斗争。

2. 相对剩余价值的生产

相对剩余价值，是指在工作日长度不变的条件下，通过缩短必要劳动时间而相对延长剩余劳动时间所生产的剩余价值。为了生产相对剩余价值就需

① 马克思：《资本论》（第1卷），北京：人民出版社，2004年，第268页。

要提高整个社会劳动生产率。在现实的经济运行过程中，劳动生产率的提高是个别资本家在追求超额剩余价值的过程中实现的。为了追逐超额剩余价值，资本家会采用新的技术提高劳动生产率。马克思用大量历史和现实资料并花费大量笔墨，描述了在资本家追求相对剩余价值生产过程中，工人所付出的惨痛代价以及所受到的残酷剥削。

（1）局部工人。资本主义生产的起点是“人数较多的工人在同一时间、同一空间（或者说同一劳动场所），为生产同种商品，在同一资本家的指挥下工作”①。在资本主义工场手工业时期，为了提高劳动生产率，赚取更多的剩余价值，资本家便在协作的目的下不断推动分工的发展。而这样的后果是，一方面，劳动生产率提高了，资本家获得了更多的剩余价值；另一方面，却使工人变成某种智力上和身体上畸形化的“片面的局部工人”②。

（2）机器排挤工人。在资本主义机器大工业时期，“机器使肌肉力成为多余的东西”③，它使工人家庭的所有成员不分男女老少都受资本的直接统治，从而使雇佣工人人数增加，使成年男工贬值，使劳动力的价值降低，从而资本家获取相对剩余价值。对此，马克思列举了大量材料来证明妇女和童工被大量使用的社会现实。“劳动资料一作为机器出现，就立刻成了工人本身的竞争者。”④“资本主义生产方式使劳动条件和劳动产品具有的与工人相独立和相异化的形态，随着机器的发展而发展成为完全的对立。”⑤在资本主义条件下技术和机器都成为资本家加强对工人剥削的重要手段。

（五）资本主义工资的本质：工人劳动力商品的价格

马克思指出，工资是劳动力商品价值或价格的转化形式，而古典经济学理论认为，工资是劳动的价值或价格，但实际上，工资是劳动力商品的价格，而劳动力商品的价格是劳动力商品价值的货币表现。

人类社会发展到资本主义社会之后，支付“工资”成为社会的普遍现

---

① 马克思：《资本论》（第1卷），北京：人民出版社，2004年，第374页。
② 马克思：《资本论》（第1卷），北京：人民出版社，2004年，第393页。
③ 马克思：《资本论》（第1卷），北京：人民出版社，2004年，第453页。
④ 马克思：《资本论》（第1卷），北京：人民出版社，2004年，第495页。
⑤ 马克思：《资本论》（第1卷），北京：人民出版社，2004年，第497页。

象。“在资产阶级社会的表面上，工人的工资表现为劳动的价格，表现为对一定量劳动支付的一定量货币。”① 这样，似乎工人的全部劳动都得到报酬，并不存在剥削关系。按照这一逻辑，马克思指出，如果劳动是商品，它有价值或价格的话，那么会导致无法解释的几大“悖论”现象，因此，事实上，劳动不是商品，“劳动是价值的实体和内在尺度，但是它本身没有价值”②，而劳动力才是商品，工人出卖的是他的劳动力，而不是劳动。因此，工资的本质是劳动力的价值或者价格。在资本主义社会，资本家和工人阶级之间经济利益的对立和冲突，最直接地表现在工资问题上。在最大限度榨取剩余价值动机的驱使下，资本家具有将工人工资尽量压低至劳动力价值之下的内在冲动。工人则力图维护自己劳动力的价值或价格，使之至少不低于由必需的生活资料的价值所决定的最低限。围绕工资问题反复重演和升级的劳资冲突，往往使资本主义社会再生产的基本条件遭到破坏。为了缓和阶级矛盾，资本主义国家逐步实行了最低工资立法，并在此基础上形成了劳资集体谈判制度。劳资集体谈判的内容主要包括劳动报酬协议，即在政府制定的强制性最低标准基础上，对工资类别、计时工资标准和职员月薪数额的谈判；工资、薪金范围协议，即对工资、薪金级别和每一级别工资、薪金的范围作出规定；奖励工资；企业津贴与福利；等等。这种制度使工资的确立在一定程度上超越了单纯的市场调节的局限，缓和了劳资矛盾。

资本主义工资的形式是多种多样的，但其基本形式不外乎两种：计时工资和计件工资。计时工资是按照劳动时间支付的工资。计件工资是指按工人生产的产品数量或所完成的工作量支付的工资。无论是计时工资还是计件工资，都是资本家用“有酬劳动”的形式掩盖无偿占有工人剩余劳动本质的工资。

（六）工人和资本家之间贫富两极分化的重要原因

马克思关于资本积累的学说是剩余价值理论的重要组成部分，它揭露了资本主义制度下贫富两极分化的原因。而马克思的资本积累理论，是从剖析

① 马克思：《资本论》（第1卷），北京：人民出版社，2004年，第613页。
② 马克思：《资本论》（第1卷），北京：人民出版社，2004年，第615页。

资本主义再生产过程开始的。

资本主义简单再生产。资本主义简单再生产，是指资本家把剩余价值全部用于个人消费，使生产在原有的规模上重复进行。马克思通过对资本主义简单再生产的分析，揭示了工人的工资是工人自己创造的，工人自己养活自己；资本家的全部资本都是工人创造的，工人养活了资本家；工人的个人消费是资本主义再生产的必要条件。马克思说："从社会角度来看，工人阶级，即使在直接劳动过程以外，也同死的劳动工具一样是资本的附属物。甚至工人阶级的个人消费，在一定限度内，也不过是资本再生产过程的一个要素。不过，这个过程关心的是，它不让这些有自我意识的生产工具在它不断使他们的劳动产品从他们这一极移到资本那一极时跑掉。个人消费一方面保证他们维持自己和再生产自己，另一方面通过生活资料的耗费来保证他们不断重新出现在劳动市场上。罗马的奴隶是由锁链，雇佣工人则由看不见的线系在自己的所有者手里。他的独立性这种假象是由雇主的经常更换以及契约的法律拟制来保持的。"① 资本主义再生产是物质资料再生产和资本主义生产关系再生产的统一。资本主义再生产一方面再生产出资本家，另一方面再生产出雇佣工人。

资本主义扩大再生产。通过对资本主义扩大再生产的分析，可以看出资本主义生产关系在扩大的基础上被再生产出来。首先，不仅资本家的全部资本是工人创造的，而且用于扩大再生产的追加资本，从一开始就全部是资本化了的剩余价值；其次，用于扩大再生产的追加资本不仅是剥削工人的结果，而且是进一步扩大对工人剥削的手段；最后，劳动力买卖的实质是资本家用所占有的工人劳动的一部分，来换取更大量的工人的活劳动。因此，资本积累的实质就是资本家利用无偿占有的剩余价值，不断扩大生产规模，从而进一步无偿地占有更多的剩余价值。因此，资本积累不仅是资本家剥削工人的结果，而且是资本家扩大剥削的重要手段；由资本积累而实现的资本主义扩大再生产，同时也是资本主义生产关系的扩大再生产。

剩余价值是资本积累的源泉，而资本积累规模的大小取决于：（1）资

① 马克思：《资本论》（第1卷），北京：人民出版社，2004年，第661－662页。

本家对工人的剥削程度；（2）劳动生产率的高低；（3）所用资本和所费资本之间的差额；（4）资本家预付资本额大小。显然，这些因素又都是资本家加强对工人进行剥削的重要因素。事实上，资本积累是以无偿占有工人所创造的剩余价值为前提的，资产阶级如果不剥削工人所创造的剩余价值，资本积累就无法进行。只要资本积累和生产规模扩大的趋势不变，那么资本主义社会财富就会不断集中到资产阶级手中，而社会财富的直接创造者——无产阶级所占有的社会财富比例就会不断降低，这样必然加剧社会财富两极分化。社会上就会出现这样一种状况：一方面，财富越来越集中于少数资本家手中，另一方面，占有社会人口大多数的工人阶级则只拥有社会财富的一小部分，从而造成严重的社会不平等。

（七）工人失业现象产生的根源

马克思关于资本积累的学说还揭示了工人失业现象的根源，深刻地阐明了资本主义制度必然走向灭亡的历史命运。随着资本积累的不断进行，资本家为了攫取更多利润不断改进技术、提高劳动生产率，从而导致资本有机构成不断提高。在资本有机构成不断提高的情况下，随着资本主义生产规模的不断扩大，人口的生产规模也在增长，但由于可变资本数量相对减少，资本对劳动力的需求也日益相对减少，不可避免地造成大批工人失业，形成相对过剩人口。马克思说："过剩的工人人口是积累或资本主义基础上的财富发展的必然产物，但是这种过剩人口反过来又成为资本主义生产方式存在的一个条件。过剩的工人人口形成一支可供支配的产业后备军，它绝对地从属于资本，就好像它是由资本出钱养大的一样。"① 经常性的庞大失业人口的存在，是资本主义的痼疾。资产阶级政府通过各种干预措施可能在一定程度上缓解失业，但是不可能彻底消灭失业。

（八）资本的运动过程

资本的本质在于运动，只有在不断运动中资本才能得到增殖，剩余价值才能不断地被生产和实现，资本家对工人的剥削才能不断地进行。资本运动过程，表现为资本循环和资本周转。考察资本循环，重点是分析资本运动过

① 马克思：《资本论》（第1卷），北京：人民出版社，2004年，第728－729页。

程所经历的各个阶段及采取的形式，阐明资本运动的连续性，以及资本连续运动的条件及其矛盾，以便揭示通过资本的循环运动如何生产出剩余价值。考察资本周转，重点是分析资本运动的速度，以揭示资本周转速度对生产剩余价值的影响。在《资本论》第二卷中，马克思和恩格斯主要从资本运动的角度揭示资本家剥削工人的经济学原理。

在《资本论》第二卷中，马克思和恩格斯以产业资本为例考察了资本的运动路线。产业资本运动要经过三个阶段，采取三种不同的职能形式，完成三种不同职能，最终实现价值增殖，完成资本家对工人的剥削。资本循环的完整公式可表示为：G－W…P…W′－G′。

在资本运动的第一阶段，即购买阶段，资本以货币的形式存在，资本的职能是购买生产资料和劳动力，为生产剩余价值做准备。马克思说："资本关系之所以会在生产过程中出现，只是因为这种关系在流通行为中，在买者和卖者互相对立的不同的基本经济条件中，在他们的阶级关系中本来就已经存在。不是由于货币的性质产生了这种关系；相反，正是由于这种关系的存在，单纯的货币职能才能转化为资本职能。"①

在资本运动的第二阶段，即生产阶段，资本家用购买到的生产资料和劳动力进行生产，生产出包含剩余价值的新商品。生产阶段是剩余价值的生产阶段，生产阶段在资本循环过程中是决定性阶段。经过生产阶段，资本不仅在形态上发生了变化，由生产资本转化为商品资本，资本形式也由生产资料和劳动力形式转化为包含着剩余价值的新商品形式；而且资本在数量上也发生了变化，即发生了价值增殖。马克思认为，资本主义生产的性质，决定了"商品生产的每一种经营都同时成为剥削劳动力的经营；但是，只有资本主义的商品生产，才成为一个划时代的剥削方式，这种剥削方式在它的历史发展中，由于劳动过程的组织和技术的巨大成就，使社会的整个经济结构发生变革，并且不可比拟地超越了以前的一切时期"。② "劳动力只有在它的卖者即雇佣工人手中才是商品，那么相反，它只有在它的买者手中，即暂时握有

① 马克思：《资本论》（第2卷），北京：人民出版社，2004年，第39页。
② 马克思：《资本论》（第2卷），北京：人民出版社，2004年，第44页。

它的使用权的资本家手中，才成为资本。”①

在资本运动的第三阶段，即销售阶段。资本家作为卖者回到市场，把他的商品转化为货币。产业资本循环的第三阶段，即由商品资本转化为货币资本的阶段，作为资本价值与剩余价值的实现阶段也是十分重要的。它是这一次资本循环的终结，又是下一次资本循环的起点。商品能否卖出去，以及以什么价格卖出去，关系到能否收回预付资本价值和实现剩余价值，因而关系到资本循环能否正常进行和资本家的命运。

由以上分析，我们看到货币资本、生产资本、商品资本，不是独立的三种资本形式，而是产业资本在循环过程中分别采取的三种职能形式，它们分别执行着三种职能：货币资本的职能是购买劳动力和生产资料，为生产剩余价值准备条件；生产资本的职能是使劳动力和生产资料以资本主义的方式相结合，在生产过程中生产出剩余价值；商品资本的职能则是通过商品的销售，实现包含在商品中的价值和剩余价值。马克思和恩格斯的这些论述，在理论上向我们揭示了，资本在运动中发生价值增殖的经济学原理，因而也清晰地向我们揭示了工人被资本家剥削的经济学原理。

（九）一系列经济概念对两大阶级对立关系的遮蔽

在现实经济生活中，剩余价值总是被称为利润。利润是研究剩余价值各种具体形式的基础，《资本论》第三卷首先考察了剩余价值怎样转化为利润，利润又怎样转化为平均利润，随之价值怎样转化为生产价格。在这一次次的概念转化中，资本家剥削工人的秘密被一层层地遮蔽起来。在此，马克思通过深刻的理论分析，层层深入地为我们揭开掩盖着剥削本质的遮盖物。

1. 成本价格掩盖了资本家对工人的剥削

商品的价值，用公式表示为 $W = c + v + m$，然而当把 $c + v$ 部分称为成本或成本价格并用 k 表示时，商品的价值公式则变为 $W = k + m$。马克思、恩格斯指出，成本价格掩盖了资本主义剥削。因为，现实中成本价格是代表商品价值中资本耗费的部分，这部分价值之所以存在，是由于它作为预付资本

① 马克思：《资本论》（第 2 卷），北京：人民出版社，2004 年，第 44 页。

已经存在了，至于商品价值是怎样形成的，则完全看不出来了。在成本价格范畴中，看不出不变资本价值转移到产品中去的过程和消耗劳动力创造新价值的过程。不变资本和可变资本的区别消失了，它们一律表现为资本的耗费，只有固定资本和流动资本的区别明显地表现出来。所以，成本价格范畴掩盖了不变资本和可变资本的区分，从而也掩盖了剩余价值的源泉。

2. 剩余价值转化为利润，掩盖了剩余价值的真正源泉

剩余价值本来是由可变资本带来的，但在资本主义生产中，则可以表现为全部预付资本的增加额。当剩余价值被看作全部预付资本的产物时，剩余价值就取得了利润的形态。剩余价值转化为利润掩盖了剩余价值的真正来源，剩余价值被认为不是由可变资本产生，而是由全部预付资本产生的，这就掩盖了剩余价值同工人剩余劳动的关系，它表现为资本自行增殖的结果。正如马克思所说："……我们目前在这里看到的利润，和剩余价值是一回事，不过它具有一个神秘化的形式，而这个神秘化的形式必然会从资本主义生产方式中产生出来。"① 随着利润范畴的出现，商品价值的公式转化为 $W = k + p$（利润），如前所述，生产成本是商品售卖价值的最低界限。低于这个界限，资本家耗费的资本就得不到完全的补偿。同时，生产成本还是资本家购买生产要素的费用，表现为生产上的实际支出。于是，资本家就把生产成本看作商品的内在价值，而剩余价值（或利润）则表现为商品的出售价格超过它的内在价值的余额。这样一来，剩余价值不是表现为通过商品销售得到实现，而是变成商品流通过程的产物，它的真正来源就进一步被掩盖了。利润和剩余价值本来是同一个东西，但是二者又并非直接等同，剩余价值是利润的本质，利润是剩余价值的转化形式。"实际上，利润是剩余价值的表现形式，而剩余价值只有通过分析才得以从利润中剥离出来。"②

3. 平均利润和生产价格更加掩盖了资本主义剥削

随着资本主义市场经济的发展，资本主义经济出现等量资本获得等量利润现象，出现了利润平均化趋势，用平均利润来表示。平均利润更加掩盖了

① 马克思：《资本论》（第3卷），北京：人民出版社，2004年，第44页。
② 马克思：《资本论》（第3卷），北京：人民出版社，2004年，第56页。

资本主义剥削。剩余价值转化为利润就已经掩盖了剩余价值的真正来源，因为利润表现为预付总资本的产物，即表现为资本自行增殖的结果。但是，这种转化只是一种质上的转化，在量上，利润仍等于剩余价值。在这里，人们或多或少还能感觉到利润和工人的活劳动之间以及和剩余价值之间的某种联系。当其他条件不变时，利润率的高低取决于剩余价值之间的某种联系。当其他条件不变时，利润率的高低取决于剩余价值率的高低。但是，当利润转化为平均利润以后，等量资本获得等量利润，平均利润和剩余价值之间，不仅在质上发生了变化，而且在量上也不相同。这时，投在各个部门的资本，尽管有机构成不同，使用的活劳动量不同，生产的剩余价值量也不同，但都按相同的利润率获取利润。因此，平均利润无论从质上还是从量上都表现为全部预付资本的产物，利润的真正来源完全看不到了，从而进一步掩盖了资本主义的剥削关系。

（十）两大阶级整体上的对立

随着利润转化为平均利润，商品的价值就转化为生产价格，用公式表示：生产价格 = k + p。平均利润和生产价格理论揭露了资产阶级和无产阶级之间的对立是这两大阶级整体上的对立。在资本主义初期，由于资本自由转移的条件尚不具备，部门竞争未能充分展开。随着资本主义的发展，前资本主义的经营方式和行会制度的束缚被扫除，信用制度的发展成为促进竞争的有力杠杆，机器大工业的产生和发展缩小了各部门在生产技术上的差别，这一切都为资本在部门之间的自由转移提供了条件，通过部门之间的竞争，形成平均利润和生产价格。这时，整个资本主义生产如一个庞大的股份公司，各部门资本家按照投入资本的大小，参与剩余价值的分配。这就是说，资本家阶级整体按照拥有资本的比例瓜分整个工人阶级所创造的剩余价值。因此，资本主义社会中每个企业的工人不仅直接受本企业资本家的剥削，而且受其他生产部门资本家的剥削，所以，资本家获得平均利润的多少，不仅取决于对本企业工人的剥削程度，而且取决于整个资本家阶级对整个工人阶级的剥削程度。资本家之间尽管在瓜分剩余价值方面也存在着尖锐的矛盾，但在剥削工人阶级方面则具有共同的利益。平均利润和生产价格理论从阶级整体上揭露了资产阶级和无产阶级的对立，阐明了工人和资本家之间的矛盾和斗争不是个别人之间的利益冲突，而是两个阶级之间的阶级对抗。因此，无产阶级要争取解放，不能只限于少数人反对个别企业的资本家，必须联合起来，形成无产阶级整个阶级的力量，去反对整个资产阶级，推翻资本主义制度。

三、恩格斯晚年著作中关于无产阶级的理论

对恩格斯晚年的界定，学术界通常是指1883年马克思逝世至1895年恩格斯逝世这12年期间。这段时期，资本主义由自由竞争逐步走向垄断，资本主义社会发生了一系列新变化，从而，工人阶级的发展和斗争状况也出现很多新态势。恩格斯非常敏锐地察觉到这些新情况，并在他晚年的多篇文献中有所论述。《〈英国工人阶级状况〉1892年德文第二版序言》（以下简称《序言》）和《卡·马克思〈1848年至1850年的法兰西阶级斗争〉一书导言》（以下简称《导言》）就是其中最具有代表性的两篇。

19世纪70—90年代，资本主义由自由竞争走向垄断。日益发展的垄断资本不仅占领了国内市场，还组成跨国公司和国际垄断集团走向国际，掀起世界范围的殖民扩张。在这种情况下，社会贫富分化更加严重，马克思主义在全世界范围内获得更加广泛的传播，在各国工人运动中的影响日益加强。各国工人纷纷成立了工人政党和工会组织，并经常为工人阶级的利益而斗争。而资本主义在政治领域中进行了政府机构调整和扩大政治民主，英美实行了文官制改革，推动工人参加政治生活，大部分欧洲国家先后实现了普选权，建立起议会民主制。

19世纪末，资产阶级国家通过立法和政策倾斜，发展教育、限制使用童工、保护女工、缩短工作日、加强安全防护等，使工人的生活水平有了一定提高，物质生活已比过去有所改善。这些进步缓和了社会矛盾，巩固了资本主义的统治。而且，这一时期一批小资产者加入无产阶级队伍，资产阶级又在工人阶级中培植出一个工人贵族阶层，因此，在工人运动中，机会主义倾向开始增长。恩格斯非常机敏地觉察到资本主义世界已经发生了新变化，并清醒地意识到这些新变化将对人类社会的历史进程和无产阶级解放斗争策略产生重要影响，同时他也深深地意识到自己所肩负的历史重任。为此，他

不顾年迈劳累，积极指导无产阶级革命运动，成为当时全世界最卓越的无产阶级运动思想家和最受工人信赖与尊重的革命导师，欧美各国工人政党“都从年老恩格斯的知识和经验的丰富宝库中得到教益”。①

正是在这样的时代背景下，恩格斯在《序言》和《导言》等著作中，根据变化了的现实，求真务实地总结资本主义从自由竞争向垄断过渡阶段国际工人运动的新特点和新经验，指出在资本主义和平发展时期无产阶级革命的规律，从而为各国无产阶级政党采取新的斗争策略和更加灵活有效地与资产阶级斗争提供了强大的思想武器。

（一）《序言》

这篇文献，是恩格斯1892年为他1845年出版的《英国工人阶级状况》德文第二版写的序言。这篇《序言》共36段文字，是关于19世纪末资本主义新变化以及当时工人阶级状况变化的论述，包括以下几个方面。

恩格斯首先明确地指出，他在《英国工人阶级状况》中对资本主义的揭露和批判仍然是与事实相符的，但同时也明确地指出了对资本主义发展的新现象进行重新认识的必要性。他认为自己在24岁时写成的《英国工人阶级状况》中到处都能看到德国古典哲学的影响，带着他青年时代的种种印记，但是书中对资本主义社会工人阶级各种悲惨境况的揭露和批判，以及对资本主义变化趋势的分析，仍然是正确而负责任的。恩格斯说，“当我重读这本青年时期的著作时，发现它毫无使我羞愧的地方”。② 但同时，恩格斯又强调，要对资本主义发展出现的新情况进行重新认识与分析，因为《英国工人阶级状况》所进行的描述，很多方面都时过境迁了，资产阶级的经营方式以及对无产阶级的剥削方式方面都发生了许多新变化。因此，“本书在哲学、经济学和政治方面的总的理论观点，和我现在的观点绝不是完全一致的”。③

恩格斯指出，资产阶级所采取的一系列改善劳资关系的“改良措施”，不可能改变工人阶级受资产阶级剥削的本质。恩格斯指出：19世纪末，资

① 《列宁选集》（第1卷），北京：人民出版社，1995年，第96页。
② 《马克思恩格斯文集》（第1卷），北京：人民出版社，2009年，第365页。
③ 《马克思恩格斯文集》（第1卷），北京：人民出版社，2009年，第370页。

本家与工人阶级直接冲突的方式逐渐被和平的方式所取代，但这些却不能消除工人阶级的贫穷状况。因为，第一，所有这些对正义和仁爱的让步，事实上只是一种手段。第二，就广大工人阶级来说，他们生活困顿和没有保障的状况和从前一样非常严重。工人阶级处境悲惨的原因，不应当到资本主义“小的弊病”中去寻找，而是应该到资本主义制度当中寻找。这个制度，一方面产生了资本家阶级，他们占据着全部生产资料和消费资料；另一方面造就了人数众多的雇佣工人，他们除了自己的劳动力之外一无所有。“一条规律把劳动力的价值限制在必要的生活资料的价格上，另一条规律把劳动力的平均价格照例降低到这种生活资料的最低限度上。这两条规律以自动机器的不可抗拒的力量对工人起着作用，用他们的轮子碾压着工人。”① 资本主义的发展越来越清楚地表明，造成这一结果的并非是某些次要的弊端而是资本主义制度本身。②

恩格斯揭露和批判了工人贵族和各种各样“空论社会主义”思潮并指出他们对工人运动的危害。恩格斯指出，19 世纪末，生活状况真正得到长期显著改善的是“庞大的工联”，他们形成了工人阶级中的贵族，成了资本家满意的帮凶。而各色各样“变异”了的工人贵族“站在不偏不倚的高高在上的立场向工人鼓吹一种凌驾于一切阶级对立和阶级斗争之上的社会主义，这些人如果不是还需要多多学习的新手，就是工人的最凶恶的敌人，披着羊皮的豺狼。”③

恩格斯强调，工人阶级政党要掌握合法斗争的艺术，即学会利用资产阶级的民主制和普选权与资产阶级进行斗争，为实现无产阶级的奋斗目标服务。在 19 世纪 90 年代以前，马克思和恩格斯并不赞成资本主义普选制，他们认为，普选制的真正本质不过是资产阶级的不同群体在议会里每隔几年就轮换一次来镇压和压迫人民的游戏。而 19 世纪 90 年代以后，社会形势发生了根本性变化，普选制在欧洲一些主要国家发展很快，而工人阶级特别是德法两国的工人阶级利用普选权取得了一定的成功。斗争形势的变化，让恩格

① 《马克思恩格斯文集》（第 1 卷），北京：人民出版社，2009 年，第 375 页。
② 《马克思恩格斯文集》（第 1 卷），北京：人民出版社，2009 年，第 368 页。
③ 《马克思恩格斯文集》（第 1 卷），北京：人民出版社，2009 年，第 371 页。

斯开始重新考量过去曾经被他持怀疑态度的普选制，并在《序言》中给予充分肯定。

（二）《导言》

根据社会形势的变化，恩格斯晚年在其著作中充分肯定了工人阶级的合法性斗争形式。而恩格斯所说的工人合法性斗争，指的就是在资本主义法律和民主制度的框架内，无产阶级要通过争取普选权与议会选举权，逐步掌握国家政权，促使资本主义向社会主义过渡的一种政治斗争策略。合法性斗争策略，是恩格斯通过总结分析19世纪末期资本主义新变化和工人阶级斗争新经验，并对革命形势进行重新评估之后作出的新的理性判断。恩格斯在《导言》中，对合法性斗争的必然性与重要性进行系统论述，这是恩格斯生前所作最后一篇重要的政治性文献。

1. 斗争形势的变化是无产阶级改变斗争策略、采取合法斗争形式的必然选择

早年，马克思和恩格斯曾经坚信，暴力革命是无产阶级唯一的必然选择。然而，1848年革命失败后，革命运动新高潮并未像期待的那样快速到来。历史证明，“我们也曾经错了，暴露出我们当时的看法只是一个幻想。历史走得更远：它不仅打破了我们当时的错误看法，并且还完全改变了无产阶级进行斗争的条件。1848年的斗争方法，今天在一切方面都已经过时了，这一点值得在这里比较仔细地加以探讨”。① 到19世纪60年代，资本主义民主制和议会制不断发展，以普选制为基础的代议制开始在西方各主要资本主义国家发挥重要作用。不断发展的历史要求无产阶级在革命进程中改变传统的斗争策略，使用好合法性斗争这一新式武器，在新形势下继续开展革命斗争。

2. 新形势下工人阶级采取合法斗争形式的重要作用

（1）合法斗争形式能够有效地宣传和动员工人群众。恩格斯指出：通过使用普选权，“使我们能够每三年计算一次自己的力量；只是通过定期确认的选票数目的意外迅速的增长，既加强工人的胜利信心，同样又增加对手

① 《马克思恩格斯文集》（第4卷），北京：人民出版社，2009年，第538页。

的恐惧，因而成为我们最好的宣传手段”①。而议会选举，“它在帝国国会中给我们的代表提供了一个讲坛，我们的代表在这个讲坛上可以比报刊上和集会上更有权威和更自由得多地向自己在议会中的对手和议会外的群众讲话”。② 从而使工人阶级自己的主张得以在公开场合得到从容而充分的阐释和宣扬。同时，“在竞选宣传中，它给我们独一无二的手段到人民还疏远我们的地方去接触群众，并迫使一切政党在全体人民面前回答我们的抨击，维护自己的观点和行动”③。而这一切，则提供了接触群众、动员群众、打击敌人、宣传自己的重要途径。

（2）合法斗争形式对于我们准确把握斗争时机提供了有效手段。在多年的革命实践中，恩格斯深知革命时机的准确把握，是我们采取合理斗争行动的前提。而适时合理的斗争行动又是革命取得胜利的重要保证。恩格斯指出：普选权如果“只是给我们提供了关于我们自身力量和各个敌对党派力量的精确情报，从而给了我们一把衡量我们的行动是否适度的独一无二的尺子，使我们既可避免不适时的畏缩，又可避免不适时的蛮勇——即使这是选举权所给予我们的唯一的好处，那也足够多了”。④

（3）合法斗争形式可以把“向来是欺骗的工具变成为解放的工具”。⑤过去工人们惯于把选举权看作资本家政府欺骗工人的工具。随着德国工人利用普选权有效夺得斗争阵地示范作用的发挥，各国工人纷纷效法，斗争成绩很快就显现出来了。人们发现，在资产阶级实现其阶级统治的国家机构中，工人阶级能够找到用来与这些机构本身作斗争的武器。“结果弄得资产阶级和政府害怕工人政党的合法活动更甚于害怕它的不合法活动，害怕选举成就更甚于害怕起义成就。”⑥ 恩格斯意味深长地说：“世界历史的讽刺把一切都颠倒了过来。我们是‘革命者’‘颠覆者’，但是我们用合法手段却比用不合法手段和用颠覆的办法获得的成就多得多。那些自称秩

① 《马克思恩格斯文集》（第4卷），北京：人民出版社，2009年，第545页。
② 《马克思恩格斯文集》（第4卷），北京：人民出版社，2009年，第545页。
③ 《马克思恩格斯文集》（第4卷），北京：人民出版社，2009年，第545页。
④ 《马克思恩格斯文集》（第4卷），北京：人民出版社，2009年，第545页。
⑤ 《马克思恩格斯文集》（第4卷），北京：人民出版社，2009年，第545页。
⑥ 《马克思恩格斯文集》（第4卷），北京：人民出版社，2009年，第545页。

序党的党派，却在它们自己所造成的合法状态下走向崩溃。它们跟奥迪隆·巴罗一起绝望地高叫：La légaliténous tue——合法性害死我们，可是我们在这种合法性下却长得身强力壮，容光焕发，简直是一副长生不老的样子。”①

3. 无产阶级的合法斗争并不否定暴力革命手段

根据形势的变化，恩格斯在《导言》中深入地论述了无产阶级斗争形式转变的必然性和重大作用。然而，我们不能因此就说，恩格斯晚年放弃了暴力革命手段，主张合法斗争是无产阶级斗争的唯一道路。事实上，在恩格斯看来，合法斗争与暴力革命都是无产阶级斗争的重要方式，但具体采用哪种方式，要看具体的形势而定。

恩格斯只是把普选权和议会选举等合法性斗争形式看作适应新的斗争形势的一种策略和手段，是用以宣传、教育、发动、训练群众，壮大革命队伍，积蓄革命力量的一种新式武器和工具。恩格斯看到，通过利用普选方式，德国社会民主党已经拥有了广泛而坚实的群众基础，成为国际无产阶级队伍的中坚力量。他指出，要努力把这些革命力量很好地保存到“决战的那一天”。②“决战的那一天”，指的是无产阶级和资产阶级进行最后殊死搏斗的革命关键时刻，武装暴力冲突是决定双方胜负的关键。为了避免人们对合法性斗争做绝对的理解，恩格斯强调指出：“革命权总是唯一的真正‘历史权利’——是所有现代国家无一例外都以它为基础建立起来的唯一权利。”③

可见，恩格斯并不迷信合法性斗争，他只是把合法性斗争当作为最后决战服务的策略和手段。手段是为目的服务的，无产阶级夺取政权实现共产主义这一目标是确定的，而夺取政权的方式，是采用合法手段，还是使用暴力方式，都不违背根本原则。对于无产阶级来说，根据具体形势的变化，能最快、最有把握地实现目标的策略，就是最好的策略。

总而言之，恩格斯晚年所阐述的无产阶级合法性斗争思想，是在继承马克思以往探索成果的基础上，根据资本主义的新变化和工人运动的新实践，

---

① 《马克思恩格斯文集》（第4卷），北京：人民出版社，2009年，第552页。

② 《马克思恩格斯文集》（第4卷），北京：人民出版社，2009年，第551页。

③ 《马克思恩格斯文集》（第4卷），北京：人民出版社，2009年，第550-551页。

所形成的新的理论成果，是在新形势下对无产阶级斗争理论的新发展。这一重要理论成果，鲜明地体现了恩格斯开放发展、实事求是的科学态度，与时俱进、开拓进取的革命精神，坚持革命原则性与斗争策略灵活性高度统一的卓越智慧，为我们坚持与发展马克思主义树立了光辉典范。

第三节 列宁的工人阶级理论

列宁是世界上第一个社会主义国家的缔造者，也是世界上第一个无产阶级执政党的创建者，是无产阶级革命的伟大领袖。他成功地领导了俄国十月社会主义革命，开创了共产主义运动的新时代，使社会主义由理论变为现实。在马克思主义发展史上，列宁继承和发展了马克思、恩格斯的工人阶级理论，对当代世界工人阶级理论和运动的发展具有重要的指导意义。

一、列宁关于无产阶级专政的思想

列宁关于无产阶级专政的思想随着革命实践的不断变化而发展。在列宁的无产阶级专政思想中，被推翻的资产阶级、地主阶级及其代表、沙皇和贵族是首要的专政对象，列宁把这些人统称为剥削者。他指出：“从资本主义过渡到共产主义是一整个历史时代。只要这个时代没有结束，剥削者就必然存着复辟希望，并把这种希望变为复辟尝试。被推翻的剥削者不曾料到自己会被推翻，他们不相信这一点，不愿想到这一点，所以他们在遭到第一次严重失败以后，就以十倍的努力、疯狂的热情、百倍的仇恨投入战斗，为恢复他们被夺去的‘天堂’、为他们的家庭而斗争。”① 列宁认为：“无产阶级专政不是阶级斗争的结束，而是阶级斗争在新形势下的继续。无产阶级专政是取得胜利、夺得政权的无产阶级进行阶级斗争，来反对已被打败但还没有被消灭、没有绝迹、没有停止反抗、反而加紧反抗的资产阶级。”② 这一时期的阶级斗争，是在国内和国际两大领域进行的。一国无产阶级在推翻资产阶

① 《列宁全集》（第35卷），北京：人民出版社，2017年，第255页。
② 《列宁全集》（第36卷），北京：人民出版社，2017年，第362页。

级统治取得国家政权后，在向共产主义第一阶段的过渡时期，国际资产阶级和各种反动势力必定会联合其国内的资本家及各种反动派千方百计地推翻无产阶级的国家政权，以重新获得曾经的统治地位，进而统治世界。社会主义国家只要还存在资本主义生产关系，或者帝国主义霸权只要还在国际范围内存在，阶级斗争就会一直存在，战争就随时可能爆发，无产阶级绝对不能放松警惕。

（一）无产阶级专政的实质不在于暴力

对于无产阶级专政，有些人经常把它理解为无产阶级的暴力独裁，这种观点是错误而不全面的，这是对无产阶级专政的错误理解和刻意妖魔化。1917 年十月革命胜利后，列宁很快认识到无产阶级专政绝非仅仅意味着使用暴力推翻地主和资本家的统治并镇压其反抗，而是要建立起社会主义生产关系，并组织经济建设，提高劳动生产率，进行国家管理，建立起牢固的无产阶级政权。随着社会主义革命和建设实践的发展，列宁逐步深刻地意识到，无产阶级夺取国家政权后，除进行镇压、建设、管理外，可以采取一切合理的方式方法向共产主义阶段过渡，其中并不排除利用资本主义发展社会主义，而这些都是无产阶级专政的重要内容。无产阶级专政不等于无产阶级暴力统治，而是无产阶级带领人民走向共产主义的方式和手段，是一种以人民为中心、为人民服务的国家治理方式，我们不应该片面地理解和评判无产阶级专政。列宁的这些思想对于我国更好地理解无产阶级专政以及采取有效措施进行社会主义建设具有重要的现实指导意义。

（二）无产阶级专政首先表现在确立社会主义公有制

无产阶级取得国家政权后，要逐步确立以生产资料公有制为主体的经济基础，因为这是马克思主义所倡导的重要原则。经济基础决定上层建筑，如果没有生产资料公有制这一核心经济基础，无产阶级专政就无法得到长期巩固。列宁对生产资料国有化非常重视，十月革命胜利后他们很快宣布土地归国家所有。同时，为了奠定社会主义革命和建设的物质基础，他们把资本主义大银行、大工业全部收归国有。对中小资本主义企业，先期实行工人监督，随后逐步实行了工人管理。列宁认为，只有确立了公有制的主体地位，无产阶级专政才会有坚实的经济基础，才能使一切工作服务于社会主义建设。列宁的这一思想，对于社会主义国家如何利用商品和市场发展社会主义，具有重要的指导意义。

（三）无产阶级专政是新型民主与新型专政的统一

民主与专政是辩证统一的关系，民主并不是指国家大事由所有成员说了算，而是指一个国家的大政方针能够反映多数人的意愿和利益，真正代表人民对社会进行阶级统治和治理。当无产阶级专政结束时，阶级和政治意义上的国家就将消失，也就意味着作为国家形态的民主消亡。无产阶级专政是人民民主专政，是对人民实行民主和对敌人实行专政的有机统一。列宁指出，在小农占多数的国家，无产阶级获取国家政权后，由于无产阶级具有革命的坚决性与彻底性，使其成为其他劳动阶级的领导阶级，使“一切被剥削劳动者阶层参加自己的队伍，因为他们正在站到无产阶级的立场上来”①，“因而这个时期的国家就不可避免地应当是新型民主的（对无产者和一般穷人是民主的）和新型专政的（对资产阶级是专政的）国家”②。因此，处于向共产主义过渡时期的国家的无产阶级专政必然要采取人民民主专政。列宁进一步指出，只有充分实行人民民主，才能有效对敌人实施专政；反之亦然。他还提出，为了把对人民的民主与对敌人的专政落到实处，一定要加强法律制度建设。列宁的上述思想对于人们正确理解人民民主专政的性质、实行全面依法治国具有重要的启示作用。

（四）无产阶级要通过工人阶级政党来实现无产阶级专政

列宁指出，“无产阶级专政是无产阶级对劳动群众（和整个社会）的领导”③。而无产阶级领导必须要通过自己的先锋队即共产党才能实现。只有共产党才能担负起领导无产阶级进行革命斗争，并通过无产阶级专政进行社会主义建设，从而带领全体人民实现共产主义的历史使命。共产党作为整个国家和整个社会的领导者，必须将党的各项方针政策融入国家与社会的各项管理事务中，社会主义不论进行什么建设都要坚持共产党的领导，加强党的建设，领导无产阶级在经济、政治、文化、军事等各个领域的斗争，确保国家繁荣昌盛、

---

① 《列宁全集》（第36卷），北京：人民出版社，2017年，第402页。
② 《列宁全集》（第31卷），北京：人民出版社，2017年，第33页。
③ 《列宁全集》（第37卷），北京：人民出版社，2017年，第436页。

人民安居乐业，巩固无产阶级专政，完成实现共产主义的历史使命。

二、列宁关于无产阶级政党建设的思想

（一）加强政党政治建设

政治属性是政党的根本属性，党通过制定正确的方针和政策确保其思想层面与政治层面保持高度一致，进而使全党和人民统一步调，向着正确的政治方向共同迈进，这不仅是党的政治建设，更是党建的根本性工作。

列宁强调要加强党员干部政治教育，培养其政治意识。在十月革命取得胜利后，列宁充分认识到在复杂的国内外形势下，只有加强政治建设才能够实现党对国家、党对人民的领导，才能够更加系统地统筹发展国内其他方面。为此，列宁将政治教育与宣传工作作为政治建设的重要内容，并在1920年组织建立了苏维埃共和国政治教育总委员会，负责对全国的政治教育与宣传工作进行统筹和落实。同时，在多方协调下，还出版和发表了许多经典著作与理论刊物，进而扩大政治宣传教育效果、培养国民政治意识。此外，列宁还积极鼓励与号召党内先进党员和干部发挥榜样示范作用，形成对党内其他党员干部和人民群众政治意识的有效引导。

严明政治纪律提高纪律标准是政治建设的重要内容，也是提高党员党性修养的关键办法，无规矩不成方圆，党内要有严格统一的纪律，设置红线底线，也可以加强党内团结和作风。列宁认为，对于俄共中央已经作出的决定，有非议但却无法提出更有参考价值与实际价值的意见，是在浪费时间和精力，并且会扰乱党内其他人员的工作，是严重违反党内政治纪律的行为。列宁还强调，严明党的纪律还应始终维护和确保党内团结，切忌在党内形成政治小团体，因为政治小团体的存在不仅会阻碍党内工作效率的提升、影响决策的科学性，而且还会给敌人以可乘之机，甚至造成国家政治体系紊乱。此外，列宁还特别重视组织程序的建立及其作用的发挥，要求各类问题必须要按照程序和规定请示或汇报上级，除遇战争、自然灾害等极特殊情况，否则，各级部门不得擅做主张和越权处理相关事宜，对于违反政治纪律的党员干部，做到严惩不贷，为构建良好的党内环境和提高国家对各项事务的处理效率提供保障。

列宁的这些关于加强政党政治建设的思想对于我国当前以及未来加强共产党政治建设都具有启示与进步意义。

（二）加强政党思想建设

列宁结合俄国社会民主党的实际情况，对革命理论的基础地位给予了高度评价，指出革命理论对社会民主党建设具有重要的作用和意义。一方面，党处于成立初期，必须要借助先进的革命理论与思想同那些使社会主义运动脱离正确轨道的错误理论与思想展开斗争。另一方面，作为一种国际范围内的运动，社会主义运动在国家的运用和发展需要在一定程度上借鉴他国的经验与教训，但借鉴绝不是完全照搬，而是以马克思主义为指导，结合俄国国情所展开的批判性的借鉴。

列宁认为，“严格的无产阶级世界观只有一个，这就是马克思主义”①。无产阶级政党的党纲完全建立在唯物主义世界观的基础之上。无产阶级在马克思主义理论的指导下形成对世界的认识，同时，也能够对自身的历史地位与使命有充分认识和了解，从而准确把握各类事物发展以及自身发展的客观规律，进而探索和践行正确的道路以改变世界，马克思主义理论是党的行动指南，必须坚持马克思主义。列宁强调，要坚持马克思主义与本国国情相结合，与时俱进地发展马克思主义，不能形成教条主义。此外，列宁还强调：“我们绝不把马克思的理论看作某种一成不变的和神圣不可侵犯的东西；恰恰相反，我们深信：它只是给一种科学奠定了基础，社会党人如果不愿落后于实际生活，就应当在各方面把这门科学推向前进。我们认为，对于俄国社会党人来说，尤其需要独立地探讨马克思的理论，因为它所提供的只是总的指导原理，而这些原理的应用具体地说，在英国不同于法国，在法国不同于德国，在德国又不同于俄国。”② 我们要用马克思主义这一科学的世界观与方法论去武装头脑，指导我们进行无产阶级革命以及建设。

列宁提出，对社会主义思想体系的任何轻视和任何脱离，都意味着资产阶级思想体系的加强。他也提出，无产阶级政党通过研究、宣传、组织等工

---

① 《列宁全集》（第10卷），北京：人民出版社，2017年，第271页。

② 《列宁全集》（第4卷），北京：人民出版社，2013年，第161页。

作，通过思想领域的斗争，掌握思想领导权，同时高度重视无产阶级思想体系的宣传、鼓动和组织工作在传播无产阶级思想体系中的作用。

列宁关于政党思想建设的思想对于我国加强共产党的思想建设也有重要意义，我们党一定要用马克思主义武装头脑、指导实践，将马克思主义与我们国情相结合，将共产主义远大理想与中国特色社会主义共同理想相统一，保持党的纯洁性、先进性。

（三）加强政党文化建设

政党文化是政党生活的政治心理倾向和政治价值取向的总和，主要包括政党认识、政党情感、政党思想、政党理想等。在政党文化建设中，政党价值取向又被称为意识形态，是政党建设的核心内容，它对政党文化的基本性质和发展方向有着决定作用。把马克思主义作为指导思想，这是无产阶级政党进行文化建设区别于其他所有政党的重要特点和优点。

在政党政治发展过程中，文化领导权向来事关重大，它对于政党夺取国家政权和获得执政合法性意义重大。在领导革命和建设的伟大实践中，列宁首先科学地阐述了应该如何构建无产阶级政党文化领导权，其次在现实实践中大力倡导并全面推行，从而使苏联共产党成功赢得国家政权和执政合法性，使社会主义革命和建设事业在苏联获得蓬勃发展。同时，这里还有一点需要强调，积极推进马克思主义本国化、时代化、大众化，也是列宁在构建苏联无产阶级文化领导权过程中高度关注和重视的重要方面。

教育与自觉相结合，这是构建党的文化领导权的基本路径。在列宁看来，社会主义意识是一种从外面灌输到无产阶级中去的东西，而不是一种从斗争中自发地产生出来的东西。[①] 在我国进行党的文化建设时应该很好地参照列宁的这些观点，要重视意识形态和文化领导权，加强社会主义核心价值观的宣传，使马克思主义与社会主义先进文化潜移默化地影响每个人。

（四）加强政党民主建设

列宁认为民主对于社会主义是必不可少的，他在 1916 年所写的《论面

---

① 《列宁全集》（第 6 卷），北京：人民出版社，2013 年，第 37 页。

目全非的马克思主义和“帝国主义经济主义”》一文中做了解释：“没有民主，就不可能有社会主义，这包括两个意思：（1）无产阶级如果不通过争取民主的斗争为社会主义革命作好准备，它就不能实现这个革命；（2）胜利了的社会主义如果不实行充分的民主，就不能保持它所取得的胜利，并且引导人类走向国家的消亡。”①

确保党内民主是确保政党保持自身生机与活力的关键途径，是政党实现科学、民主与依法执政的根本手段。列宁无产阶级政党的民主建设思想在马克思党建思想中占据着重要地位，也是无产阶级政党开展民主建设的关键理论依据。在革命与执政的各个历史时期，列宁都根据特定时期的形势变化以及党自身的成熟度，对党内民主建设工作展开相应的论述和探索。列宁强调，党内民主的内涵就在于党员的定位和权力，具体来说，党员应该是党的主人，党的一切权力毋庸置疑是属于全体党员的，在党的政治生活中，党员是核心，并拥有对党内事务进行直接或间接处理的平等权。

为进一步确保党内民主，避免某个党员干部或领导的个人专断，必须实施集体领导制。通过集体领导制，使各领导干部共同参与到党的决策中来。列宁特别看重中央委员会在集体领导工作中的作用，通过定期召开相关会议共同决定各项事宜。列宁还认为，集体领导应同党内的个人分工进行有机结合，分工可以使工作效率得到很大提高，在领导集体通过相关决策事宜后，若不实施个人分工，则无法真正实施党的相关决策，相应地，党的领导也就成为空谈。

列宁也十分注重党的选举制度。对于党内民主，原则上应确保每位党员都享有对党内事务进行管理的权力，但实际上又不可能实现每一位党员对军队内事务的管理，鉴于全体党员都具有一定的利益诉求和期望，而有能力和受到推崇的代表将会代理相关党内事务的管理。因此，列宁认为，对于党的事务处理，所有党员都是自由和平等的，每一名党员均具有按照特定程序发表自身意见的权利，这也是确保所选举的领导人员和相关机构能够科学、正确处理各项党的事务的重要前提。

---

① 《列宁全集》（第28卷），北京：人民出版社，2017年，第168页。

列宁的这些关于加强政党民主建设的思想对于我国来说有很大的借鉴意义，党内民主可以凝聚人心、加强我国党内团结，选举、分工都能使党内各项决策更加科学合理、公平公开，使党的工作效率提高。

（五）加强政党作风建设

作风建设在无产阶级政党建设中占据着很重要的地位，要反腐败、反官僚，列宁十分重视与人民群众的关系，认为政党要全心全意为人民服务。

党在建设事业中必须密切联系群众。人民群众是党能够切实依靠的重要革命力量。根据马克思主义理论，社会历史的主体是人民群众，人民群众也是社会历史的创造者，因此在革命活动中必须始终重视人民群众的作用。十月革命胜利前，列宁密切联系群众的作风主要表现在两个方面：一是向群众灌输和培养马克思主义及革命意识，使群众觉悟；二是寻求广大群众对革命、对布尔什维克党的支持，成为革命的同盟者。党虽然是无产阶级的先锋队，却是整个无产阶级中的一小部分，而无产阶级又是全体民众中的小部分。因此，在反对资产阶级的斗争中，党如果不赢得广大群众的支持和参与，是不能取得革命胜利的。

党要全面杜绝腐败行为。在俄共（布）执政后，个别党员干部的贪腐行为也慢慢地败露，引起了列宁的高度警惕和关注。贪腐现象对于整个党的发展而言，无疑是一颗毒瘤，在对党群关系产生严重影响的同时，也造成了群众的强烈不满，而且严重制约着执政党自身发展和国家建设。为此，列宁提出：“只要有贪污受贿的可能，就谈不上政治。”① 为了维护和巩固无产阶级政党政权，进一步巩固和强化党的领导地位，列宁采取了一系列措施以杜绝和严惩党内出现的贪腐行为和不正之风。一方面，列宁主张借助法律来严惩贪腐，完善法律制度，为社会主义廉政制度提供可靠的法律保障和依据。在苏维埃共和国第十一次人民代表大会上，列宁强调，无论是普通群众，还是包括经济机构在内的国家机构的党员、全体干部，人人都是平等的。其个人的受贿企图和行为必须无情地加以制止。另一方面，列宁还要求包括自身在内的全体党员和干部必须严格遵守财经纪律，以公正公开的原则全面、准

① 《列宁选集》（第4卷），北京：人民出版社，2012年，第591页。

确地报告财政收支情况，同时，还要求共产国际在运行中的每一笔钱款都要有明确的去向、作用并做好报告与审查，严格控制舞弊行为。此外，列宁还主张从严治党和司法独立，要求给予贪腐官员和违纪违规党员干部严厉的处分，并强调要通过正确处理党和政府同司法机构间的关系，确保司法公正，严厉惩治贪腐行为。

列宁作为世界上第一个取得执政地位的无产阶级政党的领导人，领导无产阶级以及人民群众建立了世界上第一个社会主义国家，带领布尔什维克党开展了对无产阶级政党建设工作的积极、充分的探索，列宁无产阶级政党建设的思想是把马克思主义与具体实际相结合的，对世界其他国家进行无产阶级政党建设有重要的理论与实践意义。

三、列宁关于加强工人阶级纪律建设的思想

在社会主义运动史上，工人阶级纪律建设始终是工人阶级政党面临的重要任务，尤其是工人阶级掌握国家政权之后，纪律建设成为关系到无产阶级建设事业成败的关键性工作之一。十月革命胜利后，列宁针对俄共（布）党内纪律开始松散懈怠、社会上兴起无政府主义、企业生产无序等现象，反复强调加强工人阶级纪律建设的重要性。列宁指出，“铁的纪律”是无产阶级政党战胜敌人和保障社会主义事业取得胜利的“基本条件之一”，是无产阶级政党在革命斗争年代逐渐形成的，是依靠无产阶级内部先进分子的觉悟和他们对革命的忠诚而得以保持的。

（一）要加强社会纪律建设

列宁指出，良好的社会纪律是清除俄国瓦解后消极颓废现象、提振人民精神、整顿和恢复国民经济的需要。在苏俄建立严格的革命纪律，是消除当时前线军事瓦解的消极影响以及其他各方面萎靡颓废气氛的前提。并且从保障革命战争顺利进行的条件来看，必须整顿铁路、河运和一些重要的工业企业，恢复国民经济，增强国力。而无产阶级只有建立起严格的组织纪律性，才能达到整顿企业和恢复国民经济的目的。加强社会纪律建设是统一全国人民思想、同国内外敌对势力作斗争、巩固无产阶级专政的需要。

（二）要加强劳动纪律建设

列宁指出，建立新的严格劳动纪律即无产阶级的劳动纪律，既是进行工业大生产的要求和条件，也是社会主义建设的必然要求和必备条件。机器大生产的特点是成千上万的工人一起劳动，在这样的生产过程中，至关重要的一点是统一工作和协同生产。要做到统一和协同，就必须使千百万人的思想形成统一意志，也就是必须使参加共同生产的全体劳动者服从统一指挥和听从统一命令。这样，就必须建立和加强严格的劳动纪律。此外，列宁还指出，加强劳动纪律建设是苏维埃国家的“根本任务”，是实现高于资本主义劳动生产率目标的重要途径。

列宁关于进行无产阶级“铁的纪律”建设的思想，关于加强社会纪律建设的理论，关于加强劳动纪律建设的思想，在科学社会主义运动史上具有重要的历史地位，对于新时代中国特色社会主义实践具有重要启示作用。

四、列宁关于工人阶级文化建设的思想

在马克思主义文化理论体系中，工人阶级文化是文化阶级性的有力注脚。工人阶级在进行阶级统治时，必然要创立和运用本阶级的思想文化来实施文化领导权，马克思、恩格斯提出了这一观点，但他们没有机会将之诉诸实践，列宁则成为实践无产阶级文化领导权的第一人。

（一）文化的阶级性高于文化的民族性

列宁在研究资本主义“世界体系”中的民族问题时，对民族文化问题做了研究。他在1913—1914年所写的《关于民族问题的批评意见》《论民族自治权》《论大俄罗斯人的民族自豪感》等著作和文章中，用大量笔墨专门探讨了民族文化及其世界性影响问题，明确阐述了他对民族文化的独特观点。列宁在《关于民族问题的批评意见》中，集中阐述了他对特定历史背景下民族文化问题的观点，深刻地揭露了“民族文化”口号的虚伪性，他指出，资产阶级用“民族文化”来分裂全世界工人阶级的团结性。

列宁指出，在资本主义世界，每个民族里面都有资产阶级的文化。同时，他特别强调这不仅表现为一些“成分”，而且表现为“占统治地位的文化”。因而，在过去不同时代笼统地说“民族文化”就是地主、神父、资产

阶级的文化这一论断，显然是对马克思、恩格斯“任何社会的统治思想都是统治阶级的思想”的运用。当地主、神父、资产阶级文化占据着文化的主体地位时，他们当然喜欢以“民族文化”的主体自居。列宁在民族国家与民族文化盛行的世界历史背景下，敢于坚持无产阶级文化立场，用文化的阶级性去揭穿文化民族性的虚伪外衣，坚决与民族主义作斗争，这需要强大的理论勇气。这也是列宁作为真正的无产阶级国际主义者的必然选择。

（二）无产阶级爱国主义思想

列宁的爱国主义思想，在古往今来人类爱国主义理论发展史上，占据着非常重要的历史地位。列宁运用历史唯物主义的观点、立场和方法，对小资产阶级的传统爱国主义、“哪里好哪里就是祖国”的国家虚无主义、“保卫祖国”的狭隘民族主义这三种爱国观进行了严肃批判，阐释了无产阶级爱国主义思想的本质。他认为，只有在社会主义历史阶段，无产阶级才谈得上拥有自己的祖国，无产阶级爱国主义的根本内涵就是爱社会主义祖国。无产阶级建立起来的社会主义国家，要始终坚持布尔什维克党的领导，要竭尽所能支援世界社会主义革命运动，促进整个世界社会主义运动不断向前发展。

列宁关于工人阶级的理论即无产阶级的理论十分丰富而全面，他的很多思想对当代工人阶级的发展仍有很重要的理论意义与实践意义，当代各国工人阶级要将列宁的科学理论与各国具体实际相结合，既要实事求是又要与时俱进，不断加强自身经济、政治、文化、纪律等各方面的建设，要坚持共产党的领导，加强阶级团结，在切实维护自身利益与合理要求的同时，使工人阶级队伍更加壮大。

第四节　中国共产党关于工人阶级和工会工作的理论

一、以毛泽东同志为核心的党的第一代中央领导集体关于工人阶级和工会的理论

以毛泽东同志为核心的党的第一代中央领导集体关于工人阶级和工会的理论，是在继承马克思、恩格斯、列宁等关于工人阶级理论的基础上，结合

中国社会的实际情况而创造性发展的。它不是简简单单地生搬硬套，而是在理论结合实际的基础上提出的建设性理论，在丰富马克思主义理论的同时也为中国革命和建设事业奠定了理论基础，并在中国共产党的领导下使之落地生根，对今后中国工人阶级事业进一步健康发展提供了重要的借鉴价值。

（一）关于无产阶级含义的表述

1. 新民主主义革命时期关于无产阶级含义的表述

五四运动中，工人阶级作为独立的政治力量登上历史舞台，其重要性逐步凸显。而对于工人阶级的界定、工人阶级的地位、如何取得革命胜利则仍然没有解答。到了大革命时期，即中国共产党与国民党合作领导共谋推翻北洋军阀统治的时期，当时党内存在两种倾向：一是以陈独秀为代表的右倾机会主义，二是以张国焘为代表的“左”倾机会主义。党内关于“谁是我们的敌人？谁是我们的朋友?”的认识严重不足，这一问题亟待解决。1924 年 12 月，毛泽东回到湖南韶山，其间深刻反思革命经验教训，深入调查实践研究，在 1925 年写成《中国社会各阶级的分析》。在这篇文章中，毛泽东首次对当时中国社会存在的各种阶级和阶层进行了细致的划分与界定。毛泽东根据对各阶级在中国社会的经济地位及其革命态度的分析，将当时的中国社会划分为地主阶级和买办阶级、中产阶级、小资产阶级、半无产阶级、无产阶级和流民无产者。

毛泽东认为，无产阶级相较于小资产阶级、半无产阶级而言，受压迫最深而革命性最强。无产阶级包括工业无产阶级和农村无产阶级。工业无产阶级中，都市苦力工人与产业工人相比，经济地位相似，不占有任何生产资料，通过出卖劳动力换取生活资料；在“集中和在生产中的重要”程度上不如产业工人。农业无产阶级是不同于自耕农、半自耕农、贫农的雇农，“无土地，无农具，又无丝毫资金”。工业无产阶级在中国革命中所处地位十分重要，“是中国新的生产力的代表者，是近代中国最进步的阶级，做了革命运动的领导力量”。究其原因，一是集中，二是经济地位低下。①

这一时期，毛泽东对于社会阶级阶层的划分是在深入调查研究的基础上

① 《毛泽东选集》(第 1 卷)，北京：人民出版社，1991 年，第 8 页。

完成的，对于当时社会阶级状况认识十分准确，在党内两大倾向的迷雾中无疑开创了正确的道路。同时毛泽东将经济地位与革命态度相结合的方法也相当灵活，虽然经济地位起决定作用，但革命态度有其相对独立性，对于各阶级的行为起导向作用，应结合具体情况进行具体分析。

2. 新中国成立之后关于无产阶级内涵的表述

新中国成立之后，中国社会阶级状况发生很大变化，以毛泽东同志为核心的党的第一代中央领导集体在对新中国具体国情深入考察的基础上，指出中国社会各阶级由工人阶级、农民阶级、小资产阶级、民族资产阶级以及管理者阶层构成，即“四阶级一阶层”。这里的工人阶级主要指产业工人，如制造、建筑、运输等行业的劳动者，而机关事业单位、商业单位的劳动者被称为职员，新中国刚成立的一段时期内，产业工人构成了我国工人阶级的主体。随着社会主义改造的逐步推进，社会阶级阶层结构随之发生变化，中国社会形成工人阶级、农民阶级以及知识分子阶层的结构，即“两阶级一阶层”。到这时，管理者阶层已构成了工人阶级的一部分。后来，知识分子也被囊括在工人阶级的范畴，周恩来总理在 1956 年 1 月 14 日中共中央召开的知识分子问题会议上根据中国现实状况分析知识分子的阶级属性，得出知识分子“已经是工人阶级的一部分”的判断。但是关于知识分子究竟属于哪一阶级这一问题从实践发展过程来看仍旧没有得到彻底解决。①

（二）关于无产阶级地位的理论

关于工人阶级掌握革命的领导权，毛泽东第一次论述是在《中国社会各阶级的分析》中，他指出工业无产阶级是革命的领导力量。② 在 1945 年 4 月《在中国共产党第七次代表大会上的口头政治报告》中，毛泽东指出，“所谓无产阶级领导，就是共产党领导”。③

新民主主义革命时期，毛泽东指出中国革命中战胜敌人的三大法宝：统一战线、武装斗争以及党的建设。④ 抗日战争时期，毛泽东深入分析中国社

① 张伟：《中国工人阶级 60 年》，《工友》2009 年第 9 期。
② 《毛泽东选集》（第 1 卷），北京：人民出版社，1991 年，第 8 页。
③ 《毛泽东文集》（第 3 卷），北京：人民出版社，1996 年，第 305 页。
④ 《毛泽东选集》（第 2 卷），北京：人民出版社，1991 年，第 606 页。

会各阶级的特点，指出无产阶级与最先进的经济形式相联系，富于组织性和纪律性，没有私人占有的生产资料。而中国无产阶级除了具有一般无产阶级的优点外，还有自己的一些特殊的优点，即中国无产阶级深受帝国主义、资产阶级、封建势力的三重压迫，因而革命比其他阶级都要坚决和彻底，在中国共产党的领导下，和广大农民有天然联系，因而便于和农民结成亲密的联盟，等等。① 解放战争时期，毛泽东指出，人民民主专政需要工人阶级的领导②。毛泽东认为，中国革命如果没有无产阶级的领导，就必然不能胜利。

1954 年 9 月 15 日，毛泽东为第一届全国人民代表大会第一次会议致开幕词时指出："领导我们事业的核心力量是中国共产党。"③ 1954 年 9 月 20 日通过的《中华人民共和国宪法》指出："我国人民在建立中华人民共和国的伟大斗争中已经结成以中国共产党为领导的各民主阶级、各民主党派、各人民团体的广泛的人民民主统一战线。今后在动员和团结全国人民完成国家过渡时期总任务和反对内外敌人的斗争中，我国的人民民主统一战线将继续发挥它的作用。"④ 1957 年 2 月 27 日，毛泽东在《关于正确处理人民内部矛盾的问题》的讲话中，提出了党的领导是在人民的政治生活中判断人们的言论和行动是非的最重要的标准之一。⑤

（三）无产阶级专政理论

毛泽东始终坚持马克思主义经典作家论述的无产阶级专政理论，他在继承的基础上立足中国革命斗争的历史实践，创立了符合中国实际的无产阶级专政特殊形式——人民民主专政。

建党之初，中国共产党仍沿用无产阶级专政这一概念。1921 年，中共一大通过党的纲领，明确提出"承认无产阶级专政，直到阶级斗争结束，即

---

① 《毛泽东选集》（第 2 卷），北京：人民出版社，1991 年，第 644 页。

② 《毛泽东选集》（第 4 卷），北京：人民出版社，1991 年，第 1479 页。

③ 中共中央文献研究室编：《毛泽东年谱（一九四九——一九七六）》（第 2 卷），北京：中央文献出版社，2013 年，第 283 页。

④ 中共中央文献研究室：《建国以来重要文献选编（第五册）》，北京：中央文献出版社，1993 年，第 521 页。

⑤ 《毛泽东文集》（第 7 卷），北京：人民出版社，1999 年，第 233－234 页。

直到消灭社会的阶级区分”。[①] 在中国革命和斗争的实践中，毛泽东逐步认识到“无产阶级专政”这一概念不适用于中国半殖民地半封建社会的基本国情。不同于马克思、恩格斯的由无产阶级单一政党进行专政，毛泽东提出“人民”这一更为广泛的概念，在强调专政的同时也强调民主。在《中国革命和中国共产党》一文中，毛泽东指出：新民主主义革命在政治上是几个革命阶级联合起来对于帝国主义者和汉奸反动派的专政。[②] 毛泽东在《新民主主义论》中指出，共产党多年奋斗的目的“在于建设一个中华民族的新社会和新国家”[③]，即新政治、新经济、新文化。新政治中指出国体为各革命阶级联合专政。在《论联合政府》一文中，毛泽东又指出，要建立适合中国最大多数人口要求的国家制度，即新民主主义的国家制度。[④] 在《关于目前党的政策中的几个重要问题》一文中，毛泽东继续指出，政权应该是一个工人阶级领导的人民大众的反帝反封建的政权[⑤]。在《将革命进行到底》一文中，毛泽东还明确提出建立“无产阶级领导的以工农联盟为主体的人民民主专政的共和国”。[⑥] 在《论人民民主专政》中，毛泽东认为人民是“工人阶级，农民阶级，城市小资产阶级和民族资产阶级”，而人民民主专政包括“对于人民内部的民主方面和对反动派的专政方面”。[⑦] “总结我们的经验，集中到一点，就是工人阶级（经过共产党）领导的以工农联盟为基础的人民民主专政”。[⑧] 在《关于中华人民共和国宪法草案》中毛泽东指出我们的人民民主是“无产阶级领导的、以工农联盟为基础的人民民主专政。”[⑨] 在《关于正确处理人民内部矛盾的问题》中，毛泽东分析了不同类型的人

---

① 中共中央文献研究室、中央档案馆：《建党以来重要文献选编（1921—1949）（第一册）》，北京：中央文献出版社，2011 年，第 1 页。

② 《毛泽东选集》（第 2 卷），北京：人民出版社，1991 年，第 647 页。

③ 《毛泽东选集》（第 2 卷），北京：人民出版社，1991 年，第 663 页。

④ 《毛泽东选集》（第 3 卷），北京：人民出版社，1991 年，第 1056 页。

⑤ 《毛泽东选集》（第 4 卷），北京：人民出版社，1991 年，第 1272 页。

⑥ 《毛泽东选集》（第 4 卷），北京：人民出版社，1991 年，第 1375 页。

⑦ 《毛泽东选集》（第 4 卷），北京：人民出版社，1991 年，第 1475 页。

⑧ 《毛泽东选集》（第 4 卷），北京：人民出版社，1991 年，第 1480 页。

⑨ 中共中央文献研究室：《建国以来重要文献选编（第五册）》，北京：中央文献出版社，1993 年，第 288 页。

民内部矛盾，提出要正确处理人民内部矛盾。① 人民民主专政这一特殊概念的提出是在立足中国国情基础上，将马克思主义的无产阶级专政理论转化为人民民主专政，既不违背马克思主义的原则，又符合中国国情，致力于共产主义理想的实现。

（四）无产阶级政党理论

毛泽东在继承马克思、恩格斯、列宁无产阶级政党理论的基础上，立足中国具体国情，形成了我国特有的无产阶级政党理论。

1. 中国共产党性质

中国共产党是中国工人阶级的先锋队，是无产阶级政党。没有工人阶级就没有中国共产党。对中国共产党性质的认识是逐步完善的。中国共产党第一次全国代表大会指出，党的名称是中国共产党。党的二大指出，共产党是无产阶级的先锋队，这是党的性质第一次在党的正式文件中得到清楚说明。党的七大在党章中强调："中国共产党，是中国工人阶级的先进的有组织的部队，是它的阶级组织的最高形式。中国共产党代表中国民族与中国人民的利益。"这是党的性质第一次在党章中被明确规定。②

2. 党的建设理论

（1）思想建设。在《井冈山的斗争》中，毛泽东指出无产阶级思想领导"是一个非常重要的问题"。③ 古田会议通过的《中国共产党红军第四军第九次代表大会决议案》提出纠正党内存在的各种非无产阶级的思想。④ 党的七大把毛泽东思想同马克思列宁主义一道写入党章作为我国的指导思想。

（2）政治建设。1921 年，党的一大制定了党的政治纲领，明确了党的最高奋斗目标是实现共产主义。党的二大提出党的最高纲领和最低纲领。1929 年，古田会议明确提出政治建军原则。1939 年，毛泽东在《〈共产党人〉发刊词》中深入分析了党的建设问题，明确提出建设一个"全国范围的、广大群

---

① 中共中央文献研究室：《建国以来重要文献选编（第十册）》，北京：中央文献出版社，1994 年，第 61 页。

② 刘贵丰：《试论中国共产党对自身性质认识的历史演化》，《山东教育学院学报》2008 年第 3 期。

③ 《毛泽东选集》（第 1 卷），北京：人民出版社，1991 年，第 77 页。

④ 《毛泽东文集》（第 1 卷），北京：人民出版社，1993 年，第 78 页。

众性的、思想上政治上组织上完全巩固的布尔什维克化的中国共产党”。①

（3）组织建设。毛泽东在《井冈山的斗争》中指出：“红军所以艰难奋战而不散，‘支部建在连上’是一个重要原因。”1929年，古田会议系统地论述了党的组织建设问题，毛泽东指出，要“努力去改造党的组织，务使党的组织确实能担负党的政治任务”②。毛泽东在《论联合政府》中指出：“应该采取民主集中制”。③《中国人民政治协商会议共同纲领》指出：“各级政权机关一律实行民主集中制”。④“五四宪法”规定：“全国人民代表大会、地方各级人民代表大会和其他国家机关，一律实行民主集中制”。⑤

（4）作风建设。1927年9月，毛泽东提出将党支部建在连上，是党的作风建设的最初尝试。1929年12月，在《关于纠正党内的错误思想》中，毛泽东总结党内各种错误思想并提出纠正方法。延安整风运动中，毛泽东写作《改造我们的学习》《整顿党的作风》《反对党八股》等报告，反对主观主义、宗派主义、党八股等错误思想。1945年4月，毛泽东在《论联合政府》中提出我党三大作风。在党的七届二中全会上，毛泽东提出要做到“两个务必”。新中国成立后，面对党内新成员与日俱增的现状，中共中央决定开展整风运动。⑥

（五）关于工会的理论

1. 工会是工人阶级的组织

1921年，毛泽东在《所希望于劳工会的》中指出，“劳工会是劳工的团结体，谁也应该同情的”，劳动组合“不仅在团结劳动者以罢工的手段取得优益的工资和缩短工作时间，尤在养成阶级的自觉，以全阶级的大同团结，谋全阶级的根本利益”。他指出，“工会是工人组织的，所以工人应该自己

---

① 《毛泽东选集》（第2卷），北京：人民出版社，1991年，第613页。

② 《毛泽东文集》（第1卷），北京：人民出版社，1993年，第88页。

③ 《毛泽东选集》（第3卷），北京：人民出版社，1991年，第1057页。

④ 中共中央文献研究室、中央档案馆：《建党以来重要文献选编（1921—1949）（第二十六册）》，北京：中央文献出版社，2011年，第761页。

⑤ 中共中央文献研究室：《建国以来重要文献选编（第五册）》，北京：中央文献出版社，1993年，第522页。

⑥ 中国共产党新闻网：《以毛泽东为核心的党的第一代中央领导集体时期的作风建设》，http：//fanfu. people. com. cn/n/2013/0424/c349113 - 21263910. html。

养活工会”。① 同时毛泽东在《关于工会工作的方针》中强调，工会组织应纠正关门主义倾向：“今天我国有将近二千万的职工大军，但组织起来的太少。老解放区工会发展很少，新解放区刚才开始。除了破坏分子及资本家外，一切职工，即使政治上落后的人，即使国民党工会的工作人员，只要有改造可能的，都应包括在工会组织之内。对于落后的和犯错误的人，应当采取团结和教育的方针，从团结的愿望出发，经过批评或者斗争，达到团结的目的。否则，我们在工厂中便会是少数，便会被孤立。”②

2. 围绕生产建设中心

毛泽东强调工会组织应始终坚持围绕生产建设中心。1949 年 3 月，党的七届二中全会召开，毛泽东在会上指出，必须恢复和发展城市生产，而城市中的其他工作“都是围绕着生产建设这一个中心工作并为这个中心工作服务的”。③ 毛泽东在 1949 年 8 月的《关于工会工作的方针》中指出，工会与党政都要围绕生产建设这一中心：“党、政、工三方面，共同的目的都是为了搞好生产。”④ 在 1951 年 2 月的《中共中央政治局扩大会议决议要点》中，毛泽东指出：“工厂内，以实现生产计划为中心，实行党、政、工、团的统一领导。”⑤ 毛泽东工会理论在指导实践的过程中不断完善，是工人阶级维护利益的重要场所，对于今天指导工会工作也有重要意义。

（六）全心全意依靠工人阶级思想

工人阶级是我国先进的领导阶级，相较于其他阶级而言，有特别突出的优点；工人阶级的政党始终秉承全心全意为人民服务；人民民主专政同样需要工人阶级领导。

毛泽东第一次提出全心全意依靠工人阶级是在党的七届二中全会的报告中。面对党的工作重心由乡村转移到城市的现状，如何管理和建设城市成为亟待解决的问题。首先关于依靠谁的问题，毛泽东指出：“在城市斗争中，

① 《毛泽东文集》（第 1 卷），北京：人民出版社，1993 年，第 6 页。
② 《毛泽东文集》（第 5 卷），北京：人民出版社，1996 年，第 326 页。
③ 《毛泽东选集》（第 4 卷），北京：人民出版社，1991 年，第 1428 页。
④ 《毛泽东文集》（第 5 卷），北京：人民出版社，1996 年，第 327 页。
⑤ 《毛泽东文集》（第 6 卷），北京：人民出版社，1999 年，第 145 页。

我们依靠谁呢？有些糊涂的同志认为不是依靠工人阶级，而是依靠贫民群众。有些更糊涂的同志认为是依靠资产阶级。”而“我们必须全心全意地依靠工人阶级，团结其他劳动群众，争取知识分子，争取尽可能多的能够同我们合作的民族资产阶级分子及其代表人物站在我们方面，或者使他们保持中立”。[①] 对于全心全意依靠工人阶级指导思想的坚持，使得我国人民幸福感不断提高、我国社会主义建设进程不断推进，具有重要意义。

二、以邓小平同志为核心的党的第二代中央领导集体关于工人阶级和工会的理论

新中国成立后，邓小平曾对工人阶级问题进行过多方面的表述，解决了当时社会面临的诸多问题，他的工人阶级理论再一次强调了工人阶级的领导地位，指示社会主义建设要全心全意依靠工人阶级；阐明在新的历史时期工人阶级新的历史使命，并郑重明确知识分子是工人阶级的重要组成部分；强调了工会的重要性和任务，指出要加强同世界工人阶级和革命人民团结的必要性。这些思想对今天指导我国工人阶级工作的开展具有重要的指导意义。

（一）指明工人阶级的领导地位

我国是工人阶级领导的、以工农联盟为基础的人民民主专政的社会主义国家。工人阶级是我国的领导阶级。邓小平对此有着明确的表述。1978 年，在中国工会第九次全国代表大会的致辞《工人阶级要为实现四个现代化作出优异贡献》中，邓小平指出，“工人阶级最重要的特点之一就是同社会化的大生产相联系，因此它的觉悟最高，纪律性最强，能在现时代的经济进步和社会政治进步中起领导作用”。[②]

（二）全心全意依靠工人阶级

我国工人阶级的领导地位决定了我们必须要全心全意依靠工人阶级。1950 年，《在西南局城市工作会议上的报告提纲》里，邓小平从四个方面指出了全心全意依靠工人阶级的具体做法：“第一，必须从思想上认识工人阶

① 《毛泽东选集》（第 4 卷），北京：人民出版社，1991 年，第 1427 - 1428 页。
② 《邓小平文选》（第 2 卷），北京：人民出版社，1994 年，第 136 页。

级的作用，不依靠工人就无法搞好工业生产，就不可能发展到社会主义。所以要反对党员和干部中那些轻视工人阶级的资产阶级和小资产阶级的思想，反对那些认为‘工人对革命没有贡献’‘工人生活太好’‘工人落后’‘工人不好管’等错误的观点。第二，必须把工人的最大多数组织到工会中去，并依靠工会去教育工人，启发其阶级觉悟，发挥其生产积极性。忽视工会工作，就谈不上依靠工人阶级。第三，用高度的热忱去关怀工人阶级的各方面，从政治上、文化上、生活和物质福利上去关心他们，不要忽略有利于工人的‘小事’。要反对有些同志那种利用工人的错误观点，他们在困难时依靠，顺利时就不依靠；需要时依靠，不需要时就不依靠；口头上依靠，思想上并不依靠。他们要求工人的多，给工人的少。甚至有个别地方还在虐待工人，因而有的工人说：‘国民党时候我们是牛和马，现在是马和牛。’这些错误必须坚决纠正。第四，依靠工人阶级必须成为党的指导思想，必须贯彻到各部门中去。不能把它看作只是工会和工厂的事情。我们的青年团、妇联、合作社、文化团体等都必须把工人工作放在重要的地位。”①

（三）提出工人阶级新的历史使命

改革开放初，邓小平就已指明我国工人阶级新的历史使命。1978 年，在中国工会第九次全国代表大会的致辞中，他提出：“高举毛泽东思想的伟大旗帜，在党中央的领导下，同心同德、一往无前，为实现中国工人阶级新的伟大历史使命——在本世纪内把我国建设成现代化的伟大的社会主义强国，努力奋斗！”②

（四）知识分子是工人阶级的一部分

“文化大革命”期间，我国知识分子曾遭到严重迫害，社会发展停滞不前，科技水平也远远落后于西方资本主义国家。但第三次科技革命已经到来，面对这种严峻形势，抓科技、抓教育、重视知识分子的发展成为亟待解决的重要问题。1975 年，邓小平在《科研工作要走在前面》文章中明确指出：“科技人员是不是劳动者？科学技术叫生产力，科技人员就是劳动者！”③ 1978 年，

---

① 《邓小平文选》（第 1 卷），北京：人民出版社，1994 年，第 175 - 176 页。
② 《邓小平文选》（第 2 卷），北京：人民出版社，1994 年，第 139 页。
③ 《邓小平文选》（第 2 卷），北京：人民出版社，1994 年，第 34 页。

在《在全国科学大会开幕式上的讲话》文章中，邓小平又详细地阐述了这一理论，他指出，“生产力的基本因素是生产资料和劳动力。科学技术同生产资料和劳动力是什么关系呢？历史上的生产资料都是同一定的科学技术相结合的；同样，历史上的劳动力也是掌握了一定的科学技术知识的劳动力”。① 科技是生产力，那么科技人员是不是劳动者呢？邓小平认为，“在剥削阶级统治的社会里，有各种各样的脑力劳动者。有些人是完全为反动统治阶级服务的，他们同从事体力劳动的劳动者处在对立的地位。但就在那个时候，也有很多从事科学技术工作的知识分子，如同列宁所说，尽管浸透了资产阶级偏见，但是他们本人并不是资本家，而是学者。他们的劳动成果为剥削者所利用，这一般是社会制度决定的，并不是出于他们的自由选择。他们同那些绞尽脑汁直接为反动统治阶级出谋划策的政客是截然不同的。马克思曾经指出，一般的工程技术人员也参与创造剩余价值。这就是说，他们也是受资本家剥削的”。② 但是，在社会主义社会里的知识分子是工人阶级自己培养的，与历史上剥削社会中的知识分子完全不同。总的来说，“他们的绝大多数已经是工人阶级和劳动人民自己的知识分子，因此也可以说已经是工人阶级自己的一部分。他们与体力劳动者的区别，只是社会分工的不同。从事体力劳动的，从事脑力劳动的，都是社会主义社会的劳动者”。③ 因此，为社会主义服务的脑力劳动者也是劳动人民的一部分。

（五）关于工会的作用和任务

工会作为职工行使权力的重要机构，保障工人的合法权益是其本职要求。1978 年，在《工人阶级要为实现四个现代化作出优异贡献》一文中，邓小平指明了工会的重要作用，“各企业的工会将成为职工代表大会或职工大会的工作机构。因此工会再不是有些人所认为的那种可有可无的组织了。工会工作的好坏怎么样，影响着工人当家作主的权力行使得怎么样，也影响着企业管理的好坏怎么样，影响着集中领导能否顺利进行。这就是说一个企业管理得好，不仅是企业党政干部的成绩，也是全企业工人群众的成绩，也

① 《邓小平文选》（第 2 卷），北京：人民出版社，1994 年，第 88 页。
② 《邓小平文选》（第 2 卷），北京：人民出版社，1994 年，第 88－89 页。
③ 《邓小平文选》（第 2 卷），北京：人民出版社，1994 年，第 89 页。

是工会工作的成绩”。[①] 邓小平认为工会的任务有两个方面，一是要努力保障工人的福利，“工会组织要督促和帮助企业行政和地方行政在可能的范围内努力改善工人的劳动条件、居住条件、饮食条件和卫生条件，同时要在工人中间积极开展各种形式的互助活动”。[②] 二是工会组织要密切联系群众，“使广大工人都感到工会，确实是工人自己的组织，是工人信得过的，能替工人说话和办事的组织，是不会对工人说瞎话，拿工人的会费做官当老爷，替少数人谋私利的组织。工会要为工人的民主权利奋斗，反对形形色色的官僚主义，它本身就必须是民主的典范。工会要教育工人艰苦奋斗、大公无私、严守纪律、服从调动、爱厂如家，工会干部自己就必须在所有这些方面都成为模范”。[③]

（六）加强同世界工人阶级和革命人民的团结

中国工人阶级是世界工人阶级的一部分，我们应加强同世界各国工人阶级的联合，为全世界工人阶级的解放和人类的进步事业作应有的贡献。1978年，在中国工会第九次全国代表大会上，邓小平指出，“我国工人阶级在建设自己的国家的同时，一定要时时刻刻记着全世界无产阶级、被压迫人民和被压迫民族。我们要进一步加强同全世界工人阶级和革命人民的团结，支持他们反帝、反殖、反霸，争取和维护民族独立以及争取社会进步的斗争，为全世界工人阶级的解放和人类的进步事业作出应有的贡献。我国工人阶级也要虚心学习各国工人阶级的斗争经验，学习他们的先进科学技术，来加快实现我国的四个现代化”。[④]

三、以江泽民同志为核心的党的第三代中央领导集体关于工人阶级和工会的理论

20 世纪末到 21 世纪初，国内外发生了许多重大转折。国际上经济全球化、世界多极化趋势加速发展，国际社会主义运动出现严重挫折。国内的一

---

① 《邓小平文选》（第 2 卷），北京：人民出版社，1994 年，第 137 页。
② 《邓小平文选》（第 2 卷），北京：人民出版社，1994 年，第 137 – 138 页。
③ 《邓小平文选》（第 2 卷），北京：人民出版社，1994 年，第 138 页。
④ 《邓小平文选》（第 2 卷），北京：人民出版社，1994 年，第 138 – 139 页。

些党员干部在思想、组织和作风等方面出现了诸多问题。在此历史背景下，以江泽民同志为核心的党的第三代中央领导集体顺势而为，虑定而动，作出了一系列重要论述，形成了丰硕的理论成果。其中关于工人阶级的思想在今天仍值得我们深入学习和思考。

（一）关于工人阶级和党的关系理论

中国共产党是工人阶级的先锋队，工人阶级是党的阶级基础。1989 年 12 月在《为把党建设成更加坚强的工人阶级先锋队而斗争》一文中，江泽民指明，党在做各项工作时应坚持以工人阶级为基础的原则，并从政治、组织和联系群众等方面说明了具体举措。他指出："我们在按照党的基本路线制定和执行具体方针政策时，要始终不渝地体现工人阶级和人民群众的意志和利益；在政治上要坚决维护工人阶级的领导阶级地位，支持和领导人民当家作主；在工作中要全心全意地依靠工人阶级，依靠广大群众；在组织上要重视从工人特别是生产第一线产业工人中发展优秀分子入党，在其他阶级和阶层中发展党员同样要坚持工人阶级先锋队战士的标准。""要切实加强党在工人群众中的工作，增强他们的主人翁责任感和建设社会主义现代化的历史使命感，引导他们不断提高政治觉悟，克服自身的弱点，把工人阶级锻炼成一支真正具有先进阶级理想、社会主义道德、现代科学文化知识、严格纪律的强大阶级队伍。"① 同时，工人阶级也必须坚持在党的领导下完成自己的历史使命。1993 年，江泽民在接见中国工会第十二次全国代表大会主席团常务主席时的讲话中指出，"建设有中国特色社会主义是人类历史上最辉煌的事业，也是中国工人阶级和广大人民群众自己的事业。当前，我国社会主义现代化建设正处在关键时期。我们要在本世纪末初步建立起社会主义市场经济新体制，实现党的十四大确定的宏伟目标和任务。完成这一宏伟任务，必须全心全意依靠工人阶级，充分发挥工人阶级的主力军作用。工人阶级要认清自己的历史使命，紧紧团结在党的周围，艰苦创业，奋发努力，为改革和建设不断作出新的贡献"。②

---

① 《江泽民文选》（第 1 卷），北京：人民出版社，2006 年，第 91 页。

② 中华全国总工会、中共中央文献研究室：《毛泽东邓小平江泽民论工人阶级和工会工作》，北京：中央文献出版社，2002 年，第 179 页。

（二）工人阶级的重要地位和作用

江泽民十分重视工人阶级的发展。1989 年，在《在庆祝中华人民共和国成立四十周年大会上的讲话》一文中，他阐明了工人阶级的重要地位和作用。他指出，“工人阶级特别是产业工人同现代化大生产紧密联系，是先进生产力和生产关系的代表，有高度的组织性和纪律性。在长期革命斗争和建设实践中，他们表现出了坚定的政治立场和自我牺牲精神、艰苦创业精神、历史主动精神，不愧为我们国家的领导阶级和社会主义事业的中坚力量。任何贬低工人阶级地位和作用的观点，都是完全错误的。”① 1989 年，在《为把党建设成更加坚强的工人阶级先锋队而斗争》文章中江泽民又进一步强调了工人阶级的先进性，“工人阶级同现代大工业紧紧联系在一起，有严格的组织性、纪律性，富于革命的坚定性和彻底性，能够以解放全人类为己任，代表先进生产力和生产关系，代表全体人民的根本利益”。②

（三）全心全意依靠工人阶级

坚持全心全意依靠工人阶级是我国的一条基本政治原则不能动摇。1990 年，江泽民在给石家庄第二印染厂全体职工的回信《发扬工人阶级的主人翁精神》中写道，“全心全意依靠工人阶级和广大人民群众，是我们党的力量所在。工人阶级是我们国家的领导阶级，是先进生产力的代表。党依靠工人阶级和广大人民群众，取得了革命和建设的伟大胜利。今天要维护社会稳定，实现分三步走的经济发展战略，实现翻两番的目标，同样必须依靠工人阶级和广大人民群众”。③ 1995 年，江泽民在《走出一条具有中国特色的国有企业改革道路》文章中指出，“全心全意依靠工人阶级，这是由我们党和国家的性质、工人阶级的历史地位和作用所决定的。工人阶级是我们国家的领导阶级，是先进生产力和生产关系的代表，是建设和改革以及维护社会稳定的最基本的力量。我们党所领导的改革开放和经济建设必须全心全意地依

① 江泽民：《在庆祝中华人民共和国成立四十周年大会上的讲话》，北京：人民出版社，1989 年，第 21 页。

② 《江泽民文选》（第 1 卷），北京：人民出版社，2006 年，第 90 页。

③ 中华全国总工会、中共中央文献研究室：《毛泽东邓小平江泽民论工人阶级和工会工作》，北京：中央文献出版社，2002 年，第 171 页。

靠工人阶级，在任何时候、任何情况下都不能动摇”。[①] 2001 年，江泽民在庆祝“五一”国际劳动节全国劳动模范座谈会上的讲话中强调，“全心全意依靠工人阶级，是我们党和国家的政治优势，也是我们从胜利走向胜利的重要保证。我们正在进行的社会主义改革开放和现代化建设，是实现国家强盛、人民富裕的必由之路。我们的工人阶级要始终以主人翁精神和饱满的热情投身到这一伟大实践中去”。[②] 2001 年，江泽民在庆祝中国共产党成立八十周年大会上的讲话中强调，“中国工人阶级始终是推动中国先进生产力发展的基本力量。我们党必须始终坚持工人阶级先锋队的性质，始终全心全意依靠工人阶级”。[③]

全心全意依靠工人阶级的基本要求和做法。江泽民在《走出一条具有中国特色的国有企业改革道路》一文中指出，“全心全意地依靠工人阶级，就是要在政治上保证职工群众的主人翁地位，调动广大职工的积极性和创造性，增强企业的凝聚力和向心力；就是要加强民主管理，听取群众意见，在制度上保证职工了解和参与企业的经营管理，实现职工群众对企业领导的有效监督；就是要加强职工队伍建设，提高职工整体素质，用建设有中国特色社会主义理论和社会主义市场经济的基本知识武装广大职工，加强对广大职工的爱国主义、集体主义、社会主义教育；就是要依法保护职工的合法权益，不断改善生产环境和条件，关心广大职工的生活和福利，目前要更加关心一些困难行业、企业的职工生活”。[④]

（四）保障工人阶级的政治、经济和文化权益

工人阶级是我国的领导阶级，保障工人阶级的政治、经济和文化权益是社会主义现代化建设的一项基本要求。2001 年，江泽民在《保障工人阶级和广大劳动群众的权益是党和国家一切工作的根本基点》讲话中强调了保障工人的政治、经济和文化权益的必要性和具体做法。他指出：“保障工人阶级和广大劳动群众的经济、政治、文化权益，是党和国家一切工作的根本

① 《江泽民文选》（第 1 卷），北京：人民出版社，2006 年，第 451 页。
② 《江泽民文选》（第 3 卷），北京：人民出版社，2006 年，第 244 页。
③ 《江泽民文选》（第 3 卷），北京：人民出版社，2006 年，第 285 页。
④ 《江泽民文选》（第 1 卷），北京：人民出版社，2006 年，第 451 页。

基点，也是发挥工人阶级和广大劳动群众积极性和创造性的根本途径。各级领导机关和领导干部，都要从坚持党的全心全意为人民服务的宗旨、巩固党的执政地位、维护国家长治久安的高度，坚持贯彻全心全意依靠工人阶级的方针，切实加强同广大职工群众的联系，关心他们的疾苦，倾听他们的呼声，实实在在地为他们说话办事，尤其要千方百计为遇到困难的职工排忧解难，努力把工人阶级和广大劳动群众的物质文化利益实现好、维护好、发展好，把他们的积极性和创造性引导好、保护好、发挥好。各级领导机关和领导干部必须懂得，保证工人阶级和广大劳动群众行使管理国家事务、经济和文化事业、社会事务的权利，是社会主义民主的根本要求。首先必须保证他们在基层的经济、政治、文化和其他社会事务中当好家作好主，这是实现工人阶级和广大劳动群众在整个国家经济、政治、文化和社会生活中当家作主的基础。要坚持发挥职工代表大会的作用，建立和完善平等协商、集体合同制度，进一步完善村民自治制度，进一步加强社区的民主建设，通过政务公开、厂务公开、村务公开等多种形式，不断扩大基层民主，确保广大职工和劳动群众依法进行民主选举、民主决策、民主管理、民主监督。”①

（五）关于工会的系列重要理论

1. 工会的作用和职责

在《正确认识工会的作用》一文中，江泽民认为工会的作用有四个方面：“第一，工会要在党的统一领导下进行工作；第二，工会要有相对独立性，不能等同于党委的一个工作部门；第三，工会要是一所提高全体职工群众思想觉悟的大学校；第四，工会要成为工人群众参政议政的一个很好的渠道，成为有领导、有组织、有纪律的发扬社会主义民主的渠道。”② 2001 年，江泽民在庆祝“五一”国际劳动节全国劳动模范座谈会上的讲话中指出了工会的重要职责：“工会是党领导的工人阶级群众组织，是党联系职工群众的桥梁和纽带，肩负着维护职工群众合法权益的基本职责。要切实维护职工群众的具体利益，真心诚意为职工群众服务。各级党委和政府要高度重视工

---

① 《江泽民文选》（第 3 卷），北京：人民出版社，2006 年，第 245 页。

② 《江泽民文选》（第 1 卷），北京：人民出版社，2006 年，第 66 页。

会组织的工作，为它们履行职能创造条件，通过它们把广大职工群众更加紧密地团结在党的周围，更好地完成党和政府提出的各项任务。”①

2. 坚持党领导管工会原则

1989 年 7 月，江泽民在出席中华全国总工会第十一届执行委员会第三次主席团扩大会议的全体座谈会时发表了《正确认识工会的作用》的讲话。江泽民指出：“工会应该在各级党组织统一领导下活动。”②“工会必须是在中国共产党领导下工人阶级自己的群众性组织。绝不允许出现脱离党的领导甚至反对党的领导的什么组织。”③ 但是，强调工会在党的统一领导下活动，并不是把工会变成党委的一个部门，工会应该是在党领导下相对独立的工人阶级的群众性组织。“一方面，工会要在党的统一领导下进行工作。另一方面，工会要有相对的独立性，而且要真正代表工人群众的利益，依法维护工人群众的合法利益。如果工会不能代表工人群众的利益，工人群众还要工会干什么！”④ 1998 年，在《工人阶级要肩负起历史赋予的光荣使命》一文中，江泽民强调：“工会是党领导的工人阶级的群众组织，肩负着职工群众合法权益的代表者和维护者的神圣职责。关于如何做好工会工作，中央已有明确的要求。各级工会组织要始终坚持党的领导，在思想上、政治上同党中央保持高度一致，紧紧围绕全党全国工作的大局开展工作。”⑤

3. 探索有中国特色的社会主义工会工作新路子

1993 年，江泽民在接见中国工会第十二次全国代表大会主席团常务主席时的讲话《积极探索有中国特色社会主义工会工作的新路子》中指出：“各级工会要团结和动员广大职工积极投身改革，推动改革不断深入。要及时反映职工群众的意见和要求，切实维护职工的合法权益。要积极探索有中国特色社会主义工会工作的新路子，努力开创工会工作的新局面。”⑥

---

① 《江泽民文选》（第 3 卷），北京：人民出版社，2006 年，第 245－246 页。

② 《江泽民文选》（第 1 卷），北京：人民出版社，2006 年，第 64 页。

③ 《江泽民文选》（第 1 卷），北京：人民出版社，2006 年，第 65 页。

④ 《江泽民文选》（第 1 卷），北京：人民出版社，2006 年，第 65 页。

⑤ 中华全国总工会、中共中央文献研究室：《毛泽东邓小平江泽民论工人阶级和工会工作》，北京：中央文献出版社，2002 年，第 205 页。

⑥ 中华全国总工会、中共中央文献研究室：《毛泽东邓小平江泽民论工人阶级和工会工作》，北京：中央文献出版社，2002 年，第 180 页。

（六）团结世界各国无产阶级

没有世界无产阶级的大团结，就没有无产阶级革命事业的胜利。但是，我们的团结并不是无条件的团结，而是在坚持一定方针和原则基础上的团结。2000 年 4 月，江泽民在全国劳动模范和先进工作者表彰大会的讲话中指明我国工人阶级与世界各国无产阶级相团结的方针和原则。他指出，“我们将坚持奉行独立自主、广泛联系的方针，在独立、平等、互相尊重、互不干涉内部事务的原则基础上，进一步加强同世界各国工人阶级和广大劳动人民的团结，为维护劳动人民权益和世界和平，促进人类社会的发展和进步作出应有的贡献”。①

四、以胡锦涛同志为总书记的党中央关于工人阶级和工会的理论

进入 21 世纪后，我国面临着复杂的国内外发展形势，国际上世界多极化趋势进一步发展，“一超多强”政治格局逐渐形成，国内社会经济发展迅速，工人阶级队伍不断壮大，综合素质得到极大提升。针对这些新变化和新特点，胡锦涛曾多次强调要坚持全心全意依靠工人阶级的基本原则，全面建设小康社会，并指出了走中国特色社会主义工会发展新路子的路径和方法，指明了工会的重要职责。这些重要论述形成了一个系统的理论体系，指导我国工人阶级不断向前发展。

（一）强调全心全意依靠工人阶级

全心全意依靠工人阶级是我们党的传统，是中国特色社会主义的鲜明特点。1996 年 7 月，胡锦涛在《坚持全心全意依靠工人阶级的方针》中阐明了我们党为什么要全心全意依靠工人阶级的原因以及如何全心全意依靠工人阶级的举措。他指出：“历史和现实都告诉我们，党离不开工人阶级，工人阶级离不开党。在领导社会主义现代化建设新形势下，党必须坚持全心全意依靠工人阶级的方针，不断巩固和加强自己的阶级基础，始终保持同整个工人阶级的联系，才能把全体人民紧紧团结和凝聚在党的周围，为国家兴旺发

① 中华全国总工会、中共中央文献研究室：《毛泽东邓小平江泽民论工人阶级和工会工作》，北京：中央文献出版社，2002 年，第 219 页。

达和民族全面振兴而不懈奋斗。”① “我们应当根据企业改革深入发展的实际，研究在新的情况下贯彻全心全意依靠工人阶级方针的有效形式、具体途径和方法，确保工人阶级的领导地位和职工群众的主人翁地位，保证职工群众参与企业民主管理和对企业领导人的民主监督，保障职工群众的各项合法权益。这就要加强理论研究和实践经验的总结，积极澄清对全心全意依靠工人阶级存在的糊涂观念和错误认识。”② 1998 年，在《工人阶级要为实现我国跨世纪发展的宏伟目标不懈奋斗》讲话中，胡锦涛进一步指明了全心全意依靠工人阶级应采取的措施，他指出：“各级党委要从巩固党的阶级基础和执政地位、实现跨世纪发展宏伟目标、确保国家长治久安的战略高度，充分认识全心全意依靠工人阶级的极端重要性，始终不渝地坚持这一根本指导方针，任何时候都不能有丝毫的含糊和动摇。要通过政治、经济、法律、舆论、行政等手段以及必要的组织措施使全心全意依靠工人阶级的方针在国家政治、经济和社会生活各方面得到更好的贯彻落实，切实保证职工群众的主人翁地位，保证他们充分享受到改革开放和社会主义现代化建设的成果。当前，要紧密结合深化企业改革的实践，深入研究落实全心全意依靠工人阶级这一方针遇到的新情况和新问题。”③

（二）肯定工人阶级的领导地位和主力军作用

工人阶级是我国的领导阶级，在社会主义建设中发挥着主力军的作用。2003 年 9 月，胡锦涛在同中华全国总工会新一届领导班子成员和中国工会十四大部分代表座谈时强调了工人阶级的重要地位。他指出：“包括知识分子在内的我国工人阶级、广大农民和其他各阶层劳动群众，始终是推动我国先进生产力发展和社会全面进步的根本力量，是不断发展人民群众根本利益的坚定力量，是维护社会安定团结的中坚力量。”④ 2008 年 10 月，胡锦涛在中国工会第十五次全国代表大会上高度赞扬了工人阶级所作出的贡献并肯定

---

① 《胡锦涛文选》（第 1 卷），北京：人民出版社，2016 年，第 271 页。

② 《胡锦涛文选》（第 1 卷），北京：人民出版社，2016 年，第 272 – 273 页。

③ 胡锦涛：《工人阶级要为实现我国跨世纪发展的宏伟目标不懈奋斗》，https：//www.gmw.cn/01gmrb/1998 – 10/20/GB/17851%5EGM2 – 2008.HTM。

④ 中新网：《胡锦涛：加强和改进工会工作 不允损害合法权益》，https：//www.chinanews.com/n/2003 – 09 – 28/26/352108.html。

了工人阶级所发挥的主力军作用。他指出："中国工人阶级是我国先进生产力和生产关系的代表，是我们党最坚实最可靠的阶级基础，是社会主义中国当之无愧的领导阶级，是全面建设小康社会、发展中国特色社会主义的主力军。长期以来，在中国共产党领导下我国工人阶级始终站在时代前列，艰苦奋斗、锐意进取，积极投身革命、建设、改革的时代洪流，作出了彪炳史册的杰出贡献。"① 他强调："随着改革开放和社会主义现代化不断推进，我国工人阶级的先进性必将进一步发展，国家领导阶级的地位必将进一步巩固，主力军作用必将进一步发挥。""各级党委要牢牢坚持全心全意依靠工人阶级的方针，尊重职工首创精神，充分发挥工人阶级主力军作用。"②

（三）指出新世纪新阶段工人运动的主题

全面建设小康社会是新阶段我国工人运动的主题。2003 年，在中南海怀仁堂同全国总工会新一届领导班子成员和中国工会十四大部分代表座谈时，胡锦涛强调："我国工人阶级的前途命运是同党和国家的前途命运紧紧联系在一起的，我国工人阶级的地位和作用也是同党和国家事业的发展紧紧联系在一起的。全面建设小康社会，是全党全国人民在新世纪新阶段的历史任务，也必然是新世纪新阶段我国工人运动的主题。我国工人运动只有牢牢把握这一主题，才能始终坚持正确的方向，生机勃勃地向前发展。"③ 2010 年，在全国劳动模范和先进工作者表彰大会上胡锦涛进一步指出："我们一定要坚定不移坚持发展是硬道理的战略思想，深入贯彻落实科学发展观，牢牢扭住经济建设这个中心，紧紧把握全面建设小康社会、坚持和发展中国特色社会主义这个当代中国工人运动的主题，坚持聚精会神搞建设、一心一意谋发展。"④

---

① 胡锦涛：《在同全国总工会新一届领导班子成员和中国工会十五大部分代表座谈时的讲话》，http：//www. gzlps. gov. cn/rdzt/kxfzg/zyswjs/202008/t20200806_ 62245863. html。

② 胡锦涛：《在同全国总工会新一届领导班子成员和中国工会十五大部分代表座谈时的讲话》，http：//www. gzlps. gov. cn/rdzt/kxfzg/zyswjs/202008/t20200806_ 62245863. html。

③ 转引自新浪网：《纪念全总成立 80 周年②工运理论在工人运动的实践中产生与发展》，http：//news. sina. com. cn/c/2005 －04 －08/08525592262s. shtml。

④ 胡锦涛：《在 2010 年全国劳动模范和先进工作者表彰大会上的讲话》，北京：人民出版社，2010 年，第 6 页。

（四）关于工会的系列重要理论

1. 坚持走中国特色社会主义工会发展道路

2008 年，胡锦涛在中国工会十五大期间发表重要讲话指出：“中国特色社会主义工会是中国特色社会主义道路的重要组成部分。要全面把握中国特色社会主义工会发展道路的精神实质，把坚决按照工会章程和有关法律法规独立自主开展工作同自觉接受党的领导紧密结合起来；把维护职工群众具体利益同维护全国人民根本利益紧密结合起来；把服务职工、维护职工合法权益同组织职工、教育引导职工紧密结合起来，不断提高为职工群众服务的能力和水平。要准确把握经济关系、劳动关系和职工队伍发展变化的新特点，探索社会主义市场经济条件下工会工作的规律，努力使中国特色社会主义工会发展道路越走越宽广。”①

2. 工会要做好三个方面的重要工作

一是组织工作。在参加全国政协十届五次会议工会、共青团、青联、妇联界委员联组讨论时，胡锦涛发表重要讲话指出：“在包括和谐社会建设在内的整个改革开放和社会主义现代化建设中，工人阶级是主力军。工会要组织广大职工踊跃投身构建社会主义和谐社会的实践。要引导广大职工焕发劳动热情，在本职岗位上创造一流业绩，推动经济又好又快发展，为社会和谐创造雄厚的物质基础。要鼓励广大职工根据职业特点，发挥智力优势，大力促进教育、科技、文化、卫生等社会事业发展，积极参与生态环境保护和治理，为经济社会协调发展、人与自然和谐相处作出贡献。要带领广大职工广泛开展多种形式的和谐创建活动，树立和谐理念，弘扬和谐精神，共建和谐文化，为形成人人为我、我为人人的社会风尚作出积极努力。”② 二是引导工作。胡锦涛在同中华全国总工会新一届领导班子成员和中国工会十五大部分代表座谈时强调：“提高包括广大职工在内的全民族文明素质，是实现中华民族伟大复兴的百年大计。要充分发挥工会‘大学校’作用，把提高职工队伍整体素质作为一项战略任务抓紧抓好。要坚持在全国广大职工中深入

① 胡锦涛：《在同全国总工会新一届领导班子成员和中国工会十五大部分代表座谈时的讲话》，http：//www. gzlps. gov. cn/rdzt/kxfzg/zyswjs/202008/t20200806_ 62245863. html。

② 胡锦涛：《论构建社会主义和谐社会》，北京：中央文献出版社，2013 年，第 139－140 页。

开展社会主义核心价值体系建设，特别是要引导广大职工群众牢固树立中国特色社会主义共同理想和实现中华民族伟大复兴的坚定信念，树立正确的世界观、人生观、价值观，培育优良品德，陶冶高尚情操，以强烈的历史使命感和主人翁责任感，为祖国和人民建功立业。要主动适应新科技革命对职工文化技术素质的新要求，顺应以信息化带动工业化的新形势，着力培养造就一大批知识型、技术型、创新型的高素质职工，不断推动我国职工队伍知识化进程。”① 三是服务工作。胡锦涛在参加全国政协会议工青妇联组讨论时的重要讲话指出：“要坚持把竭诚服务职工作为一切工作的出发点和落脚点，增强服务意识，提高服务能力，完善服务手段，拓展服务领域，努力为广大职工做好事、办实事、解难事，保持同职工的密切联系，使工会组织真正成为群众信赖的职工之家，要紧紧抓住职工最关心、最直接、最现实的利益问题，协助党委和政府解决好职工反映强烈的就业难、看病难、上学难、住房难等问题，尤其要满腔热忱地关心和帮助困难职工，深入实施送温暖工程等，千方百计为困难职工排忧解难，让他们感受到社会主义大家庭的温暖，共享改革发展成果。”②

3. 工会要切实履行自己的基本职责

2008 年 10 月，胡锦涛在同中华全国总工会新一届领导班子成员和中国工会十五大部分代表座谈时的讲话中指出：“工会的基本职责是维护广大职工群众合法权益。表达和维护广大职工群众利益，是工会一切工作的出发点和落脚点。要始终坚持以人为本，全心全意为广大职工群众服务，切实履行神圣职责，维护好广大职工群众特别是农民工合法权益。要认真倾听职工群众呼声，及时反映职工群众愿望，扎扎实实为职工群众做好事、办实事、解难事，特别是要为困难职工排忧解难。要完善劳动关系协调机制，促进实现体面劳动。要充分认识到，国家利益、集体利益、个人利益是内在统一的，职工群众利益与企业发展是紧密相连的，只有尊重和保障职工群众合法权益，促进劳动关系和谐，企业发展才有动力，社会才能和谐；只有实现企业

① 胡锦涛：《在同全国总工会新一届领导班子成员和中国工会十五大部分代表座谈时的讲话》，http：//www. gzlps. gov. cn/rdzt/kxfzg/zyswjs/202008/t20200806_ 62245863. html。

② 胡锦涛：《论构建社会主义和谐社会》，北京：中央文献出版社，2013 年，第 141 页。

发展和社会和谐，职工群众利益也才具有更可靠的保障。”①

（五）加强与世界各国工人阶级相联系

胡锦涛曾在多次讲话中强调加强与世界各国工人阶级相联系的重要性并指明其具体做法。2008 年，胡锦涛出席“2008’经济全球化与工会”国际论坛开幕式时强调要同全世界工人阶级联系起来。他指出：“让各国广大劳动者实现体面劳动，是以人为本的要求，是时代精神的体现，也是尊重和保障人权的重要内容。”“当今世界，各国广大劳动者权益更加紧密地联系在一起，需要大家共同来研究、来维护。”② 2010 年，在全国劳动模范和先进工作者表彰大会上，他进一步阐述了新阶段加强与世界工人阶级相联系的做法。他指出，“我们要始终高举和平、发展、合作旗帜，加强同世界各国工人阶级和广大劳动群众的联系合作，扩大交往，增进友谊，为维护工人阶级和劳动群众权益，推动建设持久和平、共同繁荣的和谐世界作出应有的贡献”。③

第五节　习近平总书记关于工人阶级和工会工作的重要论述

党的十八大以来，“习近平总书记始终关心重视工人阶级和工会工作，领导召开党的历史上第一次由中央召开的党的群团工作会议，指导制定加强和改进党的群团工作的意见、产业工人队伍建设改革方案和全总改革试点方案等，亲临全总机关与劳模代表座谈、给劳模本科班学员回信，每到一地考察都深入基层看望劳模、慰问职工，围绕工人阶级和工会工作多次发表重要讲话、作出重要指示，为充分发挥工人阶级主力军作用、推进党的工运事业

---

① 胡锦涛：《论构建社会主义和谐社会》，北京：中央文献出版社，2013 年，第 167 - 168 页。

② 新华社：《胡锦涛出席“2008’经济全球化与工会”国际论坛开幕式》，http：//www.gov.cn/ldhd/2008 -01/07/content_ 851755. htm。

③ 胡锦涛：《在 2010 年全国劳动模范和先进工作者表彰大会上的讲话》，http：//www.gov.cn/ldhd/2010 -04/27/content_ 1593951. htm。

和工会工作指明了方向”。①

一、关于工人阶级地位的论述

（一）工人阶级是国家的领导阶级

2008年10月，习近平提出：“工人阶级作为国家领导阶级的地位不能动摇，作为改革开放和社会主义现代化建设主力军的作用不能削弱，全心全意依靠工人阶级的根本指导方针不能改变。”② 2016年4月26日，习近平总书记在知识分子、劳动模范、青年代表座谈会上的讲话中明确指出，“我国是工人阶级领导的、以工农联盟为基础的人民民主专政的社会主义国家。知识分子是工人阶级的一部分，劳动人民是国家的主人”。③ 2016年10月，习近平总书记在全国国有企业党的建设会议上明确指出：“工人阶级是我国的领导阶级，是我们党执政最坚实最可靠的阶级基础，是全面建成小康社会、坚持和发展中国特色社会主义的主力军。”④

（二）工人阶级是主人翁

2007年4月，习近平在参加上海市劳动模范表彰大会时强调，要始终坚持全心全意依靠工人阶级的方针不动摇，始终坚持维护工人阶级主人翁地位不动摇，始终坚持发挥工人阶级的主力军作用不动摇。⑤ 在2016年两会期间，习近平总书记提出，我们要想办法调动一线工人、制造业工人、农民工的积极性，这也是社会主义的本质要求。工人阶级是主人翁，主人翁的地

① 王东明：《以习近平新时代中国特色社会主义思想为指导 团结动员亿万职工 为决胜全面建成小康社会夺取新时代中国特色社会主义伟大胜利而奋斗——在中国工会第十七次全国代表大会上的报告》，http：//acftu. workercn. cn/27/201810/27/181027095002013. shtml。

② 习近平：《在夺取全面建设小康社会新胜利中充分发挥工人阶级主力军作用——在中国工会第十五次全国代表大会上的祝词》，http：//www. gov. cn/ldhd/2008 -10/17/content_1124024. htm。

③ 习近平：《在知识分子、劳动模范、青年代表座谈会上的讲话》，http：//www. xinhuanet. com/politics/2016 -04/30/c_ 1118776008. htm。

④ 习近平：《习近平谈治国理政》（第1卷），北京：外文出版社，2018年，第45页。

⑤ 解放日报：《大力弘扬新时期劳模精神 激发广大劳动群众创造活力》，http：//news. sina. com. cn/o/2007 -04 -28/085811732869s. shtml。

位要体现出来。[①] 2018 年 10 月 29 日，习近平总书记在与中华全国总工会新一届领导班子成员集体谈话时强调，各级党委和政府要贯彻党的全心全意依靠工人阶级的方针，保证工人阶级的主人翁地位。[②]

二、关于工人阶级发挥主力军作用的论述

习近平总书记多次强调工人阶级在社会主义建设中发挥着主力军作用。2007 年 4 月，习近平在上海市劳动模范表彰大会上就工人阶级的历史地位和作用指出，要始终坚持发挥工人阶级的主力军作用不动摇[③]。2013 年 4 月 28 日，习近平总书记在同全国劳动模范代表座谈时强调："工人阶级是全面建成小康社会、坚持和发展中国特色社会主义的主力军。"[④] 习近平总书记在全国国有企业党的建设会议上再次明确指出："工人阶级是全面建成小康社会、坚持和发展中国特色社会主义的主力军。"[⑤] 2018 年 10 月 29 日，习近平总书记在与中华全国总工会新一届领导班子成员集体谈话时又一次强调："完成党的十九大提出的目标任务，必须充分发挥工人阶级主力军作用。"[⑥]

三、关于党始终坚持全心全意依靠工人阶级的论述

2009 年 9 月，习近平出席大庆油田发现 50 周年庆祝大会时指出，国有企业的发展和进步，必须始终坚持全心全意依靠工人阶级的根本方针。[⑦] 2015 年 4 月，习近平总书记在庆祝"五一"国际劳动节暨表彰全国劳动模

---

① 人民网：《习近平：主人翁的地位要体现出来》，http://politics.people.com.cn/n1/2016/0305/c1024-28174493.html。

② 新华社：《习近平同中华全国总工会新一届领导班子成员集体谈话并发表重要讲话》，http://www.gov.cn/xinwen/2018-10/29/content_5335515.htm。

③ 解放日报：《大力弘扬新时期劳模精神 激发广大劳动群众创造活力》，http://news.sina.com.cn/o/2007-04-28/085811732869s.shtml。

④ 习近平：《习近平谈治国理政》，北京：外文出版社，2014 年，第 45 页。

⑤ 中共中央党史和文献研究院：《十八大以来重要文献选编（下）》，北京：中央文献出版社，2018 年，第 393 页。

⑥ 新华社：《习近平同中华全国总工会新一届领导班子成员集体谈话并发表重要讲话》，http://www.gov.cn/xinwen/2018-10/29/content_5335515.htm。

⑦ 习近平：《在大庆油田发现 50 周年庆祝大会上发表重要讲话》，http://www.cnpc.com.cn/cnpc/gcdt/200909/bd2ffd0a5c5b4602b7eda3352db82270.shtml。

范和先进工作者大会上指出："在前进道路上，我们要始终坚持人民主体地位，充分调动工人阶级和广大劳动群众的积极性、主动性、创造性。"他又指出："在当代中国，工人阶级和广大劳动群众始终是推动我国经济社会发展、维护社会安定团结的根本力量。"[①] 2016 年 10 月 10 日，在全国国有企业党的建设工作会议上，习近平总书记指出，要坚持全心全意依靠工人阶级的方针。[②] 2018 年 10 月 29 日，习近平总书记在与中华全国总工会新一届领导班子成员集体谈话时强调，各级党委和政府要贯彻党的全心全意依靠工人阶级的方针，保证工人阶级的主人翁地位。[③]

四、关于工人阶级光荣传统的论述

2015 年 4 月 28 日，习近平总书记在庆祝"五一"国际劳动节暨表彰全国劳动模范和先进工作者大会上的讲话中提出，要弘扬我国工人阶级和广大劳动群众的伟大品格。他同时强调要在全社会大力弘扬劳模精神、劳动精神，以劳动托起中国梦。[④] 在许多重要的场合，习近平总书记曾多次高度赞扬工人阶级具有光荣传统和伟大品格，伟大品格决定工人阶级拥有光荣传统。工人阶级作为劳动者，在历史上长期受压迫，无数苦难的磨炼使得工人阶级一直拥有着高贵的品质，工人阶级的先进性与高贵品质决定其能够肩负起重要的历史使命。

五、关于工人阶级历史使命的论述

工人阶级肩负着实现伟大中国梦的历史使命。2013 年 4 月 28 日，习近平总书记同全国劳动模范代表座谈并发表重要讲话指出，工人阶级应坚持以振兴中华为己任，增强历史使命感和责任感，立足本职、胸怀全局，自觉把人

---

① 习近平：《在庆祝"五一"国际劳动节暨表彰全国劳动模范和先进工作者大会上的讲话》，北京：人民出版社，2015 年，第 4－5 页。

② 新华社：《习近平在全国国有企业党的建设工作会议上强调：坚持党对国企的领导不动摇》，http：//www. xinhuanet. com/politics/2016－10/11/c_ 1119697415. htm。

③ 新华社：《习近平同中华全国总工会新一届领导班子成员集体谈话并发表重要讲话》，http：//www. gov. cn/xinwen/2018－10/29/content_ 5335515. htm。

④ 习近平：《在庆祝"五一"国际劳动节暨表彰全国劳动模范和先进工作者大会上的讲话》，北京：人民出版社，2015 年，第 1－14 页。

生理想、家庭幸福融入国家富强、民族复兴的伟业之中，把个人梦与中国梦紧密联系在一起，始终做坚持中国道路的柱石、弘扬中国精神的楷模、凝聚中国力量的中坚，始终以国家主人翁姿态为坚持和发展中国特色社会主义作出贡献。①

在与中华全国总工会新一届领导班子成员集体的谈话中，习近平总书记进一步强调，完成党的十九大提出的目标任务，必须充分发挥工人阶级主力军作用。同时，习近平总书记在谈话中也进一步要求工会，要团结动员亿万职工积极建功新时代，开创我国工运事业和工会工作新局面。②

六、关于工人运动时代主题的论述

党的十八大之后，习近平总书记指出："我国工人运动的时代主题，是为实现中华民族伟大复兴的中国梦而奋斗。工会要牢牢抓住这个主题，把推动科学发展、实现稳中求进作为发挥作用的主战场，把做好新形势下职工群众工作、调动职工群众积极性和创造性作为中心任务。"③ 2018 年 10 月 29 日，习近平总书记在同中华全国总工会新一届领导班子成员集体谈话时指出，我国广大职工要牢牢把握为实现中国梦而奋斗的时代主题，把自身前途命运同国家和民族前途命运紧紧联系在一起，把个人梦同中国梦紧密联系在一起，把实现党和国家确立的发展目标变成自己的自觉行动，爱岗敬业、争创一流，以不懈奋斗书写新时代华章，共同创造幸福生活和美好未来。④

七、关于工会工作的重要论述

（一）工会要大力弘扬劳模精神、劳动精神、工匠精神

习近平总书记强调，要大力弘扬劳模精神、劳动精神、工匠精神。劳模

---

① 新华网：《习近平同全国劳动模范代表座谈并发表重要讲话》，http：//politics. people. com. cn/n/2013/0428/c1024 －21322617. html。

② 新华月报：《新中国 70 年大事记（1949. 10. 1—2019. 10. 1）（下）》，北京：人民出版社，2020 年，第 1906 页。

③ 中共中央文献研究室：《习近平关于社会主义政治建设论述摘编》，北京：中央文献出版社，2017 年，第 180 页。

④ 新华社：《习近平同中华全国总工会新一届领导班子成员集体谈话并发表重要讲话》，http：//www. gov. cn/xinwen/2018 －10/29/content_ 5335515. htm。

精神、劳动精神、工匠精神是以爱国主义为核心的民族精神和以改革创新为核心的时代精神的生动体现，是鼓舞全党全国各族人民风雨无阻、勇敢前进的强大精神动力①。2018年10月29日，习近平总书记同中华全国总工会新一届领导班子成员集体谈话时指出，劳动模范是民族的精英、人民的楷模。大国工匠是职工队伍中的高技能人才。工会要协同各个方面为劳动模范、大国工匠发挥作用搭建平台、提供舞台，培养造就更多劳动模范、大国工匠。②

（二）工会要切实维护职工合法权益和竭诚服务职工群众

2015年4月28日，在庆祝“五一”国际劳动节暨表彰全国劳动模范和先进工作者大会上，习近平总书记指出：“工会是党联系职工群众的桥梁和纽带，工会工作是党的群团工作、群众工作的重要组成部分，是党治国理政的一项经常性、基础性工作。”“坚决履行维护职工合法权益的基本职责，把竭诚为职工群众服务作为工会一切工作的出发点和落脚点。”③ 2018年10月29日，习近平总书记在同中华全国总工会新一届领导班子成员集体谈话时指出，工会要坚持以职工为中心的工作导向，抓住职工群众最关心、最直接、最现实的利益问题，认真履行维护职工合法权益、竭诚服务职工群众的基本职责，把群众观念牢牢根植于心中，哪里的职工合法权益受到侵害，哪里的工会就要站出来说话。④

（三）工会要坚持党的领导

2013年10月，习近平总书记对如何评判工会工作的好坏作出了明确说明。习近平强调，工会工作做得好不好、有没有取得明显成效，关键看有没有坚持正确政治方向。坚持正确政治方向，就是要坚持中国共产党领导和社

① 习近平：《在全国劳动模范和先进工作者表彰大会上的讲话》，北京：人民出版社，2020年，第4页。

② 新华社：《习近平同中华全国总工会新一届领导班子成员集体谈话并发表重要讲话》，http：//www. gov. cn/xinwen/2018 -10/29/content_ 5335515. htm。

③ 习近平：《在庆祝“五一”国际劳动节暨表彰全国劳动模范和先进工作者大会上的讲话》，北京：人民出版社，2015年，第12页。

④ 新华社：《习近平同中华全国总工会新一届领导班子成员集体谈话并发表重要讲话》，http：//www. gov. cn/xinwen/2018 -10/29/content_ 5335515. htm。

会主义制度。① 2018 年 10 月 29 日，习近平总书记在与中华全国总工会新一届领导班子成员集体谈话时要求，工会要忠诚党的事业，通过扎实有效的工作把坚持党的领导和我国社会主义制度落实到广大职工群众中去。②

（四）工会要不断改革创新

以习近平同志为核心的党中央指出："在革命、建设、改革各个历史时期，党始终高度重视群团工作，加强群团组织建设，发挥群团组织特殊优势，团结带领广大人民群众共同为实现党在各个时期的历史任务而奋斗。新形势下，党的群团工作只能加强，不能削弱；只能改进提高，不能停滞不前。"③

首先，要明确增强"三性"、去除"四化"的改革方向。"三性"指的是政治性、先进性和群众性，"四化"指的是当前在一定程度上存在于群团组织中的"机关化""行政化""贵族化"和"娱乐化"现象。2015 年 7 月，习近平总书记在中央党的群团工作会议上旗帜鲜明地指出，必须切实保持和增强党的群团工作和群团组织的政治性、先进性、群众性。④

其次，要树立大抓基层的鲜明导向。习近平总书记在中央党的群团工作会议上提出，做好群团工作的关键在基层，必须坚持面向基层，"坚持力量配备、服务资源向基层倾斜"⑤。2018 年 10 月，他又强调，工会要坚持眼睛向下、面向基层，把力量和资源向基层倾斜投放。⑥

最后，要密切联系群众，走中国特色社会主义工会发展道路。党的十八大以来，以习近平同志为核心的党中央提出，要把工会建设成为学习型、服务型、创新型的工人阶级群众组织，习近平总书记强调工会要"把竭诚为职

---

① 新华网：《习近平同中华全国总工会新一届领导班子成员集体谈话》，http：//www. xinhuanet. com/politics/2013 -10/23/c_ 117844453. htm。

② 新华社：《习近平同中华全国总工会新一届领导班子成员集体谈话并发表重要讲话》，http：//www. gov. cn/xinwen/2018 -10/29/content_ 5335515. htm。

③ 中共中央文献研究室：《习近平关于社会主义政治建设论述摘编》，北京：中央文献出版社，2017 年，第 193 页。

④ 习近平：《习近平谈治国理政》（第二卷），北京：外文出版社，2017 年，第 306 页。

⑤ 习近平：《习近平谈治国理政》（第二卷），北京：外文出版社，2017 年，第 309 页。

⑥ 新华社：《习近平同中华全国总工会新一届领导班子成员集体谈话并发表重要讲话》，http：//www. gov. cn/xinwen/2018 -10/29/content_ 5335515. htm。

工群众服务作为工会一切工作的出发点和落脚点”。[①] 习近平总书记指出，“密切联系群众是群团组织建设的永恒主题”[②]，工会等“群团组织不能坐在机关里做工作，而是要摆脱文山会海、走出高楼大院，群团干部特别是领导机关干部要深入基层、深入群众，争当全心全意为人民服务宗旨的忠实践行者、党的群众路线的坚定执行者、党的群众工作的行家里手”。[③]

习近平总书记旗帜鲜明地指出，“我们的工会肩负着引领工人阶级跟党走、使之成为党最坚实最可靠的阶级基础的使命，决不能成为西方那种‘独立工会’”[④]，“中国特色社会主义工会发展道路是中国特色社会主义道路的重要组成部分，深刻反映了中国工会的性质和特点，是工会组织和工会工作始终沿着正确方向前进的重要保证。要始终坚持这条道路，不断拓展这条道路，努力使这条道路越走越宽广”[⑤]，“希望各级工会组织和广大工会干部坚定不移走中国特色社会主义工会发展道路，坚守工会工作的主战场，狠抓工会工作的中心任务，模范履行工会组织的政治责任，更好发挥工会组织作用”[⑥]。

---

① 习近平：《在庆祝“五一”国际劳动节暨表彰全国劳动模范和先进工作者大会上的讲话》，北京：人民出版社，2015 年，第 12 页。

② 中共中央文献研究室：《习近平关于社会主义政治建设论述摘编》，北京：中央文献出版社，2017 年，第 199 页。

③ 中共中央文献研究室：《习近平关于社会主义政治建设论述摘编》，北京：中央文献出版社，2017 年，第 199 页。

④ 中共中央文献研究室：《习近平关于社会主义政治建设论述摘编》，北京：中央文献出版社，2017 年，第 193 页。

⑤ 中共中央文献研究室：《习近平关于社会主义政治建设论述摘编》，北京：中央文献出版社，2017 年，第 177 页。

⑥ 习近平：《在庆祝“五一”国际劳动节暨表彰全国劳动模范和先进工作者大会上的讲话》，北京：人民出版社，2015 年，第 12 页。

第二章
当代中国工人阶级状况变化总体考察

改革开放以后，中国在经济、政治、文化各个领域发生了巨大变化并取得了举世瞩目的成绩。与此相适应，中国社会结构也发生了巨大变化，其中阶级结构的变化也非常明显。在新时期社会主义现代化建设中，当代中国工人阶级发挥了主力军和中流砥柱的重要作用，在许多方面都发生了重大变化。本章从总体上对当代中国工人阶级的变化做了整体性考察，力图对当代中国工人阶级变化进行全景式的分析和描述，为整个研究奠定基础。

第一节　当代中国工人阶级的总体构成

基本概念内涵与范围的明晰是研究的基础。研究阶级的总体构成，首先要对这个阶级的内部结构进行总体划分。阶级结构划分标准的确定是划分阶级构成的前提。因此本节主要探讨基本概念、阶层结构划分标准和当代中国工人阶级内部阶层的基本划分构成。

一、基本概念

（一）阶级和阶层及其相互关系

虽然阶级和阶层是社会分层研究的两个核心概念，但要对这两个名词进行明确的概念界定却十分困难。不同理论流派和不同研究取向的学者对这两个词汇的理解不同，因此使用时的具体含义也多有差别。所以多少年来，无论国内还是国外，对这两个概念的定义总是众说纷纭，未能达成统一。

1. 阶级的含义

卡尔·马克思是现代阶级理论最重要的奠基人。“是马克思的论著开始构筑了有关阶级差异的系统理论，而由此开始，阶级分析研究成为社会分层研究的主流部分。"① 他的阶级理论无论是对后世的理论还是实践都产生了巨大影响。然而阶级概念的提出和使用却并非马克思首创。1852 年 3 月 5 日，马克思在致约·魏德迈的信中写道："无论是发现现代社会中有阶级存在或发现各阶级间的斗争，都不是我的功劳。在我以前很久，资产阶级历史编纂学家就已经叙述过阶级斗争的历史发展，资产阶级的经济学家也已经对各个阶级作过经济上的分析。"② 研究者们发现，阶级研究的发端"要追溯到古希腊时期。思想家柏拉图和亚里士多德被公认为最早对此进行研究的学者"。③ 然而对阶级进行系统理论分析却始于马克思，他奠定了现代阶级理论的基础，可以说，他的阶级理论对这一领域的后来者无一例外地都产生了深远的影响。可是遍查马克思和恩格斯的著作，人们却未能找到一个他们给阶级下的定义。对马克思、恩格斯所使用的阶级概念的确切含义只能从他们经典著作中的大量相关论述中去领会。目前，在国内比较公认的马克思主义阶级定义是列宁在《伟大的创举》这篇文章所给出的，即"所谓阶级，就是这样一些大的集团，这些集团在历史上一定社会生产体系中所处的地位不同，同生产资料的关系（这种关系大部分是在法律上明文规定了的）不同，在社会劳动组织中所起的作用不同，因而取得归自己支配的那份社会财富的方式和多寡也不同。所谓阶级，就是这样一些集团，由于它们在一定社会经济结构中所处的地位不同，其中一个集团能够占有另一个集团的劳动"。④ 从这一定义我们可以清楚地看出，生产资料和劳动的占有关系是阶级划分的标准，这与马克思、恩格斯关于阶级的思想观点一致。

后来，众多国内外的学者都曾在不同场合给阶级下过众多定义。但是，直到今天，关于阶级的概念与理论仍然处在争论之中，"在西方社会科学中，阶级的概念是最具争议而又最为模棱两可的概念之一。在不同的社会科学家的具体论述中，阶级的确切含义与解释存在着很大的分歧"。⑤ "夸张一

---

① 李春玲、吕鹏：《社会分层理论》，北京：中国社会科学出版社，2008 年，第 24 页。

② 《马克思恩格斯选集》（第 4 卷），北京：人民出版社，2012 年，第 425 - 426 页。

③ 吴波：《现阶段中国社会阶级阶层分析》，中国社会科学院研究生院学位论文，2000 年，第 9 页。

④ 《列宁选集》（第 4 卷），北京：人民出版社，2012 年，第 11 页。

⑤ 吴清军：《从学理层面重新审视阶级的概念与理论》，《社会》2008 年第 4 期。

点可以这么说，有多少个阶级分析家，就有多少种有关‘阶级’的定义。”①

但有一点是明确的，那就是无论国内还是国外，阶级这一概念都是对社会结构进行宏观研究和进行社会基本分层的工具，通常是用来对社会人群进行基础划分的工具，阶级是划分社会结构的基本工具。

一般认为，历史唯物主义的阶级学说是从对生产资料的占有关系出发去揭示社会的阶级分化的，尽管这种认识并没有完全反映马克思本人关于阶级分化的思想，但是它却反映了马克思研究社会群体分化的根本出发点和标准，即对社会资源的获取和占有决定着人们在社会生产中的地位，决定着人们的消费水平，也决定着人们的观念，从而决定着人们基本的政治立场和政治态度。因此，在马克思那里，对生产资料的占有是社会阶级划分的根本标准。所谓阶级，就是从占有生产资料的不同出发而划分的社会群体。

2. 阶层的含义

对阶层这一概念，国内学术界同样是众说纷纭。到目前为止，无论国内还是国外，学术界对阶层还没有一个统一的定义。美国《社会学辞典》解释阶层时这样说道：“从横的方面把社会划分为完全固定的和同等的许多层次，像阶级、门阀等级、地位身份等。”美国社会学家塔尔科特·帕森斯认为，阶层就是“从社会角度的某些重要方面，把组成一定的社会体系的人类个体及他们之间在待遇上的相对优劣分成等级”。② 国内学者朱光磊认为，“阶层主要是指在阶级的基础上划分出的更为细小的社会利益群体”。③ 卢福营认为，“对于阶层这个概念，专指那些与社会阶级相联系但又独立于阶级之外的比较小的社会集团”。④ 徐文谋认为，“所谓阶层，是依社会资源占有情况不同所造成的职业、经济收入、社会地位不同，而形成的特定的社会群体”。⑤

---

① 李春玲、吕鹏：《社会分层理论》，北京：中国社会科学出版社，2008 年，第 11 页。

② ［英］邓肯·米切尔：《新社会学辞典》，蔡振扬等译，上海：上海译文出版社，1987 年，第 325 页。

③ 朱光磊：《当代中国社会各阶层分析》，天津：天津人民出版社，2007 年，第 3 页。

④ 卢福营：《社会主义初级阶段的阶级阶层划分新探》，《社会主义研究》1988 年第 1 期。

⑤ 徐文谋：《我国工人阶级内部阶层的发展变化及其深刻影响和挑战》，《工会论坛》2004 年第 1 期。

3. 阶级和阶层的关系

中文“阶级”和“阶层”这两个词，源于英文“class”和“stratum”。社会学家研究发现，从这两个词的表面意思来理解，阶级指的是定性的、类别的分类，没有高低等级的含义，而阶层则是依据高低等级进行分类。“因此，严格来说，阶级指的是具有类别特征的社会群体，而阶层指的是具有等级差距的社会群体。”① 到了当代，阶级与阶层的这种区别特征变得含糊不清。而绝大多数西方学者在研究社会结构、进行社会群体分类时大多使用“阶级”（class）一词，不论其划分的群体属性如何。而“stratum”这个词在现代研究文献中则很少见，“阶层”一词极少被西方社会学者所采用。虽然在西方“阶级”这一词语被研究者普遍采用，但其含义却并不统一，人们在众多层面上使用它。

与国外学术界不同的是，改革开放后，国内学术界使用“阶层”一词的频率日益增高，而且“阶级”和“阶层”这两个词的具体含义与英文中的“class”和“stratum”并不完全一致。从目前国内学术界使用情况来看，阶级和阶层这两个概念的关系包含如下几方面的内容。

其一，把阶级和阶层作为同义语并列使用。在国内持这种观点的学者不在少数，比如著名社会学家陆学艺先生。在陆学艺的著作和文章中，阶级和阶层两个概念经常同时出现，而且不加区分地交替使用。李培林先生在其主编的《中国新时期阶级阶层报告》中，也把阶级和阶层两个概念并列使用。目前，在国内的很多文献中，阶级和阶层都经常被人们连起来使用，即在文章中直接使用“阶级阶层”这一称谓，比如人们直接使用“马克思的阶级阶层理论”或“韦伯的阶级阶层理论”等，都属于此类。

其二，把阶层作为隶属阶级并用来进一步区分阶级内部群体的一个概念。这种用法在国内也非常普遍。国内众多学者在研究阶级内部结构时，常常对阶级和阶层这两个概念从这个角度进行解释和使用。他们认为阶层是对阶级的细化和具体化，是阶级概念的延续。比如上文所提到的朱光磊教授在《当代中国社会各阶层分析》中对阶层概念的分析就包含着这一重要含义。

---

① 李春玲、吕鹏：《社会分层理论》，北京：中国社会科学出版社，2008 年，第 11 页。

他认为："阶级是分为阶层的。阶层主要是指阶级内部更为细小的集团。因此，与阶级一样，阶层也是客观存在着的经济实体，相应地阶层概念也是一个特定的经济范畴。阶层分析应当以阶级分析为基础。"① 徐行、薛琳说，"阶级分析是理解社会历史结构和探寻社会发展规律的重要理论工具，它更关注于社会总体和宏观层次的把握；阶层分析强调对社会阶级内部的利益团体与非阶级群体的分析与研究"。②

其三，认为阶层概念是人们对社会进行阶级划分和阶级研究时用来指代特殊群体时的概念。如一些学者认为，阶层概念用来表示：（1）一些新兴的社会利益群体，具有其独立的经济性质和社会地位，与任何阶级没有隶属关系或包含关系；但是有达不到或尚未达到作为独立阶级的条件，在它们发展成熟前，可被视为阶层；（2）若干阶级交叉的部分，如中产阶层；（3）一些过渡性、流转性的社会群体，如军人、失业者等。

其四，用阶级分析理论和阶层分析理论代表两种不同的研究社会结构的理论传统。具体来说，就是认为阶级分析方法主要属于马克思主义理论传统，阶层分析方法属于韦伯主义理论传统。马克思主义阶级分析方法的特点是以"所有权关系"为分析重心，而韦伯主义阶层分析方法的特点是以"市场能力"为核心分析元素。彭恒军认为："进入现代社会以来，对社会结构的观察和分析主要有两种理论范式——阶级分析和阶层分析。一般说来，阶级分析属于马克思主义范畴，阶层分析属于非马克思主义范畴。由于两种分析方法的分析重心和侧重点不一样，因而会导致不同的理论后果和社会、政治后果。"阶级分析方法的特点是基于所有权关系强调阶级之间的利益冲突和对政治结构的深刻影响。阶层分析的核心是个人的市场交易能力，它更强调所有权以外的因素对社会分层的影响，并力图消解阶级的政治意义。

其五，认为阶层是一个更加普遍的社会分层概念，而阶级是阶层在一定历史阶段上的特殊存在形态。有的学者认为，阶级和阶层都是社会资源和生

---

① 朱光磊：《当代中国社会各阶层分析》，天津：天津人民出版社，2007年，第3页。

② 徐行、薛琳：《当代中国社会结构研究中的阶层分析与阶级分析》，《江汉大学学报》2009年第3期。

活机会在不同人群中分配方式的差异造成的，但是，生产资料仅仅是社会资源和社会机会的一种形式，阶层是按一般的概念即“社会资源和社会机会”来区分的，而阶级是按特殊的社会资源——生产资料来分层的结果。因此，阶层是个大概念，阶级是一种特殊的分层，阶级被纳入分层或层化的范围之中，在这个意义上阶层概念是淡化了的阶级概念。这一观点的主要代表者是郑杭生。①

本研究中的阶级和阶层概念关系，属于第二种情况，即“把阶层作为隶属阶级并用来进一步区分阶级内部群体的一个概念”。这里的阶层是阶级内部的亚群体。

（二）中国工人阶级概念

工人阶级概念的定义，长久以来，无论在国内还是国外，都是个饱含争议的问题。只从国内看，工人阶级概念的内涵与外延总是随着社会的发展变化，而不断变化着。

1. 国内对马克思主义经典作家工人阶级概念的解读

对于马克思主义经典作家关于工人阶级概念的定义，国内学术界的理解可以归纳为以下几点。

其一，在马克思主义经典作家那里，工人阶级和无产阶级是被作为同义语使用的两个概念。对此，国内学者早已达成共识。“我们认为，马克思、恩格斯所说的资本主义社会的无产阶级就是工人阶级……”②“在马克思主义经典作家那里，无产阶级和工人阶级是在一个意义上使用的，是相对于资产阶级的一个概念。”③ 而对此，学者们已经从马克思、恩格斯大量的经典著作中找到了众多的论述作为佐证。“现代工人，即无产者，是伟大的工业革命的产物。”④“无产阶级是指没有自己的生产资料，不得不靠出卖劳动力

① 郑杭生：《我国社会阶层结构新变化的几个问题》，《华中师范大学学报（人文社会科学版）》2002 年第 4 期。

② 曹天禄：《从马克思主义的无产阶级概念看“两个先锋队”的理论依据》，《理论与现代化》2005 年第 3 期。

③ 黄旭东：《马克思主义经典作家的工人阶级理论与当代中国工人阶级的新变化》，《江汉论坛》2009 年第 1 期。

④ 《马克思恩格斯全集》（第 21 卷），北京：人民出版社，2003 年，第 102 页。

来维持生活的现代雇佣工人阶级。”①

其二，马克思主义经典作家关于工人阶级概念的基本含义为：工人阶级，是指没有生产资料，靠出卖劳动力来获取生活资料的雇佣劳动者阶级。对此，2007 年，南开大学孙寿涛在其著作《发达国家工人阶级的演变》一书中引述了马克思、恩格斯在不同时期所讲的以下三段话进行证明：（1）“无产阶级是完全靠出卖自己的劳动而不是靠某一种资本的利润来获得生活资料的社会阶级。这一阶级的祸福、存亡和整个生存，取决于不受限制的竞争的波动。一句话，无产阶级或无产者阶级是 19 世纪的劳动阶级。”②（2）“‘无产者’在经济学上只能理解为生产和增殖‘资本’的雇佣工人。”③（3）“无产阶级是指没有自己的生产资料、不得不靠出卖劳动力来维持生活的现代雇佣工人阶级。”④ 尔后他总结道：“这三种界定大体上构成了马克思和恩格斯关于工人阶级的基本定义，其内在实质是前后一致的，即始终强调没有生产资料和出卖劳动力这两个决定性的标准……”⑤ 2007 年 12 月，黄旭东在《贵州社会科学》上发文做了以下论述：“工人阶级没有生产资料，是专靠出卖自己劳动力而获取生活资料的雇佣劳动者阶级。”⑥ 2005 年，柳可白、王玖、阎春芝在所著的《当代工人：市场化的演变与趋势》的第一章中，对马克思主义经典作家关于工人阶级的概念做了这样的说明：“在马克思主义经典作家的论述中，工人阶级和无产阶级是同义语，是指不占有生产资料，在雇佣劳动关系中，依靠工资收入获得生活资料的劳动者构成的社会集团。”⑦

其三，“总体工人”——马克思主义经典作家关于工人阶级概念的内涵

---

① 《马克思恩格斯选集》（第 1 卷），北京：人民出版社，2012 年，第 400 页。

② 《马克思恩格斯选集》（第 1 卷），北京：人民出版社，2012 年，第 295 页。

③ 马克思：《资本论》（第 1 卷），北京：人民出版社，2004 年，第 709 页。

④ 《马克思恩格斯选集》（第 1 卷），北京：人民出版社，2012 年，第 400 页。

⑤ 孙寿涛：《发达国家工人阶级的演变》，北京：经济管理出版社，2007 年，第 103－104 页。

⑥ 黄旭东：《当代中国工人阶级结构变化与和谐社会构建》，《贵州社会科学》2007 年第 12 期。

⑦ 柳可白、王玖、阎春芝：《当代工人：市场化的演变与趋势》，长沙：湖南人民出版社，2005 年，第 3 页。

的发展。在资本主义早期，绝大多数工人都处在生产劳动的第一线，从事繁重的体力劳动。因此在马克思、恩格斯的工人阶级概念中，其内涵首先主要是产业工人，以从事体力劳动为主；然而随着社会化生产的发展，社会生产过程发生了新的变化，“一个重要的现象是，随着社会化生产的发展，不是个别的工人，而是越来越多的社会联合劳动力渐渐成为总的劳动过程的执行者”。[①] 这时劳动产品就变成了总体劳动的成果。而且随着社会分工的深化，越来越多的生产性服务工作如科学研究、产品开发、产品营销等，从生产企业中分离出来，但仍是生产总过程的重要的不可分割的部分。上述这些变化“在马克思时代就开始了，并受到马克思、恩格斯的重视”。[②] 于是，“马克思根据资本主义社会阶级结构变化的动向，预测了工人阶级范围的扩大和多阶层化的趋势”，[③] 提出“商业无产阶级”“脑力劳动无产阶级”“总体工人”等概念。经常被大家引述的两段话为“随着劳动过程的协作性质本身的发展，生产劳动和它的承担者即生产工人的概念也就必然扩大。为了从事生产劳动，现在不一定要亲自动手；只要成为总体工人的一个器官，完成他所属的某一种职能就够了”。[④] “所有以这种或那种方式参加商品生产的人，从真正的工人到（有别于资本家的）经理、工程师，都属于生产劳动者的范围。”[⑤] “马克思在此提出了‘总体工人’概念，扩大了生产工人概念，把生产过程中的所有劳动者（体力的和脑力的）一起纳入了生产工人范畴。”[⑥] “现代学者对经典作家关于工人阶级概念的理解有狭义与广义两种。狭义的理解认为工人阶级只包括从事体力劳动的工人。一些人甚至认为只有从事生产性劳动的体力劳动者才属于工人阶级，而将从事非生产性劳动的工人排除在外。广义的理解是以对生产资料占有关系以及劳动的雇佣关系为标准，破

---

① 柳可白、王玖、阎春芝：《当代工人：市场化的演变与趋势》，长沙：湖南人民出版社，2005 年，第 4 页。

② 柳可白、王玖、阎春芝：《当代工人：市场化的演变与趋势》，长沙：湖南人民出版社，2005 年，第 5 页。

③ 孙寿涛：《发达国家工人阶级的演变》，北京：经济管理出版社，2007 年，第 104 页。

④ 《马克思恩格斯全集》（第 44 卷），北京：人民出版社，2001 年，第 582 页。

⑤ 《马克思恩格斯全集》（第 26 卷），北京：人民出版社，1972 年，第 147 页。

⑥ 黄旭东：《马克思主义经典作家的工人阶级理论与当代工人阶级的新变化》，《江汉论坛》2009 年第 1 期。

除了只有体力劳动才是劳动，体力被雇佣者才是工人的陈旧观念，从‘总体工人’角度去认识工人阶级。”①

2. 当代中国工人阶级概念的争论

国内学术界认为我国工人阶级的概念主要经历了三次重大变化。2005年，柳可白、王玖、阎春芝在《当代工人：市场化的演变与趋势》一书中这样概括：“什么是工人阶级？在中国，‘工人阶级’的概念内涵，随着时代的变迁，大体上发生过三次大的变动。这就是：无产阶级——工人阶级（职工）——工薪阶层。”② 2008年8月，高爱娣在编著《中国工人运动史》时，把全书的基本框架分为三大部分：第一部分，民主主义革命时期的工人运动(1940—1949年)；第二部分，社会主义革命和社会主义建设时期的工人运动（1949—1978年）；第三部分，改革开放和向社会主义市场经济转型时期的工人运动（1978年至今）。2008年11月，黄旭东在《中国工人阶级发展历史及其特点》一文中指出：“把中国工人阶级发展的历史置于中国社会转型的大背景下来加以考察，其发展的历史可以分为三个大阶段：1949年新中国成立前的早期中国工人阶级形成和发展阶段；1949年新中国成立后至1978年改革开放前传统工人阶级形成和发展阶段；1978年改革开放后当代中国工人阶级形成和发展阶段。”③

新中国成立前，“早期的中国工人阶级和当时世界范围内的工人阶级状况基本相符，有马恩经典作家所描述的工人阶级的基本特征”。④ 即第一阶段的工人阶级，是与社会化大生产相联系、没有生产资料、靠出卖劳动力为生的雇佣劳动者，主要是产业工人，以体力劳动者为主。对此，学术界并无争议。新中国成立后，随着社会主义革命和社会主义改造的完成，我国工人阶级的内涵发生了根本的变化。“引起变化的主要原因，不仅是因为无产阶级和资产阶级的阶级对立已不复存在，而且是因为工人阶级与生产资料的关

---

① 柳可白、王玖、阎春芝：《当代工人：市场化的演变与趋势》，长沙：湖南人民出版社，2005年，第5页。

② 柳可白、王玖、阎春芝：《当代工人：市场化的演变与趋势》，长沙：湖南人民出版社，2005年，第2页。

③ 黄旭东：《中国工人阶级发展历史及其特点》，《云南师范大学学报》2008年第6期。

④ 黄旭东：《中国工人阶级发展历史及其特点》，《云南师范大学学报》2008年第6期。

系以及他们在社会主义社会经济结构中所处的地位也发生了根本的改变。一方面，我国工人阶级从‘无产’变为‘有产’——成为生产资料的拥有者；另一方面，我国工人阶级在社会经济结构中也处于领导的地位。”① 因此，“在中国，传统意义上的工人阶级，是指共同占有生产资料，依靠工资为生，处于领导阶级地位的劳动者所形成的阶级”。②“这时候的工人阶级涵盖中国社会中一切具有城镇户口，通过劳动获得工资收入的‘职工’，主要由国有、集体企业职工，政府机关和事业单位的职工组成。”③“‘工人阶级’成为身份而不是职业的概念。”④

社会主义时期，中国工人阶级的概念从内涵到外延所发生的巨大变化引起社会上一些人的疑虑，作为“无产阶级”的工人阶级在中国是否还存在？经过多年的思考和争论，1986 年庞贵宪在《社会主义研究》上发表论文《试析两个工人阶级概念》，文章写道，“如果以阶级划分的同一标准来衡量，必然有资本主义社会的工人阶级和社会主义社会的工人阶级之分，即有两个工人阶级概念”“资本主义社会的工人阶级，也就是本来意义上的工人阶级，即无产阶级”，而“工人阶级夺取政权以后，随着社会主义改造的基本完成，资产阶级的生产资料被剥夺了，资本主义生产方式被消灭了，通过对资产阶级分子的改造，资产阶级作为一个阶级也就随之被消灭了。同时，工人阶级不仅成为政权的主人，而且随着社会主义生产关系的建立，工人阶级也成为生产资料的主人。这时，与资本主义生产关系相联系的，作为资产阶级对立面的本来意义上的工人阶级也就不存在了。社会主义社会存在的工人阶级是一种新型的工人阶级”。⑤

改革开放以后，随着中国社会的巨大变迁，社会结构日益复杂，学术界纷纷从哲学、政治学、社会学、经济学等不同的学科角度，以不同的理论模

---

① 顾建键：《略论中国工人阶级的内涵和新变化》，《中共福建省委党校学报》2002 年第 6 期。

② 张朝晖：《当代中国工人阶级队伍变化的特点及其影响》，《当代世界社会主义问题》2004 年第 3 期。

③ 黄旭东：《中国工人阶级发展历史及其特点》，《云南师范大学学报》2008 年第 6 期。

④ 柳可白、王玖、阎春芝：《当代工人：市场化的演变与趋势》，长沙：湖南人民出版社，2005 年，第 6 页。

⑤ 庞贵宪：《试析两个工人阶级概念》，《社会主义研究》1986 年第 6 期。

型和标准把中国社会划分为不同的阶级或者阶层，其中2002年陆学艺主持编写的《当代中国社会阶层研究报告》把中国社会分为十大阶层，影响广泛。这一时期社会上还兴起了关于中间阶级或中间阶层、新阶级或新阶层的热烈讨论，同时也引起人们对工人阶级问题的种种疑虑和深思。人们开始追问：中国的工人阶级哪去了？当代谁是中国的工人和工人阶级？当代我国工人阶级发生了哪些变化？于是大量关于工人阶级的文章和著作纷纷发表和出版。而在这大量的关于工人阶级的文章和著作中，关于当代工人阶级的概念便成了人们研究的重点和立论的前提，其中出现了明显的意见分歧，直到今天观点也未能完全统一。纵观各家之言，这些观点可以分为两大类，或者说可以分为两种定义。

第一类定义，被称为"职业意义"上的工人阶级或者叫狭义的工人阶级。这种观点认为，鉴于目前中国社会结构的复杂情况，为了研究和凸显不同社会群体的地位、生活状态和利益诉求的差异，工人阶级的外延有所缩小。2004年7月，陆学艺在其主编的《当代中国社会流动》一书的第九章——"工人阶层的社会流动及内在逻辑"开篇就做了如下说明：本章采用的"工人"定义将其界定为：凭借体力和操作性技能，在用人单位直接操作机械和工具从事物质产品的生产，以及从事有形产品或商品的交易、交换和提供劳务服务的所有工薪人员，在职业分类中，包括商业营销人员、服务人员、生产和运输设备操作人员及有关人员等。① 接着他还特别指出，他这里的"工人"不同于社会上所使用的"工人阶级"概念，而是一个职业概念和社会学的阶层概念。2007年，沈原在他的著作《市场、阶级与社会》中这样讲道："在我看来，构成当代中国工人阶级的主要有两部分，一个部分是从农民变成工人，即我们所谓的'农民工'；另一个部分是原有的国有企业工人转变为市场社会中的工人。当然，也还有其他各种情况……不过，在我们的情境下，在当前的阶段上，最主要的还是上述两个部分。"可见，在社会学的研究中，学者们主要从职业的角度给工人阶级下定义，这被人们称为职业意义上的工人阶级或狭义的工人阶级。

① 陆学艺：《当代中国社会流动》，北京：社会科学文献出版社，2004年，第285页。

第二类定义，被称为“政治意义”上的工人阶级，通常也被称为广义的工人阶级。这类工人阶级概念的外延广泛。1991 年，柏湘宁和崔志鹰在《社会科学》第四期发文，题为《社会主义时期工人阶级的内涵探究》，给我国工人阶级下了如下定义：“社会主义时期的工人阶级是凭借体力和脑力劳动为社会作贡献，以工资收入为生活来源的社会领导集团。”① 2007 年，朱光磊等在《当代中国社会各阶层分析》中这样写道：“中国工人阶级区别于其他阶级的主要特征，是不私人占有生产资料，以工资收入作为主要经济收入来源。其外延大致等同于人们俗称的所谓工薪阶层。他由蓝领工人、白领工人、知识分子、官员四个阶层，以及失业者、退休职工这两个附属阶层组成。”② 还有一些学者（黄旭东、柳可白、徐立志等）干脆借用2001 年修改的《工会法》第三条来界定我国当代工人阶级的内涵：“在中国境内的企业、事业单位、机关中以工资收入为主要生活来源的体力劳动者和脑力劳动者，不分民族、种族、性别、职业、宗教信仰、教育程度，都有依法参加和组织工会的权利。”依据这种规定，我国工人阶级的内涵就变得十分广泛，所有以工资收入为主要生活来源者都可以划为工人阶级。人们在讨论作为执政党基础的工人阶级时，通常用此概念。

2005 年，邹农俭对于国内工人阶级概念方面的分歧，做了这样的阐释：“目前关于工人阶级概念的不同解释和理解，我认为，可以归为政治意义上的解释和职业意义上的解释两种。”③ “那么，政治意义上的‘工人阶级’到底指称哪些社会成员呢？政治上的工人阶级除了包括工业、商业、交通运输业等各类企业中的职工，还包括机关干部、知识分子等社会群体。”④ “职业意义上的工人阶级是对与工业活动直接相联系的那一部分人的统称，是一个职业分层意义的概念，这里的‘工人阶级’与农民、商人、管理者、知识分子相区别。‘阶级’一词在这里已失去了生产资料占有方式上的差别、政治地位上的对立，而只是对同一类型人群的概括。”⑤

---

① 柏宁湘、崔志鹰：《社会主义时期工人阶级的内涵探究》，《社会科学》1991 年第 4 期。
② 朱光磊：《当代中国社会各阶层分析》，天津：天津人民出版社，2007 年，第 38 页。
③ 邹农俭：《工人阶级概念的两重区分》，《江海学刊》2005 年第 4 期。
④ 邹农俭：《工人阶级概念的两重区分》，《江海学刊》2005 年第 4 期。
⑤ 邹农俭：《工人阶级概念的两重区分》，《江海学刊》2005 年第 4 期。

3. 本研究所使用的中国工人阶级概念内涵

2003 年，中国工会第十四次全国代表大会报告指出："工人阶级的力量在于工人阶级队伍的团结统一。要增强党的阶级基础，扩大党的群众基础，就必须适应实践的发展，不断巩固工人阶级的团结统一。随着我国社会生活和社会结构的深刻变化，特别是所有制结构和产业结构的调整，新的社会阶层出现，作为党的阶级基础的工人阶级队伍本身也发生了巨大的变化。知识分子作为工人阶级的一部分作用更加突出，非公有制企业职工、乡镇企业职工和社会中介组织从业人员大量增加，一大批进城务工人员成为工人阶级的新成员；许多人员的职业身份经常变动，就业方式灵活多样，在不同所有制、不同行业、不同地域之间流动频繁。适应我国社会的多样性发展，增强党的阶级基础，扩大党的群众基础，迫切要求我们最大限度地把他们组织到工会中来，维护工人阶级队伍的团结统一，进一步密切党和职工群众的血肉联系。"① 工会是工人阶级最广泛的群众组织，对我国工人阶级的变化始终密切关注，并保持着高度敏感。依据中国工会第十四次全国代表大会报告精神并参照我国《工会法》的规定，本课题所使用的中国工人阶级概念，是作为中国执政党基础的工人阶级，是广义上的工人阶级，是指在中国境内党政机关、企事业单位和各种机构团体中以工资收入为主要生活来源的体力劳动者和脑力劳动者的总和。

二、阶级结构划分标准

所谓阶级结构，通常在两种情况下被人们使用，也就是说通常有两层含义。第一层，是指整个社会结构分为几个阶级，也就是说整个社会由几大阶级构成；第二层，是指某一具体阶级内部的构成，即阶级内部的阶层或群体划分情况。

（一）社会阶级结构划分标准

整个社会的阶级结构的形成，是由于各种社会资源在不同人群中的分布

① 王兆国：《在中国工会第十四次全国代表大会上的报告》，http://www.workercn.cn/17da/33147/201810/18/181018165024476.shtml。

不同，因此资源的类型和占有水平也就常常成为划分整个社会阶级结构的标准。而资源的范围很广泛，那么影响阶级结构划分的资源有哪些呢？国内外不同的学者着重强调和论述了不同的资源在划分阶级结构中的作用。我国著名的社会学家李强曾比较全面地总结归纳了十种最为重要的资源，即生产资料资源、财产或收入资源、市场资源（以上三种属于经济资源）、职业或就业资源、政治权力资源、文化资源、社会关系资源、主观声望资源、公民权利资源以及人力资源。① （1）根据生产资料的占有或剥削与被剥削关系划分阶级是马克思的首创，是马克思主义者划分阶级的根本标准。它揭示了阶级划分的根本属性。（2）收入水平标准，虽然理论基础不强却在现实生活中被人们广泛采用，据此通常把社会分为高收入阶层、中等收入阶层、低收入阶层。（3）市场地位标准，这是韦伯的重要观点，韦伯强调决定阶级地位的是市场地位。运用此种标准有助于区分社会上因交换关系所形成的不同利益集团。（4）职业标准，是美国社会学家彼得·布劳和奥蒂斯·邓肯在《美国职业结构》一书中提出的社会分层模式。职业是国内外学者经常采用的一种分类标准，因为很多人认为，职业是反映和决定人们经济地位和社会地位的一个最好的指标。陆学艺课题组就曾经以职业划分为基础，以组织资源、经济资源和文化资源的占有状况为标准把中国社会划分为十大阶层。（5）政治权力标准，仍然应追溯到韦伯。在其三元分层理论中，政治权力是重要的一元。后来的社会理论家达伦多夫、普兰查斯等曾尝试以此种标准分析社会结构。（6）文化资源标准，凡勃伦于 1899 年发表的《有闲阶级论》一书可以看作是提出此标准的开山之作。文化分层理论的另一位突出代表是法国社会学家布迪厄，他在《区隔》一书中研究了不同阶层的生活方式与文化，探讨了阶级文化与“惯习”的关系。② （7）社会资源标准，又称社会关系资源标准，是沃纳等人在 1949 年出版的《美国社会阶级》一书中提出的。（8）社会声望资源，是指人们对某一群体社会地位的主观评价，包括良好的社会声誉和名望等，主要是由沃纳等人提出的。帕森斯也是重要

① 李强：《社会分层十讲》，北京：社会科学文献出版社，2011 年，第 12 页。
② 李强：《社会分层十讲》，北京：社会科学文献出版社，2011 年，第 15 页。

的倡导者。社会声望对人们的社会地位有着重要影响。总之，分层的标准是多样的，不同的社会学家通常会采用不同的标准。“那么，某一位社会学家，之所以采用某一种标准而没有采用另一种标准，显然有其目的、目标或价值取向。”① 研究的目的、目标和价值取向不同，则所使用的标准也就自然各有差异。从阶级的角度来看，目前中国社会整体阶级结构仍是工人阶级和农民阶级两大主要阶级，再加上私营企业主阶层、个体工商户阶层和自由职业者阶层等。

（二）工人阶级内部结构划分标准

上文所探讨的阶级结构划分标准，主要是从整个社会基本结构的角度，把社会从整体上划分为多个阶层。而探讨工人阶级内部结构划分标准，主要是在把社会划分为基本阶级的基础上，探讨阶级内部结构的划分依据。

目前，学术界得出成果比较多的是从整个社会基本阶级结构角度把社会划分为基本阶级阶层的标准，而关于阶级内部划分标准的探讨较少，系统的理论更不多见。依笔者所见，整个社会基本阶级结构划分标准和阶级内部结构划分标准既有区别，又有着密切联系，除个别标准外，多数标准都可通用。通过概括近年来国内对工人阶级内部结构的研究文献，我们可以看到，学者们通常采用的标准如下：

（1）单位性质标准。由于改革开放后，我国企业所有制性质，由单一走向了多样化，因此，人们经常按就职单位的性质不同，把我国的工人阶级分为国营企业工人、集体企业工人、外资企业工人、私营企业工人等。

（2）权力标准。根据权力性质不同，分为决策者阶层、管理者阶层、操作者阶层。

（3）产业标准。分为第一产业工人阶层、第二产业工人阶层、第三产业工人阶层。

（4）文化标准。分为工人阶层、知识分子阶层。

（5）职业标准。根据工人所从事职业的不同，分为国家与社会管理者阶层、企业管理者阶层、专业技术人员阶层、城市普通工人阶层等。

① 李强：《社会分层十讲》，北京：社会科学文献出版社，2011 年，第 22 页。

（6）用工形式标准。根据工人所在单位的用工形式不同，分为固定工阶层、合同工阶层、临时工阶层、农民工阶层。

（7）年龄标准。根据工人年龄的大小，分为老年阶层、中年阶层、青年阶层和离退休阶层。

（8）性别标准。分为男职工阶层、女职工阶层。

（9）综合标准。根据综合职业、政治权利、经济收入、社会声望等指标，把工人阶级划分为不同的阶层。

（三）本研究所使用的划分标准

本研究遵照一切从实际出发来分析和解决现实问题的马克思主义思想传统，依据中国的传统和现实，在广义的工人阶级概念的基础上，以职业为主，并参照组织资源、经济资源、文化资源的占有状况和户籍等标准来分析我国工人阶级内部各阶层的构成及变化情况。本研究之所以采取多种标准综合划分工人阶级内部阶层结构，主要是基于以下考虑。

首先，以职业分类为主，是因为“我们的阶层划分之所以要以职业分类为基础，既是出于操作便利的考虑，也是基于理论研究的结果。在当代社会，职业身份的分类是一种最基本的社会性区分，从事不同职业的人，在收入、声望、教育、权力等方面都存在着差异，因而职业的分类与社会分化紧密相关。同时，在调查资料收集和分析方面，个人职业信息较易获得，也易于加以分类处理。因此，许多社会分层研究都以职业分类为基础而展开”。①

其次，参照权力资源、经济资源、文化资源的占有状况，是因为在当代中国社会，这三种资源的拥有状况是各社会群体及其成员在阶层结构中的位置以及个人的综合社会经济地位的标志。在当代中国社会，经济资源、组织资源和文化资源的占有量决定着人们的综合性社会经济地位，决定着他人对某一个人的社会性评价，同时也决定着个人对自己的社会性评价。因此，依据这三种资源的占有量来研究和分析当代中国社会各阶层的经济社会差别，有助于深入分析当前社会经济现象，把握资源配置的基本特征。

---

① 陆学艺：《当代中国社会流动》，北京：社会科学文献出版社，2004 年，第 2 页。

最后，参照户籍，主要是因为中国正处于工业化和城市化的特殊时期，因此工人阶级中出现了一个人数众多、带有明显特征的一个特殊群体——农民工阶层。这一阶层有着自己独特的利益诉求和生存状态，与工人中其他群体相比形象鲜明，而且将在中国社会发展中长期存在，需重点关注。这一群体的问题早已引起社会各界的广泛深入讨论。

依据以上标准，本文在吸收借鉴国内其他一些学者观点，并重点参照了中国社会科学院陆学艺等学者的研究方法，把我国工人阶级内部分为以下六个阶层：（1）国家与社会管理者阶层；（2）企业经理阶层（或者叫企业管理者阶层）；（3）专业技术人员阶层；（4）城市普通工人阶层；（5）农民工阶层；（6）下岗失业工人阶层。

三、当代中国工人阶级内部阶层的基本划分

其一，国家与社会管理者阶层。国家与社会管理者阶层，是指在党政机关、事业单位和社会团体中行使行政管理职权的领导干部和国家公务员，他们是整个社会经济政治和文化生活的宏观管理者。这一阶层掌握着中国社会庞大的组织资源，也就是政治权利资源。凭借手中的组织或权利，这一阶层虽然不是生产资料的所有者，却掌控着大量经济资源的配置，因此他们手中掌控着相当部分的经济资源。这一阶层也掌控着庞大而优质的社会关系资源，有着庞大的社会关系网络。这一阶层通常占据所在组织核心部门的中高级专业技术职称，因此实际上也是拥有较多文化资源的群体。这一阶层具有较高的职业声望和职业稳定性。从其职业特点来看，这一阶层不直接从事物质生产活动，而是参与国家各项政策、法律、制度的制定，直接从事社会事务的管理和监督工作，并拥有较大的政治权力。

其二，企业经理阶层。企业经理阶层，是指企业中拥有非资产所有者身份的高中层管理人员及部分作为部门负责人的基层管理人员，也被称为企业管理者阶层。这一阶层虽然对生产资料不具有所有权，但事实上控制和管理着大量经济资源。同时，这一阶层中的大部分人也具有广泛的社会联系，拥有较大的社会关系网络，占有相当多的社会关系资源。同时，这一阶层中的大部分人都有较高的学历和专业知识水平，握有较多的文化资源。

改革开放后，这一阶层的社会来源主要包括三个渠道。第一部分，原国有和集体企业领导干部，他们逐渐从国家行政系列中出来。第二部分，来自外企在华高级管理人员，即通常所说的“三资企业”。第三部分，来自国内新建并日益强大的私营企业。改革开放后，企业管理者阶层中最引人注目的是职业经理人群体的出现，近些年来，中国职业经理人市场正在加紧建立并逐步走向规范。经理人市场的建立，必然使职业经理人的队伍不断壮大、素质不断提高，逐步成为我国企业管理者阶层的中坚力量。

其三，专业技术人员阶层。专业技术人员阶层，是指就职于各种类型的企事业单位、专门从事各种专业性工作和科学技术工作的人员，是比较有系统知识的脑力劳动者。陆学艺课题组对这一阶层的定位是具有中高级专业技术水平、不占有生产资料，但具有一定自主性的体制内或体制外非体力劳动者。他们占有相当多的文化资本份额，并在此基础上获得收入。他们的主要特点是以符号系统、价值评判系统把握和影响世界，而非以权力控制世界。

这一阶层主要包括三类人员：（1）科教文卫专业人员，他们构成专业技术人员的主体，所占比例最高；（2）工程技术专业人员，主要是第二产业中的专业人员，随着近年来制造业行业的专业化程度和技术含量的提高，工程技术人员的数量在增加，他们在专业技术人员阶层中所占的比例也在提高；（3）商贸服务业专业人员，是经济类业务人员，如经济师、会计师、审计师、证券交易员、律师、设计师等，这类专业人员近年来增长很快，所占比例也在提高。这一阶层是传统意义上的“知识分子”，是工人阶级的重要组成部分，是工人阶级中与现代科学技术结合最紧密的群体，在经济发展和社会进步中发挥着无可替代的作用。自 20 世纪 90 年代扭转“脑体倒挂”以来，逐渐分化为一个相当独立的社会阶层，有较高的社会职业声望和稳定性，收入基本上与公务员相近。

其四，城市普通工人阶层。城市普通工人阶层，是指户口在城市，并不以私人形式占有生产资料，以工资性收入为主，主要在第二、第三产业中从事初级技术劳动、简单劳动和体力、半体力劳动的劳动者。这一阶层主要是由原国有企业和集体企业的工人阶层演化而来，是中国工人阶级的基本组成部分。

其五，农民工阶层。农民工阶层，是指不占有资本并主要从事第二、第三产业工作的农业户口人员。从职业来看，他们从事的主要是非农职业，但从户籍归属来看，他们却又是农民。农民工有广义和狭义之分：广义的农民工包括两部分人，一部分是在本地乡镇企业就业的离土不离乡的农村劳动力，另一部分是外出进入城镇从事第二、第三产业的离土又离乡的农村劳动力；狭义的农民工是指跨地域流入城镇或其他地区、从事非农活动的农村人口，即“离土又离乡”的农业户籍人口。这里指的是广义的农民工概念。

其六，下岗失业工人阶层。下岗失业工人阶层，是指处于法定劳动年龄、有劳动能力和就业要求、但未能就业的工人群体。下岗问题最早出现在20世纪90年代初期，当时有的地方称之为“厂内待业”，有的地方称之为“放长假”等。90年代后期，下岗作为一种社会现象开始凸显。当时的下岗工人是指国有企业中由于生产经营等原因无岗位三个月以上，但没有与企业解除劳动关系，有就业要求但尚未找到新的工作岗位的工人。虽然相比于“失业”，“下岗”相对来说听起来似乎舒坦些。可是对于下岗者来说，下岗并不比失业优越，他们的境况绝不会因为换了一种称呼而有所不同。随着市场经济体制的确立，尤其是统一失业救济体制的不断完善，2005年中国基本完成从下岗基本生活保障向失业保险过渡的“并轨”。从此，下岗和失业无论在正式和非正式场合都变成了同义语。现在人们所说的下岗只是习惯的提法，与失业是同一概念。

根据2005年《财政部、国家税务总局关于下岗失业人员再就业有关税收政策问题的通知》的规定，下岗失业人员是指：（1）国有企业下岗失业人员；（2）国有企业关闭破产需要安置的人员；（3）国有企业所办集体企业（即厂办大集体）下岗职工；（4）享受最低生活保障且失业1年以上的城镇其他登记失业人员。应该说，下岗失业工人是中国改革开放后新出现的一个特殊群体，是中国目前这一特殊历史过渡阶段的产物。在城市中，这些人具有类似的社会经济背景，大多是原国有、集体、私营、外资企业工人，以及众多留在城市找不到工作的各类毕业生。这一阶层是一个过渡性的特殊阶层，其中的许多成员处于贫困状态。

第二节　当代中国工人阶级状况变化的总体特点

要清楚地了解当代中国工人阶级，对其整体状况的把握是首要工作。本节着重讨论当代中国工人阶级总体状况及其变化的总体特征，观察其中需要关注的重要问题并提出对策建议。

一、中国工人阶级队伍的总体规模

中国工人阶级队伍总体规模不断扩大。改革开放之初，1978 年中国工人总数 0.95 亿人，1985 年全国工人总数 1.2357 亿人，2002 年全国城镇在岗职工 1.0558 亿人。① 2010 年我国城镇在岗职工 3.4687 亿人。2011 年我国城镇人口比重第一次以 51.27% 超过农村人口比重 48.73%。② 随着我国城镇化进程不断推进，我国人口城镇化的比率越来越高，这就意味着我国人口中加入工人阶级队伍的人口基数越来越大。截至 2019 年，我国 14 亿人口中，城镇人口约 8.5 亿人，占总人口 60.6%，农村人口约 5.5 亿人，占总人口 39.4%。据《中国统计年鉴》数据显示，截至 2019 年，中国的劳动力总数为 81104 万人，就业总人口 77471 万人，其中第一产业就业人口 19445 万人，第二产业就业人口 21305 万人，第三产业就业人口 36721 万人，城镇就业人口 44247 万人，城镇登记失业人口 945 万人。按前几年的相关数据推算，截至 2019 年，我国工人阶级队伍规模在 3.8 亿人左右。③ 2021 年 5 月，我国第七次全国人口普查主要数据公布，这次普查结果显示，至 2020 年 11 月，我国人口总量约为 14.1 亿人，城镇人口 9 亿人，占总人口的 63.89%，乡村人口约 5.1 亿人，占总人口的 36.11%。④ “中国当前仍然处于城镇化率

---

① 数据来源：燕晓飞：《中国职工状况研究报告》（2019），北京：社会科学文献出版社，2019 年，第 2 - 3 页。

② 数据来源：《中国统计年鉴》（2020），http：//www. stats. gov. cn/tjsj/ndsj/2020/index-ch. htm。

③ 数据来源：根据《中国统计年鉴》（2020）与《中国职工状况研究报告》（2019）相关数据推算。

④《2021 第七次全国人口普查结果最新数据公布》，https：//www. xuexila. com/zixun/redian/c1076985. html。

有潜力以较快速度提升的发展机遇期，‘十四五’时期可突破65%的城镇化率，乡城之间因此还将呈现出大迁移大流动的基本格局。在以人为核心的新型城镇化战略推动下，历史上千百年的‘乡土中国’正日益发展为‘城镇中国’，这可成为实现高质量发展的重要力量‘源泉’。”① 据此，在可预见的未来一段时期，我国工人阶级队伍规模仍将继续扩大。

二、中国工人阶级就业的总体状况

总体上看，中国工人阶级就业状况在波动中趋于稳定向好，近年来失业率持续降低，城镇就业规模不断扩大，就业结构变化明显。

（一）就业与失业状况

改革开放后，我们进行了以市场经济为导向的经济体制改革。由于政策调整，20世纪70年代末到80年代中期，由于知青集中返城，我国出现了第一次城镇就业紧张高峰。1993—2005年，由于国有企业和集体企业为了适应市场竞争，按照市场化规则进行大幅度减员增效，从而导致大量人员下岗，出现第二次失业高潮。2008年，受美国金融危机的影响，我国城镇登记失业率有所上升，2014年以来直到2019年，我国城镇登记失业率稳定下降。2020年，由于受新冠肺炎疫情影响，就业状况受到冲击，失业人口有所增加，但在国家稳就业政策指导下，工人就业状况基本稳定。据国家统计局公布的数据，2020年，我国城镇新增就业人口1186万人，年均城镇调查失业率为5.6%，均好于预期。随着国际和国内经济形势转好，相信我国工人的就业状况也会很快转好。

（二）城镇就业规模

随着我国城镇化进程的不断推进，从农村转移到城镇的劳动力也在持续增长，加上每年进入劳动力市场的应届毕业生等青年新就业群体的增长，城镇就业规模不断扩大。1995年，我国城镇就业人口为19093万人，2000年为21274万人，2005年为27331万人，2010年为34687万人，2015年为

---

① 国家统计局：《第七次全国人口普查公报解读》，http：//www. stats. gov. cn/tjsj/sjjd/202105/t20210512_ 1817336. html。

40410 万人，2019 年为 44247 万人。[①] 2013—2019 年，我国城镇新增就业人口分别是 1138 万人、1070 万人、1100 万人、1018 万人、1034 万人、957 万人、828 万人。城镇就业人口的持续增加，表明我国工人阶级的分布主要向城市集中，尤其是集中在大中城市。

（三）就业结构状况

改革开放后，随着我国产业结构的不断优化提高，我国工人的就业结构也发生了显著变化。第二产业就业人员占比呈现先增长后下降的趋势，2002—2012 年由 21.4% 持续上升至 30.3%，随后几年便持续下降，到 2019 年第二产业就业工人占比回落至 27.5%；而第三产业就业工人的比例却呈现快速上升状态，从 1989 年的 18.3% 上升到 2019 年的 47.4%。

从细分行业来看，制造业、建筑业和教育业是城镇工人就业占比较高的行业。但同时，随着行业的调整和一些岗位的消失，制造业和建筑业也是工人就业数量下降较大的行业，而公共管理、社会保障和社会组织、金融业、租赁和商业服务业、信息传输、软件和信息服务等就业人数增加较快。

从工人就业的所有制企业来看，改革开放后国有企业和城镇集体企业工人就业数量总体呈下降趋势，除 2008—2012 年之间有几次回升之外，从 1995 年起都呈下降趋势[②]，2019 年城市国有企业工人数量为 5473 万人，城镇集体单位就业工人为 296 万人，二者之和占城市就业人口的比例为 13%；与此同时，城镇私营和个体企业工人就业规模不断上升，2019 年，城镇私营企业就业人口为 14567 万人，占城市就业人口的 32.9%，城镇个体就业人口为 11692 万人，占城市就业人口的 26.4%，二者加起来占城市就业人口的比例为 59.3%。[③] 这表明，工人就业单位日益多样化，工人就业单位也变得日益复杂。

随着互联网、云计算、大数据、人工智能等新技术的广泛运用，新产业新业态新模式企业大量涌现。非全日制、临时性和弹性工作等平台就业工人蓬勃发展，当代中国工人阶级的传统就业方式发生显著改变。2003 年开始，

---

① 数据来源：历年《中国统计年鉴》，http：//www.stats.gov.cn/tjsj/ndsj/。

② 数据来源：历年《中国统计年鉴》，http：//www.stats.gov.cn/tjsj/ndsj/。

③ 数据来源：《中国统计年鉴》（2020），http：//www.stats.gov.cn/tjsj/ndsj/。

平台经济在中国获得飞速发展，2015 年至 2017 年，我国共享经济平台网约工数量分别为 4500 多万人、5400 多万人、6200 多万人，年均增长 590 多万人，年均增速高达 18.17%，数倍于同期我国城镇就业人员增速。2016 年，网约工已经占我国城镇就业人口的近 13%。[①] 2018 年，平台经济参与服务者约 7500 万人，平台员工为 598 万人[②]。平台就业具有零工经济特征，存在"线下网约工"和"线上众包工"两种用工模式。他们整体上年龄较小、学历偏低、专业技能优势不足、家庭负担较重，以男性和外出农民工为主[③]。

三、中国工人阶级的工资收入情况

总体上看，中国工资收入处于较快增长状况。改革开放以来，我国工人阶级各个阶层的收入水平和绝对量都普遍提高，生活水平也显著改善。这一点无论是从相关统计数据还是从人们的切身感受来看都非常明显。从国家统计数字来看，1980 年全国职工年平均工资总额为 762 元，1985 年为 1148 元，1990 年为 2140 元，1995 年为 5500 元，2000 年为 9371 元，2005 年为 18364 元。扣除物价指数，职工每年的实际工资都在持续增长。1995—2019 年，城镇非私营单位就业人员年平均工资从 1995 年的 5348 元增加到 2019 年的 90501 元，城镇私营企业就业人员工资从 2009 年的 18199 元增加到 2019 年的 53604 元。[④]

四、中国工人阶级的社会保障状况

自 20 世纪 80 年代以来，在经济改革的背景下，中国经历了世界社会保障史上最全面最深刻的制度变革，我们经过了长期渐进式实验性改革，社会保障体系逐渐变得成熟定型。我们逐步完成了从计划经济时期的社会保障向

---

① 汪雁：《关于共享经济平台网约工劳动权益保障的研究》，《中国劳动关系学院学报》2019 年第 6 期。

② 燕晓飞：《中国职工状况研究报告》（2019），北京：社会科学文献出版社，2019 年，第 2－3 页。

③ 汪雁：《关于共享经济平台网约工劳动权益保障的研究》，《中国劳动关系学院学报》2019 年第 6 期。

④ 数据来源：历年《中国统计年鉴》，http：//www. stats. gov. cn/tjsj/ndsj/。

适应社会主义市场经济新型保障体系的全面转型。以养老保险为例，我国城镇职工基本养老保险参保率连续多年不断提高，从 2002 年的 44.78% 提高至 2015 年的 64.95%，目前的养老保险的参保率一直保持在 60% 以上。2011 年，城镇职工基本养老保险参保人数为 28391 万人，2017 年，城镇职工基本养老保险参保人数增加到 40293 万人。2018 年末，中国城镇职工基本养老保险参保人数达 4.2 亿人，2019 年，城镇职工基本养老保险参保人数为 43428 万人①。2011 年以来，城镇职工基本养老保险参保人数不断增加，年均增长 6.0% 左右。

五、中国工人阶级的思想政治状况

中国工人阶级在政治方面始终是社会主义制度的坚定拥护者。改革开放后，由于人们的价值观念逐步多元化，中国工人阶级中的一部分人在共产主义信仰方面也出现过弱化现象。但从总体上看，我国工人阶级中的主体部分坚定共产主义信念，始终和党中央保持高度一致，维护党中央权威和党的集中统一领导。尤其是党的十八大以来，我国工人阶级拥护习近平同志在党中央的核心地位，不断增强中国特色社会主义道路自信、理论自信、制度自信、文化自信，对实现中华民族伟大复兴的中国梦充满信心。2019 年末爆发的新冠肺炎疫情，更使全国人民包括工人阶级深切感受到社会主义制度的优越性，增强了国家凝聚力，在抗疫斗争中听从党中央指挥，在各自岗位上努力发光发热，对中国抗疫取得卓越成效发挥了重要作用。

六、中国工人阶级的文化技术素质与思想道德素质

（一）工人队伍的文化教育程度

工人阶级的教育程度，是反映工人阶级文化素质的重要指标。根据中华全国总工会的调查，2010 年我国职工平均受教育年限为 11.48 年，大专以

---

① 数据来源：《中华人民共和国 2019 年国民经济和社会发展统计公报》，http://www.stats.gov.cn/tjsj/zxfb/202002/t20200228_1728913.html。

上学历占25.8%[①]；2012年我国职工平均受教育年限为12.95年，大专以上学历占47.4%，18—30岁的青年职工大专以上学历占47.4%；2017年我国职工平均受教育年限为13.63年，大专学历占26.9%，本科学历占29.8%，研究生以上学历占2.1%，大专以上学历占58.8%，而在18—30岁的职工中，大专以上学历占比达70.9%。现在，我们用另一个指标来看，2017年我国50—60岁、40—50岁、30—40岁、18—30岁四个年龄组职工的平均受教育程度分别是12.5年、12.9年、14年、14.3年。[②] 总体来看，改革开放后我国工人阶级的文化素质快速提高。这是我们长期进行教育改革的重要成果，也是工人受教育权利得到良好保障的重要成果。

（二）工人队伍的技能技术素质

从总体上看，改革开放后，在国家与社会的高度重视和不断努力下，我国工人阶级的专业技术素质得到持续明显提高，我们所拥有的专业技术人员队伍不断扩大。尤其近几年来，一大批优秀专业技术人才、高技能创新人才、技术领军人物不断脱颖而出，为我国科技的不断进步和快速发展发挥了重要作用。

据中华全国总工会的数据显示，2010年我国全部职工中专业技术人员占比14.4%，其中高级职称占10%，中级职称占40.9%，初级职称占31.8%，无职称占17.3%。在全部工人中，技术工人占29.1%，其中初级、中级、高级技工、技师分别占比13.2%、11.1%、3.5%、1.2%，无技术的普通工人占70.9%。[③] 2017年专业技术人员占职工总数17.1%，其中高级职称占12.6%，中级职称占41.7%，初级职称占30.7%，无职称占15%。[④] 据人力资源和社会保障部的数据，2015年我国技术劳动者总量约

---

① 中华全国总工会研究室：《第六次中国职工状况调查》，北京：中国工人出版社，2010年，第148页。

② 李玉赋：《第八次中国职工状况调查》（报告卷），北京：中国工人出版社，2017年，第73页、第82页。

③ 中华全总工会研究室：《第六次中国职工状况调查》，北京：中国工人出版社，2010年，第149－150页。

④ 李玉赋：《第八次中国职工状况调查》（报告卷），北京：中国工人出版社，2017年，第82页。

1.65 亿人，高技能人才总量约为 4501 万人，2016 年底为 4791 万人。① 2020 年，人力资源和社会保障部副部长汤涛在 12 月 18 日举行的国新办发布会上介绍，“十三五”期间，全国新增高技能人才超 1000 万人。目前，我国技能劳动者已超过 2 亿人，高技能人才超过 5000 万人。②

（三）工人队伍的思想观念

从总体上看，我国工人阶级主体的思想道德观念积极向上，认同并践行社会主义核心价值观，遵循爱国、敬业、诚信、友善等道德规范，中国的传统美德受到绝大多数工人的赞同。劳模精神、劳动精神、工匠精神受到越来越多工人的赞同。在我们的调查中有 80% 以上的被调查者赞同“勤劳致富、精益求精”观念；76.7% 的人对劳动模范、技术能手表现出尊重和敬仰；90% 以上的人都表示赞同雷锋精神。尤其在这场新冠肺炎疫情中，工人们对爱国主义、集体主义、团结互助、遵守纪律等行为更加认同，95% 以上的工人表示愿意为抗疫作出贡献。

第三节　当代中国工人阶级状况变化中需要重视的问题

改革开放是中国在新的历史时期所做出的有利于国家发展、符合历史趋势的重大决策。在改革开放过程中国家逐步走向繁荣昌盛，人民生活日渐富裕丰盈。我国工人阶级在新的历史时期，随着国内外环境与形式的变化也不断地进行着各方面的调整，对中国不断走向繁荣富强作出了巨大贡献，也使自身状况发生了许多可喜的变化，但同时，也存在着一些需要引起高度重视的问题。

一、就业问题

普通工人主要包括城市普通工人、农民工、下岗失业工人，工人阶级中

---

① 李玉赋：《第八次中国职工状况调查》（报告卷），中国工人出版社，2017 年，第 82 页。

② 人民网：《我国技能劳动者已超过 2 亿人（权威发布）》，http://politics.people.com.cn/n1/2020/1219/c1001-31971941.html。

的这三个阶层是工人阶级中比较脆弱又最容易受到各种冲击的群体。新技术最先替代的就是这部分人所在的岗位，而向新行业和新技术岗位转移总是需要时间和再学习，因而造成他们工作和生活的不稳定性。因而在国家产业升级过程中，一定要高度重视这些群体的就业，并提前预测与安排。

近年来出现一种现象，青年失业率走高。2019 年全国城镇调查失业率为5.3%，其中 25—59 岁的主体就业人口调查失业率为 4.6%，以此推算 16—24 岁的青年群体调查失业率应该会远高于 5.3%。据国家统计局四川调查总队数据显示，2019 年上半年四川省不同年龄段人口的失业率如下：16—24 岁的失业率为 8.2%，25—39 岁的失业率为 5.0%，40—59 岁的失业率为 4.7%，就业率与年龄走势相同。这表明，青年成为就业市场中的脆弱群体，这不利于劳动力市场的持续健康发展，不利于年轻劳动力的成长，会造成青年劳动者经验和能力增长的中断，形成不正常的“啃老”现象。

同时，就业群体中高校毕业生的就业状况也引起社会关注。近年来，随着高校毕业生规模的持续扩大，毕业生的就业压力也不断增大。2018 年，高校毕业学生数量大约为 820 万人，2019 年约为 837 万人，2020 年人数高达约 874 万人，又创新高。随着就业形势日渐严峻，很多毕业生的求职意愿不强，“慢就业”问题日益凸显。“慢就业”主要表现为毕业生暂不就业或求职参与率下降。2017 年在毕业后未工作的毕业生中，大专学历占 31.7%，本科学历占 17.1%，研究生学历占 51.7%。[①] 2015 年 7 月，《工人日报》率先对高校“慢就业”现象进行了报道。学者指出，必须杜绝“慢就业”，避免从量变到质变，变成懒就业、不就业。[②]

二、工人中不同群体收入差距显著

收入分配问题直接关系亿万职工切身利益，多年来一直是社会关注的重点。从中国职工收入分配状况指数看，改革开放以来，中国职工的收入增长

---

① 统计局：《中国劳动统计年鉴 2018》，https：//www. yearbookchina. com/navibooklist - n3019041929 - 1. html。

② 刘益迎、徐瑞雪、李德静：《全程化就业指导视角下高校毕业生“慢就业”对策研究》，《中国大学生就业》2019 年第 24 期。

基本与经济增长同步，但职工群体之间与群体内部存在着收入分配不平衡问题，这些收入差距有些属于合理现象，有些则不合理，需要引起社会高度重视。

进城农民工与城镇职工之间的工资收入存在差距。到2019年底，我国进城农民工数量为1.35亿人，占全部城镇就业职工的30.51%。[①] 有研究者提出，农民工以“同工不同酬”形式存在就业户籍歧视，从而导致与城镇工人存在收入差距。[②] 这种差距虽然近年来在不断缩小，但差距依然明显，需要进一步采取措施缩短差距。

不同行业工人的收入差距依然较大。目前，我国国民经济各个行业的收入差距扩大，主要表现为垄断与高新技术行业和竞争性行业之间的收入差距明显。从国家统计局历年行业职工工资收入数据来看，从21世纪初至今，信息产业一直是中国收入最高的行业，而工资收入最低的行业一直是农、林、牧、渔业。2005—2019年，二者的工资差别一直在3.51— 4.73倍之间，2005—2016年二者差距有逐步缩小的趋势，但从2017年起差距又开始扩大。（见表2.1）

表2.1　2005—2019年信息软件业与农林牧渔业工资及其相差倍数

单位：元

年份 行业/工资	2005	2010	2015	2016	2017	2018	2019
信息软件业	58799	64436	112042	122478	133150	147678	161352
农林牧渔业	8207	16717	31947	33612	36504	36465	39340
相差倍数	4.73	3.85	3.51	3.64	3.65	4.05	4.10

资料来源：《中国统计年鉴》（2006—2020）。

城镇非私营单位和私营单位工人之间的平均工资差额继续扩大。改革开放初期，国有和集体单位工人工资低于三资企业工人，后来国有单位工人工

① 国家统计局：《2019年农民工监测调查报告》，http：//www.stats.gov.cn/tjsj/zxfb/202004/t20200430_ 1742724.html。

② 吴彬彬、章莉、孟凡强：《就业机会户籍歧视对收入差距的影响》，《中国人口科学》2020年第6期。

资逐步赶上并超过了其他所有制单位工人工资。近些年来，城镇非私营单位工人工资与城镇私营单位工人工资的差距逐步扩大，2008 年二者之间年平均工资的绝对差额是 11827 元，2018 年增加到 32886 元，收入差额年均增长率为 10.77%。2014 年城镇非私营单位工人工资是城镇私营单位工人工资的 1.55 倍，2018 年扩大到 1.66 倍。

不同地区工人之间工资存在很大差异。改革开放后，由于我国各地区经济发展不均衡，不同地区之间的工资收入差距问题一直是一个重要问题。20 世纪 70 年代到 80 年代初，西藏、青海的平均工资高于东部的上海、江苏和浙江等省区市。20 世纪 90 年代以后，广东、上海等沿海地区工人工资快速增长，与其他地区工资差距逐渐拉大，至 2001 年，平均工资相差达到 2.75 倍。随着国家西部大开发、振兴东北老工业基地、中部崛起等均衡发展战略的实施，地区间工资收入差距有所缓解，但基本都保持在 2.4 倍以上。总体而言，改革开放后，我国地区间的工资收入差距虽有起伏但总体呈扩大趋势，地区差距由 1978 年的 1.77 倍扩大到 2017 年的 2.41 倍。地区间工资收入水平的绝对差额，即工资最高地区和最低地区的工资极值差由 1978 年的 394 元扩大到 2017 年的 78997 元，地区工资水平的绝对差额持续扩大。①

三、部分企业工人加班现象严重

2013 年到 2014 年，我国城镇就业工人平均每周工作时间达到 46.6 小时，2015 年开始有所下降，但 2017 年和 2018 年城镇就业工人的平均工作时间仍然在 46 小时以上。2019 年部分互联网企业提出“996”工作制，即每天从早 9 点到晚 9 点上班，每周上班 6 天。这一现象引起社会热议，也暴露了许多企业尤其是互联网产业的普遍加班现象，引起广大工人的普遍不满与抵制。工作时间过长的社会危害性很大，透支了劳动者的健康，损伤了工人的工作兴趣和热情，对经济可持续发展和社会和谐造成负面影响。

① 孙玉梅：《地区间工资收入差距与劳动力流动》，《中国人力资源社会保障》2019 年第 9 期。

四、工人阶级内部某些群体社会地位下降

这里所使用的社会地位概念，是社会学概念，是与经济地位、政治地位相对应的概念。社会地位有时也被称为社会声望，指的是社会上的绝大多数人对某个人或某个群体的综合性价值评价，换言之，是指个人或群体所受到的社会尊敬程度。① 改革开放后，我国工人阶级内部结构发生了分化，其中普通工人的社会地位有所下降。普通工人的主体由城市普通工人阶层、农民工阶层和下岗失业工人阶层组成。这三部分群体无论在经济、政治和文化方面都属于较弱势群体，而他们的社会声望也排在后面。其中农民工的城市融入依然面临诸多困难，而下岗失业工人阶层则成为城市贫困群体，他们在住房、医疗、教育方面等都面临一系列的困难。同时他们的社会声望地位低、不被重视、不受尊重，这就使得普通工人群体的处境更加艰难。而工人阶级中这些困难群体的问题如果长期不能得到解决，容易形成贫困固化和代际传递，从而带来更多更大的社会问题，这需要引起我们的高度重视。

五、普通工人的文化技术素质有待进一步提高

受教育程度是影响工人基本素质和基础技能的根本因素。虽然前面讲过，改革开放以后我国工人阶级的整体文化技术素质有了显著提高。但从不同产业、行业、单位工人的教育和技术状况看，不同群体状况又存在明显不同。调查数据显示，2017 年，从产业方面看，第三产业尤其是现代服务业职工受教育年限最长，平均受教育时间为 14. 3 年，文化素质较高；第二产业工人受教育年限为 12. 9 年，制造业职工中具有大学以上文化程度的占 17. 3%，高中文化程度的占 20%；从职工所在单位来看，机关单位职工受教育年限为 15. 7 年，事业单位为 15. 4 年，企业为 13. 3 年；城镇职工受教育年限为 14. 3 年，农民工为 12. 5 年，28. 2% 的农民工文化程度还在初中以

---

① 李春玲：《当代中国社会的声望分层——职业声望与社会经济地位指数测量》，《社会学研究》2005 年第 2 期。

下。[①] 从这些数据我们可以看到，我国普通产业工人尤其是农民工的文化素质仍然偏低。这种情况显然不利于实施《中国制造 2025》国家战略。随着科技不断进步和我国产业不断升级换代，产业工人需要不断转岗，掌握新的技术技能，不断适应新的工作环境，因而需要具备较强的素质和学习能力，因此他们的文化素质有待进一步提高，以适应社会的不断进步与发展。

就工人的技术素质而言，技能等级结构不合理、技术工人短缺、高技能人才匮乏一直是我国工人阶级队伍建设的重要问题，虽然经过一再努力，但情况并未得到根本扭转。据调查，2017 年，我国普通工人中无技术等级的占 73%，有技术等级的工人只占 27%，初级技工占 12.7%，中级技工占 8.3%，高级技能人才只占 5.9%，技术工人结构不合理，与发达国家橄榄形技术人才结构（初级技工 15%，中级技工 50%，高级技工 35%）存在很大差距。据人社部数据显示，我国技术工人总量严重不足，结构不合理突出，并面临人才断档局面。[②]

六、“三新”领域工人状况面临复杂局面

所谓“三新”，指的是新技术、新业态、新模式，这是 2016 年 3 月李克强总理面对国内外形势，在政府工作报告中提出来的。新技术、新业态、新模式的不断发展，使工人的就业结构、就业形态、劳动关系、社会保障等发生了重大变化，给原有的社会秩序带来挑战。人工智能等新技术在消灭大量传统就业岗位的同时又创造了许多新职业和新岗位，使社会对一般劳动力的需求减少，增加了对高技能劳动者的依赖。而共享经济则增加了大量灵活就业岗位。2018 年，共享经济平台员工数为 598 万人，2019 年共享经济平台员工数为 623 万人，同比增长 4.2%；共享经济参与者人数约 8 亿人，其中提供服务者人数约 7800 万人，同比增长 4%。[③] “三新”领域职工面临的问

① 李玉赋：《第八次中国职工状况调查》（报告卷），北京：中国工人出版社，2017 年，第 80－88 页。

② 李玉赋：《第八次中国职工状况调查》（报告卷），北京：中国工人出版社，2017 年，第 82－89 页。

③ 产业信息网：《2019 年中国共享经济行业发展回顾、2020 年共享经济行业交易规模及行业发展趋势分析预测》，https：//www.chyxx.com/industry/202003/841117.html。

题是工作时间和工作地点不固定、劳动收入不确定、社会保障不明确、职工面临着更大的职业安全和健康挑战。新技术、新业态、新模式的大量出现，一方面，改变了工业化基础上的传统就业方式，为职工就业带来新机遇，增加了收入来源。另一方面，工人就业的非正规化、灵活化也导致了工人身份的多元化、复杂化，增加了整合难度，工人身份难以用一种职业界定，处于原子化状态，在劳动关系方面存在难以界定和维权的问题。“三新”领域还处于发展初期，还存在很多管理空白，这种情况使这一领域就业的劳动者面临着许多新挑战，需要我们给予高度重视。

第四节　关于保障工人阶级健康发展的政策建议

马克思主义认为，无产阶级是大工业本身的产物，是实现共产主义的决定力量。随着中国工业化程度的不断提高，中国工人阶级队伍不断壮大，工人阶级的健康发展关系到我国的长治久安，关系到中国特色社会主义制度的前途命运，这一点我们须臾不能忘记。

一、拓宽就业渠道

习近平总书记多次强调，就业是最大的民生，我们要坚持就业优先战略和积极就业政策，实现更高质量和更充分就业。新中国成立 70 多年来，截至 2018 年，我国就业总量比 1949 年扩大了 3.3 倍。特别是进入新时代，在经济下行压力不断加大、经贸摩擦带来不确定性等冲击下，我国仍实现了 9300 多万个新增就业岗位，这份成绩单显得尤为可贵。①

就业结构随着产业结构调整而不断发生变化，“只有那些具备更高教育水平或特定技能的劳动者，才有更多机会在创造性要求更强的岗位上重新实现就业。这也意味着，宏观层面的结构性失业比例将取决于劳动者整体的受教育程度（或技能水平）”。② 因而，建立起再就业培训和终身学习的职业教

① 韩秉志：《就业是最大的民生》，《经济日报》2020 年 8 月 3 日。

② 蔡跃洲、陈楠：《新技术革命下人工智能与高质量增长、高质量就业》，《数量经济技术经济研究》2019 年第 5 期。

育体系，为结构性失业群体提供尽可能多的再就业培训就成为解决普通工人阶层结构性失业的重要措施。

对于近年来青年就业率低、高校毕业生数量多、就业压力大的突出问题，国家要深化教育改革特别是高等教育改革。一方面应继续扩大高等教育覆盖范围，可以依托高等职业技术学院，建立起再就业培训和终身学习的职业教育体系，为更多的适龄青年提供相应的高等技术教育；另一方面要着手改革现行的教学理念和培养模式，建立学校教育与社会需要之间的直接联系，培养学生的创新意识和创造能力，以适应社会发展对人才素质提出的新要求。

二、缩小工人阶级内部收入差距

党的十九大报告指出，我国社会主要矛盾已经转化为人民日益增长的美好生活需要和不平衡不充分的发展之间的矛盾。工人阶级内部的收入差距，正是我国社会主义初级阶段发展不平衡的结果和体现。因而，解决工人阶级内部收入差距也是解决我国社会主要矛盾的内容之一。研究发现，一定收入差距的存在有利于生产的发展和社会的进步，我们首先要分辨和调整的是过大的收入差距。那么，调整地区间的收入差距，最根本的在于调节地区间的经济发展平衡，要继续推进西部大开发、振兴东北老工业基地和中部崛起战略，充分挖掘各地发展潜力，充分发挥地区优势，提高各地区经济发展水平，使落后地区的职工收入尽快得到提高；对于行业之间的收入差距，我们在调整产业结构过程中，要注意调整好产业链中各个环节的收益分配关系，确保不同行业的健康发展；对于不同群体之间的收入差距，可以使用个人所得税这一调节器进行平衡，同时要对低收入群体给予政策性照顾，并采取各种措施提高弱势群体的素质，增强其市场竞争力。

另外，要适时修改最低工资标准，使最低工资标准定位目标与时代相适应，并建立最低工资标准实施的评估机制，促进各地最低工资标准适度、持续、规范增长。同时要尽快健全完善社会保障制度，特别是要加强失业救济方面的保障力度。政府相关部门可以从失业保险、家庭最低收入保障等方面入手，为那些在就业结构调整中受到较大冲击的群体提供最终的生活保障。①

三、保护劳动者的休息权

休息权是我国宪法、劳动法和各级行政法所规定的劳动者的最基本权利之一，关系到劳动者的生存与发展，也关系到国家的可持续发展。因而保护劳动者合法的休息权，无疑有着重要的现实意义。首先，要继续加强立法，使劳动法等相关法律具有更加明确细致的规定和可操作性；其次，要加强司法力度，加强监管和违法惩罚力度；最后，要逐步建立过劳认定的体系，当劳动者通过劳动仲裁、诉讼等形式维护自身休息权时，相关部门要在举证、法律援助方面给予劳动者更多帮助和支持，保护劳动者合法权益。

四、提高普通工人阶层的社会声望

影响一个群体社会声望的因素是复杂的，包括经济收入、物质财富和权力地位等，但“声望地位评价代表着社会中的各类人群（集体）对于‘意义和价值’的解释，它与经济收入、物质财富的拥有量或权力等级地位高低的测量不同。‘意义和价值’不能是单维度的高低或多少的评价。属于不同社会集体的成员，因为追求的目标不同，对‘意义和价值’理解也不同，因此，不同的社会群体会有不同的价值判断”。② 社会声望评判虽然是一种综合性的价值判断，但社会不同群体社会声望高低往往取决于社会某一时期的主流“价值观念”，是社会主流价值取向的反映和体现。改革开放后，我国社会价值取向驱于多元化，“拜金主义”“权力至上”等观念影响着人们的思考和判断，这是导致普通劳动者社会地位下降的重要原因。因此无论在教育中还是在舆论宣传上，要大力宣扬普通劳动者的价值，宣扬诚实劳动光荣理念，这不仅对提高普通工人群体社会地位有利，同时对社会和谐健康发

---

① 蔡跃洲、陈楠：《新技术革命下人工智能与高质量增长、高质量就业》，《数量经济技术经济研究》2019 年第 5 期。

② 李春玲：《当代中国社会的声望分层——职业声望与社会经济地位指数测量》，《社会学研究》2005 年第 2 期。

展也有重要价值和意义。

五、完善国家各级各类教育和培训体系

工人文化技术素质提高的主要途径就是教育和培训两大体系。根据我国工人阶级在文化技术素质方面的具体情况，我国教育和培训体系的完善应该从以下几个方面发力。

其一，为了提高普通工人的教育和技术素质，我们要大力发展和不断完善现代职业教育和培训体系。把职业教育、继续教育和普通教育有机衔接起来，实现职业教育与经济社会发展同步，实行灵活多样的办学模式，进行校企合作，切实为企业培养合适的新型技术人才。职业培训是提升职工技能素质、帮助职工适应新岗位、解决就业结构性矛盾的最有效途径。职业培训既包括企业培训，也包括公共培训，要根据社会发展努力建立起职业培训的长效机制，保障培训工作制度化、常态化，保障培训经费及时到位，建设相应的培训基地。

其二，针对高技能人才缺乏的现状，深入实施国家高技术人才振兴计划，抓紧培养重点产业和新兴战略性产业急需的高技能人才，落实高技能人才每两年参加技能研修和知识更新培训时间不少于 30 天的要求，做好国际技术交流，保证知识技能的技术更新提高。

其三，针对技术工人不足的现状，加强相应的制度建设，促进技术工人队伍的良性发展。首先，要提高技术工人的待遇；其次，要建立合理的技术工人技术等级评定和晋升制度，为技术工人的发展提供良好环境。

六、保障“三新”领域劳动者劳动权益

随着互联网等新兴技术发展，共享经济在我国蓬勃发展起来。目前，平台网约工已成为一支规模巨大的新生就业群体。他们的就业方式、劳动关系、职业风险等与传统经济模式迥然不同。他们的就业质量、劳动权益实现水平，不仅直接影响到劳动关系和谐与社会稳定，也关涉共享经济本身的持

续健康发展。[①] 然而共享经济还是一种“新生事物”，网约工的劳动权益保障问题也处于新生阶段，因而对于这一问题的解决正处于探索时期。目前，我国原有的劳动法规和企业管理制度都滞后于新业态和新模式的发展，加上现实中一些用工主体刻意规避用工责任，而一些网约工本身劳动权益意识淡薄，对劳动协议及其类型认识不够、职业风险认识不足，因而造成了网约工一系列权利保护都处于空白。网络和平台经济是未来经济发展的一大趋势。对待共享经济要本着包容和审慎的原则，既要“促进共享经济发展”又要“促进劳动关系和谐”。因而，我们要认真研究新技术、新业态、新模式的发展状况，适时制定相关法律法规并逐步建立起相应的规章制度；不断补充完善现有劳动保障体系，补充一些有针对性的特殊劳动保障制度；加大执法监察力度，强化平台企业的法律责任，督促企业与网约工人签署协议、建立明确规范的劳动关系；积极推动工会组织向互联网新兴领域和新兴群体延伸，探索创新维权服务方式，针对网约工职业特点，为其提供行之有效的维权服务。

① 汪雁：《关于共享经济平台网约工劳动权益保障的研究》，《中国劳动关系学院学报》2019 年第 6 期。

第三章

国家与社会管理者阶层状况考察

在中国的人事制度中，国家与社会管理者阶层曾经一度被纳入所谓“干部”范畴。新中国成立以后，“干部”一词使用得非常广泛，有广义和狭义之分。广义的“干部”包括上至国家主席、国务院总理，下至农村的村组干部。狭义的“干部”是指在党政机关、社会团体与群众组织、军队、国有企事业单位中任职、依法列入干部编制，从国家领取工资并享受干部待遇的各级管理人员、办事人员、公职人员等。干部是由国家组织人事部门按照有关规定进行确认，并进入了干部编制的公职人员。国家与社会管理者阶层与干部既有重合之处，也存在差异。相同之处在于他们都有国家干部身份；不同之处在于国家与社会管理者阶层是指掌握较多政治权力和组织资源的人，他们是干部中一个位置较高的群体。① 就当代中国工人阶级来说，国家与社会管理者阶层的主体是党和政府的领导干部。这一阶层的变化状况与中国的干部选拔任用制度密切相关。在革命、建设、改革等不同的历史时期，中国党政领导干部选拔任用制度经历了局部探索、曲折发展以及改革创新等历程，既有外部环境的制约，也有自身价值理念的自我革命与完善。本章通过考察中国党政干部任用机制的变化过程，来认识这一阶层的变化状况。

第一节　国家与社会管理者阶层的形成机制

对国家与社会管理者阶层形成机制的考察得从国家干部人事制度的形成开始。我国干部人事制度是在中国共产党成立后逐步建立起来的。1922 年 7 月，中国共产党第二次全国代表大会制定的党章首次使用“干部”一词。

① 刘海军：《当代中国工人阶级结构变化及其现实影响》，辽宁：大连海事大学出版社，2012 年，第 138 – 139 页。

基于当时战争环境的需要，中国共产党把在党、军队以及革命根据地的政府中担任一定公职、履行一定职责的人员，统称为干部。此后，该词的内涵和外延虽有所变化，但其主要内涵仍然是指在一个组织或团队中担任领导或管理工作的人员。而干部人事制度，则指党和国家关于干部队伍建设和干部人事工作的方针、原则及规章制度的总称，是干部使用的行动准则、办事规程和管理体制的总和。

一、新民主主义革命时期：中国共产党干部选拔任用制度的初创时期（1921—1949年）

这一时期，我们党面临着反对帝国主义、封建主义和官僚资本主义的中心任务，先后经历了土地革命、抗日战争和解放战争三个时期。在此社会背景下，我们党对干部人事制度进行了积极探索与实践，建立了一套与革命和战争相适应的干部人事制度，为我国干部制度的发展奠定了初步基础。这一时期探索所取得的成就，主要分为以下几个方面。

（一）干部选拔方式：选举制、委任制、聘任制

党的一大通过的《中国共产党纲领》和党的二大通过的《中国共产党章程》中，对各级党组织负责人的产生方式，根据职务、级别的不同，规定了不同的形式。1928 年，第一个工农民主专政的苏维埃共和国在瑞金诞生之后，实行了民主选举，创造了有名的“豆选”方式。这时党的最高层领导人和最基层干部的产生多采取选举方式。1937 年，中共中央强调在确保党的领导的基础上，在已经建立苏维埃政权的地区，普选保甲长、分区长。1940 年，在陕甘宁边区各级参议会和晋察冀边区，采取平等直接的无记名投票方式，实施了参议员和县、乡长的普选。较之苏维埃时期，民主性程度更高。苏维埃时期，选举是间接的，民众的直接权利只限于选举乡代表，再由乡、区、县、省、全国层层选拔；而边区的选举是直接的，民众可以直接选出从乡到边区的各级参议会议员，各级参议会再选出同级政府。1942 年《陕甘宁边区各级参议会选举条例》规定：“凡居住边区境内之人民，年满十八岁者，无阶级、职业、男女、宗教、民族、财产与文化程度之区别，经

选举委员会登记，均有选举权与被选举权。”①

这一时期干部产生方式，虽然采取了多种形式的选举方式，而残酷的斗争形势决定了大部分干部的产生则以委任制为主。“各级政府的主要行政领导和政府内各部门的主要领导干部主要是通过各级参议会选举产生，政府各部门的一般干部或工作人员由各级政府部门的主要领导直接挑选和任命。”②同时，在某些地方，还出现了聘任制选拔方式，根据《陕甘宁边区各级参议会组织部条例》规定，如有必要，同级政府可以聘请社会、经济、文化等领域富有声望的民主人士担任各级参议会议员。可见聘任制适用范围仅限于议员，还不属于“党政领导干部”。

（二）干部管理原则：党管干部

1927年“四一二”反革命政变血的教训使党认识到，掌握对革命武装和革命政权的领导权是革命成功的必要条件。从三湾改编开始，在军队中实行“支部建在连上”，第一次探索在部队建立党对军队的绝对领导。之后，这一原则扩展到党对政府的领导，党管干部的原则得到初步建立。1929年，古田会议再次重申每个连建立一个党支部，每个班建立一个支部小组，又进一步加强了党对军队的领导。抗日战争时期党管干部的原则进一步加强，党在根据地的各级委员会对党政干部实行统一领导、统一直接分配和直接指派干部。当时为了对抗国民党的一党专政和建立抗日民族统一战线，在边区推行了“三三制”的政权建构方式。在这一方式中，党中央及时发表文件，指出要保证党的一元化领导，这一时期党管干部的原则初步确立。

（三）干部任用标准：任人唯贤和德才兼备

党成立初期，在干部任用标准方面，曾出现“唯成分论”的倾向，向忠发就是因其工人身份而被选为中共中央主要领导人，给革命带来很大危害。1935年12月的瓦窑堡会议对此做出纠正。延安时期，党内又出现了“任人唯亲”的山头主义和宗派主义倾向。对此，毛泽东在1938年10月党

---

① 陕西省档案馆、陕西省社会科学院：《陕甘宁边区政府文件汇编》（第1辑），北京：档案出版社，1986年，第160页。

② 陈凤楼：《中国共产党干部工作史纲（1921—2011）》，北京：党建读物出版社，2012年，第48页。

的六届六中全会上，第一次明确提出了“德才兼备”的干部标准和“任人唯贤”的干部路线，并指出政治路线确定之后，干部就是决定因素。中共七大对延安整风运动和领导干部选拔任用经验教训进行了总结，提出了较为完整的领导干部选拔任用标准。

二、社会主义建设初期：领导干部选拔任用制度的构建（1949—1977年）

新中国成立后至改革开放前这段时期，作为一个新生的社会主义国家，怎样建立一种有效的干部人事制度，选出最能推动工作、与国家发展目标相适应的领导干部，一直是我国干部制度探索面临的突出问题。伴随着将人民的权利主体地位与党的领导地位有机统一的探索，中国干部人事制度也经历了初步构建和曲折发展时期，获得的经验和教训都弥足珍贵。

（一）任用标准：“又红又专”

新中国成立后，国家由战争状态转入全面建设时期。随着国家大规模建设的展开，政权建设和恢复经济成为国家的首要任务，对专业干部的需求大量增加。一些在战争中锻炼出来的领导干部，缺乏管理经济和社会的知识经验，不懂科学技术专业。在这种情况下，革命战争年代的干部任用制度则需要根据变化了的发展形势进行新的调整。1950 年，周恩来总理在中国人民政治协商会议上指出：“新中国的建设需要大量的有充分政治觉悟和文化知识的干部。”① 1957 年，党的八届三中全会，毛泽东首次提出“又红又专”的干部标准，1958 年，又在《工作方法六十条（草案）》中指出“红与专、政治与业务的关系，是两个对立物的统一。一定要批判不问政治的倾向。一方面要反对空头政治家，另一方面要反对迷失方向的实际家”“政治和经济的统一，政治和技术的统一，这是毫无疑义的，年年如此，永远如此，这就是又红又专”。②“又红又专”是“德才兼备”干部标准在新时期的新发展。

（二）管理制度：分部分级管理

革命战争年代，为了适应严酷的战争，我们党对党政领导干部实行高度

---

① 《周恩来选集》（下卷），北京：人民出版社，1984 年，第 47 页。

② 《毛泽东文集》（第 7 卷），北京：人民出版社，1999 年，第 351 页。

集中管理。新中国成立后，随着党执政权的巩固和社会经济的恢复与发展，原有的干部管理方式已无法适应干部队伍的日益壮大和干部分工的不断细化。在这种情况下，国家开始建立分部分级干部管理制度。1953 年召开的第二次全国组织工作会议，是我国历史上干部管理体制的一个重要转折，会议颁布了《关于加强干部管理工作的决定》，对分部分级干部管理制度作了具体规定，标志着分部分级干部管理制度的确立。所谓分部管理，就是将全体干部按照不同的工作需要分为九大部类，由中央和各级党委进行管理；所谓分级管理，就是由中央和地方各级党委组织部门负责分级统一管理除军队系统以外的所有干部，一般下管两级。1956 年，党的八大充分肯定了干部分部分级管理的重要性。此后，我国干部管理制度虽然经历了不断调整和改变，但分部分级管理干部的原则一直保留了下来。分部分级干部管理制度是进行大规模党政领导干部选拔任用的前提和基础，这一制度有力地推进了我国干部管理制度向专业化和规范化的方向发展。

（三）统一的行政任免制度

新中国成立后不久，我党就开始探索从制度层面推进干部选任工作，相继出台了一些具体规定。1949 年政务院出台《关于任免工作人员的暂行办法》，规定中央管理的干部一直到县长、副县长和县人民委员会委员。1951 年通过《中央人民政府任免国家机关工作人员暂行条例》，强调中央人民政府和政务院可任免或批准任免人员的职务范围等。1953 年颁布《关于政府干部任免手续的通知》，进一步强调了党管干部的制度。1954 年通过《中华人民共和国宪法》，明确规定了全国人大的职权，同时，还通过了《中华人民共和国全国人民代表大会组织法》《中华人民共和国国务院组织法》等一系列法律文件，将国家机关干部的任免权限、方法和程序等用法律的形式固定下来。1957 年出台《国务院任免行政人员的办法》，1957 年又颁布《县级以上人民委员会任免国家机关工作人员条例》，对行政任免工作的程序、权限等作出了更为明确具体的规定。

（四）“文化大革命”时期：干部人事制度的曲折发展

“文化大革命”时期，干部选拔任用制度遭到了巨大破坏。干部选拔任用的正常机制陷入混乱，多数政府部门及各级干部人事部门或陷于瘫痪或被撤销，干部选拔标准随意，党政领导干部选拔任用的常规化程序遭到完全否定，大量造反派人员进入各级党政领导部门和领导岗位，原有大批领导干部未经正常干部任免程序就被打倒，具体管理工作无章可循，切断了干部正常晋升的程序和渠道，从而导致国家干部队伍的素质和能力急剧下降，使国家经济、政治、文化各方面的发展遭到严重破坏。沉痛的教训使党和国家领导人深刻认识到领导制度建设在国家建设中的重要作用。

三、当代干部制度的改革与公务员制度的建立（1978年至今）

20 世纪 70 年代末，刚从“文化大革命”中走出来的中国社会面临着一场巨大的变革。经济上要冲破计划经济体制的束缚，逐步开放、搞活；社会管理则需要适应社会发展，不断调整、完善。不同的社会发展阶段，具有不同的社会阶层结构。同一社会阶层在社会发展的变迁过程中也会经历种种变化。而且，阶层结构变化是中国社会转型和经济转轨的最核心内容。① 改革开放后，我国干部人事制度顺应这一时代潮流，在人员构成和管理制度方面都进行了一系列调整。改革开放 40 多年来，我国社会经济、政治、文化各个领域变迁巨大，作为工人阶级中的核心阶层，即国家与社会管理者阶层与中国社会的发展密切相关。

国家与社会管理者阶层是国家干部中的核心部分，其中大部分都属于公务员阶层。改革开放后，随着我国干部选拔任用制度的变化，这一阶层的来源和构成也发生着变化。

（一）改革开放初期我国干部队伍构成的变化

1978 年以后，为了使在“文化大革命”中遭受极大破坏的干部选拔秩序重新恢复并适应我国改革开放的需要，1980 年 8 月 18 日邓小平发表《党和国家领导制度的改革》的讲话，这个讲话成为干部人事制度改革的纲领性文件，拉开了新中国成立后新一轮干部选拔任用制度改革的序幕。

提出干部选拔的“四化”方针。所谓干部“四化”，即干部革命化、年

---

① 陆学艺：《当代中国社会阶层研究报告》，北京：社会科学文献出版社，2002 年，第 44 页。

轻化、知识化、专业化。改革开放之初，我国领导干部年龄老化严重，文化水平普遍偏低，无法适应改革开放的新形势和新任务。现代化建设需要大批年富力强、有知识、有文化、懂专业的干部。为此，党中央多次强调要改变干部队伍结构状况。1980 年邓小平的讲话，第一次提出了干部队伍建设的“四化”方针。1981 年干部“四化”写入《关于建国以来党的若干历史问题的决议》。1982 年“革命化、年轻化、知识化、专业化”的干部选任标准写入党的十二大报告和党章。据此，大批年富力强、有知识、有文化、懂专业的知识分子走上了领导岗位。大批新的社会精英被吸收进干部队伍，优化了队伍结构，增强了队伍活力，极大地推进了国家的各方面建设，对社会稳定健康发展发挥了积极作用。同时，在干部中也出现了学习文化和专业知识的热潮，促使干部队伍的素质结构发生了巨大变化。

建立领导干部退休制。改革之初，领导职务终身制成为制约干部队伍建设的瓶颈。1980 年 8 月《党和国家领导制度的改革》发表后，我国开始着手废除领导干部职务终身制。1982 年 2 月，中共中央颁布了《关于建立老干部退休制度的决定》。1982 年 4 月，国务院又出台了《关于老干部离职休养制度的几项规定》，明确规定，正部级领导干部，年龄不得超过 65 岁，副部级以下职务，年龄不超过 60 岁，到龄的即办理退休或离休。离退休制度的建立，废除了实际存在的领导职务终身制，使大批年富力强的年轻人走上了重要的领导岗位，也使我国的干部队伍逐步焕发出活力。

开始探索多种干部选拔任用方式。从 1980 年开始，我国一些地区先后尝试民主推荐、公开选拔等任用干部的做法。1982 年，原劳动人事部颁布《吸收录用干部问题的若干规定》，提出公开考试任用干部。一些地区还试行干部任期制、聘任制、试用制，采取“群众推荐”“民意测验”“民主评议”“差额选举”等办法选拔干部。单一的委任制被打破，选任制范围不断扩大。1986 年，中央下发了《关于调整不胜任现职领导干部职务几个问题的通知》，对干部的升降和退出制度进行了尝试，初步建立了能上能下的制度，对干部选拔任用制度改革起到了积极作用。

总之，改革开放后，邓小平提出干部队伍要实现“革命化、年轻化、知识化、专业化”标准，并逐步建立起正常的离退休制度，使大批年轻知识分子进入公共权力部门，并走上重要的领导岗位，成为国家和社会管理者。20世纪90年代以前，人们可以通过参军提干、升学考试、社会招收等方式进入干部阶层。这一阶段，我国党政干部选拔任用制度还处在恢复重建和初步改革阶段，总体上还属于某一方面的试验性探索，发展很不平衡，还未真正形成规范化、制度化、法制化的干部任用制度，但这些为我国干部任用制度的进一步深化改革初步奠定了基础。

（二）公务员制度建立后，我国干部队伍来源和构成的变化

为了加强我国干部人事制度改革的顶层设计，推进党政机关干部人事选拔任用制度的科学化、民主化和法制化，1984年中组部、原劳动人事部等有关部门组织力量就干部人事制度改革的法制化进行研讨，1986年形成《国家行政机关工作人员条例》。1986年底至1987年又开展课题研究，提出了干部分类管理和建立国家公务员制度的设想，并将《国家行政机关工作人员条例》做了重大修改，更名为《国家公务员暂行条例》。

1987年党的十三大就人事制度改革提出了总体要求，指出进行人事制度的改革，就是要对“国家干部”进行合理分解，改革集中统一管理的现状，建立科学的分类管理体制；改变用党政干部的单一模式管理所有人员的现状，形成各具特色的管理制度；改变缺乏民主法制的现状，实现干部人事的依法管理和公开监督。同时，还特别指出，这方面改革的重点，是建立国家公务员制度。① 1988年党的七届全国人大一次会议进一步提出抓紧建立和逐步实施公务员制度。1989年，公务员制度在国家审计署、海关总署、统计局、环保局、税务局、建材局进行公务员制度试点，1990年又在哈尔滨和深圳进行试点。

经过反复修改和试点，1993年，国务院颁布实施了《国家公务员暂行条例》，在行政机关中执行。党组织机关、人大机构、政协机关、民主党派机关和人民团体参照该条例进行管理。我国公务员制度的建立，采取整体推进、突出重点、分步到位的方针，结合机构改革进行职位设置，经考试考核

---

① 刘海军：《当代中国工人阶级结构变化及其现实影响》，辽宁：大连海事大学出版社，2012年，第139页。

完成人员任用工作。随后，一年一个重点，逐步建立推行公务员制度，1994年6月，原劳动人事部颁布《国家公务员录用暂行规定》，建立推行录用制度，标志着我国公务员考试录用工作进入法制化、规范化轨道。1994年下半年，中央国家行政机关公务员录用考试首次举行，公务员考试录用制度正式在全国范围内推行。1995年建立推行考核、辞职辞退制度，1996年建立推行轮岗和回避制度。到1998年底，公务员制度在中央和省、地（市）、县、乡（镇）五级政府机关基本建立。随着我国公务员制度的建立推行，党政机关的人事管理走向规范，政府效能得到提高，国家能力建设加强，我国干部人事制度改革在分类管理上迈出了重要的一步。

自公务员制度逐步建立以来，国家公务人员能进能出、能上能下的社会流动机制逐步形成。各级国家机关逐步推进正规的公务员考试录用制度。因此，1993年以后，进入国家公务员队伍的渠道主要有两个：一是军转干部安置，二是通过公务员考试。并且公务员考试越来越成为主渠道。经过考试录用公务员，大大地提高了公务员的文化素质，而且使得各种社会阶层的社会成员都有机会进入国家公务员队伍，而且这种预期变得可能和稳定，它不会因领导人的意志改变而变化，成为一种制度化和经常化的选人用人机制。各级国家机关推进正规的公务员年度考核制度，考核结果与奖惩、升降、辞退等措施结合起来，实行奖优罚劣，对考核不称职的人员给予降职或辞退处理。同时公务员的退休制度也逐步实施，基本上做到了“到龄就退”，加上辞职制度的推行，畅通了公务员队伍的“出口”。

2005年全国人大常委会通过《中华人民共和国公务员法》（以下简称《公务员法》），2006年1月1日起正式施行，这标志着我国公务员制度的形成。而后，一系列相关配套法规相继出台。《公务员法》共18章，对我国公务员原则、条件、义务与权利、考核、奖惩、工资福利保险等作了明确规定。《公务员法》规定：“本法所称公务员，是指依法履行公职、纳入国家行政编制、由国家财政负担工资福利的工作人员。”① 公务员的任用，坚持

① 中国人大网：《中华人民共和国公务员法》，http：//www. npc. gov. cn/zgrdw/npc/lfzt/rlyw/2018 －12/29/content_ 2071578. htm。

任人唯贤、德才兼备的原则，注重工作实绩。公务员职务分为领导职务和非领导职务。担任主任科员以下的非领导职务公务员，采取公开考试的办法。中央及直属机构公务员的选拔，由中央公务员主管部门负责组织。地方各级机关公务员的选拔，由省级公务员主管部门负责组织。公务员选拔考试分为笔试和面试，内容依据不同职位而设置。公务员的考核有平时考核和定期考核，重点考核工作实绩。公务员有选任制和委任制。领导成员职务实行任期制。机关根据公务员的工作要求对其进行培训，国家实行公务员交流制度，交流的方式有调任、转任和挂职锻炼。

2018 年，新版《公务员法》发布。新版《公务员法》进一步完善了公务员管理、监督、激励、保障等制度机制，由原来的 107 条调整为 113 条，实质性修改 49 条，个别文字修改 16 条，条文顺序调整 2 条，主要在以下几个方面作了补充调整和完善：（1）中国特色社会主义的思想观念作为公务员制度长期坚持的指导思想；（2）调整了公务员的职务、职级的规定；（3）增加了加强公务员监督的规定，让监督管理制度更加完善；（4）对分类考录、分类考核、分类培训等进一步提出明确要求，要求官员任职前要进行忠于宪法的宣誓；（5）对录用公务员范围进行了新的调整。新《公务员》法增加了以下两条：被开除党籍的、被依法列为失信联合惩戒对象的也不得录用为公务员。新修订的《公务员法》，进一步健全了公务员的法律法规体系，标志着我国公务员选拔任用制度进入了法制化的新阶段。

第二节　国家与社会管理者阶层的经济状况

国家与社会管理者，在我国又被称为领导干部，目前基本包含在国家公务员范围内，因而其经济收入状况与国家干部和公务员的工资制度变化密切相关。目前，这一阶层的工资收入并无直接公开的数据可查，我们只能通过《中国劳动年鉴》或其他相关学者的研究进行分析整理，得出一些有价值的信息，进而分析这一阶层的经济变化状况。

一、国家与社会管理者阶层工资制度的历史演变

对每一个国家与社会管理者而言，其所得工资和其他劳动者的工资并没

有本质区别，都是劳动者的劳动报酬。但由于公务员职业和地位的特殊性，对公务员工资的确定则需要考虑到更多方面。这些方面主要包括：保障体面的生活、激励努力工作、预防腐败的发生、吸引优秀人才。考虑到这些方面，我国公务员工资的确立经过了以下几个阶段：

（一）职务等级工资制的确立与实施（1949—1978 年）

1949 年新中国成立后，在最初几年中，各地工资制度不同。党政机关干部和军队及国有企业等实行的是供给工资制，主要以实物形式发放工资。而新解放区和旧政权留用人员和学校、医院等实行货币工资制。经过几年的探索，1956 年国务院正式发布《关于工资制度改革的决定》，进行了一次大的工资制度改革，将供给制与工资制并轨，统一实行职务等级工资制。职务等级工资制，就是以职务级别为中心制定工资级别的制度，只要级别提高，工资待遇就提高。“应当充分肯定，在短短几年的时间里，一边进行调整归并，一边研究新的制度，很快就建立起稳定的、基本合理的新中国工资制度，确实非常不容易。”① 这次工资制度改革，确立了新中国统一的公务员（行政干部）工资制度，基本适应这一时期我国社会发展的需要，得到各方面的充分认可。职务等级工资制建立起来后到 1985 年，作为我国各级正式领导干部的工资制度持续了 30 年。“这一制度为新中国成立后政权的稳定、经济的发展、干部管理作出了重要的贡献，同时也是中国公务员工资制度的一笔遗产和宝贵财富。”② 但职务等级工资制度在实施过程中出现了职务和级别脱节问题，而且在现实运行过程中出现工资不正常升级的现象，30 年中工资升级并不规则，而且在一些年份平均工资不升反降，并导致了严重的平均主义。从 1956 年至 1984 年，年人均工资的具体数量及变化情况见下表（见表 3. 1）。

① 何宪：《公平与激励——中国公务员工资制度探析》，北京：中国人事出版社，2017 版，第 23 – 24 页。

② 何宪：《公平与激励——中国公务员工资制度探析》，北京：中国人事出版社，2017 版，第 25 页。

表 3.1　1956—1984 年全民所有制单位职工年平均工资

单位：元

年份	1956	1957	1958	1959	1960	1961	1962	1963	1964
工资	610	637	550	524	528	537	592	641	661
年份	1966	1967	1968	1969	1970	1971	1972	1973	1974
工资	636	630	621	618	609	597	622	614	622
年份	1976	1977	1978	1979	1980	1981	1982	1983	1984
工资	605	602	644	705	803	812	836	865	1034

资料来源：《一九八七年劳动工资保障保险福利统计年报简编》，第 93 页。

（二）结构工资制的建立和实行（1985—1993 年）

“文化大革命”结束后，工资分配领域对当时极“左”思想的长期影响进行了反思和清理，经过几年的调整整顿，对工资制度进行了深入的研究和改革准备，1985 年我国又进行了一次公务员工资制度改革，建立了结构工资制，公务员工资制度进入了一个新时期。当时提出工资分配要打破平均主义“大锅饭”状况，遵循劳动性质差别、按劳分配、奖优罚劣等原则，使工资构成体现工资的不同功能。因此，这次改革建立的结构工资制，分为基础工资、职务工资、工龄津贴、奖励工资四个部分。职务工资和基础工资国家实行统一标准，基本工资体现工作人员的基本生活费用，职务工资体现责任大小。工龄工资体现个人资历，按年限逐年增长。奖金体现年度工作贡献，奖励在工作中成绩显著的工作人员。这次改革，还实现了机关事业单位工资和企业工资的脱钩。机关年人均工资增长较快，从 1127 元增加到 2778 元。

虽然这次改革的方向是正确的，但这次改革也存在着一系列问题。直到 1993 年新一轮改革开始，一直没能建立起正常规范的晋级增资制度，严重影响了这一制度设计功效的发挥，最终导致结构工资制被放弃。

（三）职级工资制的设计和运用（1993—2005 年）

1992 年党的十四大提出要进行工资制度改革，1993 年《国家公务员暂行条例》颁布实施，对公务员工资问题作出了明确规定，随后开始进行公务员职级工资制改革。1993 年工资改革，继续保持了结构工资制的格局，其中基础工资和职务工资不变，工龄津贴改为工龄工资，奖励工资改为奖金，在此基础上增加一个级别工资。也就是说，工资结构变为五个部分：基础工资、职务工资、工龄工资、奖金、级别工资。这次改革，建立了年度考核正常升级制度，规范了奖金发放制度，建立了艰苦边远地区津贴制度等。总体来看，这次工资制度改革是考虑比较全面而成熟的改革，继承和发扬了多年来形成的干部管理制度的优良传统，同时又吸收借鉴了国外发达国家公务员制度的某些内容，迈出了工资制度走向现代化的重要一步。这一时期，机关人均工资从 1993 年的 3382 元增加到 2006 年的 23360 元，13 年间工资增加了 19978 元，增长了 5.9 倍。① 但是，这一次改革后，因为原有的工资区制度停止运行，而新的工资区制度迟迟没有出台，所以个别地方开始自行出台津贴补贴办法，导致分配秩序的混乱。

（四）2006 年的工资制度改革

2006 年，我国再次进行公务员工资制度改革，这次改革尽管和 1993 年建立的工资制度没有本质上的区别，都是把职务和级别结合起来的工资制度，但因为制度在具体安排方面不同，因此仍被当作一个新的工资制度时期。这一年，非常重要的一件事，就是《公务员法》的颁布实施。《公务员法》提出，国家要实行统一的职务与级别相结合的工资制度。2006 年工资制度改革的特点主要是对工资结构进行了新的调整，放弃了结构工资的概念，简化工资结构，公务员工资只包括基本工资、奖金和津贴三项；加大了级别工资的分量和作用；确定各个职务级别工资的晋升办法；规范公务员的津贴补贴发放制度；等等。这次改革提出的任务还在努力完成之中，目前来看，已经收到了一定的成效。比如工资收入分配秩序明显好转，工资调查比较制度建设已经起步，定期提高工资标准制度开始兑现，公务员工资收入水平明显提高等。但问题依然存在，需要我们在改革中加以注意，并使公务员工资制度不断优化。

二、国家与社会管理者阶层的工资收入现状

所谓工资收入水平，指的是工资收入高低的问题。要厘清国家与社会管理

① 何宪：《公平与激励——中国公务员工资制度探析》，北京：中国人事出版社，2017 年，第 39 页。

者阶层工资收入水平高还是低，需要先解决两个方面的问题，一是权威的工资统计数据，二是可比较的参照对象。就数据而言，《中国劳动年鉴》一直公布机关工作人员的工资水平，而《中国统计年鉴》则于2002年前每年公布国家机关、党政机关和社会团体的年均工资，2003年后每年公布公共管理、社会保障和社会组织人员年平均工资水平。根据这些数据进行分析可得出一些有价值的结论，让我们对这一阶层的工资收入状况有一定判断和衡量。就参照对象来说，我们可以用国内企业和国外公务人员的工资水平做参照。

（一）与国内企业工资水平相比较

1985年，我国进行了一次机关事业单位工资制度改革，1986年，以职务工资为主要内容的结构工资制建立起来，实现提职晋升新机制。从总的方面看，这一时期，机关工资水平与企业工资水平基本一致，走向都处于上升趋势（见表3.2）。

表3.2　1986—1993年企业和机关单位平均工资

单位：元

年份	1986	1988	1989	1990	1991	1992	1993
企业	1264	1746	1944	2148	2364	2720	3361
机关	1300	1708	1873	2107	2270	2778	3382

资料来源：《中国劳动统计年鉴》（1986—1994）。

1993年，《国家公务员暂行条例》颁布，工资制度改革建立了职务级别工资制，并提出工资要随着经济发展和物价变化建立正常增长机制。这段时期，机关和企业的工资都得到快速增长，但机关工资增长明显快于企业，造成这种情况的原因是各地纷纷出台了津贴补助（见表3.3）。

表3.3　1994—2005年企业和机关单位平均工资

单位：元

年份	1994	1995	1996	1997	1998	1999	2000	2001	2002	2003	2004	2005
企业	4408	5345	5930	6322	7405	8168	9189	10453	11873	13578	15559	17853
机关	4956	5542	6352	6990	7740	8925	10020	12125	14005	15736	17869	20828

资料来源：《中国劳动年鉴》（1994—2005）。

2006年，我国《公务员法》颁布实施，公务员工资又一次进行改革，建立职务和级别相结合的工资制度，同时对各地自行增加的各种津贴进行规范。在公务员工资和企业工资都保持一定增长的前提下，二者工资水平又趋于一致（见表3.4）。

表3.4　2005—2013年企业和机关单位平均工资

单位：元

年份	2005	2007	2008	2009	2010	2011	2012	2013
企业	20555	24046	28359	31622	36256	42020	47284	52270
机关	23360	28763	33869	37397	405121	44303	48513	51894

资料来源：《中国劳动和社会保障年鉴》（2006—2008），《中国人力资源和社会保障年鉴》（2009—2014）。

（二）公务员工资水平的国际比较

对国际公务员工资进行比较，是一件非常不容易的事情。因为各国的具体国情不同，统计方法和口径也存在诸多差异。在人力资源和社会保障部原副部长何宪研究员的研究中，他主要将工资与制造业工资之比和政府公职人员工资占国内生产总值的比例来进行比较。

根据有关数据显示，1986—2014年，政府的平均工资与人均国内生产总值的比例在1.07—1.43之间浮动。而世界各主要国家政府工资与人均国内生产总值的比例在0.6—6.8之间。我国政府公职人员工资与国内生产总值的比例属于中等偏下水平。

在对相关数据进行比对分析的基础上，何宪研究员得出如下结论。第一，改革开放后我国政府公务员的工资总体走势与经济发展基本吻合，处于不断增长态势，但增长方式存在地区差异，增长机制仍然需要不断调整规范。第二，公务员工资与企业工资相比差距不大，应尽快建立起科学准确的工资调查比较制度。这里首先需要解决三个方面的问题：一是取得企业真实数据，二是建立公务员和企业人员的对应关系，三是确立比较需要考虑的因素。第三，公务员全国平均水平大体适中，但地区之间差距较大。中国各地经济发展水平和消费水平不同，存在适当差距是合理的，但不能太大。近几年，国家规范各地津贴补助，并加紧制定工资标准正常调整机制，就是出于这方面的考虑，已经初见成效。第四，职务之间工资差距较小，对责任和贡献体现不够。这对廉政建设和激励公务员主动承担责任与风险不利。因此在重视整个公务员工资水平的同时，也应注意不同职务之间的合理关系。

第三节　国家与社会管理者阶层的政治状况

国家与社会管理者阶层的政治状况与国家和民族的命运息息相关，关系着党的先进性和纯洁性，关系着党的前途命运和事业的兴衰成败，因此，对这一阶层政治状况的考察尤为重要，本节将从政治信仰、政治作风、政治能力三个方面进行研究，以反映这一阶层目前的政治状况。

一、国家与社会管理者阶层的政治信仰状况

1921年中国共产党成立以后，党始终重视对党员的政治信仰教育。1921年党的一大通过了《中国共产党第一个纲领》以及《关于当前实际工作的决议》，突出强调了教育的重要性。党的一大到四大期间，通过办校传授知识来进行政治信仰教育。1921年8月毛泽东与何叔衡、易礼容利用船山学社的社址和经费，在湖南长沙创办湖南自修大学，这是中国共产党创办的最早的干部学校。除长沙外，1922—1923年又在安源、衡阳创办党校。土地革命时期，中国共产党从多方面提高党员干部的政治信仰，1929年古田会议，通过决议强调加强党内教育。1931年通过《关于干部问题的决议》，明确提出提高党员干部的政治水平。抗日战争时期，要求党员干部“教育与战争、生产相结合”。1941—1945年延安整风运动使党员干部在思想上又提高了一大步。新中国成立后，党颁布推动领导干部理想信念教育的系列重要文件，如1950年《中共中央关于在职干部学习问题的通知》、1952年《关于“三反”运动和整党运动结合进行的指示》、1954年《中共中央关于轮训全党高、中级干部和调整党校的计划》等。党的十一届三中全会后，全国各地党校、干校开始纷纷建立，截至1980年底，全国恢复和新建了各级党校、干校5800多所，在党的十二大前后达到8800多所。1983—1987年进行全面整风，党员干部思想认识上得到显著提升。2010年通过了《2010—2020年干部教育培训改革纲要》，对干部教育培训改革作出全面部署。

党员干部的政治信仰是否坚定，关系到国家的性质和发展方向，甚至关

系到中华民族的生死存亡，我们可以看到，自从中国共产党成立，党员干部的政治信仰教育一直备受重视。

（一）大多数领导干部政治信仰坚定

政治信仰是指南针，解决的是政治认同问题，党员干部的政治信仰影响着党的纯洁性、战斗力以及执政地位，关系着党员干部的政治本色。在社会主义的建设过程中，大多数的党员干部拥有坚定的政治信仰。主要表现在，一是可以用马克思主义理论武装头脑，把实现共产主义作为自己的奋斗目标，以党的建设为自己的理想追求。中组部党员教育中心对入党动机进行调查发现，在关于入党动机（可多选）的实地调研和问卷调查结果中，有69.6%的人基于信仰入党，有48.6%的人认为既可以为党服务，又有利于个人的工作以及今后发展而入党，19.8%的人基于组织的动员入党，还有少数人把入党作为可以为个人谋利益的手段。① 这表明在党员队伍中，有坚定的政治信仰的人占据了大多数。二是大多数党员干部可以自觉学习党章党规，严守党的纪律，并以党章党规规范自身行为。有些老党员一字一句抄写党章党规进行学习理解。三是大多数干部可以自觉开展党内教育和学习，如“红岩精神”“红船精神”“井冈山精神”“长征精神”在党员干部中得到了广泛的传播。四是大多数党员心中始终坚持马克思主义信仰，并在工作中始终如一地践行，如焦裕禄、孔繁森、牛玉儒、杨业功、沈浩、杨善洲、庄仕华、高德荣、邹碧华等一批优秀的党员干部终身坚守岗位，服务人民，用行动践行坚定的政治信仰。

（二）少数领导干部政治信仰出现弱化

改革开放以来，大多数领导干部为中国特色社会主义建设作出了巨大贡献，经受住了风险考验。但是，也存在部分领导干部政治信仰弱化的问题。具体表现在，一是在少数党员中，出现了将马克思主义信仰功利化、工具化的行为。二是将马克思主义教条化。目前存在少数党员只是死记硬背马克思主义的只言片语，并不会深刻地理解其本质含义，有的只碎片化地了解马克思主义的一些观点，而没有整体把握其中的联系，有的看一些容易理解的二

---

① 中组部党员教育中心：《保持共产党员信仰纯洁性研究》，《党建研究》2013年第2期。

手资料，在不了解全貌的情况下，出现认知偏差。三是不信马列信鬼神。“热衷于算命看相、烧香拜佛，遇事‘问计于神’。”①

（三）信仰主体形态和数量的变化

十月革命以后，马克思主义在中国迅速地发展壮大，主要表现为信仰主体从个体形态转变为组织形态和党员人数激增。信仰主体由最初的以李大钊、陈独秀为代表的少数先进知识分子，发展到以毛泽东、瞿秋白、周恩来等为代表的一大批先进知识分子组成的队伍，直到1921年中国共产党的成立，完成个体形态向组织形态变化的过程，且组织形态也在不断发展壮大。党员人数从1921年党的一大的50多个人发展到党的七大的121万人，到党的八大1073万人，到2017年党的十九大的8900多万人，2019年全国共有基层党组织468.1万个、党员9191.4万名。截至2021年7月，中国共产党成立百年之际，全国党员人数已经达到9500多万名。马克思主义在中国的传播经历了从个体形态向组织形态的变化以及党员数量的剧增。

二、国家与社会管理者阶层的政治作风状况

《辞海》对“作风”有三种解释，其中第一种指“工作或生活上一贯表现的态度、行为”。② 第二种指文学艺术领域的创作方法。第三种指艺术家通过作品展露出的个人风格。由上解释可知，第一种更适合表达政治作风中的“作风”，政治作风是党员干部在工作中表现出的行为、态度。国家与社会管理者阶层的政治作风关系着党的形象、党群关系、干群关系，关系着党的先进性以及党内政治生态。因此，对党员干部的政治作风状况进行研究，有针对性地开展政治作风的相关建设尤为重要。

（一）大多数领导干部作风优良

党员干部的政治作风关系着党的形象，是人民群众认识和评价党的窗口，良好的政治作风有利于巩固党的执政基础、加强党的执政地位。党的

---

① 《十八大以来重要文献选编》（上），北京：中央文献出版社，2014年，第339页。
② 《辞海》（缩印本），上海：上海辞书出版社，1989年，第261页。

十八大以来大力开展党风建设，党员干部接受作风的洗礼，政治生态阴霾渐去。目前，我国的领导干部大多具有优良的政治作风，具体表现为在理论学习中锐意进取、大胆创新，紧跟时代的步伐，并且可以将理论学习与工作实践结合起来；在工作中领导干部带头做表率，求真务实，牢记公仆身份，切实地了解群众需求，为群众服务。例如四川中江县建立起了《民生诉求台账》《困难群众台账》《稳定工作台账》，用"台账工作法"切实解决群众问题；四川省芦山县在灾后重建中，探索出"处方式"走基层模式，领导干部去一线问诊查"病情"，采取领导干部查、工作小组找、志愿服务听等多种方式，广泛收集社情民意，全县47名县级领导、280名科级领导带头深入基层，收集意见建议780余条，弄清了灾后重建中存在的突出问题和受灾群众的期盼诉求①；江西赣州市组织23690名机关党员干部，开展为期一年的"三送"活动，以化解矛盾纠纷、解决群众实际困难、融洽党群干群关系②；河北承德构建"五个一"乡镇便民服务；江苏淮安大力实施社区"1+4"组团服务；浙江西湖开展"三全十服务"工作机制等都是党员干部在工作中继承和弘扬优良政治作风的具体体现。

（二）少数领导干部存在不正之风

目前，我国领导干部大多具有优良的政治作风，但是也有少数领导干部存在不正之风，主要体现在思想作风和工作作风两个方面。

在思想作风方面，少数党员干部存在以下问题。一是服务群众的意识淡化，不能做到及时和群众沟通。在中共石家庄市委党校课题组对石家庄市党员干部在群众路线中的问题做的相关调研中，有40.71%的人认为本地区党员干部存在的最突出的问题是"为群众服务的意识不强"，有35%的人认为"党员干部不愿意与群众沟通"③。二是学习意识淡薄，理论素养较低，缺乏对理论的研究，缺乏主动学习党的知识的意识，思想较为保守，跟不上形

---

① 四川日报：《芦山县"处方式"走基层》，https：//special. scol. com. cn/13qzlxw/sczxd_m/20140922/201492295413. htm。

② 新华网江西频道：《江西赣州开展"三送"活动》，https：//www. jxwmw. cn/zhuantipind/system/2011/03/03/010245617_ 03. shtml。

③ 贾丽云、张占辉：《查摆自身问题 贯彻为民务实清廉要求——石家庄市党员干部在践行党的群众路线中存在的问题及对策研究》，《中共石家庄市委党校学报》2014年第8期。

势，也没有加强相关的学习。例如，在对重庆市万州区的党员干部关于马克思主义书籍学习情况的调查中，“每天都会抽空阅读的”仅占4%，38.7%的人“有时间就会阅读”，选择“工作太忙，阅读时间不多”的人高达46%，“基本不读”的人也占到了11.3%①。三是存在拜金主义、享乐主义问题。讲排场、比阔气、追求奢华，“车轮上的铺张”“会所中的歪风”等问题屡屡发生，江西省原副省长胡长清临刑前忏悔：人有了比天还高的欲望，就是埋葬自己的坟墓。四是思想不端、精神懈怠。部分官员“当一天和尚撞一天钟”“一杯茶、一张报纸过一天”“提前进入养老状态”，这些做法是典型的精神懈怠、慵懒无为的表现。

在工作作风方面，少数党员干部主要存在以下问题。一是形式主义。形式主义最突出的表现是追求形式、不重实效，图虚名、务虚功、工作不抓落实。“搞形式”“走过场”，“虚”字当头，用形式掩盖实质，“喊口号、搞形象工程、做政绩工程”，形式主义表现在工作的各个方面。例如，“走秀式”地应付检查，在调查研究中，提前制定“经典调研线路”，调研“专业户”，这类调研只能“下乡下到乡政府，进村进到村委会”，听到的政绩远多于问题。另外还存在“打卡式”工作态度，随着各种政务App在工作中应用，App打卡成了“秀场”表演，“干得好不如晒得好”。二是官僚主义。官僚主义指脱离实际、脱离群众、做官当老爷、贪污腐败的领导作风。在服务群众方面，存在推、绕、拖的问题，对群众反映的问题不能及时落实，存在“不作为、慢作为、乱作为”的问题。除此之外，部分党员干部还存在贪污腐败、违法乱纪、用人时的“潜规则”等问题，如山西系统性塌方腐败案、湖南衡阳破坏选举案、四川南充拉票贿选案、辽宁拉票贿选案等。2019年，全国查处的形式主义问题、官僚主义问题就达到6.29万起，处理党员干部9万多人，涉及扶贫、教育、医疗、环境等多个领域。

① 谭建：《基层党员干部马克思主义素养的现状和原因分析——基于重庆市万州区的调查》，《劳动保障世界》2016年第33期。

三、国家与社会管理者阶层的政治能力状况

国家与社会管理者阶层的政治能力建设，与党的发展息息相关，是党的执政建设的重要内容，贯穿于社会建设的各个时期，体现为不同的特征和共同的政治能力发展诉求，是共性和差异性的集合。党员干部的政治能力的建设经历了四个时期。

第一个时期：重点培养领导力、战斗力、组织力（1921—1949 年）。1921 年党的一大通过《中国共产党第一个纲领》这一具有历史意义的政治纲领，1922 年党的二大通过《中国共产党章程》，规定了党的性质、对象、政治任务等内容。大革命时期，重点加强了党内政治教育，如组织秘书以及相关工作机构的设立。延安时期，创办了干部学校和专门学校，由延安的领袖和教育家担任干部学校的负责人，培养了一批素质高、能力强的党员干部。

第二个时期：注重政治能力与经济能力的协调发展（1949—1976 年）。新中国成立初期毛泽东就指出，要“围绕着生产建设这一个中心工作并为这个中心工作服务的”。[①] 在党的领导体制的改进方面，采取集体讨论、达成共识、领袖拍板进行决策。在动员群众方面，建立报告员和宣传员制度。在党的八大期间，党开始认识到“正确地解决党的组织和党员的关系，党的上级组织和下级组织的关系，党的中央组织和地方组织的关系，在党的民主集中制问题上，具有特别重要的意义”。[②] 此外，党开展了整风运动，这也是党员干部政治能力建设的具体实践。

第三个时期：净化党内环境，促进政治生态（1978—2012 年）。党的十一届三中全会上，党在思想、政治、组织等领域进行了全面的拨乱反正，邓小平在闭幕式上作了《解放思想，实事求是，团结一致向前看》的重要讲话。1987 年党的十三大制定了党在社会主义初级阶段的基本路线，正是有这一正确的政治路线，才经受住了 1989 年的政治风波。经过 1989 年的政治

---

① 中央档案馆、中共中央文献研究室：《中共中央文件选集（1949 年 10 月—1966 年 5 月）》（第 15 册），北京：人民出版社，2013 年，第 20 页。

② 中央档案馆、中共中央文献研究室：《中共中央文献选集（1949 年 10 月—1966 年 5 月）》（第 24 册），北京：人民出版社，2013 年，第 141 页。

风波，加之东欧剧变、国内自由主义思潮等的影响，1992 年党的十四大报告明确指出，“党的思想、政治、组织、作风建设都面临许多新情况和新问题”①，对党员干部提出更高要求。1996 年江泽民发表《关于讲政治》的重要讲话。1997 年党的十五大提出高度重视从严治党。2002 年党的十六大正式提出“加强党的执政能力建设”重要命题，要求党员干部必须不断提高自己的综合能力。

第四个时期：加强政治本质、制度建设及理论指导（2012 年至今）。党的十八大以来，党内积极开展一系列政治教育活动，2012 年出台《改进工作作风密切联系群众八项规定》。2013 年出台《党政机关厉行节约反对浪费条例》。2019 年《中共中央关于加强党的政治建设的意见》等一系列政策法规和教育活动如火如荼展开，大大提高了党员干部的政治能力的建设，提升了政治权威。总体来看，党的十八大以来，党员干部的政治能力建设在政治本质、制度建设、理论指导等方面都有了突破性发展。2020 年 12 月下旬，习近平总书记在中央政治局民主生活会上的讲话中指出：“我们党要始终做到不忘初心、牢记使命，把党和人民事业长长久久推进下去，必须增强政治意识，善于从政治上看问题，善于把握政治大局，不断提高政治判断力、政治领悟力、政治执行力。”② 在这次重要讲话中，习近平总书记创造性地将领导干部政治能力的内涵要素发展为政治判断力、政治领悟力、政治执行力，科学构建起政治能力的三大维度。

（一）政治判断力

政治判断力是对大是大非以及政治方向的判断能力，关系着政治工作的全局。随着改革的不断深入，各种风险挑战接踵而来，这对党员干部的政治判断力提出了更高的要求。目前，大多数党员干部在大是大非上的政治判断力上比较坚定，政治敏锐度较高，可以坚决维护国家利益。例如，在 2020 年的疫情大考中，中国交出的答卷彰显了我国领导干部敏锐的判断力和卓越

---

① 中共中央文献研究室：《十四大以来重要文献选编》（上），北京：人民出版社，1996 年，第 38 页。

② 习近平：《加强政治建设提高政治能力坚守人民情怀 不断提高政治判断力政治领悟力政治执行力》，《人民日报》，2020 年 12 月 26 日。

的组织领导力。再如，面对一些外国实体出于非商业目的、违背正常的市场规则和契约精神，对中国企业采取封锁、断供和其他歧视性措施，2019年5月31日，政府果断出台《不可靠实体清单制度》，以维护中国经济安全、科技安全、信息安全、资源安全等。

目前，我国的党员干部在大是大非上的政治判断力比较坚定，在抵御市场风险、化解外部困境等方面仍需提高。在对S市的市直机关和事业单位、区党政机关、街道、国有企业的440名党员干部的调研中，党员干部认为自己需要提高的政治判断力中，45.79%的党员干部把“提高风险处置能力”作为首要选择，“增强政治敏锐性和辨别力”占比17.08%，“增强斗争精神”占比16.34%，仅有3.47%的测评对象把“在大是大非面前态度鲜明、立场坚定”作为自己亟须提高的政治判断力的选项。① 具体来说，在抵御市场风险方面，改革开放后，经济发展的同时也带来了政治风险，政治风险主要指市场经济的运行逻辑影响着党员干部的政治立场，部分党员被拜金主义、货币至上论等思想所影响；在化解外部困境方面，党的十八大以来，国际的环境发生重大变化，对党员干部所处的整个环境系统提出更高的要求，很多党员为全球治理贡献了智慧，但是也存在部分党员缺乏化解外部困境的能力。

（二）政治领悟力

政治领悟力是领导干部正确把握中央精神和国家政策的能力，是能够做到对中央指示和国家政策融会贯通、创造性开展本职工作的能力。政治领悟力越高，政治判断力和政治执行力就会越强。政治领悟力是国家与社会管理者的基本政治能力之一，要求领导干部具备较高的马克思主义理论素养，真正学懂弄通习近平新时代中国特色社会主义思想，提高政治站位，正确把握“国之大者”的深刻内涵，能懂大局、观大势、识大体。“领导干部特别是高级领导干部担的是政治责任，必须对党中央精神深入学习、融会贯通，坚持用党中央精神分析形势、推动工作，始终同党中央

---

① 胡硕兵：《提升党员干部政治能力的方法和路径——基于S市的调研》，《领导科学》，2020年第18期。

保持高度一致。”① 目前，我国大多数领导干部的政治领悟力较强，对“国之大者”心中有数，可以明确自己的职责，可以在政治上、思想上、理论上准确领会党中央的精神和意图，在深入学习和分析中把握核心思想，找准核心抓手，积极推动各项工作开展，真正做到在政治上、思想上、行动上与党中央保持高度一致。

（三）政治执行力

政治执行力是指党员干部对中央各项政策的执行落实能力。目前，大多数党员干部都可以做到“两个维护”，可以切实贯彻党的精神、响应党的政策、执行党的方针，在工作中坚持底线思维和问题导向，拥有科学的工作方法以及卓越的执行能力。大多数领导干部素质全面、业务过硬、知责于心、履责于行。

目前，大多数党员干部执行力较强，但也存在少数党员干部执行力较弱的问题，具体体现在以下方面：一是机械执行，即党员干部在执行党的路线方针的过程中过于僵化，不能与实际相结合，使政策的落实效果较差；二是被动执行，即指执行过程中不能主动掌握事项的进度，只是疲于应付，无法对事情进行统筹；三是孤立执行，即党员干部在执行过程中亲力亲为，自己冲在前面，无法调动下属，不能动员团队；四是错误执行，即党员干部在执行过程中未能充分理解政策目标，例如国家“二孩”政策落实中，部分干部错误地将“二孩”表述为“二胎”，在政策执行过程中陷入尴尬境地。这些都反映了部分党员干部在政治执行过程中存在的一些问题。

总之，在领导干部必备的各种能力中，政治能力是第一位的。改革开放40多年来，中国政治发展从“摸着石头过河”向“系统整体设计推动改革”前行，在这一过程中，领导干部的政治能力不断增强。面对新技术和新问题，他们可以利用微博、微信公众号“社区通”以及其他各类手机App等，顺利开展学习和工作，政治领导的专业性、有效性不断增强。

---

① 习近平：《加强政治建设提高政治能力坚守人民情怀 不断提高政治判断力政治领悟力政治执行力》，《人民日报》，2020年12月26日。

第四节 国家与社会管理者阶层的社会状况

社会地位有时也被称为社会声望，指的是社会上的绝大多数人对某个人或某个群体的综合性价值评价。① 社会声望研究在中国学界一直备受关注，采用职业声望和社会经济地位进行的社会声望研究在国内外居于主流地位（尤其在西方），中国学者一般是通过职业声望调查对社会声望及其分化现象进行研究。

职业声望指某一职业在社会中得到的社会成员的评价，是人们对各种职业高低所作的主观评判。人们对某一职业地位的评价因素在一个社会中的衡量标准大致相同（比如权力的大小、教育程度的高低、收入的高低等）。在职业声望的研究中，个体对总的社会评价影响较小，因而职业声望能够很好地显示某一群体在社会中的地位高低。职业声望测量通常按照下列方式进行：首先，根据研究需要选取并列出一系列职业，让被调查者按照自己的感受给每个职业进行评价或排序；其次，研究人员再对这些评价或排序赋予相应的分值，并计算出得分；最后，再根据得分的高低排列各类职业的声望等级。

一、国家与社会管理者阶层的职业声望

我国对职业声望的研究始于20世纪80年代，20世纪90年代和21世纪初都有一系列的成果发表。整合学术界的研究，我们可以发现，国家与社会管理者阶层的社会声望在不同时代有所变化。1983年6月，北京师范大学哲学系和中国社会科学院社会学研究所合作，对北京市居民进行了一次抽样调查。在这次调查中，司局级、处级、科级干部是领导工作、政治工作和管理工作的代表性职业，他们在调查中的排名分别是司局级干部排11名、处级干部排14名、科级干部排20名。研究者认为，他们的排

① 李春玲：《当代中国社会的声望分层——职业声望与社会经济地位指数测量》，《社会学研究》2005年第2期。

列位置比较靠后，“这与实际生活中干部的社会地位不符，表明在人们的观念中，干部的威信不高。十年动乱败坏了党风，影响了干部的威望。同时，这也反映人们对某些工作的偏见”。①（见表3.5）

表3.5　50种职业评分表

编号	职业	平均分	编号	职业	平均分	编号	职业	平均分
1	大学教师	7.62	18	汽车司机	5.04	35	食品工人	3.44
2	医生	7.60	19	小学教师	5.03	36	厨师	3.48
3	自然科学家	7.58	20	科级干部	4.99	37	警察	3.36
4	电气工程师	7.54	21	产品检验工	4.83	38	化学工人	3.33
5	社会科学家	7.16	22	打字员	4.65	39	管工	3.32
6	建筑工程师	7.09	23	护士	4.55	40	油漆工	3.27
7	记者	7.08	24	手工艺工人	4.45	41	售票员	3.25
8	作家	7.06	25	钳工	4.31	42	服务员	2.89
9	中学教师	6.33	26	演员	4.22	43	铸工	2.59
10	图书管理员	5.95	27	业务办事员	4.16	44	建筑工人	2.25
11	司局级干部	5.93	28	纺织工人	4.16	45	矿工	2.04
12	会计	5.90	29	印刷工人	4.12	46	理发员	1.90
13	电工	5.82	30	电器安装工	4.01	47	清洁工	1.90
14	处级干部	5.76	31	采购员	3.89	48	装卸工人	1.63
15	秘书	5.74	32	缝纫工人	3.76	49	人力车工	1.25
16	运动员	5.44	33	邮递员	3.64	50	家庭保姆	1.04
17	机器修理工	5.24	34	售货员	3.50			

数据来源：《职业评价的调查与研究》，《社会》1984年第4期。

1993年11月，蔡禾、赵钊卿对102种职业进行了职业声望的问卷调查，此次调查以广州市城区21—60岁的居民为对象，他们把主要职业分为6大类，将每大类中各种职业的标准得分总和平均，得出的结果是，政府党群组

① 宣兆凯、张江、谢文：《职业评价的调查与研究》，《社会》1984年第4期。

织干部阶层排名第一。① （见表 3.6）

表 3.6　6 大类职业的声望评价值

单位：分

职业	声望评价值
干部	835
专业人员	803
文员	708
商业服务人员	542
工人	505
农民	501

数据来源：《社会分层研究：职业声望评价与职业价值》，《管理世界》1995 年第 4 期。

1995 年《中国社会科学》发表了折晓叶和陈婴婴的调查研究成果，她们选择 100 种职业，以农村人口为调查对象，得出的调查结果表明，行政管理人员的排位占有非常突出的高位。在最高得分组 20 个职业中，这类人员有 7 个，占 30%，其中部长、市长均排在前 5 位，局长、处长、政工干部都排在前 20 位。（见表 3.7）

表 3.7　100 种职业中管理人员职业声望排名

序号	教师	行政人员	单位身份群体				户籍身份群体
			厂长	文秘	司机	工人	“农民”
1	教授						
2		部长					
3		市长					
7			国营厂长				
8				机关文秘			
10	大学教师						
11		局长					
16		处长					

① 蔡禾、赵钊卿：《社会分层研究：职业声望评价与职业价值》，《管理世界》1995 年第 4 期。

续表

序号	教师	行政人员	单位身份群体				户籍身份群体
			厂长	文秘	司机	工人	“农民”
20		政工干部					
21			合资厂长				
24	中学教师						
30			集体厂长				
36					机关司机		
37		科长					
38			乡镇厂长				
40			私营厂长				
45	小学教师						
51				合资文秘			
52					个体司机		
54						国营工人	
57						合资工人	
59					公汽司机		
60					出租司机		
68							乡村卫生员
73						乡企工人	（乡企工）
86						集体工人	
94							种田农民
97						农民工	（农民工）
99							雇工
100							保姆

数据来源：《中国农村“职业—身份”声望研究》，《中国社会科学》1995 年第 6 期。

1997 年至 1998 年，李强以北京居民为调查对象，对 100 种职业声望进行调查。调查结果表明，官员的评价不高。只有法官是排名前 10 的职业，排名第 8。他认为由于转型时期的中国“社会失范”问题严重，一些人利用职权贪污腐化，很多暴富者以偷税漏税、巧取豪夺、侵吞国有资产等不法手段致富。公众对这样的行为愤愤不平，因此一部分调查者出于对腐败的憎恨

而打低分。①（见表3.8）

1999年，许欣欣对全国63个城市居民的69种职业声望进行调查，调查结果表明，市长排名第1、政府部长排名第2、法官排名第4、检察官排名第5、党政机关领导干部排名第7。通过与前几年的研究数据对比，“党政机关领导干部”“工商/税务管理人员”和“警察”这3个职业声望显著提高。

表3.8　100种职业声望排名

等级顺序	职业	声望分值	等级顺序	职业	声望分值	等级顺序	职业	声望分值
1	科学家	88.95	22	编辑	71.00	43	外企高级雇工	61.91
2	大学教授	86.37	23	主持人	70.64	44	农业技术人员	61.85
3	工程师	82.97	24	播音员	70.39	45	大饭店厨师	59.49
4	物理学家	81.94	25	运动员	69.27	46	银行普通职员	58.95
5	医生	79.98	26	国家机关局长	69.19	47	交通警	58.50
6	经济学家	79.23	27	公司董事长	68.71	48	演员	58.48
7	社会学家	78.57	28	导演	68.44	49	电脑经销商	57.67
8	法官	78.25	29	中小学教师	68.31	50	工商税务人员	57.50
9	飞行员	76.84	30	中级军官	68.03	51	国家机关普通职员	57.16
10	检察官	76.82	31	服装设计师	67.39	52	邮递员	57.03
11	律师	76.58	32	国家机关处长	65.64	53	士兵	56.97
12	建筑师	74.96	33	海关工作人员	64.98	54	房地产商	56.38
13	高级军官	74.95	34	地质勘探人员	64.23	55	导游	56.07
14	大学普通教师	74.94	35	公司经理	64.04	56	出版商	56.03
15	银行行长	74.47	36	幼儿园教师	64.03	57	美容美发师	55.47
16	翻译	73.40	37	护士	63.93	58	图书管理员	54.96
17	音乐家	72.74	38	空中小组	63.76	59	单位工会主席	54.68
18	作家	72.27	39	大企业厂长	63.55	60	小企业厂长	54.55
19	画家	71.45	40	消防人员	63.25	61	保险员	54.07
20	教练员	71.33	41	会计	63.10	62	外企普通雇员	53.38
21	记者	71.22	42	公安人员	62.13	63	公共汽车司机	52.05

① 李强：《转型时期冲突性的职业声望评价》，《中国社会科学》2000年第4期。

续表

等级顺序	职业	声望分值	等级顺序	职业	声望分值	等级顺序	职业	声望分值
64	车间主任	51.94	77	寻呼台小姐	48.44	90	售货员	45.60
65	种田农民	51.57	78	房管局管理员	48.43	91	乡镇企业工人	43.64
66	时装模特	51.39	79	木工	48.14	92	进城经商农民	42.21
67	汽车修理工	51.11	80	纺织工	48.12	93	单位保安	42.20
68	列车乘务员	51.09	81	售票员	47.93	94	进城做工农民	41.71
69	电工	50.34	82	炒股人员	47.37	95	搬运工	41.20
70	环卫工人	50.17	83	矿工	47.34	96	保姆	38.80
71	炼钢工人	49.85	84	个体户	47.15	97	包工头	37.63
72	兽医	49.79	85	歌星	47.06	98	废品收购	36.61
73	裁缝	49.51	86	建筑工	46.88	99	人力车夫	36.51
74	出租车司机	49.04	87	印刷工	46.30	100	传达室人员	36.37
75	居委会主任	48.91	88	小商店业主	46.03			
76	采购员	48.57	89	小餐馆厨师	45.75			

数据来源：《转型时期冲突性的职业声望评价》，《中国社会科学》2000 年第 4 期。

2000 年，仇立平根据国家统计局发布的职业分类，列举了 50 种职业，并对上海居民进行职业声望调查，结果表明，在国家权力部门工作的职业群体和单位负责人综合分值最高，党政机关领导、工商税务干部、公安政法干部，综合排名分别是第 2、3、4 名。根据国家统计局的职业分类法，我们对调查中的 50 种职业重新分类。按照职业声望的综合加权平均分数，国家机关、党群组织、企业、事业单位负责人的职业声望最高。①（见表 3.9）

表 3.9　50 种职业声望调查

	综合加权分数	位序	收入分数	位序	权利分数	位序	声望分数	位序
企业厂长经理	90.2	(1)	88.4	(2)	95.4	(2)	83.0	(5)
党政机关领导	86.0	(2)	75.0	(7)	98.2	(1)	81.0	(7)
工商税务干部	77.1	(3)	73.2	(9)	89.2	(4)	60.0	(17)

① 仇立平：《职业地位：社会分层的指示器——上海社会结构与社会分层研究》，《社会学研究》2001 年第 3 期。

续表

	综合加权分数	位序	收入分数	位序	权利分数	位序	声望分数	位序
公安政法干部	76.8	(4)	66.0	(13)	92.2	(3)	64.8	(14)
私人企业主	74.6	(5)	87.0	(3)	68.4	(6)	65.0	(13)
企业党委书记	74.0	(6)	63.4	(14)	85.4	(5)	70.0	(10)
外商代理人	71.9	(7)	87.0	(3)	61.2	(8)	66.6	(12)
律师	69.3	(8)	75.6	(6)	55.4	(10)	85.8	(3)
节目主持人	68.1	(9)	74.8	(8)	55.4	(10)	81.8	(6)
房产商	66.1	(10)	85.0	(4)	52.8	(11)	59.4	(18)
歌星	65.0	(11)	94.4	(1)	44.0	(15)	55.2	(21)
医生	62.3	(12)	61.6	(16)	55.4	(10)	77.2	(8)
经纪人	61.3	(13)	69.4	(12)	52.8	(11)	64.2	(15)
大学教授	60.9	(14)	61.6	(16)	44.0	(15)	93.4	(1)
物资管理干部	60.8	(15)	56.8	(19)	67.4	(7)	54.8	(22)
科学家	59.9	(16)	60.2	(17)	44.0	(15)	91.4	(2)
银行职员	59.6	(17)	70.2	(10)	48.4	(13)	63.2	(16)
外资公司职员	58.6	(18)	69.8	(11)	48.4	(13)	59.4	(18)
演员	58.2	(19)	77.8	(5)	44.0	(15)	52.2	(23)
音乐家	57.6	(20)	58.2	(18)	44.0	(15)	83.8	(4)
记者	57.1	(21)	49.8	(21)	57.8	(9)	68.4	(11)
外贸公司职员	55.1	(22)	60.2	(17)	48.4	(13)	59.4	(18)
科研人员	55.1	(22)	54.2	(20)	48.4	(13)	70.0	(10)

数据来源：《职业地位：社会分层的指示器》，《社会学研究》2001 年第 3 期。

2009 年 5 月李强再一次组织清华大学相关专业的学生在北京进行了一次职业声望调查研究。研究结果表明：国家机关局长、海关工作人员、国家机关处长、国家机关普通职员、工商税务人员和房管局管理员等国家公务员序列职业声望有所提高。其中，国家机关局长、国家机关处长声望分别排名第 14 位和第 23 位，分别上升了 12 位和 9 位。而海关工作人员和房产局管理员地位上升幅度很大，海关工作人员上升了 17 位，而房产局管理员上升了 18 位，由第 78 位变为第 60 位，进入中游水平。（见表 3.10）

表 3.10　99 种职业声望排名

分数排序	职业类别	2009 年分值	分数排序	职业类别	2009 年分值	分数排序	职业类别	2009 年分值
1	科学家	83.46	29	公司经理	66.00	57	时装模特	55.54
2	物理学家	79.09	30	编辑	65.67	58	护士	55.00
3	飞行员	76.92	31	记者	65.10	59	流行歌手	55.00
4	大学教授	76.88	32	中小学教师	64.93	60	房产局管理员	54.87
5	高级军官	76.58	33	地质勘探人员	64.26	61	士兵	54.86
6	公司董事长	75.30	34	运动员	64.07	62	兽医	53.95
7	社会学家	75.20	35	电台播音员	64.03	63	居委会主任	53.40
8	经济学家	75.18	36	中级军官	63.78	64	导游	53.22
9	音乐家	74.12	37	教练员	63.60	65	专职炒股人员	52.91
10	医生	73.66	38	空中小组	62.28	66	邮递员	52.61
11	法官	73.54	39	公安人员	62.24	67	车间主任	52.24
12	银行行长	72.76	40	大饭店厨师	62.14	68	电脑经销商	51.14
13	检察官	72.53	41	小企业厂长	62.10	69	采购员	51.12
14	国家机关局长	71.69	42	农业技术人员	61.81	70	电工	50.79
15	工程师	71.47	43	幼儿园教师	61.30	71	小商业店主	50.49
16	海关工作人员	71.17	44	消防人员	60.58	72	出租车司机	50.19
17	律师	70.67	45	出版商	59.23	73	公汽司机	49.72
18	大学普通教师	70.56	46	房地产商	59.09	74	美发师	49.39
19	建筑师	70.05	47	外企普通员工	58.30	75	炼钢工人	49.34
20	大企业厂长	69.35	48	交通警察	57.83	76	进城经商农民	49.26
21	外企高级雇工	68.85	49	银行职员	57.51	77	环卫工	49.23
22	电视节目主持人	68.21	50	会计	57.16	78	木工	48.39
23	国家机关处长	67.55	51	国家机关普通职员	56.85	79	列车乘务员	48.02
24	作家	67.41	52	单位工会主席	56.76	80	小餐馆厨师	47.91
25	导演	66.16	53	演员	56.57	81	种田农民	47.74
26	画家	66.15	54	工商税务人员	56.50	82	裁缝	47.71
27	翻译	66.14	55	个体户	56.47	83	汽车修理工	47.53
28	服装设计师	66.01	56	图书管理人员	55.86	84	包工头	47.47

续表

分数排序	职业类别	2009年分值	分数排序	职业类别	2009年分值	分数排序	职业类别	2009年分值
85	乡镇企业工	47.21	90	进城做工农民	45.63	95	搬运工	41.05
86	印刷工	47.00	91	保险业务员	44.59	96	传达室人员	40.70
87	纺织工	46.96	92	建筑工人	44.51	97	单位保安人员	39.84
88	售票员	46.41	93	寻呼台小组	42.44	98	人力车夫	39.58
89	矿工	46.22	94	保姆	41.14	99	废品收购人员	38.84

数据来源：《变迁中的职业声望》，《学术研究》，2009年第12期。

2016年宗刚、李盼道、孙晨晨采用网络调查法，对30种职业声望进行调查，代表国家与社会管理者阶层的国家机关局长、法官、国家机关工作人员的社会地位分别排名第1、第3、第6名。（见表3.11）

表3.11　30种职业声望排名

名次排序	政治地位		名次排序	经济地位		名次排序	社会地位	
	职业类别	得分		职业类别	得分		职业类别	得分
1	国家机关局长	94.84	1	银行行长	93.06	1	国家机关局长	92.90
2	法官	91.13	2	演员	92.10	2	银行行长	90.48
3	银行行长	89.19	3	国家机关局长	91.77	3	法官	90.00
4	国家机关工作人员	87.90	4	国有企业经理	91.45	4	科学家	87.74
5	经济学家	85.65	5	歌星	90.16	5	大学教授	87.42
5	军人	85.65	6	导演	89.35	6	国有企业经理	86.29
7	工会主席	85.32	7	经济学家	88.71	6	国家机关工作人员	86.29
7	国有企业经理	85.32	8	私营企业主	88.26	8	经济学家	85.16
9	大学教授	82.90	9	飞行员	86.94	9	军人	84.52
10	公安人员	81.77	10	法官	86.13	10	工会主席	83.55
11	科学家	81.13	11	律师	85.81	11	飞行员	82.58
12	飞行员	80.32	12	音乐家	84.52	12	医生	82.26
13	律师	79.52	13	医生	83.87	13	歌星	81.30
14	记者	75.32	14	网络工程师	83.55	14	导演	80.13
15	导演	75.00	15	大学教授	83.39	15	律师	80.81
15	医生	75.00	16	国家机关工作人员	82.74	16	公安人员	79.35
17	银行职员	73.71	16	软件开发员	82.74	17	音乐家	78.87
18	翻译	72.90	18	科学家	82.58	18	演员	77.42

续表

名次排序	政治地位		名次排序	经济地位		名次排序	社会地位	
	职业类别	得分		职业类别	得分		职业类别	得分
19	歌星	72.10	19	翻译	82.10	19	私营企业主	75.97
20	网络工程师	71.77	20	工会主席	81.77	20	银行职员	75.97
21	私营企业主	71.61	21	银行职员	79.52	21	记者	75.81
22	音乐家	70.97	22	军人	75.16	22	翻译	75.32
23	演员	69.19	23	公安人员	74.20	23	网络工程师	74.52
24	软件开发员	68.26	24	会计	74.19	24	软件开发员	70.97
25	中小学教师	65.97	25	记者	73.87	25	中小学教师	70.00
26	会计	65.32	26	个体工商户	73.39	26	会计	69.03
27	个体工商户	63.55	27	中小学教师	65.65	27	个体工商户	66.94
28	建筑工人	52.10	28	建筑工人	57.74	28	建筑工人	52.26
29	保姆	51.61	29	保姆	57.10	29	保姆	52.10
30	种田农民	44.84	30	种田农民	45.48	30	种田农民	47.26

数据来源：《改革开放以来我国职业声望排序及变迁研究》，《北京工业大学学报》2016 年第 2 期。

通过分析以上各个时期的调查研究结果，国家与社会管理者阶层的职业声望在不同时期用不同的方法调查得出的结果有所差异。一是反映了不同时期和不同地区以及不同群体对国家与社会管理者阶层的职业评价不同；二是反映了研究方法和研究侧重点的不同。通过对不同职业声望调查研究进行分析，我们可以清楚地总结出以下几点。

第一，整体来看，国家与社会管理者阶层，在整个社会中的职业声望的排名是很高的，排在前几位。因此，我们可以看出，这一阶层的社会地位很高，受到人们的高度关注和评价。

第二，李强 1997—1998 年、2009 年的两次调查研究结果与其他调查者的结果具有明显差异。仔细分析我们可以看到，李强调查中有一个关于伦理道德评价的打分项，而正是在这一项上，“人们将对腐败现象的不满迁怒到职业声望评价上来”，因而造成在李强的研究中，官员的职业声望比其他调查者的调查结果明显偏低，而且反映了 20 世纪 90 年代前后中国这一阶层的社会声望因腐败而下降的事实。在李强的第二次调查中，官员的职业声望有明显提高。从中我们可以看到，随着国家反腐斗争的不断进行，官员的职业声望也有所提高。尤其党的十八大以后，随着反腐倡廉、全面从严治党的不断深入，国家与社会管理者的职业地位和社会地位不断改观。尤其在2019—2020年新冠肺炎抗疫斗争中，国家与社会管理者阶层的出色表现更加赢得社会各个阶层的广泛尊重和赞誉。

二、国家与社会管理者阶层职业声望的自我评价

自我评价指对自己现状的评价，此处的职业声望的自我评价指他们对属于自己同类性质的职业的评价。蔡禾、赵钊卿对102种职业进行了一次职业声望的问卷调查，在职业的自我评价中，干部的自我评价最高，为825分，其次是专业人员819分。将自我评价与社会评价相比较，我们发现，干部的自我评价低于社会评价，而其他职业自我评价普遍高于社会评价（文员除外，文员自我评价703分，社会评价708分）。（见表3.12）

表3.12　职业声望的自我评价与社会评价

单位：分

职业类别	自我评价均值	社会评价均值	差值
干部	825	835	-10
专业人员	819	803	+16
个体户	745	619	+126
文员	703	708	-5
商业服务人员	544	542	+2
工人	513	505	+8
农民	—	501	—

数据来源：《社会分层研究：职业声望评价与职业价值》，《管理世界》1995年第4期。

为了更准确地掌握人们对自己社会地位的评价，调查还要求每个人对自己的地位按上、中上、中、中下、下5个层级做出判断。（见表3.13）

表3.13　不同职业者对自身地位的认识表

单位：%

职业	地位				
	下	中下	中	中上	上
干部	6.6	24.0	49.5	15.3	4.6
专业人员	7.1	24.5	52.4	13.2	2.8

续表

职业	地位				
	下	中下	中	中上	上
文员	14.0	24.2	50.0	10.7	1.1
商业服务业人员	16.8	27.1	47.7	7.5	1.0
工人	23.2	33.2	38.2	5.0	0.5
个体户	17.2	20.7	41.1	15.5	5.2

数据来源：《社会分层研究：职业声望评价与职业价值》，《管理世界》1995 年第 4 期。

从以上表格中我们可以看到，在干部对自己的社会地位的评价中，认为自己处于上层的占比 4.6%，与其他职业相比位于第二，个体户为 5.2%，位于第一。干部的自我地位评价为中上阶层的依然处于第二，占比 15.3%，个体户排名第一，占比 15.5%。通过与社会声望对比，我们可以看到，个体户对自身地位的评价最高，认为自己处在上层或中上层地位的占比为 20.7%。

三、“国考热”现象体现的社会地位

国家与社会管理者阶层是工人阶级的核心阶层，代表工人阶级执掌国家政权。这一阶层拥有丰富的组织资源和政治资源，因而拥有最高的政治地位，这一点自始至终从未改变。随着公务员考试制度的实行，这一阶层把很多掌握大量知识和技术的高素质人才吸收到这一阶层中来，因而这一阶层拥有很多的文化资源。随着全面从严治党的不断进行，这一阶层的社会形象也不断提高，这从每年的“国考热”中就可见一斑。“根据国家公务员局 10 月 26 日晚发布的 2020 年国考报名最终数据，共有 143.7 万人通过了用人单位的资格审查，通过资格审查人数与录用计划人数之比约为 60：1，最热职位过审人数与招考人数竞争比为 2315：1。据悉，这已经是国考报名人数连续 12 年破百万了。”① “很多人认为，国家机关、事业单位的职位具有较高的社会地位和社会声望，既可以带来很大的自我认同感、价值感，也会招来旁人诸多钦羡的目光。更有一些家长对公务员工作偏爱有加，甚至不断地鼓

① 崔明：《2020，“国考热”的背后》，《中国大学生就业》2019 年第 24 期。

励、刺激毕业生报考国家公务员。在他们眼中，公职人员工作是‘铁饭碗’‘吃皇粮’，不仅工作稳定，而且被人尊重，受人羡慕。可见，对社会声望及社会地位的追求也成了‘国考热’的一个因素。”①

第五节　国家与社会管理者阶层的道德文化状况

改革开放后，随着中国干部选拔“四化”方针的实施，文化专业素质的不断提高成为国家与社会管理者阶层一个非常显著的特色。从社会分层的角度来看，就意味着要分析这一阶层所掌握的文化资源状况。“文化资源是指对社会以证书或资格加以认可的知识和技能的拥有，也就是通常所说的学历文凭。”② 学历文凭成为当代进入国家与社会管理者阶层的一个重要条件，并反映着时代发展变化的规律与特征。“对于现代化中国而言，教育文凭成为人才衡量的重要标准，这不仅表现在一般的社会层面，更表现在官僚体制内部，因为社会的复杂化需要有全面知识和创新思维的领导者。”③

一、国家与社会管理者阶层的学历水平

所谓学历，就是指学习经历，主要是指接受正规学校教育的经历，通常反映受教育的程度。而文凭，则是指接受正规教育的经历并已达到相应教育要求的文书凭证。

改革开放后，面对社会发展状况及党员干部情况，党中央进行了干部制度改革，废除干部终身制，提出干部“四化”方针。邓小平提出要选拔“政治表现好、又肯干，有专业知识的中青年干部”做社会主义现代化的接班人。20世纪80年代，干部知识化得到了快速发展，相应的一些制度也随之确立，1988年通过《国家公务员暂行条例》，1989年出台《关于国家行政机关补充工作人员实行考试办法的通知》。1993年颁布的《国家公务员暂

① 崔明：《2020，“国考热”的背后》，《中国大学生就业》2019年第24期。

② 陆学艺：《当代中国社会流动》，北京：社会科学文献出版社，2004年，第2页。

③ 余绪鹏、朱林：《改革开放以来党政干部学历特征变化分析——以近六届中央委员为观察视角》，《中共天津市委党校学报》2018年第4期。

行条例》开启了“逢进必考”的公务员录用时代，1995 年通过《党政领导干部选拔任用工作暂行条例》，对党员干部的学历水平作了明确要求，2002 年又在学历水平上作了进一步具体规定。2006 年正式出台《公务员法》，提出公务员要具有符合职位要求的文化水平和工作能力，普遍要求“本科及以上学历文化程度”，突出显示了国家越来越重视公务员学历，越来越重视党员干部的文化水平。《公务员法》自 2006 年 1 月 1 日施行以来，在建设高素质专业化公务员队伍中发挥了重要作用，从源头上确保了公务员队伍的高素质，使公务员队伍的来源、专业、学历结构得到极大优化。据统计，与 2006 年相比，2017 年具有大学本科以上学历人员占公务员总数的比例由 43% 提高到 71.9%，[①] 高学历人才占比越来越高。以辽宁省辽阳市文圣区为例，截至 2016 年 12 月 31 日，辽阳市文圣区公务员队伍中，具有研究生学历者为 52 人，占比 12.3%；具有大学本科学历的为 181 人，占比 42.5%；具有大专学历的为 84 人，占比 20%；具有中专及以下学历的为 1 人，占比 0.2%。[②] 总体来看，辽宁省辽阳市文圣区具有本科及以上学历的公务员占比为 54.8%，占据所有公务员的一半以上。2018 年 12 月 29 日，十三届全国人大常委会第七次会议表决通过了新修订的《公务员法》，新修订的《公务员法》自 2019 年 6 月 1 日起施行。新修订的《公务员法》同样提出公务员应当具备符合职位要求的文化程度和工作能力，要求“本科及以上学历文化程度”。由此可见，自 2006 年之后，本科及以上学历成为国家对公务员的普遍要求。

此外，公务员考录中学历标准的变化，客观上也反映了我国公务员学历水平的变化趋势。在对 2009—2020 年公务员考录学历标准招考公告数据汇总时，我们发现某些综合管理类部门已经提出对博士学位的需求，占比 2% 左右，而对硕士学历的需求，2010 年曾高达 43.46%，2015 年专业技术类部门共招考 2 个职位，均要求硕士学历，当年行政执法类部门中硕士占比 26.76%，自 2018 年以来，综合管理类职位对硕士学历的需求呈上升趋势，

---

① 新华网：《中国公务员制度的重大改革和完善》，https://baijiahao.baidu.com/s?id=1621205708919153874&wfr=spider&for=pc。

② 祝煜文：《辽阳市文圣区公务员队伍建设研究》，东北大学学位论文，2017 年。

且在2020年时增长最为明显。相较于其他学历层次而言，目前对本科学历的需求仍占比最高，尤其是2020年行政执法类职位对本科学历需求占比达到95.32%。而大专学历在各类部门类型和职位类型中占总职位数比例均呈明显下降趋势，由此可见，我国中央国家机关学历标准的整体水平呈不断上升趋势。①

二、国家与社会管理者阶层的学历获取途径

（一）干部教育培训

干部教育培训是建设高素质干部队伍的先导性、基础性、战略性工程，在推进中国特色社会主义伟大事业和党的建设伟大工程中具有不可替代的重要作用。② 大革命时期，我们党创办湖南自修大学、上海大学、工运干部劳动学院、农民运动讲学所以及各级党校等。解放战争时期，我们党对原有的干部学校进行整顿和合并，并新建了大量的干部教育培训学校，培养了大批人才。新民主主义革命时期，建立了相对健全的干部教育培训体系，开启了中国共产党独立领导干部教育培训的新局面。1950年10月，党中央颁布《关于在职干部学习问题的通知》。1954年、1956年、1961年，中央先后颁布《关于轮训全党高、中级干部和调整党校的计划》《关于加强初级党校工作的指示》《关于轮训干部的决定》，建立了以党校教育为中心的干部教育培训体系。1957年至1966年，全党开展干部教育培训，为社会主义建设事业培养了一大批人才，培养了一支优秀的党员干部队伍。1980年2月，中央颁布《关于加强干部教育工作的意见》，提出了“干什么学什么，缺什么补什么”的干部教育培训原则。党的十三届四中全会以来，中央陆续出台《中国共产党党校工作暂行条例》（1995年）、《关于面向21世纪加强和改进党校工作的决定》（2000年）、《干部教育培训工作条例（试行）》（2006年）、《中国共产党党校工作条例》（2008年）、《行政学院工作条例》（2009年）、《2010—2020年干部教育培训改革纲要》等重要干部教育培训文件，

---

① 赵佳华：《学历标准在我国公务员考录中的运用分析》，《法制与社会》2021年第3期。

② 新华网：《中共中央印发干部教育培训工作条例》，http://www.xinhuanet.com/politics/2015-10/18/c_1116859154.htm。

党的干部教育培训工作取得了新突破，干部教育培训科学化水平进一步提高，更好地服务了科学发展和干部成长的需要。

进入新时代以来，党中央把干部教育培训工作放在党的建设突出位置，不断提升教育质量和培训实效。2013 年，中央印发《2013—2017 年全国干部教育培训规划》，2018 年又印发了《2018—2022 年全国干部教育培训规划》，部署专业技术人员的继续教育工作。2019 年，中央印发《中国共产党党校（行政学院）工作条例》，强调要以习近平新时代中国特色社会主义思想为指导，充分发挥党校（行政学院）干部培训、思想引领、理论建设、决策咨询作用，培养造就忠诚、干净、担当的高素质专业化干部队伍。①2021 年 2 月 20 日，习近平总书记在党史学习动员大会上发表重要讲话，对全党开展党史学习教育提出明确要求。他强调："全党同志要做到学史明理、学史增信、学史崇德、学史力行，学党史、悟思想、办实事、开新局，以昂扬姿态奋力开启建设社会主义现代化国家新征程。"②

（二）在职学历教育

部分国家与社会管理者的学历通过在职教育获得。在职教育是指在职人员通过业余时间到学校学习，提升个人职业素质的一种重要方式。从国家层面来看，国家与社会管理者阶层在职学历的提升可以提高我国公务员队伍的整体学历水平和专业素养。从社会层面看，学历的提升在很大程度上能够提高他们的工作水平，提高社会服务满意度。从公务员自身层面看，一方面，在职学历提升可以提高自己的专业知识水平，有效提高工作质量和工作效率；另一方面，公务员学历的提升还有利于自己后期的晋升。据《南方周末》2013 年 12 月 20 日报道，在中国 27 个省的副省级和地级市的 286 位现任市委书记中，高达 83% 的官员具有硕士及以上文凭，但其中 73% 的官员是靠在职读研获得学历。可见，在职教育是党员干部获得学历的重要途径之一。2020 年，湖北省恩施州鼓励干部提升学历，出台了鼓励干部提升学历的办法。对新取得在职硕士研究生、博士研究生学位学历的机关事业单位干

① 袁建涛：《党的干部教育培训的历史发展与经验启示》，《湖南人文科技学院学报》2021 年第 4 期。

② 习近平：《在党史学习教育动员大会上的讲话》，《求是》2021 年第 7 期。

部，给予奖金奖励。其中，取得硕士、博士学历学位“双证”的，分别奖励2万元、4万元，取得学历或学位“单证”的，分别奖励1万元、2万元。[①] 这些鼓励措施，很好地激发了各级干部接受在职学历教育的积极性，对提升干部文化素质有一定的促进作用。

三、国家与社会管理者阶层的专业状况

社会的发展和社会需求的不断变化，对国家与社会管理者阶层的专业水平提出了更为严格的要求。作为国家与社会的管理者和领导者，国家与社会管理者队伍素质水平以及专业状况直接影响工作水平和服务质量，因此国家与社会管理者的专业水平要与我国社会发展状况相适应。我国公务员考录中对专业要求的不断变化，从客观上反映了我国公务员专业的变化状况。从2009年至2020年国家公务员考试整体情况来看，除2015年、2019年及2020年外，其他年份各类部门均存在对专业进行限制或不限专业两种情况。据统计，专业技术类部门中限制专业的情形出现频率最高，综合管理类部门次之，行政执法类部门最少。[②] 这表明，在2009年至2020年公务员考录专业标准中，各类部门对专业的限制均较为严格，其中专业技术类部门对专业要求最为严格。2016年7月14日，《专业技术类公务员管理规定（试行）》发布，这一规定有利于完善公务员职位分类、建立符合专业技术类公务员特点的管理制度，从而提高管理效能和科学化水平，建设一支高素质专业化的公务员队伍。总体来说，随着我国社会主义现代化建设事业的发展，国家与社会管理者阶层的专业状况呈现出多元化、规范化的趋势，这与我国社会发展相适应，可以更好地为人民服务。

四、国家与社会管理者阶层的道德素质

道德素质是人们的道德水平和道德行为的综合反映，体现着一个人的道

① 中国教育网：《湖北恩施州鼓励干部职工提升学历，最高奖励4万元》，https：//baijiahao. baidu. com/s？ id = 1670030494435629438&wfr = spider&for = pc。

② 郭家宏：《公务员考录专业标准运用分析——以2009年至2020年公务员考录公告为分析对象》，黑龙江大学学位论文，2021年。

德水平和道德风貌。道德素质一般包括社会公德和个人私德。

（一）社会公德

社会公德是存在于社会群体中间的道德，是生活于社会中的人们为了群体的利益而约定俗成的关于应该做什么和不应该做什么的行为规范。党员干部是党政机关的重要人才，其社会公德直接影响着公共服务的质量。目前，大部分党员干部都可以守公德，始终坚守共产党人的宗旨，坚持以人民为中心，恪守立党为公、人民至上的信仰，公正公平，秉公去私。但是，也有少数党员干部存在一些问题。一是不能很好地贯彻落实民主集中制，大局意识淡薄，在服务群众时大搞形式主义。二是脱离群众，部分领导干部同群众的关系不是“鱼水关系”，而是“油水关系”，甚至是“水火关系”。三是执政为民的意识淡薄，不能正确地使用权力为人民谋利益。例如在对J市公务员的社会公德调研中，在个人利益与公众利益发生冲突时，仅有40%的人选择公众利益。另外，J市每月开展一次行政道德培训的党员干部仅有不到38%，29%的人每季度开展一次培训，33%的每年开展一次甚至不开展德育培训。①

（二）个人私德

个人私德是私人生活中的道德规范，指个人品德、修养、作风、习惯以及个人生活中处理爱情、婚姻、家庭问题、邻里关系的道德规范。党员干部的私人道德“不私”，因为其工作性质具有公共性。党员干部在参与社会性服务时会涉及很多私人领域的问题，因此，对党员干部来讲，其私德具有公共的性质。如果党员干部的私德出现问题，不仅影响私人生活，更会影响公共权利的实施。目前，大部分党员干部可以约束自身行为，约束自己的操守，戒贪止欲、克己奉公，重视学习、廉洁修身，拥有良好的家风，防止“枕边风”成为贪腐的导火索，防止亲属非法牟利，真正做到“慎独、慎初、慎微、慎欲”。在中央政法委干部的10个家风故事中，10名机关党员干部依次走上讲台，讲述自己和家人的故事。一位讲述者的父亲是一名正厅级干部，她的父亲一直对孩子要求严格，每年她回家探亲，父亲总要找出一

① 任双静：《J市公务员行政道德建设问题研究》，辽宁大学学位论文，2020年。

个晚上，全家人聚在一起开展批评与自我批评，谈学习工作，谈优点不足、下步打算。“大年夜里的民主生活会”成为家中的一个传统。①

第六节　问题及对策建议

国家与社会管理者阶层的主体是党和政府的领导干部，是工人阶级的核心阶层，处于领导层。这一阶层的建设发展必须受到高度的重视。国家与社会管理者阶层应重视信仰和行为方面的建设，以便更好地发挥自己的才能为人民服务。

一、国家与社会管理者阶层应重视的问题

（一）部分领导干部存在政治信仰危机

党员干部的政治信仰关系着整个社会的发展，一旦信仰迷茫，党的根基就会动摇。新时代，大部分领导干部拥有坚定的政治信仰，也有部分领导干部信仰不够坚定、党性修养弱化，从而出现生活消极低俗、政治腐败、服务意识淡化、忽略群众利益、德不配位等问题。导致领导干部信仰危机的因素主要包括以下几个方面。

外部环境。当今世界面临百年未有之大变局，各国之间的联系变得紧密，相关问题也更加突出。首先，资本逻辑宰制世界进程，资本主义腐朽文化总是试图侵入，拜金主义、享乐主义等会对党员干部的认知造成一定的冲击。其次，一些国家总是试图把中国妖魔化，传播“中国威胁论”，企图阻碍中国发展的外部环境。最后，国际政治经济的冲突冲击我国政治环境。

党员干部自身修养。当前，我国党员干部的政治意识、政治立场总体较好，但是随着个性的解放和发展，以及生活的多元化和需求的复杂化，部分党员干部的生活受到影响，初心使命意识开始淡化。初心和使命，是党员干部的基本遵循和原则，是全部行为的指南，一旦丧失，后果不堪设想。

① 中央政法委长安剑：《中央政法委干部的10个家风故事：传承家风家教践行修身齐家》，http：//www. chinapeace. gov. cn/chinapeace/c100007/2020 –09/25/content_ 12397348. shtml。

习近平总书记曾这样说："走得再远、走到再辉煌的未来，也不能忘记走过的过去，不能忘记为什么出发。"①

网络冲击。网络是没有地域、国别、时间限制的。网络的发展使国外的文化渗透、和平演变等冲击着党员干部的政治信仰。随着网络的发展，网络平台已经成为意识形态斗争的战场。各国的思想通过网络实现交流交锋。根据《中国互联网发展报告 2020》，中国网民已达 13. 19 亿，占据全球网民总规模的 32. 17% ；4G 基站总规模达到 544 万个，占据全球 4G 基站总量的一半以上；移动互联网接入流量消费达 1220 亿 GB，同比增长 71. 6% 。网络已经改变了很多人的生活，也成为各国意识形态斗争的新阵地。《2011 年中国互联网网络安全态势报告》显示，中国境内有 3400 多家网站、885 万台主机受到美国控制。此外，国际互联网上 90% 内容是英文，中国传播的信息量只占 0. 05% ,② 另外，《2019 年中国互联网网络安全态势报告》显示：党政机关、关键信息基础设施等重要单位防护能力显著增强，但 DDoS 攻击呈现高发频发态势，攻击组织性和目的性更加凸显。③ 可见，西方文化主导的价值观影响着网络世界，他们打着"网络自由"的幌子，向中国渗透、输出自己的价值观，这严重冲击了我们的文化安全及意识形态的安全。

（二）部分领导干部存在"懒政"行为

所谓"为官不为"，即党政领导干部在职责范围内不能及时、有效地履行职责。自 2012 年中央八项规定实施以来，党员干部"庸、懒、散、慢"的问题得到了改观，"脸难看、事难办"的风气得到了纠正，吃拿卡要、胡作非为之风大幅收敛，但是脸好看了，为官不为的"太平官"现象却有所抬头，事却比以前变得更加难办甚至不办了，推诿扯皮、拖卡慢蹭的情况也多了起来。这些做法削弱了行政效能，降低了政府的公信力。习近平总书记曾指出："当前'为官不为'主要有三种情况：一是能力不足而'不能为'，

---

① 《习近平谈治国理政》（第 2 卷），北京：外文出版社，2017 年，第 32 - 33 页。

② 朱继东：《新时期领导干部意识形态能力建设》，中国社会科学院研究生院博士论文，2013 年。

③ 中国网信网：《2019 年中国互联网网络安全态势报告》，http：//www. cac. gov. cn/2020 - 08/11/c_ 1598702053181221. htm。

二是动力不足而‘不想为’，三是担当不足而‘不敢为’。”① 这些政治行为，严重威胁了整个党员干部内部系统的运行，损害了党员干部的形象。以下两组调查数据可以直观地反映出这一问题的现状：

1. “为官不为”现象

有相关学者通过“为官不为”“不作为”“形式主义”“官僚主义”等关键词，整理了354个官员不作为的案例，通过分词和词频分析，提取了前100位高频词。(见表3.14)

表3.14　案例高频词频次表

高频词	频次	高频词	频次	高频词	频次	高频词	频次
工作	495	公司	79	负责	48	长期	38
不力	237	行为	74	不严	46	开除	37
责任	220	失职	72	未认真	45	到位	37
履行	212	不到位	71	局长	44	教育	37
项目	175	追究	69	科长	43	委员	36
严重	173	群众	61	党员	43	党工委	36
街道	142	负有	60	党支部书记	43	物业	35
领导	130	办理	59	环保	42	损失	35
监督	121	未及时	58	环境	42	上报	34
书记	120	发放	57	制止	42	处置	34
主体责任	108	副局长	56	扶贫	41	验收	34
社区	106	下属	56	村党	41	村民	34
违纪	97	服务	56	支部	41	党组	34
职责	96	成员	55	土地	40	审批	33
工程	94	职务	54	机关	40	报告	33
落实	93	党委委员	52	所长	40	案件	33
违法	92	拆迁	51	履职不力	40	财务	30
监管	87	党委书记	51	城管	39	督促	29
干部	82	经济	50	补贴	39	生产	29
资金	81	镇长	50	失察	38	投诉	29
负责人	81	没有	49	违建	38	党委副书记	28

① 《习近平谈治国理政》(第2卷)，北京：外文出版社，2017年，第224页。

续表

高频词	频次	高频词	频次	高频词	频次	高频词	频次
建筑	28	监察局	26	补助	25	党委	25
环保局	28	改造	26	占用	25	未经	25
科员	27	派出所	26	抢占	25	规划	25
纪委书记	27	反映	26	污水	25	监察	24

数据来源：《“为官不为”的总体特征及其治理探讨》，《西部学刊》2012年1月。

首先，由上表我们可以看到，“街道”出现的频次达到142，“社区”的频次为106，“城管”的频次为39，“村党”的频次为41。这表明官僚主义的问题多发生在基层。其次，我们看到“不力”“责任”“严重”“履行”出现的频次均在前10，其中“不力”出现的频次为237，“责任”出现的频次为220，“履行”出现的频次为212，“严重”出现的频次为173，这表明“为官不为”现象在总体上是备受关注的。再次，我们可以看到“书记”出现的频次达120，“党委委员”出现的频次达52，“党委书记”出现的频次为51，“党支部书记”出现的频次为43，“党工委”出现的频次为36，“党组”出现的频次为34，“党委副书记”出现的频次达28，这些词语出现的频次均在前100位。在我国的政府组织中，党员干部担任领导职务，而以上高频词的出现，体现了治党整风的重要性。最后，我们看到“拆迁”“扶贫”“环保”“土地”“补贴”“教育”等这六个词的频次都不低，“拆迁”出现的频次为51，“环保”出现的频次为42，“扶贫”出现的频次为41，“土地”出现的频次为40，“补贴”出现的频次为39，“教育”出现的频次为37，这表明“为官不为”现象在多领域存在，涉及扶贫、城市建设与规划、环保、国土资源领域、社会保障、教育。

为了更为直观地看到关键词之间的关系，我们将354个案例汇总得到的文本导入ROSTCM分析软件中，进行社会网络和语义网络分析，得到图3.1。

由图3.1我们可以看到“不力”“主体责任”“责任”“履行”“监督”“严重”“领导”等关键词处于图表的中心位置，我们可以由此直观地看到案例文本的关键词。首先，我们可以看到，“责任”“不到位”“监督”“严重”之间联系较多，可以判断出监督不到位存在失职行为的案例较多。其

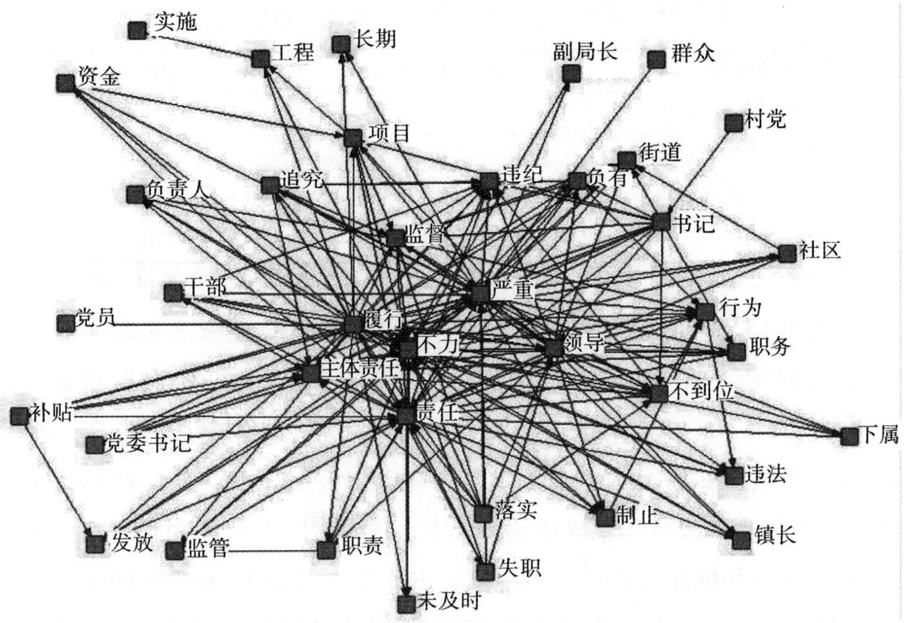

图 3.1　社会网络和语义网络关键词分析图

数据来源：《“为官不为”的总体特征及其治理探讨》，《西部学刊》2012 年 1 月刊。

次，我们可以看到，“领导”“职务”“违纪”“制止”“负有”之间有联系，由此可以判断：第一种情况，领导存在违纪行为；第二种情况，领导对违纪行为没有制止，负有一定的责任。通过相关案例分析得知，第二种情况出现得较多。在图 3.1 的边缘区域，我们看到“项目”“工程”“资金”之间存在联系，“补贴”“发放”之间存在联系，由此可见，在城市建设和扶贫方面，“为官不为”的现象更易受到关注。

通过对以上 354 个案例的文本的高频词分析，我们可以看到，“为官不为”现象多集中于基层党组织，并且在民生相关的多个领域都普遍存在。

2. 基层干部“为官不为”现象

由上述调查我们可以看到，“为官不为”现象多发生在基层，在此基础上，笔者着重对基层干部“为官不为”的现象进行了分析，借鉴有关学者对 2013—2018 年全国 22 个省、350 个典型案例的研究情况，得到表 3.15。

表3.15　基层干部“为官不为”表现形态描述统计

表现形态	案例数（个）	占比（%）
履职不力，缺乏担当	247	70.6
弄虚作假，懒政怠政	76	21.7
消极应对，推诿扯皮	27	7.7
合计	350	100

数据来源：《基层干部“为官不为”现象研究》，《廉政文化研究》2019年第3期。

由表3.15我们可以看到，基层干部“为官不为”主要表现在“履职不力，缺乏担当”，在350个典型案例中，“履职不力，缺乏担当”现象高达247件，占比70.6%。“弄虚作假，懒政怠政”案例数有76个，占比21.7%。“消极应对，推诿扯皮”案例有27个，占比7.7%。在基层干部“为官不为”现象发生领域描述统计表中，我们可以看到“为官不为”多发生在扶贫领域和拆迁与危房改造领域，占比分别高达36.6%和10.6%（见表3.16）。在脱贫攻坚的关键阶段，基层干部在扶贫领域的不作为现象更应得到重视。

表3.16　基层干部“为官不为”现象发生领域描述统计

领域	案例数（个）	占比（%）
扶贫	128	36.6
拆迁与危房改造	37	10.6
环保	26	7.4
社会保障	23	6.6
其他	136	38.8
合计	350	100

数据来源：《基层干部“为官不为”现象研究》，《廉政文化研究》2019年第3期。

（三）部分领导干部存在腐败问题

当前，我国处在社会主义转型的关键时期，社会财富急剧增加的同时，腐败问题依然严重。为了促进党员干部的政治作风建设，要着力加强党风廉政建设和反腐工作。党的十八大以来，中央持续高压的反腐倡廉初步展现了中国政治生活的“新常态”。表3.17是党的十八大以来省部级高官腐败状况研究。

表3.17　基于中央纪委监察部网站的112人案例研究表

年份	2012	2013	2014	2015	2016
人数（人）	1	16	41	32	22
占比（%）	0.89	14.29	36.61	28.57	19.64

数据来源：《十八大以来省部级官员反腐问题研究》，《改革与开放》2017年第2期。

表3.17是以2012—2016年中央纪委监察部网站公布的112人省部级腐败官员为分析样本整理所得。自2012年开始，查处省部级腐败的力度加大，2012年查处1人，2013年查处16人。2014年查处人数最多，为41人，占比36.61%。2015年查处32人，占比28.57%。2016年截至8月查处22人，占比19.64%。这些数据表明党的十八大以后，反腐力度增大，省部级官员落马人数增多，高层反腐力度成效显著，有利于推动政治作风的建设。

二、推动国家与社会管理者阶层健康发展的对策建议

国家与社会管理者阶层的健康发展是一个复杂的综合过程，需要对诸多要素进行协调，我们要用整体和发展的眼光看待问题，针对出现的问题，我们应该在国家层面以及个人层面进行优化。

（一）国家层面

加强领导干部相关教育。首先，要加强党员干部的政治信仰教育，推进“两学一做”活动，贯彻为人民服务的宗旨，引导官员为官“愿为”。其次，要加强党员干部的党性教育，培养政治意识、大局意识、核心意识、看齐意识，增强道路自信、理论自信、制度自信、文化自信。最后，要培养党员干部为社会公众服务的信念，增强法治意识。

推进相关制度建设。制度是行为的保障，要保持国家与社会管理者阶层良好的政治生态环境，必须加强制度建设。首先，必须落实民主集中制，发挥民主集中制的最大优势。习近平总书记强调：“民主集中制、党内组织生活等党的组织制度都非常重要，必须严格执行。”① 其次，要健全党内外的监督制度。党员干部对权力的行使必须受到党内外的监督，党内方面，要强

① 《习近平谈治国理政》（第1卷），北京：外文出版社，2018年，第396页。

化政治监督、完善组织制度、转变监督理念，改变“宽、松、软”的状况。党外方面，要自觉接受人民群众的监督、创新群众监督的有效途径。最后，完善人才选拔和任用制度，要规范选人、用人的行为，避免出现潜规则问题。选人用人行为关系党的建设。习近平总书记指出：“要把树立正确选人用人导向作为重要着力点，突出政治标准。”① 完善选人用人制度，遵循德才兼备的原则，形成正确的选人用人导向。

保障内外政治生态协调发展。政治生态包括内外两方面，既包括国内政治环境，也包括国际政治生态环境，只有二者协调发展，才能实现整个政治生态的平衡。党的十八大以来，党内政治系统彰显开放性，但是与外部环境的互动还不够，究其主要原因，还是由于党内政治制度运行效率不高，党外监督机制不够健全，党员干部与人民群众的互动途径少，党员干部之间的互通也不畅，导致民主集中制无法发挥最大的作用。因此，必须严肃规范党内外政治生活。

在党内政治生态方面，首先，要防止同志关系“庸俗化”，防止党内外关系市场化。严防党员干部进行权钱交易、非法提携。其次，防止同志关系“等级化”，取代政治上的平等关系。最后，要预防政商关系的非正常化，打造亲清政商关系新生态。领导干部要始终不忘初心使命，站稳人民立场，为人民办实事。国际方面，面临国际风险挑战，要把握时代趋势，努力实现中华民族伟大复兴，推动人类命运共同体。习近平总书记强调：“我们要继承和弘扬联合国宪章的宗旨和原则，构建以合作共赢为核心的新型国际关系，打造人类命运共同体。”② 尊重世界各国发展，平等相待、对话协商，努力营造良好的国际环境。

（二）个人层面

加强政治学习。首先要加强马克思主义理论的学习，其次要加强专业技能的学习，最后要加强相关政策法规的学习。用好学习强国平台，努力提升自身素质，增强服务意识，树立“人民性”思维，时刻牢记“人民的事情

---

① 习近平：《增强推进党的政治建设的自觉性和坚定性》，《求是》2019 年第 14 期。

② 习近平：《携手构建合作共赢新伙伴 同心打造人类命运共同体》，《人民政协报》2015 年 9 月 29 日。

无小事”。

要坚定政治信仰，站稳政治立场。真正把“不忘初心，牢记使命”贯彻于政治生活的点滴。首先，党员干部必须学习、推动、践行社会主义核心价值观，发挥正效应，传播正能量。习近平总书记指出：“一个国家的文化软实力，从根本上说，取决于核心价值观的生命力、凝聚力、感召力。”①其次，要坚持共产党人的价值观，即忠诚老实、公道正派、实事求是、清正廉洁，不断坚定和提高政治觉悟。

规范自身行为，要有彻底的反思精神。思想上自省，行动上自觉，时刻反思自己在理论学习与行为实践上是否存在问题，努力在实践中提升自我，不空喊口号。要“洁身自好”，坚持清正廉洁的作风。在思想上时刻谨记自己的职责，在行动上加以践行，自觉对自身行为进行规范和制约，严格遵守党内法规制度。

加强家风建设。习近平总书记强调：家庭是社会的基本细胞，是人生的第一所学校。优良的家风传承，不仅关乎个人成长、家庭建设，而且关乎社会和谐、国家发展。由于工作的特殊性，党员干部更应注重家风建设，在规范好自身行为的同时，应约束家庭成员，防止家庭成员非法牟利，正确处理亲属利益与社会利益的关系，防止亲属利用其权利进行不正当交易。领导干部应尽力处理好工作、生活的关系，秉持正确的亲情观念，用自身良好的风气感染亲属。

① 《习近平谈治国理政》，北京：外文出版社，2014 年，第 163 页。

第四章

企业经理阶层状况考察

所谓企业经理阶层，是指企业中非资产所有者身份的高中层管理人员及部分作为部门负责人的基层管理人员，也被称为企业管理者阶层。在现实中，无论形象、收入还是地位，似乎经理人员都与普通工人有着迥然差异。然而，按照马克思的阶级划分标准，经理人员阶层因为不占有生产资料，并且主要靠高工资收入来生活，所以他们仍然属于工人阶级的一部分，与普通工人不同的是，他们主要从事管理工作，工资收入高、在社会上更受人尊重。马克思认为，在资本主义社会，经理阶层带有一定的两面性，一方面，他们代替资本行使企业管理职能并维护资本家的利益；另一方面，他们也受着资本的限制和盘剥。不管从表面上看，他们与普通工人有多么不同，但从其本质上看，他们仍然是工人阶级的组成部分。因而在中国改革开放之初，这一部分人被称为“高级打工仔”。

第一节　企业经理阶层的历史演化

在我国，经理阶层的历史演变同新中国成立以来我国经济社会的改革发展是密切相关的。在不同阶段，由于社会发展的重心目标和价值取向不同，经理人员的名称、内涵不同，经理人员的权责义利差异也很大，因此在成长发展的道路上也呈现出不同的样态。新中国成立初期，由于我国实行以公有制为基础的经济制度，人们对企业经理人员是工人阶级的组成部分持肯定态度。改革开放后，经济体制改革使得经理人员阶层内部逐步分化。尤其进入20世纪90年代以后，资本进入中国社会，并成为发展经济的重要手段，人们对非公有制企业经理人员阶层是否属于工人阶级存在争论，因此，厘清经理人员阶层的历史演变、历史地位、发展态势是十分必要的。

一、计划经济时期（1949—1978年）

从1949年到1978年，我国经历了三大改造、党的八大、“大跃进”和人民公社化运动以及“文化大革命”等不同历史时期，在不同历史时期，经理制度也存在较大差别。在新中国成立初期，我国进入了社会主义社会，并逐步建立了相应的社会主义制度。1949年到1956年，我国存在两种截然不同的所有制制度，经理制度也较为多样。在私营或公私合营企业中，实施业务股东、董事会与经理分工负责制。例如，1950年政务院颁布的《私营企业暂行条例》规定，企业的业务执行权“在有限公司为执行业务的股东或董事，在股份有限公司为董事”①，企业的经理或厂长应“秉承前项负责人指示处理业务”。② 该条例第23条还规定经理或厂长是企业业务执行人的代理人。由此可见，该条例明确了经理的法律地位以及与企业其他主体的法律关系，即经理是执行业务股东或董事会的代理人，二者是代理关系。后来随着资本主义工商业的社会主义改造，政务院颁布《公私合营工业企业暂行条例》，虽然该条例在许多方面体现了现代公司法的特征，但是对公司经理制度却只字未提，公司经理的法律地位、职权范围等问题都未涉及。针对国有企业领导制度问题，中共中央于1951年12月批准《中共中央东北局关于党对国营企业领导的决议》，明确了党管工业的制度原则，决定实行党委领导下的厂长负责制。1956年，党的八大首次在全国范围内确立党委领导下的厂长（经理）负责制。具体而言，《国营工业企业工作条例（草案）》规定，国营工业企业中的党委会对企业的行政管理、思想政治工作、工会工作、共青团工作以及企业中生产的、政治的、文化的群众运动实行全面的统一领导。厂长（经理）具体负责党委会命令的下达和执行工作。由此看来，在这段时期，厂长（经理）仅仅是党委会的执行人，厂长（经理）对党委会有很强的依附关系。1958年，党的第一书记抓工业开始在全国范围内普

① 中央人民政府法制委员会：《中央人民政府法令汇编（1949—1950）》，北京：法律出版社，1982年，第705页。

② 中央人民政府法制委员会：《中央人民政府法令汇编（1949—1950）》，北京：法律出版社，1982年，第705页。

遍实行。1960 年，我国则继续推进党委统一领导下的厂长负责制。1976 年“文化大革命”结束以后，企业由政治组织重新恢复为经济组织。1978 年 4 月，中共中央颁布《关于加快工业发展的若干问题的决定》，明确企业要全面实行党委领导下的厂长负责制，并增加了总工程师制度与职工代表大会制度。我国在这 20 多年的发展过程中，因时制宜、稳步发展，初步奠定了我国社会主义工业化基础，逐步建立起比较完整的工业体系，企业经理阶层也初步形成。

考察这一时期的经理制度，我们发现：企业的权力配置与现代公司权力结构大为不同，企业并不存在相互制约的现代公司治理结构，因此，经理权力不是受到极大的压制就是极度的膨胀；这一时期，在国营企业中，从有利于党群工作的展开出发，再加上党内管理人才的缺乏，各地主要实行经理（厂长）负责制或者党委领导下的经理负责制，并且经理的法律地位及性质一直存在摇摆情况。

二、改革开放初期（1978—1992年）

1978 年，党的十一届三中全会决定把党和国家的工作重心转移到经济建设上来，做出改革开放这一历史性决策，我国开始逐步冲破僵化的传统观念，反思中国的发展道路，改革机械教条的经济制度。在当时，实行公有制被认为是社会主义制度本质，全国企业基本上都是公有制企业。因此，在国有企业改革初期，普遍观点认为国有企业的主要问题在于管理制度僵化、审批决策程序烦琐，这些问题严重束缚了管理人员和职工的主观能动性，打击了企业厂长经理的积极性和主动性。这一时期的国有企业改革主要是围绕企业内部如何放权让利上，还没有触及生产资料所有制问题。1984 年 10 月，党的十二届三中全会提出计划经济要自觉运用价值规律，发展社会主义商品经济，把政企分开，使所有权和经营权分离。这次经济改革在大多数国有企业实行了承包责任制，其主要措施是实行厂长负责制，目标是使企业真正成为相对独立的经济实体，从而使国有企业经理人员的政治功能和经济功能开始逐步分离。到 1987 年底，我国大中型国有企业基本实行了承包经营责任制，1987 年，党的十三大报告明确肯定了股份制是企业财产中的一种合法组织形式，并指出可以继续实行少数国有化大中型企业的股份制改革和企业集团化试点研究。1988 年 2 月，国务院在国有企业承包经营责任制的基础上规定了“包死基数，确保上交，超收多留，欠收自补”的具体承包原则，进一步扩大了国有企业经理人员的工作自主权和收益权。同时，全国人大颁发《全民所有制工业企业法》，明确将企业制度改革以来取得的成果用法律法规形式规定下来。值得注意的是，企业承包经营责任制在当时的确取得了可观的成效，承包制所带来的问题和短板也在更加深入的经济改革中逐渐暴露出来。因此，1991 年后，党和国家及时调整改革方向，不再鼓励企业实行承包制，强调要更进一步深入转换企业经营机制。

从 1978 年党的十一届三中全会开始，到 1992 年 10 月党的十四大确立社会主义市场经济体制改革目标，我国个体私营经济获得了越来越宽松的发展政策空间。在农村率先实行家庭联产承包责任制改革后，个体经济也很快发展起来，私营经济也从无到有在曲折中不断成长，私营企业经理人员队伍也随着私营企业数量增多和规模扩大而发展壮大起来。从提出“让一部分人先富起来，然后先富带后富，最后实现共同富裕”，到农村推行家庭联产承包责任制，其本意都是希望通过对生产分配制的调整，来充分激发个人的生产积极性和创造性，从而提高劳动生产力。党的政策在探索中充分体现了与时俱进、开拓创新的时代特征，鼓励私营经济实践并引领私营经济的发展方向和发展进程，这也对私营企业经理人员的地位和作用给予了充分的肯定。1982 年党的十二大明确提出，个体经济是公有制经济的必要和有益补充，1987 年党的十三大第一次明确肯定私营经济的作用并准许私营经济进一步发展，1988 年我国宪法中写入了私营经济，并且颁布了《中华人民共和国私营企业暂行条例》，私营经济的合法地位正式以法律的形式得以确认，其经济活动在法律的约束指导下日渐规范。私营企业经理人员的地位受到了法律的肯定和保护，他们的经济利益和经营权力也得到法律保护，此后私营企业经理人员规模得到了空前发展。

三、社会主义市场经济时期（1993年至今）

20 世纪 80 年代末到 90 年代初，我国经济体制改革取得了初步成果。但理论界和社会各界在计划与市场关系问题上分歧很大，尤其围绕着计划与市场姓“资”还是姓“社”的问题争论不休，这成为严重制约国有企业改革有序推进的障碍。1992 年邓小平南方讲话明确指出，计划和市场并非是社会主义和资本主义的本质区别，并明确表述了什么是社会主义的本质。1992 年 10 月，党的十四大明确提出，建立社会主义市场经济是我国经济体制改革的目标，我们要围绕这一经济体制改革目标加大经济改革力度。这就使得国有企业改革不再局限于企业内部的放权让利，而是推动国企改革向纵深发展，力图充分激发国有企业和市场的活力。这一时期开始触及对生产资料所有制的改革，对国有企业改革实行抓大放小的策略，通过兼并重组使国有企业更有竞争力，使市场有更多竞争主体，从而迸发竞争活力。这一阶段国企改革重点转向建立现代企业制度，我国经济社会出现并迅速发展出了现代经济意义上的经理人员群体。与此同时，这一阶段的私营经济从少到多、由弱趋强，并进入快速国际化发展阶段。私营企业经理人员已经初具规模，并迅速发展壮大，其队伍内部的素质和能力也随着外部环境的转变而积极变化，私营企业的经济地位得到迅速提升，私营经理人员的政治地位也相应得到了提高。

1993 年 3 月，第八届全国人大一次会议明确把“国家实行社会主义市场经济”纳入宪法章程，社会主义市场经济得到了国家根本大法的确认。1993 年 11 月，为了顺应现代企业的发展态势，党的十四届三中全会通过《中共中央关于建立社会主义市场经济体制若干问题的决定》（以下简称《决议》），明确指出国有企业要建立“适应市场经济和社会化大生产要求的、产权清晰、权责明确、政企分开和管理科学”的现代企业制度，并提出“国家要为各种所有制经济平等参与市场竞争创造条件，对各类企业一视同仁”。根据国有企业现代企业制度规定，国有企业成为独立法人并按照法人治理体系运营，由经理人员专门从事企业经营管理活动。同时，《决议》的通过为私营经济发展创造了更加宽松的外部环境，私营企业经理人员也在这样适宜的环境中蓬勃发展。1993 年 3 月，23 名私营经理人员第一次以全国政协委员的身份登上了参政议政的舞台，这是私营企业经理人员政治地位得以提升的重要表现。1997 年 9 月，党的十五大把非公有制经济是“公有制经济的必要和有益的补充”改为“社会主义市场经济的重要组成部分”，这意味着非公有制经济已经是我国经济的有机组成和不可缺少的重要部分，在理论上把非公有制经济的地位提到了一定高度，同时这也意味着党和国家充分肯定了我国私营企业经理人员在中国特色社会主义经济建设中所扮演的重要角色。1999 年 3 月，第九届全国人大二次会议确定了社会主义初级阶段的基本经济制度，以法律形式肯定了私营经济在社会主义市场经济的主体地位，广大私营企业经理人员的政治地位和社会地位得到快速提升。截至 2002 年 11 月，全国私营经理人员中担任县级以上人大代表的共有 9065 名，担任县级以上政协委员的有 32025 名。社会环境和政治地位的改善，进一步激发了私营企业经理人员的积极性和创造性，由此第二代私营经理人员开始崛起。2004 年以来，国有企业改革的焦点主要集中在委托代理关系下如何处理监督与活动的矛盾。这一阶段，我国成立了国资委、国有企业外派监事会。党的十八大以来，中共中央又提出将国有企业进行分类改革，根据具体情况成立国有资本运营公司，进行混合所有制改革等，这些措施都致力于促进国有企业在科学监督的条件下企业活力的不断增强，以促进国有企业转换经营机制，规范国有企业经理人员选拔，优化国有资本配置，提升国有企业运行效率，平稳推进国有企业改革发展。2004 年 3 月，第十届全国人大二次会议通过宪法修正案，明确提出要保护私营企业的合法权益，同时充分肯定了私营企业经理人员“社会主义事业建设者”的政治地位。这一期间，私营企业经理人员群体不仅在队伍规模上迅速发展、在素质上更加科学优化，而且涉猎范围更具多样性和竞争性。与此同时，私营经理人员的政治地位进一步提升，在党和国家战略层面被定位为“中国特色社会主义事业建设者”。

四、职业经理人问题的提出

（一）职业经理人的形成

20 世纪 90 年代以来，随着国有企业改革和私营企业发展的不断深入，经理人员阶层开始出现。职业经理人指以企业经营管理为职业，精通经营管理之道，善于利用企业内外资源来实现企业经营目标，在企业中担任管理职务的经理人员。职业经理人是特有的、稀缺的人力资源，其本质是“职业化的企业管理人员”，他们能够激活且能有效组织各种自然资源和社会资源以及资本资源，同时能够自主作出经营管理决策并承担企业经营风险。职业经理人的出现，是企业管理高度专业化的结果，也是企业管理成熟的标志。

完善现代企业制度，发展社会主义市场经济，需要成立一支成熟的职业经理人员队伍。这对提升企业竞争优势、凝聚企业核心力量而言越来越重要。但是相比较于西方发达国家经理人员成熟完善的职业化发展体系，我国职业经理人队伍还处在初步发展阶段。目前，我国职业经理人员市场的供给方式主要有两种：一是通过外部市场（即经理人市场）供给，包括通过猎头公司的推荐、人才市场的招聘、网络招聘等；二是通过内部市场，即企业内部培养和选拔。由于我国职业经理人员外部市场尚不完善，市场主体信息不对称及经理人员信誉机制尚未建立，存在机会主义和道德风险等问题，市场机制尚不能发挥充分的作用，导致职业经理人在市场的流动性低，许多公司选择了把内部市场培养选拔优秀的职业经理人作为满足企业自身发展对经理人员人力资本需要的方式。

（二）职业经理人的市场供给来源

职业经理人员市场的供给主要来源有经理人市场的流动、学校的教育和专门机构的培训等。经理人市场化是经理人从政府任命、家族成员任职到从经理人市场聘用的选拔机制转变的过程，且这个过程受到宏观经济市场化的影响。经理人市场是要素市场中劳动力市场的组成部分，是特殊的人力资本市场，是“职业经理人”的雇佣市场。职业经理人、企业、中介机构以及监管制度是经理人市场的构成要素。职业经理人和企业作为该市场的供给方和需求方，是市场的主要参与者。中介机构和监管制度的存在使得经理人市场能够良好运行。市场上的职业经理人员一般都有一定的从业经验，他们分别来自国有企业、私营企业和外资企业。我国国有企业规模相对私营企业要更大些，管理水平一般更高，国有企业经营管理者的素质普遍要高于私营企业。现今我国已有相当一部分国有企业经营管理者随着我国经济体制和政府体制改革的不断深入转化为职业经理人。私营经理人员阶层的扩大和职业化使其成为我国职业经理人市场供给的重要来源之一。随着我国私营经济的发展，私营企业的经营者队伍规模会越来越大、素养会越来越高。随着私营企业管理水平的提高和企业制度的创新，会出现越来越多的职业经理人。外资企业是我国目前经理人员的重要供给来源。随着改革的不断深入，外资企业有了很大的发展，在国民经济中占有的比例越来越大，而且这种趋势还不断发展。因其企业制度规范、管理水平高，外资企业为我国培养了一大批优秀的职业经理人，从而成为我国经理人员产生的重要来源。此外，学校教育和专门机构的培训也是职业经理人重要的供给来源。中国的 MBA 教育正以前所未有的速度发展，培养了一大批掌握现代经营管理技能，具有国际化眼光、历史责任感和高道德水准的新一代经理人员。由于市场的巨大需求，MBA 教育在未来20 到30 年间将继续快速发展，并成为我国经理人员市场中又一重要的供给来源。

（三）我国经理人员市场供给质量特征

有调查显示，经理人员年龄主要分布在 30 岁到 50 岁之间，其中 30 岁以下的占 14. 9%；31—35 岁的占 24. 8%；35—40 岁的占 26. 1%；40—50 岁的占 20. 5%；50—60 岁的占 8. 6%。在性别方面，所有参与调查的经理人员当中，男性的比例为 67%，女性的比例为 33%。企业需要拥有丰富从业经验的经理人员，从调查结果看，企业中存在从业时间较短或较长的经理人员的比例都不高，56. 1% 的企业中没有从业经验 3 年以上的经理人员；同时，58. 8% 的企业没有从业经验 15 年以上的经理人员。从业经验在 5—8 年的经理人员所占比例最多，为 23. 5%；其次为从业经验在 8—10 年的经理人员，占比为 19. 8%。经理人员受聘到企业之中，在一个职位上都有固定的任期，其间，企业会视经理人员的表现采取续约或解除雇佣关系的行为。从调查结果看，大部分企业给予经理人员的任期都在 2 年以上。进一步统计分析显示：任期在 2—3 年的经理人员所占比例最多，为 28. 1%；其次为任期在 3—5 年的经理人员，所占比例为 26. 2%；任期在 5 年以上的经理人员比例为 22. 99%。进一步统计分析显示，来自国企的职业经理人所占比例最大，为 28. 9%，一方面反映出国企在培养经理人员方面比较重视，另一方面可以看出，国企流失的人才也比较多。

（四）职业经理人员供给趋势

随着我国社会主义市场经济的不断发展，社会主义经济体制日益完善，健全规范的现代企业越来越多，有利于形成我国职业经理人员成长的微观环境。我国不断扩大对外开放，未来外资企业会进一步增多。外资企业会带来先进的管理理念和管理模式，成为我国经理人员更为重要的培养渠道，有利于增加我国经理人员的供给。随着市场经济的发展，人们价值观念会发生改变，我国长期以来形成的“官本位”思想会逐渐弱化，人们对经理人员的价值认同感会不断增强，会有更多的社会精英选择职业经理人员作为自身的职业追求。我国 MBA、EMBA 教育和各种经理人培训的进一步发展，有利于增加我国经理人员的有效供给。

第二节　企业经理阶层的经济状况

从总的情况来看，改革开放后我国经理人员的薪酬水平在整个工人阶级中属于较高水平。经理薪资没有统一标准，非公有制企业经理的薪酬“上不封顶”，公有制企业经理的工资也往往远远高出普通工人。党的十八大以来，对国企经理人员工资进行了一定的规范和调整。

针对经理阶层薪酬的内涵，目前理论界并无完全一致的定论，主要包括三种界定法，其一，将薪酬等同于报酬，即员工完成了自己的工作而获得的各种内在报酬和外在报酬。其二，薪酬基于雇佣关系而存在，包括从雇主那里获得的各种形式的经济收入、有形服务和福利，包括直接报酬和间接报酬。① 其三，薪酬仅仅指直接的货币性补偿，不包括间接薪酬，即福利。薪酬体现了人力资本价值，是对人力资本贡献的回报，薪酬不仅是员工经济生存的依靠，而且是其社会地位的象征。而经理人员是异质性人力资本，他们对企业的贡献是企业发展的核心动力，因而企业给予他们的回报不能够仅仅局限于货币薪酬，而应是多元化的，既包括直接薪酬和间接薪酬，也包括内在形态和外在形态的薪酬。只有实行全面的报酬激励，才能有效体现经理人员的人力资本价值，并最大限度地激励经理人员对企业作出突出的贡献，但

① ［美］加里·德斯勒：《人力资源管理》，吴雯芳、刘昕译，北京：中国人民大学出版社，2005 年，第 411 页。

在实际的实证研究中，由于数据采集、计量等方面存在诸多困难，多数对经理人员阶层薪酬的研究仅限定在货币薪酬范围内。

一、我国企业经理阶层薪酬分配制度变迁

我国对经理人员阶层薪酬制度研究的时间较短，从历史上来看，我国经理人员薪酬分配制度的发展经历了以下几个时期。

萌芽时期：20世纪70年代末到90年代初。这一阶段，我国的经理人员主要由大部分的国有企业经理人员和少部分私营企业经理人员构成。行政级别和权力是影响经理人员薪酬的主要因素，因此经理人员薪酬的主要形式是行政工资，而薪酬与绩效并不挂钩。1984年，国务院发布《承包管理条例》，规定在全国范围内实行承包责任制，国有企业经营权和所有权实行分离，与此同时，国家开始关注经理人员阶层薪酬中物质激励的作用。1986年，国务院发布《关于深化企业改革增强企业活力的若干规定》指出，凡完成任期年度目标的经营者，其收入可以高出职工收入的1—3倍，有突出贡献的经营者还可以再高些。1988年，国务院出台了《全民所有制工业企业承包经营责任制暂行条例》，国有企业开始实行承包制，承包者的报酬通常按照完成承包指标的状况获得。1992年，国务院出台《关于改进完善全面所有制企业经营者收入分配办法的意见》指出，经营者收入应体现多劳多得的原则，与其他职工适当拉开差距，但差距不能过大。这一阶段的承包制从一定程度上使经理人员获得了一定的企业剩余索取权。

变革时期：20世纪90年代初到90年代末。这一阶段，市场经济得到深入发展，重点是构建市场经济的微观基础。传统的经理人员薪酬体系已不能适应市场发展的需求，因此，部分国有企业率先进行改制，对经理人员实行“薪利挂钩”的年薪制试点，对经理人员的奖惩实行责、权、利相统一，奖惩与经营成果考核相结合、精神激励与物质激励相结合的原则，同时鼓励管理者持股参与企业的分配，实行管理者个人资产风险抵押承包经营。这一时期，年薪制得到了较为广泛的推广。经理人员的年薪收入主要包括两部分，即基本收入和风险收入，但经理人员薪酬的组合形式开始趋于多样化，除基本工资外，还有月度奖金、分红、股票等其他薪酬形式。与此同时，经理人

员薪酬激励机制也在不断变化，薪酬激励额度的增长幅度也得到了较大提升，依靠行政晋升进行激励的现象渐渐减少，但激励的主要形式是物质激励，大部分企业报酬的构成主要是“基本工资奖金福利”的模式，管理者的货币性报酬通常与企业绩效不相关。

发展时期：1999 年至今。这一时期是经理人员阶层薪酬激励制度获得深入发展的重要阶段。1999 年 9 月，党的十五届四中全会通过了《中共中央关于国有企业改革和发展若干重大问题的决定》，充分重视和肯定了国有企业经理人员实行年薪制和期权奖励的办法。因此，2000 年以后，企业经理人员年薪制又得到了进一步的发展，并开始逐步探索其他薪酬形式。由此，股权激励形式开始出现，股权激励通常包括经理人员持股、限制性股票、期股和股票期权等。我国上市公司股权激励改革正式开始于 2005 年，并逐渐得到规范。相对于工资和奖金等现金报酬，股权激励制度显示了其本身特有的优势，但也存在相应的不足之处，为了更好地吸取其有益之处，以改正不足，我国对股权激励的实施制订了一系列的法规政策，以使股权激励计划更规范、更有效。这一时期，经理人员的薪酬构成模式表现为工资、年度奖励和股权激励并存的多元化形态。

二、我国企业经理阶层的薪酬收入状况

传统的经理人员阶层薪酬体系主要由基本工资和年度奖金构成，其评定依据通常是上一财政年度的公司业绩或经理个人绩效。但从 20 世纪 80 年代以来，上市公司为了更进一步激励经理人员，使经理人员能够分享公司业绩增长所带来的收益，经理人员收入体系中不断出现新的收益形式。这部分收益大部分通过股票、股票期权等来体现，其中以股票期权计划为代表的长期激励机制的发展尤为迅速，在经理人员收入体系中成为越来越重要的组成部分，而基本工资和奖金部分在经理人员收入中所占的比重逐年下降。近年来，经理人员阶层薪酬结构的内容更为丰富化，正在形成一种新型的薪酬结构，以股票、期权为主的长期激励成为经理人员薪酬的重要构成部分，因此，在上市公司管理实践中通常把直接薪酬、间接薪酬和股票、期权收益等长期薪酬称为总薪酬。根据奥利弗和斯托弗对经理人员薪酬构成的界定，企

业经理人员薪酬通常包括基本工资、年度激励、福利、津贴和长期激励等。

本研究借鉴国内外学者对经理人员薪酬概念的界定，将经理人员薪酬的研究范围界定为总薪酬，包括基本工资、短期薪酬、长期薪酬、津贴、补贴和福利。经理人员总薪酬构成中不同的组合形式的内涵和作用是不同的，可以满足经理人员差异化的需求，具体如表 4.1 所示。

表 4.1　经理人员薪酬结构

薪酬形式	内涵	角色与作用	表现形式	风险度
基本薪资	根据岗位能力、年资、经验给予的固定薪资	关注专业技能；职业生涯发展	稳定性现金	低
短期薪酬	基于短期绩效目标达成的浮动性薪酬	关注短期绩效；政策实施和组织战略	年度、季度、月度奖金、利润分享	中
长期薪酬	基于长期绩效目标的奖励	长期绩效目标 连接股东利益	股票、期权、限制性股票、其他长期薪酬	中至高
津贴	补偿职工的特殊劳动消耗	关注特殊付出 岗位条件	保健性津贴、技术性津贴、年功性津贴	低
补贴	额外优惠	提供方便、特殊象征	会所、车辆	低
福利	满足员工退休、社保、医疗、休假、服务需求	保障生活、避税、集体性优惠	养老、医疗、人寿、伤残、休假	低

资料来源：《基于企业成长的中国上市公司高管薪酬结构研究》，山东大学学位论文，2014 年。

我国大部分的现代企业早期脱胎于国有企业。近年来，随着我国证券市场的进一步发展，企业规模越来越大，企业员工队伍的素质越来越高，企业的业绩也得到越来越显著的改善，从而进一步促进了经理人员薪酬制度的改革，并取得了良好的效果。从经济收入的绝对值看，经理人员的收入比城镇在岗职工的平均工资要高出许多，其经济收入分层属于社会中上层和社会上层。与经理人员的收入相比，城镇单位就业人员和在岗职工收入低出许多，表明经理人员是高收入群体。通过调查发现，有 7.3% 的经理人员认为自己收入水平处在社会分层的上等水平，认为处于中上水平的大约占 37.0%，二者合计为 44.3%，认为处于中等水平的占 46.4%，以上三项合计为 90.7%。由此可以看出，经理人员对自身收入水平和社会地位的主观满意度和认同度较高，评价也相对客观。值得注意的是，由于经理人员在进行评估时选择的参考对象不同，事实上不同经理人员对其自身经济收入水平和社会地位有着不同的主观认定。经理人员阶层与其他社会阶层之间存在着经济收入和社会地位方面的分层，经理人员阶层内部也存在着收入和级别的差异，这在事实上构成了经理人员群体内部的社会分层。同时，调查结果显示，经理人员群体所在的地域位置影响着其对自身收入水平社会分层的主观认定。从经理人员所属的地区看，西部地区经理人员的自我评价最高，东部地区次之，中部地区最低。

第三节　企业经理阶层的政治状况

无论是国有企业还是私营企业，经理人员都属于企业的高层领导，通常掌握着企业的主要资源和大部分控制权。但是这些经理人员的个人目标与企业目标和社会目标必然是不完全一致的。对于私营企业来说，企业的目标应该是追求企业利益的最大化。对于国有企业来说，企业的目标可能是追求企业的利益，也可能是为了完成政府交给的政策性或公益性的任务。对于经理人员来说，通常他们追逐的可能是个人的经济利益或个人价值的自我实现等私人目标，因此他们有可能做出有利于自身而不利于企业的行为。清楚地了解这些经理人员的政治行为，才可以提出相应的对策，使得经理人员的目标与企业的目标尽可能一致，保护企业的利益。

一、企业经理人员政治参与的动机

（一）获得经济利益

政府掌握着企业所需要的大量资源，对于企业特别是国有企业来说，需要尽可能多地争取政府划拨的资金，拿到对企业最有利的政府定价，并且政府给予这些企业的配额和指标也直接关系到企业的效益和经理人员的经济利益。经理人员积极参政，才更有机会争取到这些资金与配额指标，获得利益。政府的一些新政策信息也需要经理人员积极参政才能及时了解和把握住机会。民营经理人员也可以通过积极参政或者与政府官员接触，来获取政府的资金支持、政策优惠、生意机会。最直接和利益最大的就是政府采购的订单，一个政府采购的订单可能就解决了一个企业一年甚至多年的销售压力。另外就是工程项目，如果能够得到政府的大工程或者大项目，这个企业就可以得到惊人的利润。

（二）赚取政治资本

国有企业的经理人员，为了今后在仕途上的发展，不能只看着企业内部的发展，更需要积极参政，做出些成绩。一些大型私营企业的经理人员也有加入政府官员行列的可能和趋势，经理人员倘若想往仕途上发展，积极参政是必然的。如今，不少经理人员因为加入人大、政协或者其他政治行为而得到了资金上的照顾，同时也提高了自身的影响力并获得了政府的偏向决策。他们取得了成功也起到了示范作用，给其他经理人员做出示范。这种方式必然促使其他经理人员效仿，引导更多的经理人员积极采用政治行为来加强自己的竞争力。

（三）保护自身安全

我国处于转型时期，一些地方政府部门出台的某些政策、规则、条例也有摸索的意味，为了适应时事和经济发展的变化，就必然会出现某些政策、规则或条例变数较大和反复的情况。有些方面可能去年按一个政策执行，今年按另一个政策执行；某些行为可能去年按照某规则是不合法或不合理的，今年因为政策、规则的变动会变得合法、合理。这种不确定性也导致了国有企业和私营企业担忧自身的安全问题，他们需要积极与政府互动、了解政策形势或者直接影响政府做有利于自己的决策。地方政府的某些部门目前的执法行为因为规则、条例的执行缺乏可操作性而欠缺规范性，这就有可能甚至必然对企业特别是私营企业造成不同程度、不同形态的侵害。私营企业经理人员的政治需求和政治行为，是随着民营经济实力的不断增强、政治参与意识的普遍提高而形成、发展起来的。民营经理人员的参政议政或寻求政治发展等政治要求和行为，首先是为了维护自身的利益。经理人员需要得到一些保障而加入人大或政协，也有一部分经理人员怀着同样的目的来结交政府官员。

（四）树立良好的社会形象

经理人员从政或是与当地的政府部门和谐相处，也是其向社会公众树立良好的社会形象的有效渠道，企业由此也为自己的品牌做了免费的广告宣传，打开了更广的潜在消费需求。一些经理人员在实现了自身生存发展的人生价值追求目标之后，会有强烈的回归社会、靠近组织的社会价值需求和愿望，他们想要摆脱长期在市场经济竞争中独自奋斗的孤独感，转而寻求“单位”或“集体”氛围中那久违了的群体感和参与感。他们往往自发地要求加入中国共产党或其他民主党派，积极参与社会公共事务，自行参与地方领导职位选举，以期登上社会政治经济活动的舞台，从而争取社会的认可，创造有利条件以谋求更大发展。

二、企业经理人员参与政治的途径

虽然私营企业经理人员的政治参与仍然存在着一些争议，但经理人员参政已经成为一种制度安排，并且有扩大的趋势。经理人员的政治参与行为等同于经理人员参政，国有企业的经理人员大多数由政府直接任命。私营经理人员也可以直接或者间接参与政治。经理人员政治参与的形式多种多样，包括：（1）加入中国共产党组织，并成为各级党代会的代表；（2）加入各级民主党派；（3）企业内建立党组织，支持党建工作等。

经理人员可直接加入政府部门，如当选为各级人民代表大会的代表或者被吸收为各级政治协商会议的委员。经理人员加入政府部门可以有与更多官员结识的机会。同时，经理人员当选人大或者政协委员后，可以参与人大会议或者政协的会议，可以直接参与立法或执法监督，对政府决策进行干预，使政府出台的政策对自己的企业有利。政协委员对政府官员可以有一定制约，起到保护自己的作用，直接在会上发言提出自己的政治建议与诉求，可以为自己争取到一些政策上的利益从而为企业的发展谋求机会。

经理人员积极参加有统战背景的各级社会团体、商会组织，如工商联组织、青联组织、妇联等，也是这一阶层的常见政治行为。行业协会是处在同样或者相关行业的企业自愿组成的团体。行业协会可以集中各个分散企业的力量来发出自己的诉求。经理人员遇到困难时，求助于行业协会就是一种很实用的方式。我国的行业协会多数还是由政府部门引导组建的，也有一部分是经理人员自己组建的，特别是近年才出现的新行业。经理人员加入行业协会，通过行业协会来表达自己的政治诉求，这是一种很便利的途径，也能够加强政治诉求的“音量”和范围。

经理人员的各种政治参与行为可以使企业获利，推动经济的发展，积累社会财富。不论是在国有企业还是私营企业，经理人员直接或者间接参与政治，都可以为各自企业的发展带来积极效果，同时单个企业的发展也带动了整个行业或产业链的发展，增加了市场需求和就业机会，刺激了消费，最终推动整个社会经济的增长。通常，越有实力的企业，其经理人员参政的影响力越大。通常这些优质企业利用资源的效率往往比同行高出一等。经理人员影响政府的政策的制定，使优惠政策向优质企业偏移，有利于国家资源配置的优化。经理人员也代表了一部分人的利益，特别是在我国，过去商人在政治上遭遇过一段时间的不公平对待。经理人员参政，给予了他们一个发表意见的平台，这个平台公正、平等、公开地对待社会中的每一层次的民众的利益，有利于他们发出自己的政治诉求并得到最终的解决，更有利于民主的政治体制的健康发展。

第四节　企业经理阶层的社会状况

企业经理阶层是现代市场经济的核心群体之一，是市场重要主体——各类经济组织的管理者。他们对社会物质文明的发展作出了巨大贡献，因而经理人员在现代社会中具有较高的社会地位。社会声望是衡量社会地位的重要指标，也是社会分层的重要标准，它通常是指一个人从他人那里所得到的社会评价与社会认可程度。在大多数情况下，一个人或一群人社会声望高低取决于他们所占有的社会职位。在发展比较稳定的社会中，不同职业的声望等级一般也没有特别明显的波动。改革开放以来，我国社会结构随着职业的演变（特别是受社会政策和经济科技发展影响较大的职业）发生了很大的变化，社会分层标准随之有了较大改变，许多群体的社会地位和职业声望变化非常大，我国经理人员群体的职业声望也发生了很大变化。通过对不同时期、不同地区和不同规模的职业声望进行对比分析，我们可以看出：企业经理人员的社会地位随着其社会贡献和经济收入不断变化，他们的职业声望也发生了很大程度的变化。

一、改革开放以来企业经理阶层职业声望的变化

改革开放以来的40多年中，我国企业经理人员阶层的职业声望发生了较大的变化。根据不同的职业声望的研究结果分析，大致可以得到这样的结论：随着经理人员对社会的贡献越来越大，经理人员的社会地位也有着不同程度的提升。

1987年，中国经济体制改革研究所在北京和沈阳对85个职业的职业声望进行了调查分析，得出的结论是，大企业厂长、经理以79.4的评分排名第18位；大商店经理以76.5的评分排名第19位；小企业厂长、经理以73.6的评分排名第24位；手艺人个体户以69.0的评分排名第32位；民办公司经理以67.6的评分排名第41位。[①]

1993年，中国社会科学院在全国进行的“百县市国情调查”中对100个职业的职业声望进行调查，其中国有大中型企业厂长、经理排名第7位，得分是76.9分；合资企业厂长排名第21位，得分是67.5分；集体企业厂长排名第30位，得分是61.1分；乡镇企业厂长排名第38位，得分是59.0分；私营或民营企业经理人员排名第40位，得分是58.6分。[②]

1994年，蔡禾和赵钊卿在广州对102个职业的职业声望进行调查分析，得出的结论是在职业声望排名前20位的职业中，外资企业经理排名第10位，合资企业经理排名第13位，国营企业经理排名第16位，私营经理人员排名第17位。[③]

1998年，李强在北京对100个职业的声望进行调查分析，结果显示：公司董事长排名第27位，得分是68.71分；公司经理排名第35位，得分是

① 许欣欣：《当代中国社会结构变迁与流动》，北京：社会科学文献出版社，2000年，第198－199页。

② 陈婴婴：《职业结构与流动》，北京：东方出版社，1995年，第85－87页。

③ 蔡禾、赵钊卿：《社会分层研究：职业声望评价与职业价值》，《管理世界》1995年第4期。

64.04 分；大企业厂长排名第 39 位，得分是 63.55 分；房地产商排名第 54 位，得分是 56.38 分；小企业厂长排名第 60 位，得分是 54.55 分；个体户排名第 84 位，得分是 47.15 分；包工头排名第 97 位，得分是 37.63 分。①

2001 年，中国社会科学院社会学所“当代中国社会结构变迁研究”课题组在全国 12 个省（自治区、直辖市）对 81 个职业的职业声望进行了调查分析，结果显示：外资企业经理排名第 10 位，得分是 80.15 分；国营企业厂长排名第 14 位，得分是 78 分；集体企业厂长排名第 18 位，得分是 74.95 分；私营企业老板排名第 32 位，得分是 66.64 分；企业工会主席排名第 37 位，得分是 60.36 分；建筑队包工头排名第 38 位，得分是 59.66 分。②

2001 年，汪开国在深圳对 81 个职业的职业声望进行调查分析，结果显示：国有企业厂长排名第 3 位，得分是 87.18 分；外资企业经理排名第 17 位，得分是 78.81 分；集体企业厂长排名第 21 位，得分是 73.91 分；行业工会主席排名第 26 位，得分是 72.13 分；私营企业老板排名第 37 位，得分是 67.61 分；建筑队包工头排名第 42 位，得分是 58.66 分。③

2006 年，王立波和王炳德在辽宁对 40 个职业的职业声望进行调查分析，结果显示：国有企业厂长排名第 6 位，得分是 81.45 分；个体工商户排名第 29 位，得分是 49.88 分。④

2009 年，李强和刘海洋在北京对 99 个职业的职业声望进行调查分析，结果显示：公司董事长排名第 6 位，得分是 75.30 分；大企业厂长排名第 20 位，得分是 69.35 分；公司经理排名第 29 位，得分是 66.00 分；小企业厂长排名第 41 位，得分是 62.10 分；房地产商排名第 46 位，得分是 59.09 分；个体户排名第 55 位，得分是 56.47 分。⑤

---

① 李强：《转型时期冲突性的职业声望评价》，《中国社会科学》2000 年第 4 期。

② 李春玲：《当代中国社会的声望分层——职业声望与社会经济地位指数测量》，《社会学研究》2005 年第 2 期。

③ 汪开国：《深圳九大阶层调查》，北京：社会科学文献出版社，2005 年，第 226－228 页。

④ 王立波、王炳德：《权力尊崇与依赖——辽宁职业声望的调查研究》，《社会科学辑刊》2007 年第 5 期。

⑤ 李强、刘海洋：《变迁中的职业声望——2009 年北京职业声望调查浅析》，《学术研究》2009 年第 12 期。

通过对以上调查结果的对比分析，我们可以得出以下几点结论：（1）经理人员阶层的职业声望整体上呈逐步上升的发展趋势。（2）市场经济越发达的地区，经理人员的职业声望位次越高，即经理人员阶层的职业声望存在着明显的地区差异。（3）经理人员的职业声望因不同的生产资料所有制而呈现差异，具体表现为国有企业的经理人员职业声望最高，外资企业经理人员的职业声望次之，而私营企业经理人员的职业声望最低。值得注意的是，来自国有企业的经理人员的职业声望呈下降趋势，而私营经理人员的职业声望则呈现不断上升的趋势。由此表明，国有企业和非公企业经理人员之间的职业声望差距在不断地缩小。

二、企业经理对自身职业声望的主观认定及其历史比较

职业声望是一种主观性评价，主要有三种评价形式：他者评价、自我评价以及两种评价方式相结合。通过研究调查发现，从总体上看，过半数的经理人员对自身的职业声望给予了比较肯定的评价；绝大多数经理人员认为自身职业声望处于社会的中等及以上水平，说明当代经理人员对自身的职业地位相当自信。调查还显示，不同经理人员群体对自身职业地位的评价中，在年龄、受教育程度、薪酬收入、担任职务和企业规模等方面，都存在着统计意义上的显著差异，并呈现出与这些因素正相关的主观认定趋势。还有研究表明，从历史对比看，从1993年到2002年，我国私营企业经理人员对其社会地位的主观认知大致呈现出先下降再上升的状态。调查发现，与先前认知相比，当代私营企业经理人员对其职业声望的主观认知持更加积极的态度，对自身社会地位给予较高评价的比例有较大幅度的增加。

三、企业经理社会地位的满意度

有调查结果显示，4.1%的经理人员“对在社会中的地位和作用的现状”非常满意，48.8%比较满意，两项之和为52.9%，表明略超一半的经理人员对自己目前的社会地位和作用是满意的。另外，经理阶层对“未来在社会中的地位和作用”的期望则非常高，17.6%认为非常重要，62.2%认为比较重要，这表明他们对自身发展充满期待。调查还反映，经理人员对自身

收入水平、职业声望和社会地位的主观评价越高，对发挥社会作用现状的满意度越高。

总之，经理人员阶层的成长与发展是社会主义市场经济在社会结构改善方面所取得的积极成果。经理人员阶层的发展壮大，是建成纺锤形社会结构的重要基础。当代经理人员阶层社会地位的不断提升，以及他们对自身职业积极的主观评价，表明社会主义市场经济建立取得了积极的成效，并推动了社会结构的重新构建。通过对经理人员收入水平、职业声望等方面的历史对比，可以看出当代经理人员对其主观评价呈上升趋势，这表明我国当代社会结构的调整和发展在总体上是健康平稳的。

第五节　企业经理阶层的文化状况

企业的成长和发展是同经理人员的整体素质密切相关的。从某种意义上说，经理人员决定了一个企业的命运和前途。无数事实证明：企业发展的关键在人，一个素质过硬的人可以救企业于水火之中，而一个能力低下的人则可能搞垮一个企业。现代企业的竞争，归根结底是人才的竞争，是人的素质的竞争。一个企业的兴衰成败与经理人员的综合素质密切相关，经理人员就是企业的掌舵人和指挥家。在现代世界市场经济竞争异常激烈条件下，经理人员应对各种风险挑战的综合素质凸显出巨大的价值。经理人员的素质水平，直接影响到企业自身的生存发展和其在全球经济竞争中的战略定位。为此，我们必须努力提高经理人员素质，加强职业经理人员队伍建设，以适应现代企业发展和全球经济竞争的需要。

我国经理人员的素质水平状况，很大程度上受我国社会主义市场经济的历史发展过程所影响。经理人员为了适应我国社会主义市场经济和现代企业制度的发展，进行了相应的专业知识更新和市场实践锻炼。对我国经理人员的素质状况，可从以下两方面分析。从优点的方面看，经理人员群体总体的知识水平和综合素质比较高，且整体上适应中国国情的发展需要，其特点有以下五项。一是政治思维能力比较强。我国的经理人员一般具有广阔的政治思维和灵活的政治头脑，能够较为准确地把握国际国内政治风向，并善于通过利用政策实现自身的发展。这一素质特征，是由中国市场经济的本质特征，以及由经理人员处于深化改革的历史阶段所决定的。二是有胆识、有谋略，有丰富的想象力。事业比较成功的经理人员大多有勇有谋、胆识过人，有着非凡的想象力和过人的魄力。很多企业实现超常发展，在很大程度上得益于经理人员的超常思维能力和善谋敢断的胆略和气魄。三是创业、敬业、爱业，职业经理人的这一特征尤为明显。经理人员的内在特征就是事业心和责任感。正是创业、敬业、爱业的职业精神，鼓舞着经理人员把经营好企业作为自己终身的职业追求，并把自己的事业不断向前推进，为企业发展注入强劲的动力。四是有一套自成体系、博大精深的经营哲学。经理人员通常都是深谙经营哲学的理论家和实践家，很多经理人员把中国深远的优秀传统文化和自身的处世哲学同社会主义市场经济规则结合起来，形成了自身独特的经营哲学，并用这种经营哲学指导现实，运用于企业管理实践，取得了有益的成果。这都在一定程度上反映了经理人员的经营哲学修养。大多数经理人员在企业的市场经营、发展道路、内部管理、领导艺术、人才运用、人际关系等方面都有独特的、自成体系的见解，从一个侧面反映了经理人员的思想和能力素质水平。五是具有鲜明的个人特征和独特的人格魅力。经理人员要有个性才能有影响力和号召力，要有人格魅力才能产生凝聚力和吸引力，个性和人格魅力相辅相成。在个性特征上，经理人员一般表现为果断、干练、坚强、实干、豁达、开放，有的甚至表现为工作狂、偏执和刚愎自用。在人格魅力上一般表现为诚实守信、正直善良、公正廉洁、纪律严明、有情有义。这两个方面结合起来，共同形成了经理人员的特殊魅力。这种魅力进而发展为一种管理因素，一定程度上影响着经理人员的企业管理能力和水平。

从不足的方面看，我国经理人员还不同程度地存在素质缺陷。一是文化素质有待进一步提高。从总体看，我国经理人员阶层高学历层次的人才缺口仍然很大，而早期下海创业的经理人员，拥有初高中以下学历者占80%—85%，其文化层次普遍低于新兴的职业经理人员群体。二是大多数经理人员缺乏及时的经营管理知识更新学习和专业的职业素质技能培训。很多经理人员仍然存在小生产的管理理念，没有跳出家庭式管理模式和手段方法，与现代企业发展的大规模运作不相适应。

第六节　问题及对策建议

改革开放后，我国经理阶层获得了迅速发展，队伍不断壮大，整体水平也不断提高。但由于我国社会主义市场经济发展时间较短，因而经理人员阶层还存在一系列问题，需要我们高度关注并采取有效措施积极应对。

一、培育企业经理阶层面临的困境及对策

职业经理人员是经济发展的重要人力资本，在领导企业创造价值的过程中，他们投入的不是一般的简单劳动，而是一种高级的复杂劳动，他们是企业的核心领导力量。同时，企业规模的扩大和经济竞争压力的增大也对企业经理人员的能力提出了更高的要求，职业经理人恰好是为了满足这种需求而出现的。因此，职业经理人的出现是现代企业发展的必然结果，对经济发展的意义重大。目前来看，我国的职业经理人员成长面临着一些突出问题，对进一步提升我国企业经营管理水平和国际竞争力产生了不利影响。

（一）面临的困境

1. 队伍总量不足，整体素质偏低、能力偏弱

职业经理人相较于普通企业主的优势在于其具备了企业经营所需要的更专业的职业素质。虽然我国现有的职业经理人员接受了一定程度的专业技能知识的培训，也积累了一定的实践经验，但他们的综合素质和专业技能在整体上还处于相对比较低的水平，主要表现在以下三个方面。一是创新能力不足。我国职业经理人员普遍缺乏创新意识和创新思维，缺乏提出新观点、解决新问题、应对新挑战、预防新风险、开辟新领域的能力。二是我国职业经理人员与国际接轨的程度低，缺乏国际视野。很多职业经理人员对国际化经营管理缺乏关注和了解，更缺少国际化经营和管理的直接实践经验。三是我国职业经理人不仅需要努力提高自身的综合素质和专业技能，还应自觉提高自身的社会参与感和责任感。

2. 市场制度不成熟

相比较于西方发达的职业经理人市场体系，我国的职业经理人员群体的

发展还处于初步发展阶段，我国的职业经理人员市场制度体系建设正在迅速开展。目前，我国职业经理人市场制度建设仍存在问题。一是经理人员职业化程度低，职业经理人员的供给量还存在很大缺口，且职业经理人的资格认证和资质评价体系鱼龙混杂。根据2012年中国职业经理人年度报告，我们可以得知，由于没有建立起权威的职业经理人行业资格认证和专业技能水平评审机制，企业和市场很难评估经理人员的自身素质和专业能力，在一定程度上影响了市场对职业经理人员的配置效率。二是职业经理人的相关法律法规不完善，企业所有者和职业经理人员之间的权利和义务界限不明晰，没有相关法律的支撑和保障。《公司法》《企业国有资产法》对职业经理人的规范存在着诸多缺失，家族企业是否聘请职业经理人，很大程度上取决于相关法律制度是否对职业经理人员的职能范围进行明确界定，国有企业职业经理人的发展同样需要法律制度的推动。三是企业主和职业经理人间的相互信任没有建立起来。目前我国还没有建立起完善的针对企业主和职业经理人之间的信用评价体系。企业主担心职业经理人尚未具备相应的职业道德素质，而职业经理人员则担心企业主的支付风险和信用风险。

3. 激励与约束制度不完善

职业经理人员的出现是因为其满足了现代企业发展所需要具备的专业经营管理能力。当企业聘用职业经理人后，职业经理人是否能恪守职业道德、运用专业知识技能管理企业成为企业主们最关心的问题。激励机制能有效激发职业经理人员的积极性和创造力，为其注入开拓创新、敢于突破的不竭动力，约束机制则能时时为职业经理人明确红线、敲响警钟，防止他们出现机会主义的行为，因此有必要建立一套行之有效的激励约束机制。

当前，我国职业经理人的激励措施主要是以短期激励为主，由于产权制度改革和认识方面的原因，以长期激励为主要形式的股票、期权等工具被较少使用。这种激励措施的弊端在于，职业经理人往往出于对自身利益最大化的考虑，不顾企业发展的长期目标，急功近利、目光短浅，其行为会有短期化倾向，而缺乏长远规划。在约束方面，则主要是以企业内部规章制度约束为主，而由于外部的法律体系不完备、市场发展不充分和信用体系建设不健全等原因，使得企业很少也没有办法使用诸如法律约束、市场约束、行业约束和信用约束等企业外部约束管理。

4. 职业化和市场化程度较低

当前，我国具有优化配置和有序流动的职业经理人市场还没有形成。我国各类企业中都有大量的经理人员，他们熟悉本企业的相关业务和经营管理内容，具备一定的管理决策能力，也积累了一定的经营管理经验。但是他们大多数都是从企业内部培养和提拔上来的，而没有经过市场的聘用，其薪酬也是根据企业内部的相关管理规定发放的。同时，这些经理人也不认为他们是职业经理人，他们认为自己是企业的一分子，而不是人才市场上的一名高级人才。这点，在国有企业表现得更为突出。而对于私营企业来说，企业主多采用家长制集权化的企业管理理念。这些企业的经营理念成为企业发展的指导思想，这也是职业经理人成长的困境之一。

（二）对策建议

1. 营造良好的企业经理成长环境

党和国家要深化企业改革，完善管理制度，形成有利于职业经理人工作和成长的企业制度，为经理人员群体提供一个宽松的成长环境。一是要进一步改革企业经理人员的人才聘用机制。企业经理人要坚持把面向市场选择和企业内部提升使用两种手段相结合，要在内外机会均等的情况下提倡公平竞争。二是要进一步完善公司治理结构。建立健全规范的董事会制度，并明确董事会的职权范围，不要直接管理公司部门的日常事务。职业经理人应放开手脚，积极承担属于执行层的公司运营和日常管理工作。另外，还应加强监事会和独立董事在职业经理人选聘、业绩评价等方面的独立作用。三是企业自身要努力发展，为职业经理人提供更多的能力提升机会，为职业经理人发展提供更大的舞台，关注职业经理人的成长。

2. 培育和发展企业经理的市场机制

我国现有经理人员、企业经营者要实现职业化、社会化，就是要将他们推向市场，以培育和发展健全的经理人员市场机制：

经理人员的市场选择机制。经理人员选拔机制市场化，可以使经理人员的相关信息公开透明，通过各项指标，选拔出最有能力、综合素质最强的人来担任企业经营者，从而提高企业经济效益。这有利于实现一般经营者向职业化经理人员的转化，同时及时淘汰综合素质不合格的经理人员。职业经理人市场制度是职业经理人健康良性发展的基础，建立和完善职业经理人市场制度需要国家和政府积极主动作为。我们要尽快以法律法规来引导企业实行职业经理人制度，面向市场选择聘用专业管理人员；同时要用法律条文明确企业和职业经理人双方的权利和义务，规范企业和职业经理人行为，保护双方合法权益。

经理人员经营绩效的市场评价机制。党和国家需要加快建立市场和投资人认可的以素质能力为标准的职业经理人资质评价体系，要规范各类人才测评机构行为，发挥行业协会等社会组织在职业经理人的信用评价、人才测评、尽职调查和培训等方面的作用，并支持符合资质、声誉好的人才测评机构独立开展人才测评工作。

经理人员信用评价体系。经济学家茅于轼指出要建立个人信用档案，首先应对经济活动中的关键人物（经理人员等）建立信用档案。信用是市场经济平稳发展的基石，也是经理人员职业道德的首要评判标准。我们要建立企业网络资信数据库，并逐步开展企业经营者信用评级，定期向市场公开其信用等级，让全社会的人都清楚了解，要让违规的没有信用的经理人员受到多方面的制约。

以市场为导向的培训机制。为了与收入市场相适应，企业经营者能力的培养也应走向市场。这就是说，经理人员应根据市场需求的变化不断学习专业知识和技能，完善自己的知识结构和知识面，进行知识更新。

二、企业经理政治参与中的消极因素及对策建议

经理人员阶层尤其是非公有制经理人员是一个有着巨大经济实力的社会阶层，它对我国的政治生活的参与是一个非常值得研究的命题，必将对我国的政治生态产生重大而深远的影响。经理人员积极参与政治活动，在促进社会发展的同时也存在很多值得注意的消极行为和消极因素，并产生了很多消极影响。

（一）消极影响

1. 不正当竞争

经理人员通过直接参政或者间接参政的方式影响政府政策的制定，使政策偏向自己的企业，容易造成对其他企业的不公平。例如，几家资质相似、实力相当的企业同时争取政府的某个项目或者工程。其中一个经理人员利用政治行为来影响政府的决策，最终夺得这个机会。而这样的结果对于其他没有采取行动的企业是不公平的，从而破坏了市场良性、有序、健康的竞争秩序，带来社会资源的浪费，使无辜的企业遭受损失。

2. 腐败

经理人员与官员的接触中免不了礼尚往来，由于相互之间各有所求，可能会产生钱权交易，容易滋生腐败。一旦行贿者受贿者尝到甜头，会产生恶性循环。行贿者继续行贿，受贿者继续收受贿赂甚至发展到索贿。在当今中国实行政治体制改革的转型时期，在倡导官员清正廉洁的时代背景下，这样的趋势要不得，如果腐败风气滋生、蔓延，势必会对人民、企业乃至整个社会造成极大的消极影响。

3. 增加企业负担

经理人员参政是需要成本的，这个成本通常由企业来负担，这样就加重了企业成本。有的企业还可能陷入政绩工程，比如经理人员为了满足某些政府人员的政绩需要而做出的非理性决策。具体而言，一些企业从事其无法营利的事业，或者开展超过企业资金能力的项目，最终导致企业资不抵债而陷入破产境地。

（二）对策建议

1. 完善现有法律制度

当前，我国的各部门法律对于企业的某些政治行为是有相关的条文进行约束与规范的。但是由于法律规定得不够明确、可操作性不强，存在着执行漏洞，如监督部门不统一、执行部门不统一、惩罚力度在不同位阶的法律规范中千差万别、政府部门的职权划分在行政法中不明确等。这样就使得一些经理人员的非法或不合理的政治行为没有得到有效的监管与控制。我国的某些地方政府部门权力没有得到明确的划分、界定，没有得到有效的约束，他们有时执法不严或者故意违法。想要解决这些问题，完善法律制度是必经之路。从制度上构建一个对于政府部门和经理人员阶层都有效的法律环境是规范企业政治行为的首要问题。这个问题受到太多因素的困扰，包括传统官本位思想、既得利益部门对权力的执着、司法改革等诸多难以处理的问题。虽然这些问题最后会得以解决，但是道路会比较坎坷，时间也会比较漫长，可能还会有反复，需要全国人民共同努力。

2. 保护社会舆论监督

除了法律，社会舆论监督也是对经理人员政治行为的有效规范手段之一。对于许多经理人员的不合法或不合理的政治行为，社会各界如普通民众、新闻媒介、民间组织等是可以监督到的。主要的问题就是社会各界的反映能不能得到有关部门的重视与采纳。保护人民群众、社会舆论的监督权利就是保护人民的利益，而保护人民的利益正是国家各级政府的宗旨，更是其合法存在的根基与理由。

3. 提供企业经理阶层正确参政的途径

经理人员通过当选人大代表或者政协委员来参政固然是首选，但不是每个经理人员都有这样的机会与条件。面对不平等的政治地位，多数中小企业家容易使用不合法、不正当、不合理的政治行为来参与竞争，从而保护自己的利益。提供正确参政途径的方式包括建立中小企业家联合会，这些联合会由企业家们自愿组建参与，联合会也可以得到加入人大代表或政协委员的机会。这样，一些中小企业家的政治诉求也有机会表达。

三、私营企业经理思想政治教育中存在的问题及对策建议

由于我国私营企业思想政治教育工作起步较晚，不具备国有企业的先天优势，国有企业内部一般都设有党组织，并配备有专兼职的政工队伍开展思想政治教育工作，而私营企业思想政治教育还没有形成完善的工作机制，没有政策性约束和规定，组织实施开展主体不明确，工作开展面临重重困难。

（一）存在的问题

新时代私营企业经理的思想政治教育，存在私营企业家对思想政治教育积极性不高，地方党委、政府、相关部门参与度低，缺乏专业的思想政治教

育队伍，思想政治教育内容单一，教育载体不够广泛等问题。

1. 私营企业家的思想政治教育融入度不高

一部分私营企业家对思想政治教育的融入度不高，这一问题已成为对私营企业家群体开展思想政治教育工作的一大阻碍。部分私营企业家对思想政治工作存在一定的防备和抵触心理，融入度不高，存在消极应付的现象，不能积极配合思想政治工作的开展，认为企业家的主业是经营管理，参与思想政治教育工作占用时间、浪费人力物力、影响企业正常营利，因而对参加思想政治教育相关的会议、座谈会、活动等能推就推。企业的领头人对该项工作不重视，对企业员工也产生了很大的不利影响，使员工也产生懈怠心理，造成企业内部的思想政治教育工作氛围不浓厚、敷衍了事的现象。

2. 地方党委、政府与相关部门参与度有限

地方党委、政府、工商联等相关部门对私营企业家的思想政治工作的参与度相对有限，未充分发挥引导、督促的职能，组织企业家学习的力度有待加强。一些地方党委和政府唯 GDP 论，只重视经济的发展，创造一时的政绩。对私营企业家的思想政治教育不够重视，对私营企业的思想政治工作的宣传不充分，或形式单一僵化，不能有效提升私营企业家对思想政治教育工作的认识。另外，组织开展思想政治教育工作不到位，存在组织次数少、形式主义、本本主义的现象，多以召开座谈会、讲座的形式宣读文件，以单方面地灌输理论知识为主，没有与私营企业的实际生产经营情况相结合，很难引发私营企业家的兴趣和共鸣，往往达不到思想政治教育的实际效果。再者，有些时候企业的思想政治教育工作只由企业内部的经营管理部门召开，一些地方党委和政府参与度低，没有给私营企业提供思想政治教育方面的人才配备和培养活动，任由企业的思想政治教育“自生自灭”。党委、政府是较权威的党政机构，威信度高、专业度强，是私营企业家思想政治教育工作最可靠的领路人，却因为种种原因，没有发挥他们的优势，起到他们应尽的作用，使私营企业家思想政治教育工作的开展成效不够理想。

3. 思想政治教育队伍的专业化水平较低

思想政治教育工作者是私营企业中思想政治教育工作的主体，要想高质量地开展工作，必须建设一支专业的、高素质的思想政治教育队伍。在新时

代要求加强全社会成员思想政治教育的背景下，思想政治教育者在具备较高的政治素质、思想道德素质、文化素质、能力素质、生理心理素质的基础上，还应具备责任担当意识、党性意识、大局意识。一支高素质的思想政治教育队伍，通过思想政治教育工作，在企业内部传播爱国主义、集体主义、爱岗敬业、积极向上的价值观，使企业内部形成和谐的工作氛围，可以提升企业的凝聚力，使大家劲往一处使，有效地提高企业的效益。由于地方政府和企业家的不重视，一些地方政府并未对私营企业家的思想政治教育工作配备专门的思想政治教育队伍，以及在一些私营企业中根本未曾设立专门的思想政治教育队伍。一些地方政府和企业即使设立有专门的思想政治教育队伍，但也没有引进高素质人才，思想政治教育者普遍存在专业性不强、不具备系统思想理论知识、思想觉悟不高的现象，使私营企业家的思想政治教育理论课不能顺利有效地开展。

4. 思想政治教育欠缺时代性内容

事物是不断变化发展的，我们要坚持用发展的眼光看问题。当前私营企业家的思想政治教育内容相对滞后，没有跟上时代发展的步伐，且呈现单一化。首先，许多私营企业家接受的思想政治教育主要是向其灌输单纯的理论知识、会议精神内容，与企业的发展不同步，没有与企业的生产实践相结合，针对性不强，难以激发私营企业家的学习热情。其次，开展此工作时，没有立足于新时代背景，未将党的十九大和私营企业家座谈会上关于我国政治、经济、文化、社会、生态文明等各方面的重要论断和最新发展规划作为理论基础，教育内容与时代发展已有些脱节。

5. 教育载体缺乏广泛性

随着科技的发展，各种媒体平台不断涌现，极大地丰富了人们的视听感受，但私营企业家的思想政治教育的载体还不够广泛、丰富。当前，针对私营企业家的思想教育普遍存在形式僵化的问题，枯燥的会议、讲座已经不能引起私营企业家兴趣，没有达到思想政治教育的实际效果。有些人在开会、听讲座的过程中，甚至出现了玩手机、打瞌睡的尴尬局面，可想而知，该类思想政治教育是起不了太大作用的。因此，要提高思想政治教育实效性，想办法抓住受教育者的眼球、吸引受教育者的注意力是问题的关键。

（二）对策建议

1. 加强私营企业经理的理论灌输

理论灌输法是教育者有目的、有计划地向受教育者进行马克思主义理论教育，引导受教育者逐步树立科学的世界观、人生观、价值观的方法，主要包括理论讲授、理论学习、理论宣传、理论培训、理论研讨等具体形式。正确的思想和理论指导人们正确地认识和改造世界，当前，私营企业家对思想政治教育的优势认识不足，因此，除了加强学习之外，私营企业家也需要外部力量来辅助私营企业家树立正确的意识和观念。地方党委或企业党组织可以结合私营企业家的实际，通过开会、培训、座谈会等灵活多样的形式对其开展理论灌输，向其宣讲社会主义核心价值观、中国特色社会主义共同理想的相关内容和重要意义，使私营企业家加深对思想政治教育工作的理解，引导私营企业家树立正确的思想政治意识，以指导实践，致力于企业发展，积极投身到社会主义事业建设中去。

2. 加强思想政治教育队伍建设

当前，我国私营企业家思想政治教育面临思想政治教育队伍专业化水平较低的问题，对此，首先，有些有条件的私营企业可以在企业内部建立党组织，吸收、培养一批文化水平高、综合素质好、政治意识坚定、富有责任感的职工党员组成企业专门的思想政治教育队伍，通过专业的学习培训，找到思想政治工作和企业生产发展的契合点，负责私营企业家及其职工的思想政治教育工作，此类职工党员身在企业，更加了解企业情况，因此具有绝对的优势。其次，针对规模小、人数少、不具备独立建设政工队伍的小微型私营企业，当地政府和党委可以委派专业素养高、有经验，并且熟悉企业经营发展的思想政治教育队伍为其开展思想政治教育工作，也有利于密切党企关系、增进彼此的信任和理解。另外，还可以以高校为依托，委托高校思政教师对企业家开展思想政治教育工作。

3. 丰富活动载体，增强工作实效

私营企业家思想政治教育活动载体是指思想政治教育者有意识地开展各种活动、寓思想政治教育内容于活动之中，使私营企业家在活动中受到教育，实现提高思想道德品质和法律意识的教育目标。通过广泛地开展廉政教育基地参观学习、公益事业表彰大会、劳动模范表彰颁奖等活动，使私营企业家参与其中，通过自我学习、自我反省，于无形中达到思想政治教育目的。例如，开展廉政教育基地参观学习活动，观看警示案例，亲自聆听优秀党员干部的先进感人事迹，对其思想进行一次深刻的洗礼，引导其对照自身行为进行深刻反思，引导其坚持党的领导、树立正确的价值观、提升法治意识，警示其依法经营、依法纳税，维护广大人民群众利益。通过开展公益事业表彰大会，对致力于公益事业的优秀企业家典型进行宣传，传播社会正能量，激发企业家“达则兼济天下”的伟大抱负，使企业家积极承担社会责任、回报社会，形成实业报国的浓厚氛围。通过劳动模范表彰颁奖活动，激发私营企业家艰苦奋斗、干事创业的热情，肩负历史使命、勇做时代先锋，进一步增强“四个意识”、发扬工匠精神，为社会主义现代化建设不懈奋斗。

第五章

专业技术人员阶层状况考察

专业技术人员是工人阶级的重要组成部分，他们大多接受了较高水平的文化教育，在社会中从事着具有一定科学技术水准的工作，发挥着推动社会进步的巨大作用，这是其他所有阶层所不能替代的。专业技术人员的社会状况、利益诉求、生活状况、社会地位的发展反映了该阶层的整体状况，因而，研究专业技术人员阶层这些方面的发展变化具有重要的理论价值和现实意义。

第一节　专业技术人员阶层的历史演化及构成

近年来，随着国家经济社会的发展，专业技术人员越来越受到人们的重视，他们以专业性的技能和知识活跃于整个社会之中，不断提高社会发展水平。陆学艺课题组对专业技术人员阶层的定位是具有中高级专业技术水平、不占有生产资料，但具有一定自主性的体制内或体制外非体力劳动者。他们占有相当多的文化资本份额，并在此基础上产生其收入。他们的主要特点是以符号系统、价值评判系统把握和影响世界，而非以权力控制世界。陆学艺所指的专业技术人员阶层主要包括科教文卫、工程技术、商贸服务业等领域的专业人员。本文所介绍的专业技术人员阶层是指就职于各种类型的企事业单位，专门从事各种专业性工作和科学技术工作的人员，是比较有系统知识的脑力劳动者。为了让专业技术人员在生产生活之中发挥重要作用，需要厘清这一阶层的发展脉络。因而，我们试图在历史文献的基础上，借助理论和数据进行适度规模的分析，实现对这一阶层演化过程的正确认识。

一、专业技术人员阶层的历史演化

专业技术人员与“知识分子”有着不可分割的联系，知识分子是劳动者，也是专业技术劳动者。笔者力图从知识分子与工人阶级的关系出发，以五四运动到新时代之间的四个时间段为桥梁，挖掘专业技术阶层在历史发展中的演变过程。

（一）五四运动时期至新中国成立前夕（1919—1949 年）

五四运动时期，出现了中国第一代现代意义上的知识分子。与中国传统意义上的知识分子相比，他们明显具有较强的进步性。他们是开创现代中国新知识典型的一代人，旨在为处于水火之中的中国另谋出路。1939 年 12 月，《大量吸收知识分子的决定》中明确指出，全党同志必须认识，对于知识分子的正确政策，是革命胜利的重要条件之一。① 这表明，在抗日战争中，中国知识分子的作用更多体现在加入抗日工作中来，为驱逐日本帝国主义作出独有的贡献。

（二）新中国成立初期至改革开放前夕（1949—1978 年）

新中国成立初期，知识分子的构成主要包括三类：一是革命的知识分子，他们绝大多数都在党政部门工作；二是从旧社会过来的各类学者、专家、教授以及文艺工作者、医生、工程师、记者、教员，他们是知识分子队伍的主体；三是从旧社会中分化出来的青年学生。这类知识分子大多搞纯学术，对新的社会环境比较陌生，对马克思列宁主义不太熟悉，因而在理论和实践问题上处于脱节的状态，没有考虑到当时中国发展的迫切需要。1950 年，《关于划分农村阶级成分的决定》中肯定了教授、工程师、记者、专家等依靠脑力活动取得工资的这部分人的地位，把他们当作工人阶级的一部分。这样的划分对新中国成立初期各项事业的发展是有积极作用的，团结知识分子有利于建设新中国。1951 年 8 月，周恩来同志在关于党的知识分子系列报告中指出，知识分子缺乏是当前国家发展困难的一个重要因素，必须提高知识分子的规模和数量。② 他认为，“革命需要吸收知识分子，建设尤其需要知识分子”。③ 1956 年，随着三大改造的完成，

---

① 人民网：《大量吸收知识分子的决定》，http：//www. scio. gov. cn/m/zhzc/6/2/document/1056659/1056659. htm。

② 龚育之：《周恩来和建国以来党的知识分子政策》，《中共党史研究》1998 年第2 期。

③ 《周恩来选集》（下卷），北京：人民出版社，1984 年，第 161 页。

社会阶层发生了重大的变化。周恩来又明确指出，社会主义建设事业不仅仅依靠工人阶级和农民阶级，还需要依靠知识分子。[①] 这样一来，中国的阶级结构划分发生了变化，即主要分为工人和农民两大阶级，知识分子作为一个不可缺少的阶层活跃于社会之中。1957 年 3 月，毛泽东在全国宣传工作会中指出，“我们现在的大多数的知识分子，是从旧社会过来的，是从非劳动人民家庭出身的。有些人即使是出身于工人农民的家庭，但是在解放以前受的是资产阶级教育，世界观基本上是资产阶级的，他们还是属于资产阶级的知识分子”。[②] 这就重新规定了知识分子的政治地位，挫伤了知识分子的积极性。在 10 年“文化大革命”时期，知识分子遭到迫害，一些科学技术人员的进修、培训工作都暂时停止，科技队伍后继乏人，形成了长达 10 年的“人才低谷期”。

（三）改革开放以来（1978—2020 年）

1978 年的十一届三中全会以后，尊重知识、尊重人才逐步成为国家主要的知识分子政策。1978 年 3 月，邓小平在全国科技大会上指出，“知识分子是工人阶级的一部分”[③]，知识分子不再戴有“资产阶级”的帽子，这有利于团结知识分子服务社会发展事业。20 世纪 80 年代初，知识分子“下海”的浪潮掀起，创业、经商成了这一时期知识分子的主要潮流。随着科学技术水平的提高，科技知识分子的地位和作用日益凸显。从 1984 年开始，专业技术人员正式作为一个阶层供学者们去研究，“专业技术人员是指在 1984 年以后考取相应的从业资格证书的人员”。这个定义让我们第一次对专业技术人员的概念有了整体的认知。在政策上，党和国家高度重视专业技术人员的发展，制定出台了一系列专业技术人员管理的政策法规，比如 1983 年的《关于科技人员合理流动的若干意见》、1986 年的《关于实行专业技术职务聘任制度的规定》等。1992 年，随着社会主义市场经济的发展，专业技术人员不断增加而且特征明显，政府出台了相应政策，帮助专业技术人员

---

① 《周恩来选集》（下卷），北京：人民出版社，1984 年，第 160 页。

② 《毛泽东文集》（第 7 卷），北京：人民出版社，1999 年，第 273 页。

③ 中共中央文献研究室：《邓小平思想年谱（一九七五至一九九七）》，北京：中央文献出版社，1998 年，第 410 页。

在社会地位上得到有效改善。例如，针对留学的技术人员，政府会给予相应的资助和补贴，在优厚待遇上更加倾向于这类群体，为他们的生活、工作提供帮助。此后，专业技术人员凭借较高的技术水平在社会中逐步拥有较高的地位。笔者以“专业技术人员”为词条进行搜索，发现2001年的发文数量跟往年相比出现较大的增长。这也反映出从21世纪初期开始，国家层面更加重视对专业技术人员的管理和培训，大量的政策、文章都明显倾向于“职业资格”“继续教育”“聘任制度”等方面，专业技术人员的社会地位明显得到很大提高。

通过对专业技术人员阶层历史变化过程的梳理，我们可以看到，这一阶层主要是由知识分子演化而来，主要以专业技术性知识分子为主。对于这一阶层的形成，2002年，陆学艺课题组做了明确规定，即将社会划分为10个阶层，其中专业技术人员阶层作为一个独立的社会阶层而存在。①

二、专业技术人员阶层的构成

社会阶层构成是指不同社会成员或社会群体在整个社会系统中的构成方式与比例关系，社会中间阶层包括大量专业技术人员，他们往往拥有充足的家庭财富来维持体面的生活，是社会稳定和发展的坚实力量。“从行业分布来看，专业技术人员主要集中在教育、制造、卫生和社会工作、建筑4个行业，分别占35.7%、21.6%、9.6%和6.1%，合计共占73%。”② 我们依据专业技术人员的从业领域，认为专业技术人员主要有三个来源。

（一）教育领域专业技术人员

教育领域专业技术人员是从传统计划经济体制内分化出来的知识分子，既包括国家体制内的知识分子，如高校教授、研究所研究员、中学教师等，还有体制外的民办学校、文艺团体的教师，③ 他们大多拥有较好的经济地位

① 陆学艺：《当代中国社会阶层研究报告》，北京：社会科学文献出版社，2002年，第4－18页。

② 李玉赋：《第八次中国职工状况调查》（报告卷），北京：中国工人出版社，2017年，第84页。

③ 段方乐：《现阶段中国中产阶级的职业构成分析》，《职业时空》2006年第7期。

和政治地位，成为这一阶层的主力部分。

从年龄上来看，有研究表明，大学教师队伍的年龄变迁分为“年轻化”“平稳发展”和“老龄化”三个阶段，① 这一变化跟社会发展背景有着极大的关系。“文化大革命”时期，由于政治因素，教师等知识分子的发展停滞，在“文化大革命”结束后，大批年轻的知识分子进入高校，补充教师岗位。随着社会的发展，这些补充的新生教师年龄逐渐变大，高校教师队伍整体年龄结构又呈现出偏大的趋势。

从性别构成上来看，女性逐渐在专业技术人员阶层中扮演重要地位。由于专业技术人员大多从事脑力活动，相比于体力活动而言更能受到女性的青睐，特别是在“男女平等”思想的推动下，不少女性进入高校、企业，成为教师、企业技术人员等，她们在自己的职业岗位上追求自己的理想，实现人生目标。

（二）制造业专业技术人员

制造业专业技术人员主要是指在企业中从事技术工作的人员，一般来说，他们有相应的专业技术职称，是专业技术人员阶层的重要组成部分，他们往往凭借自己的专业特长获得较高的收入和地位。2004 年，有研究者对青岛市制造业专业技术人员的队伍结构进行了调查，研究发现，这一行业专业技术人员的学历整体上处于较高水平，主要以大学学历为主。② 根据《中国人才资源统计报告 2010》，2010 年底，非公有制经济领域制造业专业技术人员数占制造业专业技术人员数量的 82.52%，可见，中国制造业专业技术人才主要集中在非公有制造业领域。在非公有制造业领域中，35 岁及以下的青年专业技术人员已达到 438.39 万人，占到专业技术人员的 40.35%；在专业技术人员的学历结构中，研究生、大学本科、大学专科、中专及以下的比例分别是 1.48%、16.21%、25.46%、56.85%。③ 2020 年，曾文瑜等

① 鲍威、金红昊、田明周：《我国研究型大学教师队伍年龄结构与科研产出的关系》，《高等教育研究》2020 年第 5 期。

② 刘广珠、李立、于红成等：《青岛市建设制造业基地的人力资源问题——青岛市制造业人力资源现状调查》，《青岛科技大学学报（社会科学版）》2004 年第 3 期。

③ 邵军华、唐娜：《浅析“中国制造 2025 战略”下的专业技术人才发展策略》，《人才资源开发》2017 年第 6 期。

研究者指出，在技术工人中，“60后”“70后”经过多年技术积累，已成为技术骨干，但却面临退休，新招的“90后”员工往往经验不足，专业技能薄弱，难以胜任关键技术岗位，企业普遍面临“技工荒”。[①] 这说明制造业对专业技术人员的素质要求大大提升，高技术技能人才面临短缺的局面。可以预测，随着科技水平的不断提高，制造业专业技术人员的队伍和规模还会继续扩大。

（三）卫生行业专业技术人员

为了对卫生技术人员的构成状况进行更深入的了解，我们分析了历年来这一队伍的学历状况、年龄状况以及未来走向。

2010年，卫生专业技术人员占整个卫生行业人力资源总量的88.62%，数量上占据主要地位。以医生为例，2010年我国医生平均受教育年限为14.1年，高中及以下学历人员比例超过1/3，大专学历人员接近1/3，而本科及以上学历人员仅占比30.7%。[②] 2018年，全国卫生技术人员数据统计显示，我国卫生技术人员总体呈增长趋势。卫生技术人员数从2012年的667.55万人增长至2018年的952.92万人。[③]

2020年，《南方医科大学毕业生就业质量报告》对2016—2019年毕业生就业情况进行了研究，从中我们可以看出，由于我国就业政策的影响以及就业环境的变化，专业人员流失较为严重。报告指出，2021—2023年卫生人力资源存在人才缺口；从2024年开始，卫生行业人力资源存在人才过剩的现象。[④] 可见，就目前来说，我国卫生行业专业技术人员比例尚小，在未来还有很大的发展空间，卫生专业技术人员的规模仍会实现增长。

总体看来，截至2017年，“我国专业技术人员主要以中青年职工为主，具有较好的年龄结构。专业技术人员队伍集中分布在25岁至50岁之间，合

---

① 曾文瑜、闵旭光：《“数字化赋能”视阈下制造业技术技能型人才需求矛盾及对策研究》，《实验技术与管理》2020年第5期。

② 张爽：《我国卫生行业人力资源状况及医学教育发展对策研究》，《复旦教育论坛》2013年第6期。

③ 中商产业研究院：《2018年全国卫生技术人员数据统计》，https://www.askci.com/news/chanye/20190318/1044441143344.shtml。

④ 王小许、蔡文伯、柴蒙亮：《后疫情时代我国卫生人力资源供求预测的实证研究》，《成都师范学院学报》2020年第8期。

计占83.7%；而小于25岁或大于50岁的专业技术人员较少，且25岁以下随年龄减小越少，50岁以上随年龄增大越少”。[①] 专业技术人员阶层也是一个较为庞大的队伍，在创新驱动发展的新形势下，预计未来我国专业技术人员阶层的规模还有较大发展空间。

第二节　专业技术人员阶层的经济状况

随着我国经济社会的发展，人们更加关心专业技术人员阶层的成长，因为这个阶层具有极大的消费潜力，在某种意义上影响着中国持续发展的韧性，也对世界消费市场的扩大具有极大影响。因此，研究专业技术人员阶层的经济状况是十分必要的。

一、薪资收入状况

专业技术人员阶层作为工人阶级的一部分，他们对知识、技术掌握得比较多，对自然、社会了解得比较深，在推动经济社会发展、推动社会文明进步中能够发挥十分重要的作用。在我国社会主义现代化建设，特别在实现中华民族伟大复兴中国梦的进程中，专业技术人员阶层的优势和地位显得更为突出，因此，其经济地位也逐渐凸显出来。在工人阶级内部，就整体而言专业技术人员阶层的经济地位较高。

五四时期，知识分子的衣食和生活开销，小部分靠继承遗产或家庭供给，大部分主要依靠本人工作收入。大多教师的收入排在社会的较高地位，有材料表明，当时上海、天津等较为发达城市技术工人（银匠、铜匠等）月工薪最多者可达30—60元，一般工人月收入也只10元左右。[②] 相较而言，普通工人收入一般在大学教授的十分之一以下，并且低于小学教师的平均水平。

---

① 李玉赋：《第八次中国职工状况调查》（报告卷），北京：中国工人出版社，2017年，第84页。

② 朱志敏、刘俐娜：《五四时期知识分子生活概观》，《北京电子科技学院学报》2009年第3期。

改革开放初期，由于市场经济的发展，人们从事商业的机会逐渐增多，就业市场对文化的需求反而降低了，本身具备较高知识文化水平的专业技术人员阶层的平均收入普遍低于体力劳动者的平均收入，社会上出现“脑体倒挂”现象。当时社会上的一种说法流传很广，“拿手术刀的不如拿剃头刀的，搞导弹的不如卖茶叶蛋的”，这正是当时社会现实的一种反映。1992年，有学者对具有代表性的大、中、小城市进行了5次抽样调查，调查结论一致，即城乡个体户储蓄最多，国家机关、学校人均储蓄水平最低。① 我们可以看出，这一阶段以教师为代表的专业技术人员的薪资收入水平是不高的，教师的经济地位较低。

20世纪90年代以来，中国社会教育的经济回报率不断提高，“脑体倒挂”现象已基本被消除。在工作待遇方面，1993年《中华人民共和国教师法》规定，“教师的平均工资水平应当不低于或者高于国家公务员的平均工资水平，并逐步提高”。② 此后，教师的待遇不断提高，根据历年来教师工资变化情况，到世纪之交时，高校、中小学教师的平均工资明显有所增加。

21世纪以后，专业技术人员的平均工资明显高于体力劳动者。而且，专业技术人员内部收入也逐步拉开差距，内部人员的收入与学历、职称和岗位成正比。根据CSDN于2011年初在网上发起“2011年软件行业技术人员薪资大调查”显示，北京、上海、深圳的专业技术人员群体收入水平为月薪5000—10000元，已经成为较高收入群体。③ 中国社会科学院的专家研究表明，“历年来专业技术人员阶层的年均总收入一直跟在国家和社会管理者、经理阶层和私营业主阶层这三个阶层之后，在十大阶层中稳定地排在第四的位置。由此可见，我国专业技术人员阶层的经济地位相对稳定，在全社会中处于‘中流’水平”。④

---

① 《我国社会财富的分布状况》，《社会》1992年第8期。

② 全国人大法规库：《中华人民共和国教师法》，http：//www. gov. cn/banshi/2005 - 05/25/content_ 937. htm。

③ 李少斐：《专业技术人员群体的收入及来源辨析》，《生产力研究》2013年第1期。

④ 李培林等：《当代中国阶级阶层变动（1978—2018）》，北京：社会科学文献出版社2018年，第129页。

二、消费状况

专业技术人员是带动我国消费水平向中高端升级的主力军。他们更加注重有文化和有品位的独特生活方式，社会消费水平随着社会经济的发展逐渐提高。

根据历年 CSS 数据分析发现，专业技术人员阶层有较高的消费水平。从时间发展的角度来看，专业技术人员的消费水平随着时代的变化不断提高；就消费产品而言，在旅游、娱乐、教育等方面的消费上，专业技术人员往往有较高的经济投入；在食品、衣着、医疗产品、交通等方面，专业技术人员的消费投入也要比其他一些阶层（如农民、下岗工人等）更高。特别是在衣着的经济投入上，专业技术人员表现出与其他阶层明显的差距，可见他们更加注重自身的形象管理，希望提升自己的时尚品位；根据消费类型，我们一般把食品一类的消费称为生存资料消费，而把旅游类的消费称为发展资料消费，在生存资料消费和发展资料消费的比较之中，专业技术人员对发展资料消费表现出更高的热情。

由此，我们可以看到，我国专业技术人员阶层的消费状况呈现出一定的倾向性，即他们往往会追求较高的生活水平和消费水平，逐渐从对生活资料的满足走向对一些高档奢侈品的向往。这与他们较高的收入、较强的消费能力有关，他们所处的环境和所接触的人群促使他们进行“高质量、高品质”的消费，也正因如此，专业技术人员成为带动我国经济整体发展和消费结构转型的重要力量。总的来说，专业技术人员阶层的消费存在着如下特点。

其一，专业技术人员阶层的消费并不受周围其他人的影响，也不受自己曾经有过的消费水平影响。在专业技术人员阶层身上出现与较高收入相伴的较高消费倾向，一方面，与专业技术人员阶层拥有稳定的高收入和良好的未来发展预期有关，另一方面，是由专业技术人员阶层具有的独特文化背景而造就的鲜明特点。专业技术人员阶层很少存在与他人攀比的消费状况，他们凭借自己的经济状况达到和他人同样的，甚至能够赶上他人的消费水准。由于文化因素，他们时刻在更新自己的消费观念，保持消费时尚，因而，往往也不会受到自己以往消费态度、水平的影响和制约。

其二，专业技术人员的消费不会受到他们未来收入的制约。一方面，由于他们职业的稳定性，大多数专业技术人员处在企事业单位，工作结构不会经常变更，因此他们的收入也不会出现较大的波动情况。另一方面，一般来说，专业技术人员都有着较好的收入预期，他们中的大部分会通过理财、投资等方式给自己的财产予以增值空间，加上他们往往都是社会结构转型和制度变更中的获利者，他们的知识文化不管在以后的任何发展阶段都会成为进步的重要筹码。因此，不管是在国家政策层面还是个人层面上，专业技术人员阶层对自己的收入有较大的信心。保持原有的消费水平，甚至追求个性化、高质量的消费状态是合乎这一阶层的基本发展情况的。

三、社会保障状况

研究发现，专业技术人员阶层面临着新的生活挑战与困境，特别是与“自身经济利益相关的经济及社会保障”等问题。① 化解专业技术人员阶层存在的问题和矛盾有利于促进社会发展、提高经济水平。因此，对专业技术人员阶层的社会保障状况及其影响因素进行研究，具有十分重要的现实意义。

2001 年，毛哲山将专业技术人员阶层和其他阶层联系起来，进行了比较研究。根据研究结果我们可以发现，大部分专业技术人员在企业享有养老保险或者有一定的退休保障，比例为 63. 09% 。同时，在企业工作的专业技术人员通常能够享有医疗保险。② 这说明专业技术人员较早就能够较好地享受国家制度内提供的一些制度性资源，比如医疗保险、养老保险等。2007 年，我们通过梳理相关文献发现，教师的工资收入较往年相比有了一定程度的提高，但是教师的相关社会保障体系还不够完善，这对教师个人的发展和提升都是不利的。总体来说，就专业技术人员来讲，这一阶层比国家机关、

① 李春玲：《新社会阶层的规模和构成特征——基于体制内外新中产的比较》，《中央社会主义学院学报》2017 年第 4 期。

② 毛哲山：《专业技术人员阶层与其他阶层之间的关系》，《人文杂志》2008 年第 6 期。

党群组织、企事业单位负责人获得保险保障的概率高。在事业单位的专业技术人员缴存"五险一金"的概率也明显高于其他所有制的职工，收入越高的专业技术人员缴存"五险一金"的概率就越高。[①] 2014 年，调查研究表明，相对于其他收入群体，专业技术人员阶层的社保支出与收入的比值最高，[②] 可见，专业技术人员阶层的社会保障负担较重。2017 年，张海东等学者对我国特大城市的专业技术人员阶层状况进行了调查，结果显示，专业技术人员阶层在养老保险、医疗保险、商业保险上的参保率高于其他险种，同时也高于其他阶层的参险比重。[③] 这说明专业技术人员眼光较为长远，希望为自己的未来和发展买下保障，在社会中过着稳定的生活。

第三节　专业技术人员阶层的政治状况

专业技术人员阶层有较强的社会号召力，历史上历次政治运动中，知识分子都扮演着不可或缺的角色。因此，专业技术人员阶层在新时期的政治态度和行为尤其值得关注。[④]

一、政治态度

2013 年，魏玮等指出，"政治态度是公众在政治参与中所形成的政治意识形态、政治文化和公共舆论的组成"。[⑤] 准确把握专业技术人员阶层的政治心态，对于研究阶层政治状况、构建和谐政治关系具有重要意义。本研究试图从政治保守主义和政治自由主义两个不同的政治倾向来说明专业技术人员阶层的政治态度，并从对政府的"满意程度""信任程度"和"公平程

---

① 李实、吴珊珊、孟凡强：《"五险一金"扩大了城镇职工收入不平等吗?》，《社会科学辑刊》2019 年第 2 期。

② 杨灿：《中等收入者主观认同感与社会态度研究》，《北京社会科学》2019 年第 4 期。

③ 张海东、杨城晨、赖思琦：《我国特大城市新社会阶层调查》，《理论导报》2017 年第 1 期。

④ 李培林等：《当代中国阶级阶层变动（1978—2018）》，北京：社会科学文献出版社，2018 年，第 152 页。

⑤ 魏玮、刘邦凡：《中国公众政治参与和政治态度之分析》，《中国社会科学研究论丛》2013 年第 3 辑。

度”等维度来描述我国专业技术人员阶层的政治意识。

（一）对政府满意程度

我国专业技术人员对政府有较高的满意度。由于专业技术人员是从知识分子演化而来的，因而他们在发展的过程之中往往也继承了中国传统知识分子的一些观念和思想，比如他们具有高昂的爱国情怀，对国家发展有使命感、有责任感、有担当。经过对历年 CSS 相关数据的分析，我们可以发现，专业技术对政府各项工作的满意程度较高，但是他们也表现出对政府工作的批判性。比如在对政府惩治腐败问题上，专业技术人员的满意程度还是比较低，他们迫切希望政府能保持自身的廉洁，做到为人民服务。对于社会保障、教育等问题，专业技术人员表现出的满意程度更为明显。这实际上也反映出专业技术人员往往能在社会保障、义务教育、安全保障上享有较好的待遇。近几年来，政府工作的确存在一些问题，专业技术人员作为有一定社会地位和经济地位的阶层，也希望政府对一些工作进行改进，一方面，他们通常不采取激烈的态度与政府发生矛盾，另一方面，他们对政府比较信任和满意，相信政府能够解决这些问题。以此看来，专业技术人员对政府的满意度在一定程度上也跟自己从政府获得的效益有关系。

（二）政治信任程度

政治信任是公民对政府或政治系统运作能否输出与其预期相一致的结果所持有的信念或者信心，对政权的合法性至关重要，是政治稳定的基础。本研究所说的政治信任主要是指对政府机构或公共部门的信任，即机构性政治信任。2011 年，李春玲研究指出，专业技术人员阶层具有自由主义的倾向，但是他们希望保持政治的稳定性，一般不会撼动现有的政治局面，只是在有些时候期望政府作出政策、制度上的部分调整，以此来维护自己的利益。李春玲也指出，专业技术人员的政治信任受年龄因素的影响，即对于年龄较大的人来说，他们对政府的信任程度较高。年纪较轻的专业技术人员则表现出一定程度上的权威意识和民主意识。① 根据相关文献，我们也可以明确专业

① 李春玲：《寻求变革还是安于现状 中产阶级社会政治态度测量》，《社会》2011 年第 2 期。

技术人员阶层在政治信任上表现出来的两个特点：其一，专业技术人员阶层的政治信任程度逐年上升，这也与他们本身具有的经济地位和职业地位有关系；其二，专业技术人员阶层表现出对本地政府、民间组织和宗教组织的信任程度较高，对其他机构的信任程度较低。

（三）对社会公平的敏感度

专业技术人员大多在企事业单位工作，他们拥有着安稳的工作环境，在和他人交流的过程中也基本在平等的状态下进行。因而，这种体制内带来的天然优势使得专业技术人员不管在何时都期望维护自己安稳的生存环境，对社会存在的不公平现象保持批判和反对的心理。经过对历年 CSS 数据的相关分析，我们发现，专业技术人员对社会公平程度的评价比其他阶层低，2015 年，专业技术人员阶层的社会公平程度在整个阶层中排在第八位①，可见，他们认为社会仍然存在一些不公平的现象。究其原因，是因为他们大多受过良好的教育，对社会追求趋于理想的状态，他们希望看到一个和谐美丽的社会，这是与社会主义核心价值观念相一致的，有利于我们在坚持自己理想信念的同时坚定共产主义信心，建设美好新中国。专业技术人员还在一些具体的社会公平问题上表现出超前意识，他们的性别平等意识就明显高于其他社会阶层，2015 年 CSS 调查中，有 22.1% 的专业技术人员表示当前社会上性别歧视现象严重，这一比例在所有社会阶层中是最高的。考虑到专业技术人员中女性占比较高，研究者还专门考察了各阶层中男性的态度，结果发现男性专业技术人员中也有 19.2% 的人认为性别歧视严重，在各阶层中排名仅次于办事人员阶层②。

二、政治参与状况

亨廷顿指出，政治参与是对实际活动的参与，需要明确区分出实际政治

---

① 赵延东、李睿婕、何光喜：《新时期我国专业技术人员阶层的社会功能分析》，《中国软科学》2018 年第 6 期。

② 李培林等：《当代中国阶级阶层变动（1978—2018）》，北京：社会科学文献出版社，2018 年，第 155 页。

活动与主观政治态度二者。[①] 政治参与发挥着重要的作用，它不仅是公民政治态度的表达与政治体系有效运作的需要与支撑，还是公民政治利益与政治权利实现的主要方式和必要途径。专业技术人员在政治参与上有较高的积极性。郝丽、崔永刚在《当代中国政治亚文化类型浅析》中认为，专业技术人员有较强的政治参与意愿，这也是社会政治有秩序发展的关键。[②] 在现实生活中，制度性政治参与和非制度性政治参与都是专业技术人员参与政治的重要途径。

（一）制度性政治参与状况

专业技术人员的制度性政治参与包括了投票、参与选举、提出建议或意见、入党、参加社区活动等参与形式。在政治选举上，专业技术人员的参与意愿较强，但是我们根据相关文献梳理却发现，专业技术人员阶层的实际政治参与行为比参与意识要低。相对于其他阶层而言，专业技术人员参与选举的兴趣和实际行动较弱。根据数据显示，专业技术人员愿意参加基层选举的比例超过 61.0%，但是实际参加基层选举的人数却不足 25.8%[③]，真正在选举中发挥作用的专业技术人员更少。而在反映意见方面，他们的积极性在各阶层中相对更高。2015 年，根据陆学艺课题组的相关研究我们可以看到，这一分化局面有所改善，专业技术人员参与基层选举的意愿和实际参与行动差距不大，按照整个阶层来排名，他们也会排在靠前的位置。

（二）非制度性政治参与状况

制度性政治参与和非制度性政治参与是专业技术人员进行政治参与的两种方式，部分专业技术人员在政治参与的过程中没有采取制度性的参与方式，而选择成本相对较低的非制度性政治参与方式，如运用非常规的手段向政府官员反映或投诉、公开向媒体表达意见、上访、请愿、示威、游行等。

---

① 吴雪燕、卢勇：《我国新的社会阶层政治参与的现状及对策研究》，《湖南省社会主义学院学报》2018 年第 5 期。

② 郝丽、崔永刚：《当代中国政治亚文化类型浅析》，《中共云南省委党校学报》2011 年第 6 期。

③ 赵延东、李睿婕、何光喜：《新时期我国专业技术人员阶层的社会功能分析》，《中国软科学》2018 年第 6 期。

根据相关数据，我们发现，专业技术人员的抗争意识在所有阶层中排在前列，如有受访者被询问到在“权益受到损害时应该如何表现”，大多数专业技术人员（超过八成）选择与之抗争①。在游行、示威、上访等非制度性政治参与问题上，专业技术人员表现出来的参与意愿和实际的参与能力都明显低于制度性政治参与，大约为5%。但是我们发现，专业技术人员参与上访的热情较低，而对示威等一些活动的意愿相对更为强烈。

三、政治信仰状况

专业技术人员阶层的政治信仰可以通过入党情况体现出来。改革开放以来，专业技术人员的政治地位逐渐上升，一些企业和事业单位也非常注重在专业技术人员中选拔党员，通常分配较多的名额。但是一些地区也存在专业技术人员党员选拔困难的情况，这是需要解决的问题。

2005年，有研究者对合肥市和深圳市专业技术人员入党比例进行了调查研究，结果表明在20世纪90年代后入党的专业技术人员人数比例要明显高于80年代入党的专业技术人员人数比例，这说明，随着改革开放的深化，专业技术人员在执政党中的地位日渐突出，他们相信中国共产党、有坚定的共产主义理想信念。一些研究者对深圳市专业技术人员的入党比例进行调查研究发现，在深圳出现了与合肥不一样的情况，即随着时间的变化，20世纪到90年代，专业技术人员中入党的人数甚至低于80年代入党的专业技术人员。但是可以明显看到的是90年代入党的专业技术人员在年龄结构上呈现出年轻化的趋势，大约有72%的专业技术人员在40岁以下。② 这说明专业技术人员中越来越多的年轻人认识到了入党的重要性，在政治信仰上向党组织靠拢，也再次印证了我们党是一个年轻、充满活力的组织。

截至2009年，专业技术人员中的党员比例与往年相比有较大的提升。③

---

① 赵延东、李睿婕、何光喜：《新时期我国专业技术人员阶层的社会功能分析》，《中国软科学》2018年第6期。

② 李春玲：《当前中国社会各阶层的社会经济政治地位状况分析》，《新视野》2002年第3期。

③ 孙应帅：《中国共产党党员数量与结构变化及发展趋势》，《北京行政学院学报》2009年第5期。

有研究表明，由于城乡发展的差异性，城市中专业技术人员入党的比例要高于农村专业技术人员的入党比例。就专业技术人员就业单位的所有制成分而言，非公有制单位和公有制单位专业技术人员的入党比例都明显上升，可见，专业技术人员积极向党组织靠拢，拥护党的领导。但是随着科学技术的发展，专业技术人员的需求量更大了，这一阶层党员发展人数明显赶不上其规模的发展速度，再加上党员的发展程序比较严格，通常需要综合考察专业技术人员的整体素质，这就导致新入职的专业技术人员的党员发展速度比较缓慢。

总的来说，专业技术人员阶层对政府的信任和满意程度整体较高。他们拥有稳定的收入和受人尊重的身份地位，拥护改革开放，不希望社会动荡，反对分裂国家，支持国家统一，拥护党的领导。专业技术人员阶层不仅关注自己身边的事情，还具有较强的政治参与意识，追求平等和民主，关心弱势群体。

第四节　专业技术人员阶层的社会状况

对于社会地位有多种测量方法。韦伯认为，社会分层应该从财富、权力和声望三个方面进行考察。但从既有的研究看来，韦伯仍将侧重点放在声望上。李春玲认为，职业声望也是评价和反映一个社会阶层的重要维度。在社会学的研究之中，通常认为职业声望更能作为评价阶层社会地位的重要指标。因此，本节主要借鉴前人研究社会地位的方法，探讨专业技术人员阶层的职业声望，即人们对这一阶层各种职业高低所做的主观评判。

根据近些年的一些研究成果来看，国内职业声望的调查主要集中于职业声望的时代差异性、群体差异性、国际差异性等方面。笔者力图从三个角度出发来分析专业技术人员阶层的职业声望状况。

其一，专业技术人员阶层在不同时代获得的职业评价有一定的变化，职业声望排名总体上呈上升趋势。20 世纪 90 年代后期，在社会声望地位的价值评价方面，“官本位”倾向有所发展，传统知识分子的社会声望在逐渐下降。

1998年，我国著名社会学学者李强在北京市调查了能够反映中国职业结构的100种职业，结果表明：在100种职业中，大学教授、医生、工程师等声望很高，排在前几名，其中大学教授排名第2位，工程师排名第3位，医生排名第5位。① 这反映出人们在评价职业声望时，首先考虑的是高知识、高技术、高教育的因素。凡是与这些因素联系密切的职业，往往得到很高的分值。

1999年许欣欣的调查表明，随着市场风险的增加，有稳定保障的职业比以前更受青睐。市长、政府部长和大学教授是声望最高的三个职业，此声望的评价标准以政治权力为核心、以教育水平为辅助。在专业技术人员阶层队伍之中，大学教授排名第3位，得分90.1分；工程师排名第4位，得分88.6分；律师排名第7位，得分86.6分；科学家排名第10位，得分85.3分；医生排名第14位，得分83.7分；记者排名第17位，得分81.6分。②

2002年，许欣欣在调查中发现，科学家和社会科学家排名迅速上升，位列前两名，分别得分94.7分和94.0分。与1999年调查相比，可以清楚地看到，科学家和社会科学家的职业声望原本是大大低于其他三个职业的，分别只有85.3分和83.9分。也就是说，如果以90分为界，那么在1999年调查时，这两个职业并不属于“上上等”职业。她将出现这一转变的原因归结为三点：一是社会需求，信息时代产业结构得到大幅度调整，对科学家的需求也随之加大；二是国家领导人对科研工作的重视；三是相对宽松的政治环境对科学家的职业声望提高有极大帮助。③

2006年，王立波、王炳德在辽宁十大城市以25岁到65岁有职业经历的人口为调查对象，进行职业声望的调查研究。研究表明，辽宁职业声望体现

---

① 李强：《转型时期冲突性的职业声望评价》，《中国社会科学》2000年第4期。

② 许欣欣：《从职业评价与择业取向看中国社会结构变迁》，《社会学研究》2000年第3期。

③ 许欣欣：《社会、市场、价值观：整体变迁的征兆——从职业评价与择业取向看中国社会结构变迁再研究》，《社会学研究》2005年第4期。

出与标准国际职业声望的高度相似性，即专业技术人员阶层仍然居于较高地位。①

2015 年，学者通过调查研究发现，在整个社会结构中，以大学教授和科学家为代表的高层次专业技术人员的社会声望在历次调查中都在 80—90 分，基本都保持了稳定的高地位；其次是医生和律师，为 70—80 分，近些年来也基本保持稳定；而工程师、中小学教师、记者的职业声望有所下降。研究者认为工程师的职业声望下降，与未能充分认识工程技术的重要性有关，这表明在未来有必要积极营造尊重创新和工匠精神的文化，提升工程师的社会地位。②

从表 5. 1 列出的历年来部分专业技术人员职业的声望得分和高低排列可以看出，在全国范围，这一阶层整体上排在前列，受到人们的尊崇和敬仰。但是在不同的发展阶段，专业技术人员的地位也有一定变化。从 2006 年辽宁省的职业声望排名中可以看出，医生和大学教师的排名降低，这是因为当时行政权力具有充分空间，党政机关领导干部格外受到青睐。科学家这一职业的声望评价是波动起伏的，2009—2015 年，高知识型职业的声望评价有所下降。科学家的职业声望从 2009 年的第 1 位下降到 2015 年的第 8 位；大学教师则从 1999 年的第 3 位下降到 2015 年的第 7 位。这反映出知识和技能影响职业声望的影响力在下降，一方面表明人们的职业价值观趋于多元化，另一方面也与知识分子以及专业技术人员的待遇偏低有一定关系。在许多人（尤其是年轻人）心目中，向上流动的成功之路更直接的是成为一名企业家。他们更希望在市场中搏击，在市场中施展才华、实现抱负。长期看来，专业技术人员阶层职业声望的排名在今后相当长一段时间将仍保持前列，这是社会发展趋势和这一阶层自身所具备的特点所决定的。

---

① 王立波、王炳德：《权力尊崇与依赖——辽宁职业声望的调查研究》，《社会科学辑刊》2007 年第 5 期。

② 李培林等：《当代中国阶级阶层变动（1978—2018）》，北京：社会科学文献出版社，2018 年，第 131 页。

表 5.1 1999 年以来历次职业声望调查中部分专业技术人员职业声望

单位：分

群体 \ 年份	1999	2002	2005	2006	2009	2015
大学教师	90.1（第 3 位）	93.9（第 3 位）	85.14（第 8 位）	86.22（第 4 位）	76.88（第 4 位）	84.57（第 7 位）
科学家	85.3（第 10 位）	94.7（第 1 位）	86.49（第 5 位）	—	83.46（第 1 位）	83.82（第 8 位）
律师	86.6（第 7 位）	87.5（第 9 位）	76.12（第 16 位）	78.39（第 9 位）	70.67（第 17 位）	82.04（第 11 位）
医生	83.7（第 14 位）	85.1（第 14 位）	67.04（第 29 位）	77.02（第 11 位）	73.66（第 10 位）	80.38（第 15 位）
工程师	88.6（第 4 位）	87.7（第 8 位）	87.92（第 4 位）	73.95（第 12 位）	71.47（第 15 位）	76.61（第 21 位）
记者	81.6（第 17 位）	82.6（第 21 位）	77.32（第 15 位）	72.67（第 13 位）	64.93（第 31 位）	75.00（第 23 位）

资料来源：根据《从职业评价与择业取向看中国社会结构变迁》《社会、市场、价值观：整体变迁的征兆》《当代中国社会的声望分层》《权力尊崇与依赖》《变迁中的职业声望》《改革开放以来我国职业声望排序及变迁研究》数据整理。

其二，专业技术人员阶层在职业声望评价测量上表现出一定的国别相似性，但也存在着不同的地方。日本重视技能和对社会的贡献，中国重视的是教育和尊敬的程度，专业性职业（如医生、科学家、工程师、教授、作家和记者）是得分最高的职业，比它们声望略低的群体中包括技术和半技术性专业的人员。但是在职业声望的评价标准上又表现出一定的不同。如周晓虹认为，在我国，教师、医生、律师等行业的声望评价是依据收入和教育这两个因素。但是，对他们的研究表明，拥有同样职业岗位的工作者在收入和教育上呈现出差异性，在对专业技术人员职业声望的评价上较难形成统一。而西方社会中，同样职业的工作者收入基本是相同的①，并且无论老年人还是年轻人、男人还是女人、受教育程度高的还是低的，也无论是何种职业的人员，对于职业声望的评价均有很大的相似性。

其三，专业技术人员阶层在职业声望的高低上存在着群体差异。许欣欣

① 周晓虹：《扩大中等收入者的比重是保证社会和谐发展的不二法则》，《学习与探索》2005 年第 6 期。

根据年龄因素对专业技术人员的职业声望评价进行研究发现，不同年龄群体对专业技术人员的评价不一样，特别是年长的群体认为教授、医生等职业是一个不错的选择，而对于35岁以下的年轻人来说，他们更倾向于追求其他职业。在年轻的男性回答者心目中，声望较低的职业包括那些收入较低而且要求付出较多体力的专业性职业（医生、护士、中小学教师）①；在女性中也可发现同样的范型，在较年轻的女性回答者中，声望较低的职业包括收入较低，又要求付出较多体力的专业性职业（如医生和中小学教师）②。李强也指出，不同的性别、年龄、职业的群体对大学教授这一职业的选择是比较一致的，在医生这一职业的选择上则表现出一定的性别差异，因为妇女更关注健康，因此将医生列入前5名。相比农民和高级、中级管理人员，蓝领工人对大学教授、医生、律师则没有过高的评价。③

总之，不管是关于这一阶层的相关研究的时代差异、国别差异还是群体差异，均反映出专业技术人员阶层仍然拥有较高的社会评价。人们对于教育资源（或人力资本）仍然给予较高的价值评价，而提供或掌握这种资源的人（如教师）就获得了较高的声望地位。

第五节　专业技术人员阶层的道德文化状况

专业技术人员是传播科学文化、提升全民素质的重要力量。在当代中国，专业技术人员拥有较高的学历水平，他们的思想文化、行为素质对其他阶层的人员具有重要的影响。因此，研究专业技术人员阶层的道德文化状况对提升整个社会的文化水平、构建和谐美好社会具有重要意义。

一、专业技术人员阶层的文化水平状况

（一）文化程度

许多专业技术人员秉承“文以载道”的有识分子理念，在日常工作和

① 许欣欣：《从职业评价与择业取向看中国社会结构变迁》，《社会学研究》2000年第3期。

② 林楠、黄育馥：《中国城市职业声望》，《国外社会科学》1998年第6期。

③ 李强：《转型时期冲突性的职业声望评价》，《中国社会科学》2000年第4期。

生活中积极扮演传授知识、普及价值观念的“教化者”和“传播者”的角色。专业技术人员中，大、中、小学老师的本职工作就是“传道、授业、解惑”，他们将自己的专业知识和价值观念潜移默化地传送给学生，帮助他们成长成才。当然，除了教师之外，医生、记者、工程师等其他专业技术人员也凭借自身的知识、才能在社会中发挥着重要的作用。

实际上，从总体上看，在改革开放后，国家重视高等教育的发展，这对专业技术人员文化水平的提升有很大帮助。但是改革开放初期，我国专业技术人员阶层的学历整体上较今天还是有较大的差距，特别是他们中拥有高学历（如博士、硕士学历）的人群还是比较少。专业技术人员的学历在不同部门和行业存在着较大的差异性，特别是一些政府单位的专业技术人员学历明显高于其他地方。① 根据相关数据可以看出，从20世纪末到21世纪初期，我国专业技术人员阶层的学历状况得到了一定的改善，进入高等教育学校上学的专业技术人员逐渐增多，受教育年限不断增长。数据显示，2006年我国专业技术人员阶层受正式教育的平均年限为13.7年，2015年增长到14.9年。2006年专业技术人员中本科学历人员比例为2.7%，2015年上升到3.9%。越来越多的海外求学人员回国效力，充实了专业技术人员队伍，2016年我国留学归国人员总数为43.25万人，其中高学历人才较多，2015年的“海归”中有11.09%拥有博士学历。②

在研究生教育中，企业单位中研究生在学的比例，远高于行政、事业单位。事业单位中研究生毕业的比例，远远高于行政与企业中研究生毕业的比例。这说明企业注重对高层次人才的培养，事业单位招聘人才相对其他单位来说对学历的要求更高。

2018年，我国专业技术人员的学历明显提高。在企业之中，专业技术人员的规模扩大，与2014年相比得到明显提高，相关数据表明，2018年企业专业技术人员占比为将近整个企业工作者的五分之一。③ 这说明科技文化

① 贾俊兰：《20世纪80年代至90年代中期中国高等教育体制改革》，https：//www. docin. com/p-2161950242. html。

② 李培林等：《当代中国阶级阶层变动（1978—2018）》，北京：社会科学文献出版社，2018年，第126-127页。

③ 国家统计局：《中国统计年鉴》（2019），http：//www. stats. gov. cn/tjsj/ndsj/。

因素已经成为社会经济发展的重要动力。

（二）文化倾向状况

专业技术人员阶层在文化发展上具有两种倾向。一方面表现为追求世界前沿文化，另一方面表现为继承发展中国传统文化。

其一，专业技术人员往往追求世界的一些前沿文化。由于他们拥有较高的学历，接受过较高的文化教育，因而对知识的吸收较其他阶层来说更快。由于所处的经济地位和政治地位，专业技术人员出国交流学习的机会越来越多，针对不同国家文化，他们所反映出来的喜好、评价都更为明确。特别是针对一些国际热点话题，专业技术人员阶层往往也能够发表自己的意见和看法，坚定自己的观点和立场。对一些开放性的文化，专业技术人员能够带着包容性的眼光和开放的胸怀去理解和吸收。

其二，专业技术人员对中国传统文化持继承和发展的态度。尽管他们在思想上表现出“前卫”的倾向，但是他们还是没有完全摒弃中国传统文化对他们的影响和感染。当然，传统文化之中不乏不利于专业技术人员阶层发展的方面，一些落后的文化观念可能会成为阻碍他们发展的重要屏障，专业技术人员在处理这些问题时表现出自己作为知识分子的水平。他们的态度是摒弃传统文化之中不好的东西，如陋习、错误观念等，继续吸收优秀的传统文化，同时以优秀传统文化作为发展进步的重要力量源泉。可见，大多数专业技术人员拥有正确的文化态度，能正确对待世界文化和民族文化。

当然，专业技术人员阶层在接受世界前沿文化和中国传统文化的过程中难免会遇到两种文化之间碰撞形成的内容，如果处理不好，这些内容就会对这一阶层的思想观念和发展带来不利的影响。根据相关文献和实际生活经验，我们可以发现，专业技术人员注重在继承本国传统文化的基础之上把握世界文化，注重传统文化和世界文化之间的交流。两者结合构成了这一阶层得到进步的重要文化源泉。

二、专业技术人员阶层的道德状况

道德是评价一个人发展状况的重要标准，但是道德不仅是一个人的事情，而是在不断与他人交流、沟通的社会化过程中逐渐形成起来的。在社会发展过程中，专业技术人员的道德水平往往能够得到较高的评价，他们被视为社会道德的典范，其他阶层的人也会受到他们的感染和影响。因此，专业技术人员阶层的道德状况直接关乎人类道德的未来，考察专业技术人员阶层的道德状况具有深刻意义。

（一）社会公德状况

社会公德是指在人们共同生活的公共领域中，每个人都必须遵守的规范和准则。它体现了对公民行为的规范和约束，促使人们向着正确的道德方向努力和发展。社会公德需要每个公民遵守，专业技术人员作为公民中的一员，也需要具备良好的道德认知和道德行为，这是社会发展的必然要求，也是专业技术人员成长的重要条件。

专业技术人员阶层的社会公德状况也可以通过参与社会公益活动的状况表现出来。从总体上看，专业技术人员阶层的社会公益意识较强，他们大多数能够积极参与志愿活动，热心服务于需要帮助的人群。历年 CSS 数据显示，专业技术人员阶层参加志愿组织的人数与其他阶层相比明显较多，他们大多数表示能够接受义务献血，并认为这项活动有益于身心健康，会给自己和他人都带来好处。但是，我们发现，专业技术人员阶层更热衷于官方组织的一些公益活动，对于一些自发组成的公益活动他们尽管有着较高的参与热情，但是却迟迟未在实际行动中表现出来，这在一定程度上显示出自发组织的公益活动的局限性。究其原因，也可能是由于自发组织的公益活动参与渠道、方式等相对不完善，限制了专业技术人员阶层的参与行为。

此外，专业技术人员的社会公德也可以表现在强烈的爱国热情之上。他们积极维护国家的形象和荣誉，也时刻保持自己良好的形象，做一名合格的社会公民。

（二）职业道德状况

职业道德主要是指职业从业者在职业心理、职业责任感、职业态度等方面所表现出来的状况。① 职业道德也是衡量专业技术人员工作者是否具有基

① 李立：《基于公民道德素质要素分析的道德建设现状与提升途径——以武汉市为例》，《湖北师范学院学报（哲学社会科学版）》2016 年第 6 期。

本伦理道德和规范的重要标准，往往通过专业技术人员的意识、行为和举动表现出来。了解专业技术人员阶层的职业道德状况，加强对这一阶层的职业道德教育是当下构建文明社会的重要工作。2019 年 10 月，《新时代公民道德建设实施纲要》明确提出，鼓励人们做一个爱岗敬业、诚实守信、奉献社会的良好工作者和建设者。可见，就专业技术人员阶层来说，职业道德建设任务刻不容缓。

1. 职业态度状况

职业态度是反映人的职业道德境界的核心内容，职业态度是判断一个人的职业道德及其道德境界高低的主要标准。① 如果专业技术人员都拥有较好的职业态度，这将有利于他们自身职业的发展，也会给社会和谐稳定作出贡献。显然，上进、认真、有责任心是专业技术人员必须具备的职业态度，这是他们获得成功的关键。在职业态度上，教师、医生等专业技术人员阶层的敬业态度明显高于其他阶层。

2. 职业价值观状况

职业价值观可视为价值系统中的一部分，是对工作、工作行为或工作目标保持信念及选择、评判的标准。专业技术人员阶层的职业价值观可以表现在三个方面。第一，他们是以脑力劳动为主的工作者，其从业目的明显优于以体力劳动为主的工作者。机关和事业单位负责人、科教文卫专业技术人员奉献社会的意识较强烈。第二，专业技术人员看待职业的眼光比较长远，他们大多不看重初始的薪酬、福利、职位等因素，而更看重企业是否能为他提供一个美好的蓝图、他在这个企业是否有一个光明的前景。第三，对专业技术人员职业价值观影响最大且最稳定的因素是“兴趣性格”因素，也就是说职业的“兴趣性格”因素是专业技术人员都普遍重视的一个因素。

3. 职业责任感状况

所谓职业责任，是指从事一定职业的人们对社会和他人所负的职责。就教师职业来说，当前高校青年教师群体从业责任感总体上是好的。有关调查

---

① 郑小九：《当前我国公民职业道德状况的分析和建议》，《社会主义核心价值观研究》2020 年第 1 期。

显示，74.6%的受访学生对高校青年教师群体师德修养持很满意或比较满意态度，问及“青年教师对学生的生活、学习是否关心”时，69.2%的受访学生认为很关心或比较关心。[①] 由此可见，这反映出当前高校青年教师师德修养状况总体良好。

第六节 问题及对策建议

随着社会发展的需要，我国大量的专业技术人员的重要性越来越凸显出来。本节从分析专业技术人员存在的问题着手，同时指出解决这一问题必须具备的几方面内容。

一、专业技术人员阶层存在的问题

专业技术人员阶层带来的社会积极效应不可忽视，但这一阶层在发展的过程中仍然存在一定的问题。

（一）专业技术人员匮乏

随着改革开放的深入和发展，部分专业技术人员选择出国深造，而他们中的大部分人员选择留在国外，这造成了国内专业技术人员队伍的缺失。近年来，我国专业技术人员总量持续增长，但增长呈现出区域、年份的差异，即随着时间的推移，东部地区的专业技术人员与中部和西部相比更为充足，因此，中西部的人才缺失问题值得我们重视。

（二）收入问题

1. 事业单位专业技术人员

对事业单位的专业技术人员来说，收入相对低下会造成这一阶层的一些生存和发展性问题。在实际的生活中，教师收入问题可以表现在以下几个方面：

其一，不同学科教师的收入不同。随着市场经济的发展，教育同市场的结合紧密程度也逐渐加强，特别是跟市场结合度比较高的学科，教师的收入相应较高；而对那些跟市场结合度不高的学科来说，教师的收入相对低下。

① 覃小逢：《新时代高校青年教师师德建设研究》，湖南师范大学学位论文，2020年。

因此，人文学科教师收入的提高存在较大的问题。

其二，体制内教师的工资收入整体来说还有待提高。这是当前必须重视的一大问题，如果教师的工资收入比较少，那么他们就会把精力和时间花费在校外兼职、发表文章等其他工作上面，久而久之，部分教师会产生懈怠心理，在学术上会出现造假等问题，学术不端的现象也往往发生。相应地，教师投入实际课堂上的精力就会比较少。出现这样的矛盾，不仅会影响到对学生的教学效果，还会让教师对自己的职业选择产生怀疑，显然不利于教师事业的发展。

2. 企业专业技术人员

收入是调动专业技术人员工作积极性的重要因素，一旦企业技术人员在收入上达不到自己的标准和期望，就会产生职业懈怠，甚至出现离职等情况。就目前而言，我国企业专业技术人员在收入上仍然存在问题。一方面，企业专业技术人员的工资收入较低。我们研究发现，企业专业技术人员的工资水平如果没有其他绩效奖励，专业技术人员的工资甚至比不上其他阶层（如农民工阶层）。另一方面，企业专业技术人员阶层的薪酬结构设计上存在着一定程度的问题。企业专业技术人员阶层的薪酬设计缺乏一定的公平性，他们的收入在企业或者事业单位之中不能表现出与其知识素养、技能素养相匹配的水平，一些管理者阶层的收入会比他们的收入高。在激励机制上，企业专业技术人员薪酬激励体系不完善，部分企业没有关注到他们所具备的才能和特点，不能采取符合企业专业技术人员心理和水平的薪酬激励体系，这就让企业专业技术人员的功能得不到很好发挥，进而产生企业发展需求与人才缺失的矛盾。

（三）职称评定问题

专业技术人员的职称评定是依据相关政策规定，由特定委员会对专业技术人员的学术水平、技术水平、业务水平、实际贡献等因素进行审查、评判或认可，并根据评审结果决定专业技术职务任职资格的行为总和。职称评定是专业技术人员晋升的重要途径和方式，但是近年来，由于专业技术人员大多处于企事业单位之中，他们的职称结构都较为稳定，高级职称的评定名额较少，新入职的专业技术人员往往不能参与评定，因而，专业技术人员晋升职称比较困难。一方面，专业技术人员现行的职称申报评审流程比较麻烦，会花费他们大量的时间和精力。并且在职称评定的申报过程之中，一些材料的准备工作十分烦琐，由于职称评定工作网上业务办理程序尚不完善，部分地区还需大量专业技术人员到指定机构进行现场认定和申报，但在办理事项中又容易出现存在“白跑”“走空路”等情况，这极大挫伤了专业技术人员进行职称评定的积极性。另一方面，在专业技术人员职称评定的过程中，品德、诚信等道德问题往往会被忽略。评委们不能根据专业技术人员阶层提供的材料来衡量他们的真实水平，这在一定程度上也反映出职称评定过程中存在的现实问题。

（四）教育和培训问题

专业技术人员在社会发展中发挥着重要的作用，但我们可以发现这一阶层的人员在自身能力的提升和培养上还存在着一些问题，需要我们去研究和解决。

1. 继续教育问题

对专业技术人员的继续教育是指让进入工作岗位的职工接受教育，让他们提升自己的工作能力和水平。专业技术人员是社会进步发展的重要力量，加强对这一阶层的继续教育具有重要意义，不管是企业还是事业单位，都需要加强对专业技术人员继续教育的投入力度。从专业技术人员继续教育的发展情况来看，主要存在两个方面的问题。

首先，专业技术人员继续教育理念跟不上时代的步伐，也不能满足专业技术人员真正的心理需求。一些企业和事业单位还是用一套陈旧的教育理念和方式对专业技术人员进行教育，显然，这不利于提升专业技术人员的知识水平和技能水平。其次，专业技术人员继续教育的体制、机制还不太完善，这方面也需要提供继续教育的单位做出努力。

2. 培训问题

专业技术人员接受知识教育的状况决定了他们本身具有良好的素质和文化水平，但是在工作之中，由于工作技能、工作方法、工作态度等方面还有待提升，对专业技术人员阶层的职业培训也成为促进这一阶层成长的重要环节。就专业技术人员阶层培训本身来说，这是一个从这一阶层形成开始就不断讨论的话题，至今也还存在着一些难以解决的问题。

专业技术人员阶层的培训需要做到有效监督和管理。通常情况下，部分培训机构在培训的时候只是流于形式，没有对专业技术人员阶层的培训做到有效监管，这就导致培训的实效性不强，专业技术人员本身也会产生懈怠的心理。再加上一些专业技术人员不能经常享受到企业或者事业提供给他们的培训，如果不做好培训工作后期的监督和管理，就很难提升培训的整体效果。

专业技术人员阶层的培训缺乏完善的培训体系和机制。培训人员在培训的时候没有对专业人员内部的差异性进行有针对性的指导，他们在培训的过程中往往没有将培训内容、培训目标落到实处。培训人员没有事先了解接受培训的专业技术人员的基本状况，因而在制定培训方案的时候容易出现随意性，这也很难引起专业技术人员的兴趣。

（五）离退休问题

随着改革开放的发展，专业技术人员阶层的经济收入得到一定程度的提高，同时，社会医疗卫生条件得到很大改善，人们的寿命相较于从前的确延长了。根据研究整理相关文献资料，我们发现，我国目前 60 岁以上的专业技术人员在专业技术人员中所占的比例很大，这部分人基本上即将退休。但是他们拥有较高的文化素质、丰富的工作经历，如果按照年龄正常退休会造成社会人才资源的浪费。

在专业技术人员的离退休问题上存在着两个难题。一个难题是专业技术人员离退休的机制和体系还不够完善，不能给退休专业技术人员再次回到自己原有岗位或者从事相似岗位工作以保障。另一个难题就是部分退休专业技术人员退休之后由于家庭、环境、自身等各方面的因素，不愿回到原有的岗位中去，他们享受退休之后的安逸生活。因此，专业技术人员阶层的离退休面临着巨大的挑战。

二、应对专业技术人员阶层存在问题的建议

针对专业技术人员存在的上述问题，我们提出以下几点建议：

（一）深化职称制度改革，健全职称制度体系

职称评定对专业技术人员晋升十分重要，对专业技术人员的职称评定的完善可以改善专业技术人员队伍素质不高的状况，也可以提高专业技术人员工作的积极性。针对上述中提到的专业技术人员职称评定上存在的问题，我们认为有必要对其职称评定制度进行改革，健全完善的职称制度体系。

根据《中共中央办公厅国务院办公厅印发〈关于深化职称制度改革的意见〉的通知》精神，专业技术人员阶层的职称评定要符合这一阶层人员发展的现实规律，继续发挥好作为主体性的人在职称评定中的重要作用，即从事职称评审工作的工作人员必须兢兢业业，为有需要的人提供服务和帮助。这就离不开对职称评审工作人员的专门培训，因而，要充分发挥教育的作用，新增职称评审专业，一方面让专业技术人员学习了解这方面的工作，另一方面也提高工作人员工作的水平。在专业技术人才的评价上，应该采取多样化、动态式的评价方式，让专业技术人才的职业发展不受阻碍。最重要的是要精简专业技术人员职称评定的流程，将审批的材料尽量精简，方便专业技术人员申报。

专业技术人员在申报的时候需准备的材料过多。对于一些不必要的材料，可以适当省去，或者可以在网上提交信息，对一些佐证材料和身份信息都可以通过网络的方式予以确认，避免携带准备资料带来的不方便。要优化管理网络职称评定信息系统，发挥网络便利、快捷的作用，提高专业技术人员办理相关问题的效率，用低碳、环保的方式完成评定工作。

针对专业技术人员职称评定过程中出现的难以正确评价专业技术人员诚信、品德等问题，需要加强职称评审各部门单位的管理工作，规范审查专业技术人员所提交的职称评定材料。当然，要在用人单位、评审单位和专业技术人员之间形成合力，各自规范材料内容手续，让真正有才能、有资格参加职业评审的人员尽快得到满意的答复。就用人单位而言，要通过多样化的方式竞聘上岗，考察专业技术人员的综合能力，推荐他们参与职称评审，激励他们享有更好的职业待遇，也要适当提高单位高级职称评定的名额；对于评审单位而言，要做好评审的细化工作，把好“入门关”；专业技术人员本身也要具备较高的品格修养，诚信对待职称评定问题。

针对部分专业技术人员出现的职业懈怠、不愿进行职称评定的情况，我们认为，可以对专业技术人员职称评定的行业影响力进行一定程度的宣传。让专业技术人员主动了解职称评定工作的具体内容，如评审的时间、流程、内容、优势等，主动获取职称评定信息，明确这一工作对他们未来发展的重要意义。

（二）优化继续教育培训方式，营造良好教育氛围

科学技术在社会发展中起着越来越重要的作用，作为技术型人才的专业技术人员也要紧跟时代步伐，学习时代需要的工作技能，提高自身的工作水平和能力。这是时代的要求，也是专业技术人员自身发展的要求。

增强继续教育培训的针对性，针对专业技术人员的个性和需求进行继续教育培训。继续教育的内容通常是由人力资源部和社会保障局确定的，因而，在确定继续教育内容时要采取“问诊”的方式，比如可以根据专业技术人员创新能力的考察，来确定是否要对专业技术人员进行这方面的教育和培训，这有利于增强专业技术人员的工作本领。

教育方式的局限性往往影响到教育效果，充分利用网络，在网上进行授课和继续教育有利于专业技术人员的学习。网络继续教育具有很大的优势：一是可以打破地域的限制，让不同地区的专业技术人员利用远程网络继续教育平台相互交流、相互学习，时刻更新知识系统；二是在时间上有更多可以选择的空间，专业技术人员可以根据自己的时间合理选择继续教育课程，避免学习的被迫性，更加主动地投入学习当中去；三是培训的内容更加丰富，专业技术人员可以根据自己的需求选择相应的继续教育课程，建立自己的知识体系和技能发展“工具箱”；四是在培训形式上，网络继续教育所展现出来的风格多样化、富有个性，能够调动起专业技术人员学习的热情和积极性。

企事业单位要加大对专业技术人员继续教育的重视力度，将继续教育与职称评定、绩效奖励挂钩，让专业技术人员在竞争、激励的氛围之中得到学习和提高。企事业单位可以将继续教育作为岗位晋升的重要依据，促使专业技术人员参与继续教育课程，提高自身职业技能，也要设立一定的奖励，对接受继续教育的专业技术人员予以表彰，营造良好的继续教育氛围。政府也

要加强对专业技术人员职称评审工作的政策制定，完善相关制度。根据专业技术人员的实际情况进行有针对性的指导，按照行业的特色和各类专业技术人员的特点，为其制定不同的继续教育课程。成立继续教育学习基地，加大对这一基地建设的经费支持，并且对一些优秀的继续教育课程，政府也要予以一定力度的支持和鼓励。

（三）成立人才培养机构，提升人才培养质量

专业技术人员的培训问题不容忽视，这关系到他们能否具有较高的职业水平和素质，显然，较高的职业技能会推动企事业单位和专业技术人员个人的发展。以往的培训方式都过于单一，始终没有解决专业技术人员在培训过程中存在的问题，针对不同岗位、不同年龄层次、不同技能素养的专业技术人员，应该采取不同的培训方式。培训前，可以采取一定的培训宣传方式，调动专业技术人员参与培训的积极性；培训过程中，可以通过会议、讲座、活动等多种形式，激发专业技术人员参与学习的热情；接受培训后，应该对专业技术人员进行及时跟踪训练，总结培训心得，巩固培训效果。具体来说，可以从以下几个方面进行努力。

其一，设立专门性的职业培训机构，提升专业技术人员职业培养质量和水平。比如，可以借鉴一些发达国家在职业培训机构设立上的经验和方式，规范我国培训机构的设立。澳大利亚成立的国家培训局以及瑞士成立的职业教育与技术署，都是针对技术人员职业教育，可以在一定程度上减少职业教育和各部门之间的各类交叉矛盾，为提高人才培养质量提供很大帮助。政府部门主要从法律法规层面上为专业技术人员的职业培训提供制度保障，而专门的职业培训机构则在具体的人才培训过程中给他们直接的引导。

其二，必须要有完善健全的培训机制。一方面，企业要加大对专业技术人员岗位职业培训的经费，促使专业技术人员定期接受职业培训，更新职业知识系统，学习新技术、新方法。另一方面，要加大企业培训和学校之间的联系，营造良好的学习氛围，让专业技术人员及时得到系统全面的指导，为职业发展打下良好的基础。当然，在培养的过程中也要注重培养方法、内容的完善，定期进行考核，巩固培训知识，优化培训效果。

其三，提高企业和体制外部门对专业技术人员的吸纳能力。考虑到我国

正处于发展模式的转型期，特别是近年来随着创新驱动发展战略的实施，产业转型升级对专业技术人员的需求将进一步加大，加之高等教育的大众化趋势，可以预见，未来我国专业技术人员基层将有很大的发展和增长空间。在此过程中需进一步提高对专业技术人员的吸收和接纳。一方面，要继续打造公平竞争的市场环境，利用积极的产业政策带动产业转型升级，鼓励企业增加研发投入、提高技术水平，进一步扩大企业对专业技术人员的需求和吸纳能力。另一方面，要进一步加大教育和医疗卫生等领域的改革力度。鼓励民间和社会资本进入医疗教育事业，打破体制内机构的垄断局面，吸纳更多的专业技术人员就业。

（四）设立“学术保护区”，提高教师薪酬水平

针对我国教师在薪酬结构设计、薪酬激励机制等方面存在的问题，可以适当增加教师的保障性收入，调整教师在薪酬上存在的不合理之处。但这并不是一个长期有效且具有实效性的方式，在实际操作过程之中还存在一些问题。在分析教师收入出现问题的过程中会发现，由于学科之间存在发展不平衡问题，一些贴近市场的学科专业更具发展前景。因而，学科差异带来的问题不容忽视，针对这一具体性的问题，可以建立一定的“学术保护区”，给冷门学科提供学术性支持，并以制度的方式规范这一“保护区”的建立、完善和实施。

具体来说，可以从以下几个方面着手：首先，必须要保证纳入“学术保护区”的学科具有一定的学术性，保证学术性的专业技术人才不流失。同时要甄别高收入学科和低收入学科，把控好进入“学术保护区”的门槛，确保对其投入能够取得良好的成效。其次，为了保证一些学术性专业技术人员的才能得到有效发挥，我们认为可以不对进入“学术保护区”的人员进行年龄限制，这有利于将他们的前期成果、研究方法更好地传递下去。再次，在收入上要给予进入“学术保护区”的人才制度性的保障，让他们在从事工作时获得与自己劳动相符的报酬，提高他们的积极性。最后，规范绩效考核。研究者的能力需要在竞争中得到开发，因此，有效的绩效考核能够营造良好的科研环境，保证科研队伍的学术规范，为社会创造更高的学术价值。

（五）实施柔性退休制度，优化人力资源配置

实施柔性的退休制度是指专业技术人员可以根据自己的意愿承担原有工作岗位的任务，通过暂缓退休的方式让自己的人力资源得到有效发挥和利用。一方面，应该完善专业技术人员阶层退休后的养老金体系，让他们的继续工作年限与养老金挂钩，提高他们继续工作、贡献自己才能的热情。另一方面，应该完善专业技术人员阶层退休之后的其他保障体系，保障他们在工作之中能够拥有较好的福利和待遇，以此来缓解企事业单位专业技术人员紧缺的困境。

第六章

城市普通工人阶层状况考察

城市普通工人阶层，是指户口在城市，不以私人形式占有生产资料，以工资性收入为主，主要在第二、第三产业中从事初级技术劳动、简单劳动和体力、半体力劳动的劳动者。这一阶层主要是由原国有企业和集体企业的工人阶层演化而来，是中国工人阶级的基本组成部分。①

第一节　城市普通工人阶层的历史演化

改革开放以来，随着我国经济体制转变，我国的产业结构、所有制结构、分配结构都发生了巨大变化。特别是随着我国公有制企业改革的不断深化，我国工人阶级中的城市普通工人阶层状况发生了显著变化。当然，这些变化并非只发生一次，或者一次就变成了今天的样子，这些变化因我国改革开放进程的不断深化而呈现出阶段性特点。

一、改革开放初期（1978—1991年）

1978 年 12 月，党的十一届三中全会做出了关于经济体制改革的决策，决定把国家的工作重心转移到经济建设上来。1979 年 4 月召开的中央工作会议指出，要充分发挥企业的积极性，国有企业改革的突破口是从扩大企业自主权开始的。1979 年 7 月，国务院颁布了《关于扩大国营工业企业经营管理自主权的若干规定》等 5 个文件，对企业所拥有的自主权进行了明确的规定。改革试点从四川开始，后来又扩展到北京、上海等 8 家企业。最初四川等地的试点取得了显著成效，而后向全国推广。1981 年，所有国有企业

---

① 刘海军：《当代中国工人阶级结构变化及其现实影响》，辽宁：大连海事大学出版社，2014 年，第 137 页。

全面实施扩大企业自主权改革。1987 年 4 月，国经委召开会议，全面布置推行承包制的各项工作，并于 5 月开始全面推行企业承包制。1988 年，小型国有企业开始进行租赁制改革，同时也开始进行股份制企业试点、组建企业集团试点等探索工作。到 1988 年底，全国 85% 的预算内工业企业、93% 的大中型企业已经实行承包制。[①]

总之，这一阶段的改革激活了国有企业管理者的经营意识，在一定程度上调动了企业和职工的积极性，企业的经营和收益都发生了变化，“计划经济时代的经营低效和改革开放后的市场活力形成了鲜明对比”。[②] 这一阶段，城市普通工人阶层的经济收入普遍提高，家庭生活状况普遍得到改善。

二、市场经济体制改革早期（1992—2002年）

1997 年 9 月，党的十五大确立了“以公有制为主体，多种所有制经济共同发展”的经济制度，中国改革进入一个崭新的阶段。从 20 世纪 90 年代中期开始，国企改革实行鼓励兼并、规范破产、下岗分流、减员增效和再就业工程，实施各种减员增效措施，这些措施主要包括：主辅分离、内退、买断、退养、退职、下岗等，这就造成大批城市普通工人下岗。一时，大批下岗工人的安置问题和下岗再就业问题成为社会的核心问题，给国家和社会带来很大压力，成为社会各界关注的焦点，使城市普通工人阶层的生活发生巨大变化，很多工人一时不知所措，生活没有着落，致使在很长一段时期内社会矛盾尖锐、群体性事件频发。据调查资料显示：1992—2001 年是我国由传统计划经济体制向社会主义市场经济体制转型的阶段，沈阳市铁西区作为受计划经济浸润颇深的老工业基地，转型中遇到许多障碍，各种矛盾尖锐复杂，发展十分艰难。“职工生活困难，30 万产业工人中有 13 万人下岗，10 万多下岗职工没有参加养老、失业和医疗保险；由于近半数的职工下岗，当时的铁西区被喻为中国最大的‘工人度假村’。由于生活无保障，职工上访

---

① 刘玉照、张敦福、李友梅：《社会转型与结构变迁》，上海：上海人民出版社，2007 年，第 20 页。

② 黄茂兴、唐杰：《改革开放 40 年我国国有企业改革的回顾与展望》，《当代经济研究》2019 年第 3 期。

频繁，占马路、堵火车事件不断，社会稳定和治安问题严重。”①

三、21世纪初期（2003—2012年）

“随着改革开放的不断深入，中国社会已经进入转型时期，社会结构发生巨大变化，整个社会处于新旧交替阶段，各种利益群体之间的利益冲突引发了程度不同的社会震荡，由此产生大量的群体性事件，并且规模和表现形式不断升级，成为当前社会不稳定的重要因素。”② 而在 21 世纪初，人们分析这些群体性事件原因时，通常把“国企改革触及一部分人的切身利益，部分企业经营困难，长期拖欠职工和离退休人员工资，造成一部分职工生活困难”③ 作为直接诱发的原因之一。2003 年 4 月，国有资产监督管理委员会成立，国有企业开始市场化。2003 年 10 月，中共中央十六届三中全会通过的《中共中央关于完善社会主义市场经济体制若干问题的决定》，提出大力发展国有资本、集体资本和非公有资本等参股的混合所有制经济，实现投资主体多元化，使股份制成为公有制的主要实现形式。2006 年 10 月，党的十六届六中全会通过《中共中央关于构建社会主义和谐社会若干重大问题的决定》（以下简称《决定》），明确提出要发展和谐劳动关系。针对当时企业用工制度、劳动条件、工资发放中存在的一系列问题，《决定》提出要完善劳动关系协调机制，加强政府、企业、工会三方协调机制建设；全面实行劳动合同制度和集体协商机制；建立健全国家劳动标准制度，加强劳动保护；完善劳动保障监察体制和劳动争议调处仲裁机制，整顿劳动力市场，维护劳动者合法权益。2007 年，党的十七大提出：“要通过发展增加社会物质财富、不断改善人民生活，又要通过发展保障社会公平正义、不断促进社会和谐。”④ 要建立一个“学有所教、劳有所得、病有所医、老有所养、住有所居”的和谐社会。这一时期，经过不断努力，城市普通职工的劳动经济权益得到进一步保障，就业渠道不断拓宽，就业机制市场化，就业方式多样化。

① 刘宝成：《焕发老装备制造业基地新生机——辽宁省沈阳市铁西区经济社会发展调查》，https：//www. yddjw. gov. cn/html/？2013. html。

② 徐小江：《试析群体性事件的产生原因和人员构成》，《公安大学学报》2002 年第 5 期。

③ 徐小江：《试析群体性事件的产生原因和人员构成》，《公安大学学报》2002 年第 5 期。

④ 《胡锦涛文选》（第 2 卷），北京：人民出版社，2016 年，第 625 页。

企业和职工的劳动关系日渐规范有序，城市普通工人大规模下岗并被推向社会的情况逐渐减少，原有的大量下岗失业人员逐步通过动用社会各方力量得到适当安置和吸收。

这一时期，随着企业产权制度改革、劳动制度改革、工资制度改革、社会保障和社会福利制度改革不断走向深化，劳动力分配逐步市场化，国家不再直接干预企业工资分配，废止福利分房制度，逐步施行高等教育收费，逐步建立和完善职工社会保障体系等，由此改变了国家、企业、职工之间的关系。对城市普通工人来说，一方面摆脱了对国家和单位的依附关系，获得了就业自由，更有效地实现按劳分配、多劳多得的分配原则，同时实现横向流动与向上的社会流动等；另一方面也打破了工人的“铁饭碗”，使相当一部分工人尤其是低技术工人就业困难，形成一个城市贫困群体和弱势群体。

企业的变化和改革，使城市普通工人阶层的就业、收入和社会地位等都和市场的变化越来越密切。虽然城市工人也在这一时期不断调整自身并逐步适应这种变化，但这一时期，城市普通工人阶层与社会其他阶层在收入、社会地位等方面的差距却越来越明显。就业于不同所有制单位和企业中的普通工人的收入和社会地位也发生了明显的分化。

四、新时代城市普通工人阶层的变化（2013年至今）

2012 年 11 月 29 日，习近平总书记在参观《复兴之路》展览时提出：“实现中华民族伟大复兴，就是中华民族近代以来最伟大的梦想。这个梦想，凝聚了几代中国人的夙愿，体现了中华民族和中国人民的整体利益，是每一个中华儿女的共同期盼。”① 从此，中国梦成为凝聚全国各个阶层的一面重要旗帜。党的十九大站在历史和全局的高度，指出中国特色社会主义进入了新时代，中国社会的主要矛盾已经转化为“人民日益增长的美好生活需要和不平衡不充分的发展之间的矛盾”②。这一时期，我国工人阶级状况发生了许多新变化，城市普通工人阶层的就业形态更加多样化。随着中国产

---

① 《习近平谈治国理政》，北京：外文出版社，2014 年，第 36 页。
② 《习近平谈治国理政》（第 3 卷），北京：外文出版社，2020 年，第 9 页。

业转型升级的不断深化，工人技术技能面临新的要求，因而城市普通工人也面临着新的机遇与挑战。

2013 年 4 月 28 日，习近平总书记在全国总工会机关同全国劳动模范代表座谈时明确指出，工业强国都是技师技工的大国，我们要有很强的技术工人队伍。2015 年 4 月 28 日，习近平总书记在庆祝“五一”国际劳动节暨表彰全国劳动模范和先进工作者大会上指出：“在前进道路上，我们要始终高度重视提高劳动者素质，培养宏大的高素质劳动者大军。”2016 年 4 月 26 日，习近平总书记在知识分子、劳动模范、青年代表座谈会上指出：“素质是立身之基，技能是立业之本。”“无论从事什么劳动，都要干一行、爱一行、钻一行。在工厂车间，就要弘扬‘工匠精神’，精心打磨每一个零部件，生产优质的产品。”

2017 年 2 月 6 日，习近平总书记主持召开中央全面深化改革领导小组第三十二次会议，审议通过《新时期产业工人队伍建设改革方案》，会议指出，工人阶级是我国的领导阶级，产业工人是工人阶级的主体力量，要从巩固党的执政基础的高度，从促进我国经济社会持续健康发展的高度，加快产业工人队伍建设改革，坚持全心全意依靠工人阶级的方针，按照“政治上保证、制度上落实、素质上提高、权益上维护”① 的总体思路，造就一支有理想守信念、懂技术会创新、敢担当讲奉献的宏大的产业工人队伍。《新时期产业工人队伍建设改革方案》的制定和实施，对我国城市普通工人阶层状况的改善具有里程碑意义。

在党的十九大上，习近平总书记强调，建设知识型、技能型、创新型劳动者大军，弘扬劳模精神和工匠精神，营造劳动光荣的社会风尚和精益求精的敬业风气；完善职工教育和培训体系、深化产教融合、校企合作；注重从产业工人中发展党员。进入新时代，党对工人阶级尤其是产业工人的高度重视，对我国城市普通工人阶层状况的变化影响巨大。

---

① 李玉赋：《新的使命和担当——〈新时期产业工人队伍建设改革方案〉解读》，北京：中国工人出版社，2017 年，第 4 页。

第二节　城市普通工人阶层的经济状况

对城市普通工人阶层经济状况的研究，我们主要从就业状况、经济收入和社会保障三个方面展开。

一、城市普通工人阶层的就业状况

从现代意义上看，“就业”中的“就”字意指获得、从事、进行，“业”的含义是业务、营生、职业，因而就业即为获得职业。① 从就业与工作这两个概念的关系来看，就业也可以定义为获得并从事某种工作。就业以社会分工为前提，与社会发展状况密切相关，就现代社会而言，就业乃民生之本。

改革开放前，中国城镇劳动用工制度通常被称为“统包统配”制度，即城镇劳动力就业按“统一招收，统一分配”的原则进行安置，并且属于终身就业。劳动者一旦被分到某个工厂做工人，基本就在这家工厂做一生。工人不能根据自己的兴趣爱好和特长选择职业和单位，流动性非常低。当时，城镇就业主要靠全民和集体所有制单位招工解决。这种状况，一方面，使工人依附于国家和所在单位，没有自主选择职业的自由；另一方面，也保证了劳动力的高度就业和终身就业。然而，改革开放后，随着市场经济体制的建立，不断增长的就业人口和激烈的市场竞争给国有企业和集体企业带来了巨大的压力，原有的用工制度使企业负担沉重，企业在竞争中举步维艰，因此国有和集体企业用工制度改革的呼声越来越高。为了使企业能够根据自身经营需要裁减冗员、招纳员工，打破工人的铁饭碗、实行就业制度改革就成为经济体制改革的必然趋势。

（一）就业结构走向多元化

所谓就业结构，这里指的是社会成员就业行业与就业组织的构成状态。应该说，就业状态的变化是城市普通工人阶层最明显的变化。这一变

① 陆学艺：《当代中国社会结构》，北京：社会科学文献出版社，2010 年，第 125 页。

化在改革开放之初就已悄悄发生，但当时涉及的人员并不多，20 世纪 90 年代，随着市场经济体制改革目标的确立，国企改革推进到新的阶段，城市普通工人阶层的下岗与转岗如潮水般爆发。自此，城市普通工人阶层的就业状态发生了根本性的改变，这种改变首先就表现在就业结构由单一走向多元。

1. 就业产业与行业的变化

产业是社会分工的产物，是社会生产力不断发展的必然结果。经济学家主要根据人类对劳动对象进行加工的顺序以及相关经济活动的特点将国民经济部门划分为产业。第二次世界大战以后，大多数国家采用了三次产业分类法。根据我国三次产业划分规定，我国的产业划分包括：第一产业，农业（包括种植业、林业、牧业、副业和渔业）；第二产业，工业（包括采掘工业、制造业、自来水、电力、蒸汽、热水、煤气）和建筑业；第三产业，流通业和服务业。产业的发展状况与生产力的发展水平密切相关。行业是指从事国民经济中同性质的生产、服务的经营单位或者个体的总和。

改革开放后，随着我国经济的迅速发展，我国产业结构也持续发生改变，国家不断调整和优化产业结构，提高第一产业质量，继续发展第二产业，大力促进第三产业兴起。与此同时，我国整个社会的就业结构都发生了持续而重大的变化。不可避免，城市普通工人阶层的产业与行业分布也不断走向分化。

改革开放前，我国城镇普通工人主要集中就业于第二产业，而改革开放后，随着第三产业在国民经济中所占比重不断增大，城市普通工人的就业也不断向第三产业转移。随着 20 世纪 90 年代下岗潮的到来，有些城市普通工人甚至向第一产业转移，到农村去承包经营土地。

从表 6.1 中的数据可以看出，城镇职工在第三产业的就业比例逐年上升，在第二产业的就业比例逐年下降，而在第一产业的就业比例也呈阶段性上升趋势。城市普通工人阶层这种就业分布的变化，与我国产业结构的升级换代紧密相连，与我国新时期新旧行业的更迭密切相关，也和城市普通工人阶层的自身状况密不可分。

表6.1 1997年、2002年、2007年三大产业中城镇职工分布比例

单位：%

年份	城镇职工分布比例		
	第一产业	第二产业	第三产业
1997	1.2	45.2	53.7
2002	1.1	41.4	57.5
2007	1.5	31.4	67.1

资料来源：《社会转型与工人生活轨迹变迁》，北京：中国社会科学出版社，2017年，第34页。

从表6.2数据可以看到，改革开放后，在我国国内生产总值中，我国三大产业占比的变化趋势是第一产业占比由1978年的27.7%连续大幅下降至2019年的7.1%；第二产业占比在不同年份有所起伏，在40%上下波动，但也有所下降；而第三产业占比则处于稳步大幅上升态势，由1978年的24.6%增至2019年的53.9%。而三大产业中的就业人员分布状况为第一产业呈大幅绝对下降趋势，由1978年就业人口占比最高，下降到2019年的占比最低；第二产业的就业人口比例则呈现稳步上升态势，到2019年略有下降；第三产业就业人口所占比例大幅上升，由1978年的占比最低，到2019年的占比最高。我国城市普通工人阶层的就业分布状况，受国家产业结构变化总体趋势的影响。

表6.2 1978—2019年三大产业生产总值占比和就业分布占比

单位：%

	产业＼年份	1978	1990	2000	2010	2019
国内生产总值	第一产业	27.7	26.6	14.7	9.3	7.1
	第二产业	47.7	41.0	45.5	46.5	39
	第三产业	24.6	32.4	39.8	44.2	53.9
就业分布	第一产业	70.5	60.1	50.0	36.7	25.1
	第二产业	17.3	21.4	22.5	28.7	27.5
	第三产业	12.2	18.5	27.5	34.6	47.4

资料来源：《中国统计年鉴》（2020）。

事实上，产业结构的变化是行业变化的集中反映。改革开放以来，我国许多传统行业衰落或升级换代，同时又产生大量新兴行业。尤其是第三产业中的大量服务行业不断出现并日渐繁荣，因而大量城市普通工人转移到第三产业中的各种服务行业中来。我们知道，第三产业包含的范围非常广泛，既包括金融、信息、科研、教育、卫生等知识技术含量高的行业，也包括餐饮、快递、出租等技术含量低的行业。城市普通工人阶层由于大多受到文化程度低、掌握技术单一等自身条件的限制，他们的就业场所主要集中在制造行业中的低技术工种或者是在服务业中的餐饮、快递、出租、家政等行业。也正是城市普通工人低知识、低技术的特点，决定了这部分群体就业的不稳定性，使他们经常面临下岗与转岗的困境。

2. 就业企业多元化

新中国成立后，经过社会主义改造，在我国城镇范围内几乎只存在两种组织，即国营和集体两类公有制性质的企业。私营企业被消灭，外资企业被赶走，个体户也作为资本主义的尾巴被割掉。因此，从计划经济时期直到改革开放之初，中国城市普通工人阶层基本上都在国营企业和集体企业中就业，早期的城市普通工人阶层就是国企和集体企业工人。

1978 年以后，中国开始了具有重大历史意义的经济体制改革。作为政府主导的改革，这场改革的动力主要包括：建立充满生机和活力的社会主义经济体制；增强企业活力；充分调动人们生产和劳动的积极性，创造更多社会财富。20 世纪 80 年代中期，改革的具体措施包括实行国家、集体、个人一起上的方针，坚持发展多种经济形式和多种经营方式，利用外资、吸引外商来我国创办合资经营企业、合作经营企业和独资企业。

随着经济体制改革的不断推进，我国城市中的企业类型发生了巨大变化。从所有制的角度来说，除了国有企业和集体企业之外，还出现了中外合资企业、中外合作企业、外商独资企业、中国民营企业，大量的城市劳动力从各个渠道向这些新兴企业流动，致使城市普通工人的劳动岗位变得多元而复杂，从而使工人在不同企业当中所形成的劳动关系、劳动强度、劳动保护、工资福利等都变得复杂而多元。

从表 6. 3 的数据，我们可以看出，1978—1980 年，我国城镇职工在国有企业和集体企业中的就业比例占 99% 以上，进入 20 世纪 90 年代以后，占比逐年下降，到 2015 年占比下降到 16. 55% 。城镇职工在私营企业的就业人数和就业比例，从1990年公布统计数据以来，占比从0.34%迅速上升到2015年的27.67%，就职人数亦不断上升。而在港澳台企业、外商企业、个体经济中从业人员的数量和占比也一直处于接连上升趋势。

从国家相关部门公开的数据来看，城市普通工人阶层的确切数量及其在不同类型企业中的就业分布状况没有直接的确切数据，因此我们把《中国统计年鉴》发布的自1978年起历年城镇就业人员企业分布数据进行整理分析。虽然“城镇就业人员”与“城市普通工人”并非同一群体，前者范围更大，包含范围更广，情况更加复杂，但二者的就业分布规律具有一致性。

表6.3　城镇各所有制单位职工人数和比例

年份＼企业	合计	国有		集体		私营		港澳台		外商		个体	
		人数（万人）	占比（%）	人数（万人）	占比（%）	人数（万人）	占比（%）	人数（万人）	占比（%）	人数（万人）	占比（%）	人数（万人）	占比（%）
1978	9514	7451	78.32	2048	21.53	—	—	—	—	—	—	15	0.16
1980	10525	8019	76.19	2425	23.04	—	—	—	—	—	—	81	0.77
1985	12808	8990	70.19	3324	25.95	—	—	—	—	6	0.05	450	3.51
1988	14267	9984	69.98	3527	24.72	—	—	2	0.01	29	0.20	659	4.62
1990	16616	10346	62.27	3549	21.36	57	0.34	4	0.02	62	0.37	614	3.70
1995	19093	11261	58.98	3147	16.48	485	2.54	272	1.42	241	1.26	1560	8.17
2000	21274	8102	38.08	1499	7.05	1268	5.96	310	1.46	332	1.56	2136	10.51
2005	27331	6488	23.74	810	2.96	3458	22.21	557	2.04	688	2.52	2778	10.16
2010	34687	6516	18.79	597	1.72	6071	17.50	770	2.22	1053	3.04	4467	12.88
2015	40410	6208	15.36	481	1.19	11180	27.67	1344	3.33	1446	3.58	7800	19.30
2018	43419	5740	13.22	347	0.80	13925	32.07	1153	2.66	1212	2.79	10440	24.04
2019	44247	5473	12.37	296	0.67	14567	32.92	1157	2.61	1203	2.72	11692	26.42

资料来源：根据《中国统计年鉴》（2020）数据整理。

3. 就业渠道和就业方式多元化

1957年，国务院颁布《国务院关于劳动力调剂工作中的几个问题的通知》，规定所有企事业单位一律停止自行招工。从此“统招统配”的城镇就业制度逐步形成。计划经济时期和改革开放初期，城市职工就业基本实行“统招统配”，也就是城市职工就业安置由国家实行统一招工、统一分配。改革开放后，就业制度改革打破了工人就业单位的单一性，同时工人的就业渠道和就业方式也日趋多元化，市场配置劳动力资源的格局基本形成。越来越多的人员进入劳动力市场自主择业，就业机制日益市场化，越来越多的城市普通工人通过非公有制企业和灵活就业方式实现就业。随着市场经济体制的发展和职业分化不断更新，城市普通工人的就业结构和就业方式也必然不断发生新的更大的变化。

（二）就业关系发生深刻变革

所谓就业关系，就是指劳动关系，在私营企业中即是劳资关系。我们可以从以下几个方面进行分析。

1. 企业与工人的关系由行政隶属关系变为契约关系

1994 年通过的《中华人民共和国劳动法》第十六条规定："中华人民共和国的企业和个体经济组织（以下简称用人单位）和与之形成劳动关系的劳动者，适用本法。""劳动合同是劳动者与用人单位确立劳动关系、明确双方权利和义务的协议。建立劳动关系应当订立劳动合同。"① 这部法律 1995 年 1 月 1 日起实行，也就是说，伴随着中国企业改革的推进，企业与职工的劳动关系也逐步走向了市场化。企业与职工的关系，由原来的行政隶属关系，逐步变成了一种契约关系。而在这一转变过程中，国家政策起到了关键性的推动作用，正如清华大学的沈原教授所说："原国有企业工人转变为市场社会的工人阶级的过程是与国家所推进的市场化过程密切相关联的。"②

2. 就业稳定性的变化

就业稳定性，通常用就业者与用人单位之间结合的时间长度来衡量。计划经济时期，城市工人一旦被分配工作、获得职业，就是"终身制"，因此城市工人的工作被形象地称为"铁饭碗"，得以"终身就业"。而企业没有招工权，同时也没有解雇工人的权力。有些单位，还有子女"接班"的制度，即父母在某一单位退休，子女有接替父母到父母单位上班工作的权力。这种就业制度，努力做到城市人口"人人有事做，个个有饭吃"。

"在建立现代企业制度的过程中，改制与身份置换使职工失去了原有的

① 法规司：《中华人民共和国劳动法》，http：//www. mohrss. gov. cn/SYrlzyhshbzb/zcfg/flfg/fl/201601/t20160119_ 232110. html。

② 沈原：《市场、阶级与社会》，北京：社会科学文献出版社，2007 年，第 185 - 186 页。

工人身份，大批工人遭遇‘买断工龄’。”[①] 原来国有企业和集体企业工人经历并完成由“单位人”向“社会人”的转化。尤其“1995 年的全员劳动合同制的实行，管理层解雇工人的权力合法化程度大为增强，企业获得了宽泛而随意的劳动用工权”。[②] 而中国市场化的改革，使所有企业包括国有企业和集体企业都变成了市场主体，企业用人需要根据市场的变化而调整。自此，城市普通工人在中国市场经济不断建立的过程中就失去了原来的就业稳定。而这部分群体由于自身文化素质比较低，受市场波动的影响就比较大，这更增加了这一阶层就业的不稳定性。在艰难中变换与寻找新的职业和单位，成为这一阶层的就业常态。

3. 一种新就业方式的兴起：劳务派遣制

劳务派遣，又称为人力派遣、人才租赁、劳动派遣、劳动力租赁、雇员租赁等，是指由劳务派遣机构与劳动者订立劳动合同，然后把劳动者派往其他用工企业或事业单位，再由其用工单位向派遣机构支付服务费用的一种用工模式。劳务派遣制度，涉及用工单位、派遣公司、员工三方的权利和义务关系。用工单位与劳务公司签订劳务派遣合同，派遣公司与劳动者签订劳动合同，然后派遣公司把劳动者按用人单位需要派送过去工作。用工单位向劳务派遣机构支付服务费用，劳务派遣机构向劳动者支付劳动报酬。“派遣公司：负责办理有关人事管理方面的服务工作：（1）员工招聘：即代企业寻找、招聘企业所需的合格员工；（2）员工培训：根据企业要求，进行相关的培训；（3）缴纳社会保险；（4）人事档案管理；（5）办理相关证件等。”[③]

劳务派遣制在西方国家早已存在，然而在中国的兴起却是在 20 世纪 90 年代。1995 年 7 月 24 日，全国首家劳务派遣企业——北京团兴劳动与社会保障服务有限公司在北京成立（以下简称“团兴公司”）。

---

① 唐军、石洁、时文：《资本再造与身份重构对国企改制后工人研究的回顾与反思》，《中国职工教育》2013 年 22 期。

② 刘建洲：《新形势下国有企业劳动关系研究：一个管理者视角的分析》，《学术探索》2006 年第 4 期。

③ 罗代琼：《试论劳务派遣在企业的有效运行——以科学灵活的人力资源管理方式提升企业的竞争优势》，《四川建材》2006 年第 2 期。

在中国知网上输入“劳务派遣”主题词，文献中搜索到的第一篇中文学术文章是1996年北京市劳动局就业处干部宋丰景发表在《中国就业》上的一篇论文，题目是《劳务派遣与市场经济下的临时工》，文章提出，随着《劳动法》的颁布实施，劳动合同制正式确立，“在市场经济条件下，传统意义上的临时工制度（劳动关系一年以下）的消亡是大势所趋，而建立以劳务派遣为主要内容的新型临时工制度则又是市场经济的根本需要”。① 当时，为了既能够促进国有企业改革同时又能够保持社会稳定，人们学习国外经验，把劳务派遣当作我国转制过程中对国有企业下岗人员进行分流和安置的一种重要方式，作为解决当时城市下岗职工再就业的一个切入点和突破口。

进入21世纪，劳务派遣制度在我国得到迅速发展。从用工单位来看，劳务派遣由原来以低技术制造类、服务类企业为主，发展为各类企业和事业单位都广泛使用。从派遣人员的构成情况看，由原来以安置城市国有企业和集体企业下岗分流工人为主，到现在包括农民工、高校毕业生以及专业技术人才等各类人员。在许多单位，劳务派遣工所占比例都明显增加，根据全国总工会的调查数据，“截至2016年，我国被派遣劳动者人数已经超过6000万人，占到国内职工总人数的1/5”。② 劳务派遣这一用工模式之所以能够迅速发展，且影响范围越来越广泛，主要是因为对于用工的企事业单位来说，存在以下几个方面的“优势”：能够实际降低用工单位的管理成本；能够机动灵活地解决企业用人“能进不能出”的矛盾，广泛地选择优秀员工；可以使用工单位减少劳动争议纠纷的发生。

然而，劳务派遣制度在其发展过程中也饱受争议，“由于劳务派遣这一用工模式能够有效降低用工单位的用工成本，从而使劳务派遣这种用工模式受到越来越多企业的青睐。但是，用工单位过于追求自身经济效益的提升，往往会忽视社会正义的实现，使得劳务派遣制度慢慢地偏离自身的轨道，造

---

① 宋丰景：《劳务派遣与市场经济下的临时工》，《中国就业》1996年第6期。

② 徐丽雯、王书玉：《劳务派遣中同工同酬法律问题研究》，《经济研究参考》2017年第31期。

成了经济效益与社会正义的失衡”。① 劳务派遣制度受到社会诟病的最主要原因是劳务派遣制度不够规范，使“同工不同酬”现象大量存在，被派遣劳动者的合法权益难以有效保障。因而，如今这一制度激起派遣工人的广泛不满，引起国家相关部门的高度关注。

1998 年南京市人事局制定了《南京市人才租赁暂行办法》，这是我国地方政府最早颁布的关于人才派遣的行政规章。② 而后，北京、深圳等全国许多地区都纷纷出台地方性法规，对劳务派遣制度进行规定。2008 年 1 月 1 日正式颁布施行的《劳动合同法》，首次以国家法律的形式对劳务派遣制度进行确定和规范。2013 年 7 月新修订实施的《劳动合同法》，对我国劳务派遣制度进行了进一步的补充规定。“2014 年 3 月份开始实行《劳务派遣暂行规定》，这些法律法规的颁布与实施，使企业劳务派遣用工进一步规范，其对用工比例的限制，促使企业劳务派遣用工发生了重大变革。”③ 但随着劳务派遣这一用工模式的迅速发展，影响范围越来越广泛，劳务派遣立法的进一步规范化显得越来越重要。

二、城市普通工人阶层的经济收入

直接和间接的经济收入状况是一个阶层、一个家庭甚至是一个人生活状况的基础，也是衡量生活状况的重要指标。城市普通工人阶层的收入状况在我国改革开放后发生了巨大而复杂的变化。城市普通工人阶层的经济收入状况在国家由计划经济向市场经济转型过程中发生了很多变化，在改革的不同阶段表现出很大差异。

由于城市普通工人阶层工资收入的公开数据难以获得，考虑到在改革开放初期，全国 80% 以上职工集中在城镇，因此我们选取 1980—2004 年全国职工平均工资数据，来分析判断改革开放早期城市普通工人阶层的工资收入变化状况（见表 6.4）。随着国家统计局统计方法和统计数据的不断改进，我们选取了更为接近的城镇就业人员平均工资，对城市普通工人阶层工资收

① 王剑栋：《我国劳务派遣制度的历史、问题与趋势》，《人力资源管理》2016 年第 2 期。
② 时金峰：《劳务派遣现状调查及对策研究》，《人民司法》2009 年第 19 期。
③ 陈帆：《新形势下企业劳务派遣用工的规范使用》，《劳动保障世界》2020 年第 5 期。

入进行观察，作为我们研究的重要依据（见表6.5）。

表6.4　全国职工年平均工资表（1980—2004年）①

单位：元

经济类型＼年份	1980	1985	1991	1995	1997	1999	2000	2001	2002	2003	2004
国有单位	803	1213	2477	5625	6747	8543	9552	11178	12869	14577	16729
集体单位	623	967	1866	3931	4512	5774	6262	6867	7667	8678	9814
其他单位	0	1436	3468	7463	8789	9829	10984	12140	13212	14574	16259
合计	762	1148	2340	5550	6470	8346	9371	10870	12422	14040	16024

数据来源：《中国统计年鉴》（2008）。

表6.5　全国城镇单位就业人员年平均工资表（2000—2019年）

单位：元

经济类型＼年份	2000	2002	2004	2005	2010	2012	2015	2018	2019
国有单位	9441	12701	16445	18978	38359	48357	65296	89474	98899
城镇集体单位	6241	7636	9723	11176	24010	33784	46607	60664	62612
其他单位	11238	13486	16519	18362	35801	46360	60906	79453	87195
城镇私营企业	—	—	—	—	20759	28752	39589	49575	53604

数据来源：《中国统计年鉴》（2008）、《中国统计年鉴》（2020）。

综合考察这一群体的经济状况，可以发现以下特征：

其一，改革开放以后，城市普通工人阶层工资收入的货币水平逐年提高，尤其是改革开放初期，国家、企业和个人的收入增长速度都很快，当时的GDP多年以两位数在增长，人民的生活水平普遍提高，生活得到不断改善。

其二，在不同所有制单位中，城镇私营企业职工和城镇集体单位职工的收入一直处于较低水平。但2012年以来，城镇集体单位职工的工资收入增长速度明显加快，而城镇私营企业职工的收入则增长缓慢，目前二者已经拉开了相当大的距离。到2018年，城镇集体单位职工的年平均工资收入比城镇私营企

① 在表6.4和表6.5中，"其他单位"在《中国统计年鉴》中包括股份合作单位、联合单位、有限责任公司、股份有限公司、港澳台投资单位、外商投资单位等。

业职工高11089元，高出近22.4%。2019年二者之间的差额稍有回落。

其三，国有单位和其他单位（包括三资、私营企业）职工收入相比较，收入一直存在着差距。但这种差距在不同时期表现出不同特点。20世纪80—90年代，国有单位职工工资明显低于其他单位职工的工资水平。当时的有关研究表明，不同所有制单位之间职工的工资收入水平进入90年代后差距呈明显扩大的趋势。据1992年统计，三资企业职工的平均工资比国有单位职工的平均工资高50%—60%，比城镇集体单位高一倍多；个体户与工薪阶层的货币收入平均相差3—5倍；私营企业主的收入因企业规模不同而有很大差异，但一般要比普通职工的工资收入高出10倍以上。① 90年代末，国务院研究室课题组调查的数据表明：1990—1996年，国有、集体和其他单位之间职工平均工资之比由1.36∶1∶1.78扩大为1.46∶1∶1.92。1996年，在其他单位（主要是股份制和三资企业）工作的职工平均工资为8261元，分别比国有单位和集体单位高31.5%和92%。② 进入21世纪以后，国有单位职工的工资逐步赶上并超过了其他单位职工的工资水平。2003年，国有单位职工的平均工资第一次高于其他单位职工的平均工资额。2005年，城镇国有单位职工的平均工资也开始高于城镇其他单位职工的平均工资额。而后城镇国企职工平均工资一直处于领先优势。这表明，20世纪90年代以市场化为取向的国企改革取得了明显成效，其效益和竞争力都有了明显提高。2019年，城镇国有企业职工的年平均工资比“其他单位”职工年平均工资高11704元，高出近13.5%；比城镇集体单位职工年平均工资高36287元，高出大约58%；比私营企业职工平均工资高45295元，高出近84.5%。

其四，城市普通工人阶层的工资收入与国家和社会管理者阶层、专业技术人员阶层存在着差距。而这种差距在改革开放不同时期，表现出不同特点。改革开放之初，工人阶级内部各个群体之间的工资收入没有太大差距，20世纪80年代中期到90年代中期，城市职工中出现“脑体倒挂”现象，

① 李培林：《中国新时期阶级阶层报告》，辽宁：辽宁人民出版社，1995年，第163页。

② 国务院研究室课题组：《关于城镇居民个人收入差距的分析和建议》，《经济研究》1997年第8期。

这主要指的是当时“体制内”劳动者与“体制外”就业者的差别，但当时在城镇各种企事业单位中，体力劳动者和脑力劳动者的收入差距并不大。当时“一个八级技工的工资水平大致相当于国家中层干部的工资水平。甚至有些工人的收入还高于非物质生产部门的职工”。①

1995 年是我国经济体制改革转折的一年，这一年国有企业进入全面改造和重组阶段。这一阶段，因为原国有和集体企业不适应市场经济的要求，多数在经营中亏损或效益不佳，因而在这些企业中就职的城市普通工人的工资和福利都受到非常大的影响。为了求生存，国企开始了轰轰烈烈的企业改革，企业进行改制、重组、减员增效等措施，国企工人大量下岗失业。城市普通工人的工资、福利等都受到了空前的影响。于是城市普通工人的工资收入迅速拉大。这种差距在不同行业和不同地区之间拉开，同时也在同一行业内部不同单位之间拉开，而且还在同一单位内部不同群体之间拉开。普通工人的收入与其他阶层相比较而言处于下降趋势。“2007 年，全国职工平均工资为 1366. 69 元，其中普通工人平均工资收入为 1155. 88 元，为全部职工工资收入的 84. 6%……普通工人中 72. 4% 月工资低于全国平均工资。”②“而在高层管理人员中，一般管理人员和专业技术人员中，月收入在 3000 元以上的比例分别达到 26. 9%、6%、7. 3%，分别是普通工人的 20 倍、4. 6 倍和 5. 6 倍。”③

然而 2012 年党的十八大以来，党中央国务院对我国普通工人的生活给予了更多的重视，城市普通工人阶层的收入进一步提高，行业间、地区间、阶层间的收入差距逐步缩小。

三、城市普通工人阶层的社会保障

城市普通工人阶层的社会保障制度及其在现实中的实施状况直接关系到

---

① 施杨：《社会转型与工人生活轨迹变迁》，北京：中国社会科学出版社，2017 年，第 58 页。

② 中华全国总工会研究室：《第六次中国职工状况调查》，北京：中国工人出版社，2010 年，第 187 页。

③ 中华全国总工会研究室：《第六次中国职工状况调查》，北京：中国工人出版社，2010 年，第 187 页。

城市普通工人阶层的基本生活状态。社会保障被称为市场经济的“安全网”和“稳定器”，在我国社会主义市场经济的建立和完善过程中，我国传统社会保障制度也逐步被适合社会主义市场经济的社会保障制度所取代。

从总体上看，我国城市普通工人阶层的社会保障，是我国整体社会保障体系的组成部分。然而，这一组成部分无论是在我国传统社会保障制度建立过程中，还是在当代社会保障制度改革过程中，都起到了至关重要的作用，它是我国传统社会保障制度建立和当代社会保障制度改革的起点。

新中国成立后，我国传统社会保障制度的建立“以 1951 年《中华人民共和国劳动保险条例》的颁布与实施为主要标志，随后不断发展，形成了一套与计划经济体制相适应的社会保障制度，并被视为社会主义制度的有机内容和优越性的具体体现”。① 1951 年颁布的《劳动保险条例》全面建立了适用我国城镇所有企业职工的劳动保险制度，构成了新中国最重要的一项综合型社会保障制度。1978 年党的十一届三中全会以后，中国改革的大幕迅速拉开，进入 80 年代后，改革的重点由农村转入城市，国家不断推进企业改革和与之相关的其他重大改革。国民经济结构由公有制一统天下走向多种所有制经济多元发展的局面，城镇职工的就业也走向多元化。在国家经济转型的背景下，原来的国有企业和集体企业走向市场，成为市场主体，面临着严酷的市场竞争，必须接受优胜劣汰的市场法则。这使得原有的社会保障制度无以为继。1986 年全国人大六届四中全会通过了《国民经济和社会发展第七个五年计划》，设专章阐述了社会保障制度社会化改革问题。1986 年，国务院发布《国营企业实行劳动合同制暂行规定》《国营企业职工待业保险暂行规定》《关于发布改革劳动制度四个规定的通知》等文件，用劳动合同制替代终身就业制，首次为失业工人建立失业保险制度，同时对劳动合同制工人退休养老金实行社会统筹；原劳动人事部发布《关于外商投资企业用人自主权和职工工资、保险福利费用的规定》，开始推行缴费型社会保险制度。我国社会保障开始从单位化走向社会化。这些制度的建立主要是为了推

① 郑功成：《中国社会保障 70 年发展（1949—2019）：回顾与展望》，《中国人民大学学报》2019 年第 5 期。

进我国企业制度改革，尤其是国有企业的市场化改革而提出和实施的。1993年中共十四届三中全会通过《关于建立社会主义市场经济体制若干问题的决定》，首次提出“建立多层次的社会保障体系”以及“城镇职工养老和医疗保险金由单位和个人共同负担，实行社会统筹和个人账户相结合”，社会保障改革超越了为国有企业改革配套的狭窄范围，代之以服务于建立社会主义市场经济体制改革这一国家目标。1998—2008年，中国逐步建立起独立于企事业单位之外的社会保障体系。2011年《社会保险法》颁布实施，明确了中国新型社会保障体系是以权利和义务相结合的社会保险为主体的制度安排。2014年将传统的机关、事业单位工作人员退休金制度转变为与企业职工一样的社会养老保险制度，宣告传统社会保障制度完全退出历史。2017年党的十九大报告明确提出“全面建成覆盖全民、城乡统筹、权责清晰、保障适度、可持续的多层次社会保障体系”①。

我国社会保障制度从“单位保障”向“社会保障”的过渡，改变了传统保障体制下单位作为职工养老、医疗等基本社会保障主体的做法，建立起独立于企事业单位的社会保障体系。这一社会保障体系的建立，适应并有力推动了社会主义市场经济体制的建立，也是社会主义市场经济建立的必然结果。经过几十年的努力，新的社会保障体系不断完善，政府对社会保障的公共投入也持续大幅度增长，各项保障制度的覆盖面迅速扩大。2012年，实现城乡养老保险制度全覆盖。截至2018年末，全国参加基本养老保险人数为94293万人，其中参加城镇职工基本养老保险人数为41902万人，参加城乡居民基本养老保险人数为52392万人；在参保人员中，领取养老金的离退休人员为11798万人，领取居民养老金待遇者为15898万人。② 2020年末，全国参加基本养老保险人数为99865万人，比上年末增加3111万人；全国参加城镇职工基本养老保险人数为45621万人，比上年末增加2133万人；全国参加城乡居民基本养老保险人数为54244万人，比上年末增加978万

---

① 习近平：《决胜全面建成小康社会 夺取新时代中国特色社会主义伟大胜利——在中国共产党第十九次全国代表大会上的报告》，北京：人民出版社，2017年，第47页。

② 人力资源和社会保障部：《2018年度人力资源和社会保障事业发展统计公报》，http：//www. Mohrss. gov. cn/SYrlzyhshbzb/zwgk/szrs/tjgb/201906/t20190611_ 320429. html。

人。其中，实际领取待遇人数16068万人。

第三节　城市普通工人阶层的政治状况

在中国，多数城市普通工人关心国家政治。计划经济时期，城市普通工人政治参与热情较高，改革开放后，部分普通工人政治参与热情有所下降，但从整体上看，他们的政治状况良好。分析城市普通工人阶层的政治状况，主要从政治心态、政治认同、政治参与等几个方面入手进行研究。

一、政治心态

政治心态也就是政治心理态度，是公民对政治活动和政治生活的情感、认知和评价的一种态度。政治心态好，参与政治生活的积极性就高，反之，参与政治生活的积极性就会低。研究表明，影响政治心态好坏的因素主要包括政治制度、经济收入和社会地位。政治制度是影响公民政治心态的首要因素。在参与政治生活过程中，政治制度为公民的政治行为创造政治环境，约束和引导公民的政治行为，使公民的政治行为在一定的范围内进行。在实际的政治参与中，可以感受到政治制度对政治实践的规范作用，进而对政治制度产生最直接的感情和认知。我国实行的社会主义政治制度，一方面可以保障人民当家作主的主人翁地位，另一方面可以保障城市普通工人阶层通过社会主义政治制度参与政治生活、开展政治活动。而在人民参与政治生活的途径中，大多数人都会选择选举人大代表。马克思主义认为，经济决定政治，政治是经济的集中表现，社会成员的政治心态也会受经济水平的影响。马克思指出："在不同的财产形式上，在社会生存条件上，耸立着由各种不同的，表现独特的情感、幻想、思想方式和人生观构成的整个上层建筑。"①2008年，对"贫困地区、贫困人口的救济"这个问题的调查显示，按调查对象的个体年收入区分，1万元以下的，对这个问题的"最关注"比例是28.5%；1万—3万元的，对该问题"最关注"的比例是11.3%；3万—6

① 《马克思恩格斯选集》（第1卷），北京：人民出版社，2012年，第695页。

万元的，这个比例是7.8%；6万—10万元的，该比例为3.3%。[①] 可以看出经济收入越高，关于贫困地区、贫困人口救济问题的关注越少。这也与马克思经济水平影响政治心态观点相一致。城市普通工人阶层在计划经济时期享受着“低工资、高福利”的待遇，经济收入稳定，福利待遇好，政治心态也较好；在国家实行改革之后，工人们的福利待遇有所减少，经济收入的减少使得工人们的政治心态有所变化。社会地位的高低会影响人们参与政治生活的难易程度，进而影响参与政治生活的积极性，一般来说，社会地位高的人政治心态更为正面；反之，社会地位低的人政治心态更为负面。对于城市普通工人阶层来说，在计划经济时期，他们作为社会发展的重要力量，主人翁意识强、社会地位较高、更加积极地响应国家政策，政治心态更为正面；在市场经济时期，国家的发展要求企业进行改革，激发企业的发展潜力，但国企实行改革之后，城市普通工人阶层的地位有所下降，他们的政治心态不如从前那么积极。

2015年的一项研究显示，工人中经常谈论政治的占14.83%，偶尔谈论的占47.13%，很少谈论的占27.75%，从不谈论的占10.29%。[②] 经常谈论及偶尔谈论政治的工人占比在60%以上，说明多数普通工人是关注政治的。对政策的理解和认知是民众政治心态的重要体现。2018年8月，本课题组对辽宁省大连市的国企员工的调查研究显示，有72.8%的人对到2020年全面建成小康社会有信心；有79.6%的人对我国的“十三五”规划有了解；有63.9%的人认为党风建设对自己有利；有86.5%的人坚定不移地支持全面推行从严治党、大力推进反腐倡廉。2018年9月，本课题组发放了100份问卷，调查北京市国有企业职工对国家方针政策的了解情况。调查显示，87.1%的人了解社会主义核心价值观；85.3%的人对我们国家到2020年全面建成小康社会有信心；71.6%的人了解“五位一体”总体布局和“四个全面”战略布局；85%的人认为党中央八项规定出台使得贪污腐败减少；

① 孙永芬：《政治心态与影响因素间变量关系的实证分析》，《政治学研究》2008年第1期。

② 赵祖平：《现代治理体系建设中的工人参与》，《中国劳动关系学院学报》2015年第1期。

85%的人支持坚定不移地全面推行从严治党、大力推进反腐倡廉；84.3%的人相信党和政府制定的方针政策正确。在这次抗击新冠肺炎疫情过程中，95%以上的城市普通工人对党和政府的抗疫政策非常关心，并对政府在抗疫中的表现满意。很多人积极响应党和政府的号召，自愿参加抗疫志愿者组织，积极投身抗疫行动，对中国特色社会主义制度表现出前所未有的热爱，对国家未来充满信心，政治心态积极。

二、政治认同

政治认同是指人们在政治生活中对政治体系运转、对政治领导者以及理论、政策等政治活动的认可和遵从，体现出社会成员对党和政府的信任和支持，是一种内在的归属感和依赖感。对于城市普通工人阶层来说，他们的政治认同体现在对国家政策调整以及国企改革之后对政策的认可和对自身身份转变的认可。

（一）政策认同

在计划经济时期，国企工人享受“低工资、高福利”的工资待遇，同时加上意识形态的宣传塑造，工人们对党和国家有着极高的信任和认同，对党和国家实行的政策积极响应，有着很强的政策认同感。在国企改革时期，新闻媒体对改革政策推行的必要性、合理性以及改革后的措施等进行大量正面宣传，这些宣传一方面使得广大工人了解到改革的内容，对改革多一些了解和认同；另一方面使得工人们明白，改革是国家发展的需要，身为国家的主人，应积极响应国家号召，积极配合国家的相关政策。因此，在新闻媒体的宣传下，广大工人对改革的负面情绪减少，积极响应国家的号召，推动国企改革快速进行。虽然随着时代的要求、市场经济的发展，国企工人的地位在逐渐下降，但这些老一辈的国企工人对党和国家的忠诚度依然很高，对党和国家实行的政策依然支持、信任并积极响应，是国家发展的重要支撑力量。

（二）身份认同

在计划经济时期，国家的意识形态宣传力度很大，广大工人对党和国家有着极高的信任和支持，因此工人阶级的主体认同、身份认同以及对国家的认同程度很高。工人阶级长期接受意识形态的宣传，这种意识形态的宣传在他们的话语和认识中产生了深远的影响，因此这些工人在计划经济时期的主人翁意识很强，对自身地位和国家权力有着深厚的政治认同。即使在市场经济时期，进行国企改革后，意识形态的宣传仍在继续，这种影响在工人心中仍然很深远。虽然改革中，普通工人在企业和社会上的地位有所下降，但多数原国有企业和集体企业工人都较平稳地接受了这些变化。2016 年 10 月，习近平总书记在全国国有企业党的建设会议上明确指出，“工人阶级是我国的领导阶级，是我们党执政最坚实最可靠的阶级基础，是全面建成小康社会、坚持和发展中国特色社会主义的主力军”。[①] 对此，绝大多数城市普通工人表示认同。

三、政治参与

政治参与是公民参与政治生活、发表自己意见的重要方式，反映了公民在政治生活中的地位。政治参与程度的高低可以通过政治参与态度和政治参与行为进行分析，对于城市普通工人阶层来说，他们的政治参与程度深受国家政策改革的影响，在改革开放之前，政治参与程度高，在改革开放之后，政治参与程度降低。在我国，政治参与意向最为积极的表现是参加政治组织，有研究显示，在工人团体中，中共党员占 28.74%，共青团员占 17.99%，民主党派占 0.70%，群众占 52.57%[②]，从这方面看，我国工人的政治参与意识较强。

在这次抗疫斗争中，全国人民响应国家的号召，以不同的方式投身到生命大救援中，在得知口罩等医疗物资短缺的时候，各大企业、职工放弃假期，投身到生产中；当接到建设火神山、雷神山医院的指示之后，建筑工作者们从老家返回武汉，夜以继日地开始了建设工作；许多居家隔离的企业职工自愿成为小区的志愿者，承担体温测量、病毒消杀的工作；一些人在武汉做起外卖员，为医护工作者以及广大市民购买和派送食物、药品等；还有人

① 中央文献研究室：《十八大以来重要文献选编》（下），北京：中央文献出版社，2018 年，第 393 页。

② 赵祖平：《现代治理体系建设中的工人参与》，《中国劳动关系学院学报》2015 年第 1 期。

做起了班车司机，接送医护人员上下班。国家面临重大挑战之时，也是广大人民群众团结更为紧密之时，在党和国家的集中统一领导下，全国人民政治参与的态度积极，热烈响应国家抗击疫情的号召，最终打赢了抗疫阻击战。

（一）政治参与态度

政治参与的态度分为两种，积极的政治参与和消极的政治参与。影响政治参与态度积极与否的因素，一是政治参与的成本问题，相关研究表明，政治参与的积极程度与个人收入呈正相关关系，个人收入越高，政治参与的积极性越强。在计划经济时期，普通工人阶级一直享受着“低工资、高福利”的待遇，在1952年，工人的平均工资为446元，1954年为519元，1978年为644元，从1952年到1978年这27年的时间里，工人的工资增长了198元[①]，增长幅度很小，并且在这期间还有两次工资下降的情况，分别为第二个五年计划时期和“文化大革命”时期。但是在低工资之外，工人们享受着高福利待遇，包括各种职工在生老病死等情况下所享受的劳动保障待遇，以及各种文化娱乐设施和生活福利设施。截至1980年的统计显示，国有企业基层单位建立的图书馆有10多万个，电影放映18500场，职工业余文工团（队）1.57万个，职工文艺创作小组8.8万多个，还包括各种体育场（馆）3600多个，体育协会8.8万个，体育运动队20.8万个。[②] 因此在这种高福利待遇下，工人的整体生活水平、幸福指数较高，对政治参与的态度更为积极。20世纪80—90年代，国家逐渐降低工人的工资水平、福利待遇，导致工人的社会地位逐渐下降，使得工人们对政治参与的积极性大大减弱。二是政治参与的认同感问题，在计划经济时期，工人阶级的主人翁意识很强烈，对党和政府的工作非常支持，政治参与的积极性也很高。随着社会经济制度的转型，工人的收入、权利等大不如之前，工人“老大哥”的地位、形象也逐渐衰落，一些工人对党和政府推行改革以及对改革时实行的政策措施有着很强的不满情绪，这种不满情绪进而转变为对党和政府的不信任感，政治参与的积极性也随之减弱。

---

① 吴清军：《国企改制与传统产业工人的转型》，清华大学博士论文，2007年。
② 吴清军：《国企改制与传统产业工人的转型》，清华大学博士论文，2007年。

（二）政治参与行为

政治参与行为是指公民参与政治生活的具体方式方法。公民的政治参与行为可以分为选举参与、政策参与、自治参与和维权参与四种行为（见表6.6）。

表6.6 政治参与变量描述统计

变量定义	样本量	均值	标准误	最小值	最大值
选举参与	6019	0.16	0.370	0	1
政策参与	6191	0.25	0.434	0	1
自治参与	6232	0.37	0.483	0	1
维权参与	6165	0.07	0.270	0	1

数据来源：《中国城市居民政治参与的实证分析》，《经济学报》2018年第1期。

通过表6.6可以看出，选举参与、政策参与、自治参与和维权参与这四个维度的均值都在0.5以下，尤其是维权参与和选举参与分别为0.07和0.16，说明当前我国城市公民的政治参与水平普遍偏低，政治参与的有效性不足；在这有效的政治参与中，我国城市居民又更加侧重于政策参与和自治参与。

有研究显示，有70%的人近5年里都没有参加过人大代表的选举活动。29.51%的人表示自己不曾参加过任何政治性的选举。参与投票的人中，认为投票很有意义的占12.20%，比较有意义的占21.95%，说不清楚的占21.22%，比较没有意义的占7.32%，很没有意义的占7.80%。① 从中可以看出我国工人对选举参与得很少。

表6.7 低收入群体的政治行为状态

单位：%

问题	选项＼类型	农民	城镇居民	国企职工	农村 <650	城市 <2000	总计
对群体性事件的看法	应该	46.7	47.1	66.2	45.7	67.9	58.4
	过分	50.0	35.6	13.8	34.8	15.8	24.0
	无所谓	3.3	15.4	20.0	17.4	15.8	17.0

① 赵祖平：《现代治理体系建设中的工人参与》，《中国劳动关系学院学报》2015年第1期。

续表

问题 \ 选项 \ 类型		农民	城镇居民	国企职工	农村 <650	城市 <2000	总计
参加上访的情况	参加过	20.0	7.7	8.2	6.5	7.6	9.1
	没有	50.0	78.8	84.6	80.4	83.7	79.6
	将上访	10.0	5.8	6.7	8.7	6.0	6.7
对组织上访、闹事的态度	参加	3.3	7.7	7.7	8.7	7.6	7.3
	随大溜	13.3	37.5	38.5	37.0	39.7	35.9
	偶尔参加	16.7	9.6	13.8	8.7	14.1	12.8
	不参加	60.0	43.3	40.0	43.5	38.6	42.9
权益受到侵犯时的态度	上访	43.3	32.7	21.5	28.3	23.9	27.1
	找媒体	23.3	31.7	51.3	30.4	47.8	42.6
	静坐	3.3	8.7	5.1	13.0	4.9	6.1
	打官司	30.0	26.0	22.1	26.1	23.4	24.0

数据来源：《低收入群体的政治心态与政治安定问题考察》，《理论探索》2005 年第 2 期。

由表 6.7 可以看出，在对群体性事件的看法上，66.2% 的国企职工认为"应该"；84.6% 的国企职工没有参加过上访；38.5% 的国企职工对组织上访"随大溜"；51.3% 的国企职工当权益受到侵犯时选择"找媒体"。

对于城市普通工人阶层来说，在计划经济时期，他们有着稳定的工作，享受着丰厚的工资待遇，会更积极地进行基础的政治参与，例如政策参与和自治参与，但维权参与得很少，因为他们对自身工作生活状况满意，很少有进行维权的需求；市场经济时期，国家对国有企业进行公司制改革，董事会的权利得以增强，工人在民主决策上的作用被弱化，在非公有制企业，工人的政治参与权利更难以实现。因此，在国企改革之后，城市普通工人阶层整体的政治参与水平下降。总体来看，国企职工有较高的政治参与积极性，同时政治参与的途径也更为正当。

第四节　城市普通工人阶层的社会状况

对于城市普通工人阶层社会状况，我们用社会学的研究视角比较分析了国内学者不同时期的三次典型的调研数据，并组织了自己的社会调查。在此基础上，我们看到，改革开放后，我国城市普通工人阶层的职业声望、社会心态等都发生了重要变化。

一、三次典型研究的比较与分析

（一）20 世纪 80 年代的调查研究

20 世纪 80 年代，职业声望排序研究被引入国内，1983 年华裔社会学者林南等在北京几个主要城区的居民中对 50 种职业声望进行调查测评（见表 6.8）①。1983 年，北京师范大学哲学系与中国社会科学院社会学研究所合作，对北京市六个城区、近郊区的六个居委会进行了职业方面的抽样调查。两次调查的结果都表明，城市普通工人阶层的代表性职业电工、汽车司机、业务办事员、电气设备安装工、印刷工人、纺织工人、邮递员、缝纫工人、食品工人、售票员、管工、油漆工、化学工人、建筑工人、服务员、铸工、矿工、装卸工等绝大多数都处于整个职业声望排序的后 26 位。

表 6.8　50 种职业声望调查测评

排序	职业	声望得分	排序	职业	声望得分	排序	职业	声望得分
13	电工	66.7	29	印刷工人	50.0	40	售货员	42.1
16	汽车司机	63.2	30	纺织工人	49.9	41	化学工人	40.5
19	机器修理工	61.4	31	采购员	48.2	42	建筑工人	39.4
20	手工艺工人	60.1	32	邮递员	46.3	43	服务员	39.0
23	产品检验员	57.4	33	缝纫工人	46.0	44	铸工	35.1
24	钳工	56.9	34	食品工人	44.6	46	矿工	31.6
25	打字员	56.2	35	售票员	43.8	47	装卸工	26.0
27	业务办事员	53.5	38	管工	43.4	48	清洁工	25.9
28	电气设备安装工	51.3	39	油漆工	42.2			

数据来源：《中国城市职业声望》，《国外社会科学》1988 年第 3 期。

① ［美］林楠：《中国城市职业声望》，黄育馥译，《国外社会科学》1988 年第 3 期。

（二）20 世纪 90 年代的调查研究

1997—1998 年，李强教授组织中国人民大学社会学系学生，在北京地区专门进行了两次职业声望调查，调查量表选择了能反映北京职业结构的 100 种职业。两次调查的结果十分接近。调查结果显示，城市普通工人阶层的代表性职业如保险公司业务员、外企普通雇员、公共汽车司机、汽车修理工、列车乘务员、电工、环卫工人、炼钢工人、出租汽车司机、采购员、寻呼台小姐、纺织工人、售票员、矿工、建筑工人、印刷工人、售货员、搬运工、传达室人员等都排在职业声望的后 40 位。① 具体情况见表 6.9。

表 6.9　城市普通工人阶层代表性职业声望排名

排序	职业	声望得分	排序	职业	声望得分	排序	职业	声望得分
52	邮递员	57.03	69	电工	50.34	83	矿工	47.34
55	导游	56.07	70	环卫工人	50.15	86	建筑工人	46.88
58	图书管理员	54.96	71	炼钢工人	49.85	87	印刷工人	46.30
61	保险公司业务员	54.07	74	出租汽车司机	49.04	90	售货员	45.60
62	外企普通雇员	53.38	76	采购员	48.57	93	单位保安人员	41.44
63	公共汽车司机	52.05	77	寻呼台小姐	48.44	94	搬运工	41.22
67	汽车修理工	51.11	80	纺织工人	48.12	100	传达室人员	36.37
68	列车乘务员	51.09	81	售票员	47.93			

数据来源：《转型时期冲突性的职业声望评价》，《中国社会科学》2000 年第 4 期。

（三）21 世纪初的调查研究

2005 年，中国社会科学院社会学研究所李春玲采用社会经济地位指数测量法，对 2001 年中国社会科学院社会学研究所"当代中国社会结构变迁研究"课题组在全国 12 个省及直辖市的问卷调查数据进行分析②，获得我国 81 种职业声望的排序，其中城市普通工人阶层的职业声望排序仍然居后（见表 6.10）。

① 李强：《转型时期冲突性的职业声望评价》，《中国社会科学》2000 年第 4 期。

② 李春玲：《当代中国社会的声望分层——职业声望与社会经济地位指数测量》，《社会学研究》2005 年第 2 期。

表 6.10　城市普通工人阶层职业声望排序

排序	职业	声望得分	排序	职业	声望得分	排序	职业	声望得分
40	机关单位轿车司机	57.11	57	国营企业电工	44.58	69	清洁工	34.79
45	保险公司业务员	52.94	58	私营企业电工	44.57	71	公共汽车售票员	32.37
48	邮递员	50.96	61	出租汽车司机	42.02	74	车工	29.12
50	外资企业电工	49.43	63	建筑工人	39.8	75	商店营业员	28.62
51	集体企业电工	47.69	65	火葬场火化工	37.1	76	印刷工人	28.33
53	推销员	46.67	66	矿工	37.07	80	搬运工	14.71
55	电脑打字员	45.4	68	纺织工人	36.6			

数据来源：《当代中国社会的声望分层——职业声望与社会经济地位指数测量》，《社会学研究》2005 年第 2 期。

对照这 3 次比较有代表性的调查数据，我们经过认真分析，得出以下几个结论：其一，在 20 世纪 80 年代初期，我国城市普通工人阶层中具有一定技术含量的职业，如电工、汽车司机、机器修理工、手工艺品工人、产品检验员、钳工等在当时的 50 种职业排名中还能排在中等靠前；其二，随着改革进程的不断推进，城市普通工人阶层的职业声望整体下降；其三，改革开放后，在工人职业当中，不同岗位在不同时期职业声望有所变化，但其升降只限于工人职业内部，就其总体而言仍然处于中等靠后；其四，在以上三位学者的研究中发现，人们对职业声望的评价中，职业收入和职业所需教育、技术水平是最主要的两大影响因素。

二、本课题组的调查分析

2017—2018 年，本课题组部分成员在沈阳、大连和天津三地进行了职业声望问卷调查。此次调查选择了有代表性的职业 50 种，共制作发放问卷 600 份，收回有效问卷 569 份。经统计，被调查对象中，男性占 53.2%，女性占 46.8%；年龄为 20—29 岁的占 11.2%，30—39 岁的占 28.8%，40—49 岁的占 22.6%，50—59 岁的占 27.5%，60 岁以上的占 9.9%；学历分布：硕士研究生以上学历的占 8.9%，本科学历的占 45.6%，大专学历的占

14. 1%，中专学历的占 6. 7%，高中学历的占 19. 7%，初中以下学历的占 5%。调查后，经过计算得出以下计算结果（见表 6. 11）。

表 6. 11　城市居民职业声望调查表

排序	职业	声望得分	排序	职业	声望得分	排序	职业	声望得分
1	市长	91. 7	18	外企高管	80. 4	35	炼钢工人	48. 4
2	科学家	91. 5	19	普通公务员	78. 3	36	厨师	46. 2
3	大学教授	91. 1	20	中学教师	75. 3	37	售票员	43. 3
4	企业家	90. 9	21	技术工人	70. 2	38	网约车司机	42. 1
5	医生	90. 1	22	小型企业经理	64. 6	39	种地农民	42. 0
6	法官	89. 8	23	证券操盘手	65. 3	40	城市私企工人	40. 3
7	大型国企经理	89. 7	24	银行职员	60. 3	41	建筑工人	39. 2
8	高级军官	89. 5	25	国企工人	60. 1	42	保险业务员	38. 2
9	高级工程师	87. 6	26	快递小哥	59. 8	43	宾馆服务员	33. 1
10	作家	86. 5	27	外企工人	58. 5	44	保姆	32. 6
11	电视主持人	86. 3	28	高铁乘务员	57. 6	45	矿工	30. 7
12	导演	85. 7	29	公共汽车司机	55. 7	46	城市环卫工人	30. 6
13	歌星和影星	85. 0	30	出租汽车司机	54. 3	47	城市保安	26. 2
14	中型国企经理	84. 8	31	护士	52. 4	48	乡镇企业工人	25. 6
15	消防队员	83. 2	32	城市农民工	53. 9	49	小商贩	21. 7
16	律师	82. 9	33	售货员	50. 7	50	传达室人员	20. 1
17	警察	81. 9	34	导游	50. 4			

这次的问卷设计和上面提到的几次问卷相比有两项调整：（1）特意增加了普通工人的职业数量和比例；（2）根据社会发展状况，列入了包括“快递小哥”和“网约车司机”在内的公众熟悉的新职业。

通过对调查数据的分析，同时与前面三次调查数据的比较，就城市普通工人阶层来看，我们得出以下几方面的结论：

（1）技术工人的职业声望有所上升。这与近几年来国家对产业工人和“大国工匠”的重视与大力宣传有着密切的联系，同时因为技术工人的短缺、就业形势转好、工资待遇提高，因而技术工人的职业声望相应提高。

（2）在城市普通工人职业中，国企工人职业声望提高明显，这与近几年国企工人工资及福利待遇提高有关。

（3）新兴职业“快递小哥”的职业声望相较其他普通工人的职业声望较高，反映了这一职业的收入相对较高，且与各行各业人们的生活密切相关，人们充分观察到这一职业对人们日常生活的重要性。

（4）“网约车司机”的劳动关系、收入福利等都带有不稳定性，因而其职业声望相较出租车司机较低。

（5）随着城市化的推进和户籍制度的不断改革，城市普通工人与城市农民工的界限正在逐渐变得模糊。一些调查者对城市国企工人、私企工人与城市农民工的交叉提出困惑。

（6）农民的职业声望有很大提升，甚至高于部分城市普通工人职业，反映出这些年来随着我国三农政策和农村扶贫工作的不断推进，相较于农民，部分城市普通工人的收入和生活的稳定性及保障性在下降，这应该引起我们的高度重视。

（7）收入、知识技术含量、权力等因素仍然是影响职业声望的最重要因素。

三、由“中心”走向“边缘”

新中国成立后，逐步建立起工人阶级领导的，以工农联盟为基础的，人民民主专政的社会主义国家。工人阶级是国家的主人，也是企业的主人。工人无论在社会上还是在企业中都享有很高的职业声望和社会地位。改革开放后，工人的地位发生了巨大变化。

首先，普通工人在企业中的地位发生了改变。研究者认为，改革开放后我国工人在企业中地位的改变主要表现在以下四个方面：（1）社会和企业都注重发挥经营管理者的作用，重视知识分子、技术人员的价值。（2）经济体制的改革，使人们对不同社会阶层的人的态度与价值评判发生了变化。人的能力和各种社会关系资源变得更有价值。（3）在改革用工制度过程中，职工切身感受到自己的地位受到挑战，这普遍加重了工人的心理压力。例如，厂长、经理责任制导致了企业中厂长、经理权限膨胀趋势，他们不仅握有生产经营的决策权，也掌握利益的分配、人事的调动任免等权力，这就使工人在企业内部的地位发生变化。一项有关全国21个城市47家大中型国有企业2万余名职工的调查表明：企业职工中认为“自己真正是企业的主人”的只占24.2%，65.9%的人明确表示自己与企业的关系是“利益共享”“干活挣钱”甚至是“受雇佣”的关系。（4）社会大环境使一些职工产生“相对剥夺感”。当他们与经营者和专业技术人员等作比较时，就会感到自己的生活相对处于较低水平。在1998年的一项“改革中谁受益最多，谁受益最少”的调查中，个体户、私营企业主被认为是受益最多的社会群体，而国有企业工人被认为是受益最少的社会群体。①

其次，改革开放后人们的价值评价发生很大变化。在计划经济时代，“劳动最光荣”是社会的主流价值观，工人是一种令人羡慕的身份，工人是社会主义建设的主力军，在“工农商学兵”几大行业中，工人的地位排在行业之首，工人是让人倍感光荣与自豪的职业。然而随着市场经济体制的建立，资本逻辑逐步渗透到社会生活的各个领域，导致人们的价值观念与计划经济时期相比发生了巨大变化，其中一个最大的变化就是，经济收入成为人们评判自身和他人职业好坏的重要标准，甚至是首要标准。由于城市普通工人所从事的职业大多知识技术含量低、可替代性强，因此在激烈的市场竞争中的工作稳定性差，且工资和福利保障水平低，这就使得城市普通工人阶层的职业声望以及与之密切相关的社会声望，相较其他拥有较多经济、政治和文化资源的阶层来说不断下降。因而，多数城市普通工人心中的光荣感逐步下降。

最后，改革开放后，各种大众传播媒体和影视作品中城市普通工人的声音和形象都变得弱化。新中国成立后，各种工人报刊遍地开花，在社会上影响很大。改革开放后，这些报刊大多消失或转向。在影视文学作品中，以前工人是很多作品的主角，当代工人在影视作品中则成了管理人员的陪衬。在舆论宣传中，工人的信息基本都是讲工人下岗、失业，工人区衰落等。“经

① 胡俊：《对当前利益调整中工人阶级地位评价的社会学思考》，《中共宁波市委党校学报》2000年第6期。

济地位及职业声望的下降使工人由大众传媒和影视作品中的‘时代主角’变成‘边缘群体’。”①

四、城市普通工人阶层的社会心态变化

所谓社会心态，是指与特定的社会运行状况或重大的社会变迁过程相联系，在一定时期内存在于社会群体内的情绪、情感、社会认知、行为意向和价值取向的总和。社会心态属于社会心理的动态构成部分。② 改革开放后，由于城市普通工人阶层特别是原国有企业和集体企业的普通工人群体社会地位的下降，使这一群体的社会心态发生了很大变化。近年来，国内学者对原国有企业和集体企业工人社会地位的变化以及这些变化对工人社会心态的影响进行了系列调查研究。

（一）“自豪感”消失

在计划经济时期，当工人是一件非常令人自豪的事，工人在社会中享有很高的社会地位和职业声望，很多人都以作为一名工人而自豪。改革开放后，社会职业逐步走向多样化，普通产业工人的职业地位在不知不觉中日渐下降。20 世纪 90 年代以后，我国有关部门做过的多次职业声望调查都得出了类似的结论，普通工人的职业排序都很靠后。在这样的社会背景下，做工人已经不再令人充满自豪。

（二）忧虑生活

1999 年上半年，国家体改委社会调查系统抽样问卷调查结果显示，工人对家庭生活的评价中，不满意的占 28.89%，满意的仅占 38.46%，在调查的 7 个职业群体中名列倒数第一。③ 据中国社会科学院 1998 年 11—12 月对全国 50 个城市 2295 名城市居民的抽样调查，城市居民最担心的个人和家庭的四个问题分别是失业、下岗、生病住院、家庭经济入不敷出。④ 进入 21

① 施杨：《社会转型与工人生活轨迹变迁》，北京：中国社会科学出版社，2017 年，第 122 页。

② 马广海：《论社会心态：概念辨析及其操作化》，《社会科学》2008 年第 10 期。

③ 汝信、陆学艺、单天伦：《1999 年中国社会形势分析与预测》，北京：社会科学文献出版社，1999 年。

④ 吴波：《现阶段中国社会阶级阶层分析》，中国社会科学院研究生院学位论文，2000 年。

世纪，城市普通工人阶层所担忧的几大生活问题仍然没有完全解决，这种担忧在工人中依旧不同程度地存在。

（三）社会心理失衡

城市普通工人阶层对目前社会上存在的收入差距表现出很强烈的不平衡心理。“主要集中在三个方面：一是对非法暴富议论纷纷；二是对有些特殊行业、垄断性行业收入畸高现象颇有意见；三是对有些地方，有些企业的厂长经理与生产工人年收入差距过大感到无法承受。”① 90 年代中期，在对允许鼓励一部分人先富起来的政策发表看法时，表示担心的职工人数为 37.90%（认为这会给非法牟利者开绿灯的为 19.36%，认为这可能导致社会贫富两极分化的为 18.54%）。据 1996 年 7 月一项“全国消费者意向”调查显示，在各个社会阶层中，工人是最难以接受社会收入差距扩大的主要社会群体，有 48% 的工人家庭表示难以接受，这一比例高出全国平均水平 6%。②

（四）对改革的态度变化

“对于改革的态度，国有企业和集体企业工人评价的标准主要来自对自身利益得失的衡量。”③ 改革初期，他们积极投身到改革开放的大潮中，是改革最早的受益者群体之一，生活状况迅速改善，因此他们对改革表现出积极的态度，希望改革能给他们带来更多实惠。然而，随着改革开放的不断深入，他们的经济社会地位相对不断下降，因此对于改革，他们的态度和评价都发生了重大变化。尤其在 20 世纪 90 年代后期和 21 世纪初，国企改革使许多国有企业和集体企业的普通工人下岗、失业，造成许多工人对改革产生恐惧、怀疑、抱怨甚至是怨恨。据当时的一份调查显示，在“宁可慢点改革”的问题上，持同意态度的占 43.4%，持不同意态度的占 38%，另有 17.6%的人回答“无所谓”。工人们不再拥有改革初期的热情，他们宁可放

① 王光银：《转型期中国工人形象及其未来发展》，《社会主义研究》2005 年第 4 期。
② 吴波：《现阶段中国社会阶级阶层分析》，中国社会科学院研究生院学位论文，2000 年。
③ 吴波：《现阶段中国社会阶级阶层分析》，中国社会科学院研究生院学位论文，2000 年。

慢改革的步伐，也不愿加大自己的生活和心理压力。[①] 由此得出结论，20 世纪 90 年代后期，国有企业职工对改革的态度已经明显趋于保守。近几年来，随着国企效益的好转和提高，国企在岗工人的收入水平相较其他类型企业的工人有较大水平的提高，这重新唤起国企工人们对进一步改革的希望。同时他们对改革中存在的国有资产流失和腐败等问题仍然存在极大不满，希望在进一步的改革中尽快解决这些问题。

总之，在市场经济转型过程中，城市大量国有企业和集体企业面对市场时，发生了亏损、倒闭和深化改革，造成大批城市工人下岗失业，他们突然被抛向市场，一时难以适应，一度失去生活的依托。后来在政府和社会各界的共同努力下，工人们经过心理调整，大部分人完成了转岗和重新就业。在新的岗位和新的单位中，城市普通工人再也找不到"主人翁"的感觉，而是时时面临着被解雇的失业压力。这让工人内心形成巨大的落差，产生强烈的失落感。这些对于那些亲身经历过，目前已经退休或行将退休的老工人来说，成为心头永远难以释怀的痛。2002 年，中国社会科学院陆学艺课题组经过大量调查研究，发表了《当代中国社会阶层研究报告》，其中他们主要以职业分类为基础，以组织资源、经济资源和文化资源的占有状况为标准，将中国社会由高到低分为十大阶层，其中产业工人排在第八层，他们认为"经济改革以来，产业工人阶层的社会经济地位明显下降"。[②] 对于今天"新生代"城市普通工人，他们虽然没有像他们的父辈那样经历过国家向市场经济转型时期的痛苦，也不曾有地位落差所带来的记忆，在工作之初他们就已经认识到市场经济的特点，并接受市场规则，进入城市中的各种企业，但他们对自己的工人职业不再存有以前那样强烈的自豪感，不再是受人尊重与羡慕的"工人老大哥"。

---

① 中国战略与管理研究会社会结构转型课题组：《中国社会结构转型的中近期趋势与隐患》，《战略与管理》1998 年第 5 期。

② 陆学艺：《当代中国社会阶层研究报告》，北京：社会科学文献出版社，2002 年，第 21 页。

第五节　城市普通工人阶层的文化状况

城市普通工人阶层主要在第二、第三产业中从事初级技术劳动、简单劳动和体力、半体力劳动，在城市工人所从事的职业中，其文化程度直接影响职业的选择，城市普通工人受教育情况如何，我们将通过权威数据加以分析。

一、受教育情况

根据2019年《中国劳动年鉴》，我们得到一个统计表，即不同职业就业人员受教育程度的统计数据（见表6.12）。

表6.12　不同职业就业人员受教育程度

单位：%

教育 行业	未上过学	小学	初中	高中	中等职业教育	高等职业教育	大学专科	大学本科	研究生	总计
单位负责人	0.3	3.9	26.3	18.7	6.6	1.7	20.5	19.7	2.4	100
专业技术人员	0.4	2.0	12.3	9.3	8.2	2.1	25.1	35.0	5.6	100
办事人员和有关人员	0.3	3.4	19.1	15.2	7.5	2.1	25.0	25.4	2.0	100
商业、服务人员	0.8	8.8	45.0	18.4	7.2	1.6	11.1	6.8	0.4	100
农林牧渔水利业生产人员	6.8	38.0	48.4	5.1	0.8	0.1	0.5	0.2	0.0	100
生产运输设备操作人员及有关人员	0.8	13.3	57.8	13.7	5.6	0.9	5.4	2.4	0.1	100
其他	1.3	14.0	40.7	16.6	4.1	1.1	14.2	7.7	0.2	100

资料来源：根据《中国劳动年鉴》（2019）整理。

在单位负责人职业中，初中、高中以及大学专科和大学本科占比最高，分别是26.3%、18.7%、20.5%、19.7%，其中初高中占45%，中等职业教育及以上占50.9%，专科和本科占总人数的40.2%。可以看出，单位负责人学历不同但是大部分都在中等职业教育以上。

专业技术人员中，中等职业教育及以上的占76%，大学专科及以上的占65.7%，受教育程度普遍高于其他职业。

在办事人员和有关人员中，初高中学历占了34.3%，中等职业教育及以上占62%，大学专科及以上占52.8%，受教育程度仅次于专业技术人员。

在商业、服务人员中，初高中人数占比63.4%，中等职业教育及以上占27.1%，大学专科及以上占18.3%，高中及以下占73%，仅次于生产运输设备操作人员及有关人员的85.6%，在城市工人所从事的职业中，受教育程度偏低。

在农林牧渔水利业生产人员中，高中及以下人员占比达到了98.3%，与其他职业相比，受教育程度普遍较低。未上过学的人数达到了6.8%。农林牧渔水利业是第一产业，而城市普通工人阶层，主要在第二、第三产业中从事初级技术劳动、简单劳动和体力、半体力劳动。因此，农林牧渔水利从业者不在城市工人的范畴。

在生产运输设备操作人员及有关人员中，小学、初中、高中人员占比最高，达到84.8%，受教育程度仅高于农林牧渔水利业生产人员，而农林牧渔水利业生产人员不在城市普通工人范畴，所以生产运输设备操作人员及有关人员职业在城市工人所从事的相关职业中受教育程度最低。

由上表可以得出，在城市普通工人所从事的职业中，技术工人的受教育程度明显高于其他职业，专科及以上学历者占到65.7%，其次是办事人员和有关人员中，专科及以上占比52.4%。商业、服务人员和生产运输设备操作人员及有关人员受教育程度相比其他职业要低。考虑到产生这一现象的原因是商业、服务人员和生产运输设备操作人员及有关人员职业的门槛较低，对学历的限制较低，如现在比较受到关注的网约车司机、快递员等职业对学历的要求并不高。

二、普通工人的学历与职业的关系

通过2019年《中国劳动年鉴》的相关数据，我们发现普通工人的受教育程度与其所从事的职业有着密切关系。

表6.13　全国职业人员的受教育程度

单位：%

行业＼教育	未上过学	小学	初中	高中	中等职业教育	高等职业教育	大学专科	大学本科	研究生	总计
单位负责人	0.2	0.4	1.0	2.3	2.0	2.5	3.4	3.7	4.5	1.6
专业技术人员	1.4	1.1	2.5	6.3	13.7	16.1	22.5	36.0	56.6	8.7
办事人员和有关人员	1.0	2.0	4.1	11.1	13.3	17.2	24.0	28.0	21.4	9.3
商业、服务人员	10.7	16.7	32.7	45.2	43.3	43.2	35.7	25.0	14.5	31.3
农林牧渔水利业生产人员	79.0	61.6	29.8	10.7	4.0	2.4	1.4	0.5	0.1	26.6
生产运输设备操作人员及有关人员	7.4	17.8	29.4	23.5	23.3	18.2	12.2	6.3	2.8	21.9
其他	0.3	0.5	0.5	0.7	0.4	0.5	0.8	0.5	0.1	0.5
合计	100	100	100	100	100	100	100	100	100	100

资料来源：根据《中国劳动年鉴》（2019）整理。

由6.13表我们可以看到：在所有未上过学的人员中，农林牧渔水利业生产人员占到79.0%，占比最高，其次是商业、服务人员，占10.7%，生产运输设备操作人员及有关人员占7.4%。

在小学学历占比中，排在前三位的依旧是农林牧渔水利业生产人员，其次是生产运输设备操作人员及有关人员，最后是商业、服务人员。由此可以看出，未上过学和有小学学历的人员大多从事农林牧渔水利业。

在初中学历占比中，排在前三位的依旧是商业、服务人员，农林牧渔水利业生产人员及生产运输设备操作人员及有关人员。在城市工人中，拥有初中学历的人主要从事商业、服务业和生产运输设备操作及有关工作，与未上过学和小学学历人员比，农林牧渔水利业人员明显下降。

在高中学历占比中，排在前三位的职业人员发生了变化，依次是商业、服务人员及生产运输设备操作人员及有关人员，办事人员和有关人员，农林牧渔水利业生产人员跌出前三名，排在第四位，但是与排在第三位的职业人员相差不大。我们可以看出城市工人中，在拥有高中学历的人员，大多依然选择从事商业、服务业和生产运输设备操作及有关工作。

在中等职业教育学历占比中，排在前三位的依次是商业、服务人员，生产运输设备操作人员及有关人员，专业技术人员，紧随其后的是排在第四位的办事人员和有关人员。在中等职业教育学历人员中，依然是商业、服务业和生产运输设备操作人员及有关工作人员占到最多。与拥有高中学历的人员相比，中等职业教育学历中，专业技术人员有所增加。

在高等职业教育学历阶段，排在前三位的依次是商业、服务人员，生产运输设备操作人员及有关人员，办事人员和有关人员，紧随其后的是排在第四位的专业技术人员。人员依然集中在商业、服务业和生产运输设备操作及有关工作。与中等职业教育学历比，高等职业教育学历阶段职业人员的构成并无太大变化。

在大学专科学历阶段，排在前三位的依次是商业、服务人员，办事人员和有关人员与专业技术人员，生产运输设备操作人员及有关人员首次跌出前三名，位居第四名，与第三名差距较大。在大学专科学历阶段，办事人员和有关人员及专业技术人员较之比其低的学历水平阶段明显增多。

在大学本科学历阶段，排在前三位的依然是商业、服务人员，办事人员和有关人员及专业技术人员，但是商业、服务人员首次跌下第一名，专业技术人员首次位居第一名，办事人员和有关人员位居第二名，商业、服务人员位居第三名，生产运输设备操作人员及有关人员位居第四名，与第三名有明显的差距。我们可以看到拥有大学本科学历的人大多从事专业技术和办事员及相关职业。

在研究生学历阶段，排在前三名的依然是专业技术人员，办事人员和有关人员，商业、服务人员。在研究生学历中，专业技术人员与办事人员和有关人员依然最多，值得注意的是，在研究生学历中，专业技术人员占比超过了50%，由此我们可以得出，专业技术相关的职业与城市工人所从事的其他职业相比，对学历的要求更高，人员的受教育水平也更高。

我们还可以看到，在全国城市工人数量中，从事商业、服务业的人员最多。其次是生产运输设备操作人员及有关人员。农林牧渔水利业生产人员占比26.6%，但是上文已经提到，农林牧渔水利业为第一产业，不在我们本节所研究的城市普通工人的阶层之中，不过这个数字也表明了在所有工人阶级中，从事农林牧渔水利业的人员达到了26.6%，也占据了一定的比重。

第六节　问题及对策建议

城市普通工人阶层是中国工人阶级的基本组成部分。因此，这一阶层的生存发展关乎社会的发展与人民幸福感的提升，所以，必须给予充分的重视。在经济社会迅速发展、城市生活压力日益增大的今天，我们必须高度重视城市工人的劳动强度问题、居住问题以及社会保障问题。

一、需要重视的问题

（一）劳动强度问题

劳动强度的大小通常用两个指标来衡量，一是持续劳动时期的长短，二是单位时间内支出的劳动量。持续劳动时间长或者单位时间内支出的劳动量多，则劳动强度大。反之，则劳动强度小。

改革开放后，随着社会主义市场经济的建立，企业和个人都成为市场主体。面对市场竞争压力，各类企业都需提高效率，因而加强了对职工的管理。这就带来两个方面的影响：一方面，激发了企业活力，挖掘了员工潜力，提高了企业效率；另一方面，也普遍提高了工作强度。而工作强度的提高给原国有企业和集体企业的职工的感受最为明显。改革开放后，除了一些关系到国家经济命脉的领域，公有制企业在国民经济中的许多领域都在逐渐退出，所占比重逐年减少，而城市职工就职于非公有制企业的比例在逐年上升。2018 年国有企业和城镇企业职工只大约占城市就业人口的 14.02%，而在港澳台、外商企业、私营和个体经济中就业的人口达到 61.92%。在这些非公有制企业中，工人的加班成为一种严重而普遍的现象。自 2010 年 1 月 23 日富士康员工第一跳起至 2010 年 11 月 5 日，富士康共发生 14 起跳楼事件，引起社会各界的广泛关注。据调查，工人的高强度劳动，成为导致这一连串跳楼事件的重要因素。

2019 年，“996” 工作制曾一度成为网络议论热点问题。“所谓‘996’，指的是上班时间从早 9 点到晚 9 点，一周 6 天。网友用这三个数字来泛指企业要求员工经常性加班，以至于将身体弄垮，导致‘上班 996，生病 ICU（危重病房）’。”① 这一现象之所以在网络上引起热议，进而引发社会各界广泛关注与讨论，因为目前加班现象已经超出了某一单个阶层，而成为社会多个群体的普遍现象。2019 年《工友》第 6 期发表了一篇微评，题目是

① 苏勇：《工作效率提高不能依靠“996”》，《社会科学报》2019 年 4 月 25 日。

《警惕“996”工作制催生“过劳一代”》，对“996”工作制作了简洁精练的分析与评论：“如今，‘996’工作制从互联网公司向各个行业蔓延的趋势令人忧虑。许多劳动者正被这种工作制裹挟着，在无休止的加班中被迫成为‘过劳一代’。这意味着，在‘996’工作制已经成为业内潜规则的状态下，即便选择跳槽也依旧无法摆脱加班魔咒，变的是工作地点，不变的是工作时长。”

“996”工作制透支了劳动者的健康和精力，损伤了一代人对于工作的兴趣和热情，进而对经济可持续发展和社会和谐造成负面影响。或许目前实行“996”工作制的企业占比不大，但在互联网具有放大效应的舆论场上，“996”引起的不满对社会的影响是不可估量的。

（二）居住问题

住房与居住状况是衡量一个群体生存条件与生活质量的重要指标。改革开放后，随着我国城镇住房制度改革的不断推进，我国城市普通工人阶层的住房条件发生巨大变化。从总体上看，我国城镇居民的整体居住条件毫无疑问都得到了非常大的改善，然而随着人们生活水平和对生活水平期望的提高，城市普通工人阶层在住房改善方面也面临着巨大的压力和困境。

1. 从分房到买房

新中国成立后，政府和国有企业一直是城镇居民住房投资、建设、分配和维护的主体。当时，国家和企业把住房作为国有和集体单位福利分配给职工，以满足城镇居民的住房需求。当时，在国家重点建设的工业城市中，工人住宅被规划成工人村。20 世纪 50 年代，上海市曾先后建起 34 个工人村；东北重要工业城市沈阳市也逐步建起了著名的铁西区工人住宅群。全国各地，如哈尔滨、长春、洛阳、兰州等都建设了很多工人住宅区。当时建设的楼房，今天看来显得过于质朴、简单、狭小，但对改善城镇工人的居住条件起到了非常重要的作用。当时企业职工提出申请，通过资格审核后，向所在工作单位缴纳很低的租金，就可以享受单位住房的使用权。这就是改革开放前长期实行的福利分房制度。

但随着城市人口数量的不断增长，住房需求量越来越大，且住房建设资金不足，政府和企业负担越来越难以承受，因而住房供应不能很好地满足职工的基本住房需要。1978 年，我国城镇居民的人均住宅面积为 3.6 平方米，城市普通工人几户同室或几代同堂现象大量存在，危房和棚户区改造进展缓慢。在此情况下，中央提出了住宅商品化的改革思路。从 1980 年开始，国家逐步放开城镇住房政策，准许私人建设、购买拥有自己的住房。1988 年，《全国城镇分期分批推行城镇住房制度改革实施方案的通知》提出住房制度改革的目标是实现住房商品化，鼓励职工买房。1994 年，国务院《关于深化城镇住房制度改革的决定》指出，把住房实物福利分配的方式改变为以按劳分配为主的货币工资分配方式。1998 年 7 月，国务院下发《关于进一步深化城镇住房制度改革加快住房建设的通知》，宣布从该年下半年开始全面停止住房实物分配，实行住房分配货币化。这是我国城镇住房制度改革历史上的划时代变革，从此我国城镇居民福利分房制度被彻底废止，城镇职工住宅获得告别了单位分房时代，走向了买房阶段。

职工可以把原来分得的住房以一定价格（通常低于市场价格）买下来，获得住房的产权，允许自由买卖，职工也可以到房地产市场自由购买商品房居住。随着住房商品化，中国城市人均居住面积有了大幅提高，据国家统计局公布的数据显示，2018 年，城镇居民人均住房建筑面积为 39 平方米，比 1978 年增加了 32.3 平方米。应该说，我国城镇住房制度改革，为我国各个阶层居住条件的改善起到了至关重要的作用，我国广大的城市普通工人阶层也是其中的受益者。

2. 购房中的困惑

住房公积金制度是我国 20 世纪 90 年代初在支持“房改”的基础上建立起来的住房储蓄制度，住房公积金致力于帮助城镇职工实现住有所居，获得了显著的社会经济效益。然而，在现实运行过程中，这样一种住房福利制度也使许多工人未能享受到保障。

首先，据《2018 年度人力资源和社会保障事业发展统计公报》的数据显示，2018 年末，全国城镇基本养老保险的参保职工人数为 3.01 亿人，同期累计有 1.44 亿人缴存住房公积金，覆盖了我国将近三分之一的城镇就业人员。这种情况的存在与一些企业逃缴和漏缴公积金有关。虽然住房公积金作为一种强制性的社会福利制度是企业和个人必须缴纳的，但很多单位用各种办法推脱缴纳责任。在住房公积金制度实施早期，很多企业中普遍存在这种情况，随着国家相关部门持续监督管理的不断加强，住房公积金覆盖面持续扩大，缴存金额稳步增长，但问题依然没有根本解决，尤其是在城市普通工人群体中，这一福利制度的建立对保障和改善这一群体的居住条件显得更加重要。

其次，在城市不同企业之间，住房公积金的缴存额度存在很大差异。根据我国《住房公积金管理条例》规定，职工住房公积金缴存以职工本人上一年度月平均工资为基数，缴存比例一般是5%—12%，在缴存基数本身存在较大差异的情况下，设置了1—2倍浮动比例空间。这就造成不同地区、不同行业、不同单位、不同群体之间的缴存金额存在巨大差距。城市普通工人阶层，因为工资本身较低，因而住房公积金的缴存额度不高，加上有些单位逃缴与漏缴，因而普通工人享受这一福利提供的购房支持的机会非常有限。

由于住房消费者的收入水平不同，其住房支付能力存在差异，因而国家制定了不同的政策。“高收入阶层的住房需求，由市场配置；中等收入群体的住房需求，由政策性金融解决；低收入群体的住房需求，则由政府提供保障性住房予以兜底保障。”① 据国家统计局《2018年国民经济和社会发展统计公报》显示，2018年末，全国居民人均可支配收入为2.8228万元，全国居民人均可支配收入中位数为2.4336万元，城镇居民人均可支配收入为3.9251万元，城镇居民人均可支配收入中位数为3.6413万元。② 城市普通工人阶层中一部分人群的收入高于困难人群，既不能像城市低收入家庭一样享有保障性住房，不能享受政府补贴，又买不起高价商品房，被称为城市“夹心层”。由于住房支付能力较弱，城市普通工人无力承担城市较高的房价、租金，住房问题仍很突出。

总之，从计划经济体制下的福利分房到市场经济环境下的住房商品化，从改革初期的旧平房、筒子楼到如今的高楼大厦，我国城市普通工人家庭住房得到了巨大改善。但面对今天城市的高房价，没有获得住房的城市普通工

① 蔡志刚：《改革完善住房公积金制度的对策建议》，《决策与信息》2019年第11期。
② 国家统计局：《2018年国民经济和社会发展统计公报》，http：//www. mohrss. gov. cn/SYrlzyhshbzb/zwgk/szrs/tjgb/201906/t20190611_ 320429. html。

人的住房问题仍然是他们所面临的重要困境。

（三）社会保障问题

虽然2003年医疗保险制度从城镇扩展到乡村，经过10多年的发展，基本实现了全民医保的目标。但目前我国城市普通工人的社会保障，还存在一系列问题，需要引起高度重视。

首先，在改革开放过程中，相较于城市企业管理人员和专业技术人员，企业普通工人的参保率明显偏低（见表6.14）。

随着我国社会保障制度的不断完善，我国居民的社会保障范围得到不断扩大，社会保障能力和水平不断提高。截至2016年底，全国参加城镇职工基本养老保险、城镇职工基本医疗保险、失业保险、工伤保险和生育保险的人数与2012年相比都有大幅度增加。2016年全国三项基本医疗保险参保（参合）人数达13.4万人，参保率达98.8%。①

表6.14　城镇企事业单位职工缴纳社会保险金的样本比例

单位：%

	养老金	医疗保险
普通工人	66.1	57.7
专业技术人员	67.3	70.6
一般管理人员	83.1	75.3
中层管理人员	85.5	72.5
高层管理人员	71.4	85.7

资料来源：《第六次中国职工状况调查》，北京：中国工人出版社，2010年，第441页。

其次，部分企业尤其是非公有制企业普遍存在职工社会保险费欠缴、漏缴和不按时缴的现象。从第八次全国职工队伍状况调查来看，很多企业找各种借口不给职工缴纳社保费，或者不足额缴纳，也有一些困难企业因经营困境无力缴费。调查显示，职工劳动合同中对社会保险没有明确规定的达24.8%；没有办理失业保险和工伤保险的职工比例分别达31%、23.6%。不同企业参加社保情况的差别较大，以养老保险和医疗保险为例，公有制企业职工参加基本养老保险和医疗保险的比例分别占90.1%、91.7%，非公

① 李玉赋：《第八次中国职工状况调查》（精编版），北京：中国工人出版社，2018年，第64－65页。

有制单位参加的比例分别为73.3%和74.9%，相差15%以上。近年来社会保障类信访数量不断上升，2016年，全国市（地）以上工会共受理社保类信访事项达6.37万件，占职工信访总量的19.98%。

二、对策建议

城市普通工人阶层是中国工人阶级的基本组成部分，数量众多、占比巨大，城市普通工人阶层的发展影响着城市的建设以及中国建设的进程，因此，我们必须对城市普通工人阶层出现的问题加以重视并努力探寻解决的办法。

（一）重视劳动关系，转变利益冲突

企业必须严格规范企业与职工的劳动关系，部分企业游走在法律边缘，严重威胁职工的权益，对此，国家劳动监察部门应该以强制的方式进行严格执法。企业必须遵守《劳动法》的有关规定，聘请法律专业人员对企业的劳动关系合同进行完善，制定合理的薪资标准及加班工资制度，规定劳动者劳动时间，合理安排工作，尽量减少加班问题，若发生劳动纠纷，要严格遵照劳动合同条款进行解决。只有企业为劳动工人考虑，工人才能因为自身利益得到保障而更高效率地投入工作，劳资关系可以是双赢的关系而非对抗的关系，企业和个人都严格做好自身应该做的事情，从而转变劳资利益对抗冲突。

（二）提高工人法律意识

要提高工人自身的维权意识，员工应加强对相关知识的学习，增强维护自己合法权益的意识。员工在加班时，应主动遵守相应的规定，及时打卡，同时保留相关证据，以便在发生劳动纠纷时提供证据，维护自身权益。“996”的工作制度严重侵害了劳动者合法的休息时间，工人要明确认识到“996”的违法性，了解并学会运用合法方式收集有利证据，维护自身合法权益。要鼓励工人通过集体协商，通过工会等维护自身权益。

（三）进行住房制度改革

居住问题是城市普通工人面临的重大问题之一，严重影响城市工人的幸福感。针对城市工人买房难问题，国家要重视住房制度改革，建立市场

供给与政府保障相结合的路径。“居者有其屋”并非是要保障居民有产权，可明确各类房子的产权性质，建立租售制度，运用多样调控手段，完善以商品房为主、租购并举的住房供应体系。完善财政、金融等各类制度的改革，使之与住房租售制度协调推进，推行稳定的首套房金融支持等，从而推动住房制度改革。住房制度改革和探索是一个长期的历史过程，要考虑每个时代不同的社会经济状况，要适应社会的新变化，切实解决存在的问题。“让全体人民住有所居”是未来中国社会美好蓝图的重要部分。

（四）保障住房支出

要提高工资水平、完善公积金制度，以保障住房支出。发展住房公积金事业，关系到职工的住房问题，也关系到国家住房建设政策的实施。按照《住房公积金管理条例》加强对住房公积金的管理，维护住房公积金所有者的合法权益，促进城镇住房建设，提高城镇居民的居住水平。一是要加大对政策条例的宣传力度，充分调动单位和广大职工缴交住房公积金的自觉性和积极性；二是要依照《住房公积金管理条例》规定，对拒不执行国家房改政策的单位及负责人，追究其行政责任，并实施相应的经济处罚。

（五）加强社会保障体系建设

加大政府财政投入，推动社会保障体系建设。满足人民不断增长的美好生活需求，必须加强整个社会的保障体系建设。首先，提高工人的工资水平和社会福利待遇，关心职工身体健康，改善职工工作和生活条件。其次，尽快实现养老保险全国统筹，加快养老保障制度建设。职工养老保险要在省级统筹、中央调剂的基础上，实现全国的统筹。推进养老保障制度，形成多层次养老保障体系。再次，健全和完善医疗保障制度，切实提高城市普通工人的医疗保障水平，以改革创新医保管理为突破口，推进医保、医疗、医药三医联动的整体改革。最后，完善各项社会救助制度，科学制定救助标准，落实政府责任，继续加大财政资金投入。此外，要善于利用社会力量参与社会救助，整合多方面的救助资源。

第七章
农民工阶层状况考察

改革开放以来，随着经济体制改革的深入发展，我国社会原有的阶级阶层结构也发生了深刻变化，其中的一个显著变化就是农民工阶层的形成。截至2020年，我国的农民工总量已达到了28560万人，目前农民工已经成为我国产业工人的主体，在我国社会主义现代化建设中发挥着十分重要的作用，是我国社会政治经济生活中一支不可忽视的重要力量。

第一节　农民工阶层的历史演化及构成

农民工是我国社会结构转型时期出现的新工人阶层，是伴随着我国改革的浪潮涌现出的社会群体。“农民工”一词，最早是由中国社会科学院的张玉林等教授于1984年在《社会学通讯录》中提出来的，这一群体概念的产生是中国农民世袭的户籍身份与职业身份逐渐相分离的结果。农民工阶层是指不占有资本并主要从事第二、第三产业工作的农业户口人员；从职业来看，他们主要从事的是非农职业，但从户籍归属来看，他们却是“农民”；他们中的一部分是在本地乡镇企业就业的离土不离乡的农村劳动力，另一部分是外出进入城镇从事第二、第三产业的离土又离乡的农村劳动力。农民工是紧跟着我国改革开放的步伐成长起来的，他们经历了时代的变迁和社会的发展，从产生开始到今天，其演变过程可以大致分为三个阶段：初步产生阶段（改革开放—20世纪90年代初）、快速发展阶段（20世纪90年代初—21世纪初）、深入发展阶段（21世纪初至今）。

一、初步产生阶段（改革开放—20世纪90年代初）

经历过两千多年的自给自足的自然经济，我国农业生产的根基深，农民数量的基数大，加上农村的产业发展十分缓慢，使得早期农村的劳动力得不到转移，成为潜在的农村剩余劳动力。在改革开放前，我国农村的人口是没有大量流动的条件的，一方面当时的政策限制了农民的自由流动，另一方面大部分的农民除了耕种土地之外也没有其他的谋生方式，这就导致农村人口被束缚在了土地之上，无法大量地向外流动，尤其是向城市流动。1958年，全国人民代表大会常务委员会通过了《中华人民共和国户口登记条例》，将城乡居民划分为了“农业户口”和“非农业户口”。这种城乡分治的户籍制度，使得只有极少部分的农民能够通过参军、婚配、教育等因素产生职业和空间上的流动，这样的社会流动所涉及的范围是十分狭窄的。

随着社会的发展和人民生活水平的普遍提高，农民不仅有着生存的需求，还有了生活需求，也就是在生存之余有了更多的物质文化需求，但是农民面临着自给自足的农业生产遭到冲击、农业收入不稳定、收入水平相对低下等现状，他们只靠农业劳动本身的收入不能实现自己预期的生活目标。与此相反，城市经济的发展速度要比农村快得多，城市居民的生活水平日渐提高，居住环境也较为舒适，城市人口和农村人口的生活状况形成了较大的反差。当传统的以家庭为单位的农业生产难以使农民的收入水平与现实需求相平衡时，农民自然就会想要寻找其他的谋生方式。所以早在20世纪70年代，农村就有少量的农民选择了进城打工，这代表着最早具有现实意义的农民工开始出现了。农民工的入城会加剧人们对城市工作岗位的需求，可当时我国各项工业和事业的发展还相对缓慢，国内的就业机会远远无法满足当时有就业需求的人群。“相关数据统计显示，70年代末，全国城镇闲置劳动力达到200多万人。”① 这意味着农民工一旦大量涌入城镇，城镇人口的就业情况将会更为糟糕，所以当时国家的政策全面限制农民的自由流动和自由择业。虽然中央限制农民自由流动，但在经济规律的作用下，农民仍然自发地外出务工，只是在市场环境不接纳的情况下，他们无法成为大规模的农民工群体。

1978年，党的十一届三中全会召开，在这次会议上，我国确立了改革

① 龚保儿：《二十年发展变迁！农民工社会保障政策经历了哪些重要阶段?》，https：//www. sohu. com/a/283132686_ 100261906。

开放的政策，国家开始调整轻重工业发展战略，农村工业化开始发展，乡镇的企业建设也由此起步。1984 年，邓小平第一次南方视察后，中共十二届三中全会讨论通过了《中共中央关于经济体制改革的决定》，阐明了经济体制改革的必要性、紧迫性，强调增强企业活力，发展社会主义商品经济、政企分开等重大问题，自此企业逐渐获得了相对自由和开放的市场环境，城乡集体和个体商业、服务业都得到了一定的发展，就业岗位逐渐增多。

1980 年，我国农村人口数量已接近 8 亿。1982 年，我国农村正式确立了家庭联产承包责任制，这一制度促进了农民生产积极性的提高，生产效率也随之提高，出现大量剩余劳动力。同时，人民生活水平的提高、社会的安定以及卫生医疗条件的改善，使得我国人口的自然增长率逐步上升，尤其是农村人口快速增多，农村剩余劳动力也在增加。

城乡发展水平的差距、工业化与现代化的发展、农村剩余劳动力的增多都为“农民”转变成“农民工”提供了条件。在上述的社会背景下，社会需要相当数量的劳动力进入企业和商户当中，国家对人口流动的管制有所放松，农民被允许进入城市和乡镇务工。1983 年中共中央发布了一号文件《当前农村经济政策的若干问题》，国家首次以官方文件的形式批准农民进入城镇务工，指出这对城乡发展有促进意义。1984 年，政府允许农民在自行解决口粮后进城务工或经商，并且鼓励集体和农民本着自愿互利的原则，将资金集中起来，联合兴办各种企业。其间乡镇企业快速发展起来，吸纳了大量农村富余劳动力，“农民工”群体初步形成。

这一时期，农民工大部分集中在乡镇企业中就业，进入城市的占少数，他们的流动总体呈现着就地转移的趋势，具有离土不离乡的特点。仅 1983—1988 年，就有 6300 万的农村劳动力转移到了乡镇企业中，这一部分人，也被称为“进厂不进城”的农民工。

二、快速发展阶段（20世纪90年代初—21世纪初）

20 世纪 90 年代初，邓小平的南方谈话提出市场经济改革，1992 年党的十四大明确要建立社会主义市场经济体制，我国改革开放和现代化建设的事业进入了一个新的发展阶段，对内鼓励并引导市场上的众多企业和商户良性发展，对外开放招商引资，给予在我国开设工厂的外企优惠政策。经济发展的浪潮又一次席卷全国，经济快速发展，各类企业如雨后春笋般涌进市场，这一时期国家十分关注劳动力对经济发展的推动作用，对农民工群体更加重视起来。

农民工随着我国工业化和城市化的建设成长起来，其发展壮大是必然的，20 世纪 90 年代开始，农民工阶层进入了快速发展阶段。“在我国，一方面是城镇工业化，经济发展需要劳动力，产生了强大的拉力，另一方面，农村有着数以亿计的农业剩余劳动力，城乡存在巨大差别，有巨大的推力，农民要增加收入，特别是青年农民要寻找出路，进城打工则是他们最好的选择。”①

1993 年，中国共产党第十四届中央委员会第三次全体会议通过了《中共中央关于建立社会主义市场经济体制若干问题的决定》，指出了在保持粮棉等基本农产品稳定增长的前提下，调整农村的产业结构，加快乡镇企业和其他非农产业的发展，为农村剩余劳动力提供更多的就业机会。打破地区封锁、城乡分割的状况，进一步搞活流通，增强农村经济发展的开放性，发展农村第三产业，促进农村剩余劳动力的转移。《中共中央关于建立社会主义市场经济体制若干问题的决定》的实施除了为农民工进一步提供了乡镇企业的就业岗位外，还打破了农村和城市的流动藩篱，取消了对农民进入城市的限制，政府开始引导农村劳动力向城市转移。

20 世纪 90 年代初期到 21 世纪初期，农民工开始快速从乡镇转移到城市，大量地向城市的第二、第三产业转移。农民工从初步产生到快速发展的 10 年间，不仅人数增长快速，区域流动特征也显现出了与产生初期不一样的转移趋势。除了由乡镇进入城市之外，他们还大量流向经济发展速度较快的京津冀、长三角、珠三角地区，变成了“离土又离乡，进城进工厂”的农民工。“资料显示，1993 年全国农民工达到 6200 多万人，比 1989 年增加了 3200 多万人；其中跨省流动的约为 2200 万人，比 1989 年翻了一番多。流入城市的农村剩余劳动力从 20 世纪 80 年代初期的几百万人到 1998 年已

① 单廷民：《浅谈农民工产生的原因和前景》，《决策探索（下半月）》2011 年第 4 期。

达6000多万人，其中跨省流动的大约有3000万人，长期稳定在城市就业的约4000万—5000万人。”① 这个时期，农民工的流动总体上是从农村到城市的单向流动、从本省到其他省份的异地转移。

三、深入发展阶段（21世纪初至今）

进入21世纪后，我国的工业化、城镇化加速发展，农民工的数量继续增加，农民工群体的人口红利优势不断展露，国家也越发重视农民工的发展问题。党的十六届三中全会上，“农民工”一词正式出现在了中共中央的文件中，从此“农民工”就成为进城务工的农民群体的统一的官方称谓，农民工的历史地位由此得到了充分的肯定。

2002年党的十六大报告首次明确提出农村富余劳动力向非农产业和城镇转移是工业化和现代化的必然趋势，要消除不利于城镇化发展的体制和政策障碍，引导农村劳动力合理有序流动。并且，中共中央、国务院在农村工作会上，强调要清理针对务工农民而设置的不合理限制和乱收费问题，健全劳动合同制。这一阶段，国家对于农民工群体的社会权益保障工作越发重视。2003年的农村工作会上，党中央和国务院强调要做好农民工服务工作，以解决拖欠工薪、保障劳动安全、加强职业培训为工作要点。国务院在《关于做好农民进城务工就业管理和服务工作的通知》中也指出：各地区、各有关部门要取消对企业使用农民工的行政审批，取消对农民进城务工就业的职业工种限制，不得干涉企业自主合法使用农民工。此后7年间，国家分别在2004年、2006年、2008年、2009年发布中央一号文件，不断加强农民工社会权益保障工作的政策推进与政策完善。从取消歧视性规定到建立健全劳动合同、社会保障、工资增长等政策制度，我国的农民工群体迈向了稳步且深入的发展阶段。

进入21世纪之后，农民工群体开始经历代际的更替，新生代农民工群体产生了。“20世纪80年代和90年代出生的农民工，作为一个社会学而非

① 高爱娣：《中国工人运动史》，北京：中国劳动社会保障出版社，2008年，第219页。

人口学的概念或群体，被称为新生代农民工或第二代农民工。”① 2010 年 1 月 31 日，国务院发布的 2010 年中央一号文件《关于加大统筹城乡发展力度进一步夯实农业农村发展基础的若干意见》中，首次使用了“新生代农民工”的提法。老一代农民工因年龄的原因逐渐地被新一代农民工所取代，新一代的农民工占据了农民工群体中较大的比重，成为农民工的主干力量。

有学者指出，“如果说，中国农业劳动力或者农民工从就地转移向异地转移的演变动因，主要是城乡要素市场化改革的驱动和区域发展差距与城市化加快的引力，那么他们从异地转移向就近转移的演变态势，则与党的十八大以来中央对城市化战略方针的调整与导向密切相关。如限制大城市发展，加快中小城市发展，鼓励就地就近城镇化与市民化”。② 党的十八大召开后，鼓励农民工创业、完善农民工社保制度、加快农民工转型为产业工人、解决农民工工资拖欠等问题成为促进农民工发展的重要方面。政府引导有知识有技术的农民工回乡创业，通过创业带动就业，为农村增添新的产业和就业机会，以此带动农村富余劳动力的就地转移或就近转移。所以 21 世纪后，尤其是 10 年代以后，农民工还是以外出务工为主要趋势，但是农民工的流动方向从单向流动转变为了双向流动，呈现出了从异地返回家乡、从城市返回农村的新特点。

2016 年，习近平总书记在中央经济工作会议上指出，扎实推进以人为核心的新型城镇化，促进农民工市民化。其间农民工的市民化进程加快，各项社会保障逐渐完善，社会福利日益增多，农民工的发展进入了“提升技能、融入城市”的市民化阶段，农民工也随着城市居民一同进一步进入了“以人为本、平等就业、共享服务”的时代。当前，我国在更加接近实现工业化，现代化建设稳步推进，保持经济增长的同时，在学有所教、劳有所得、病有所医、老有所养、住有所居的民生建设上持续取得进展，农民工群体就是最具有代表性的受益人。

农民工的产生、发展和消失是一个漫长的过程，农民工是当代中国由农

---

① 刘传江：《新生代农民工的特点、挑战与市民化》，《人口研究》2010 年第 2 期。

② 黄祖辉、胡伟斌：《中国农民工的演变轨迹与发展前瞻》，《学术月刊》2019 年第 3 期。

业型社会走向工业型社会出现的过渡性群体，未来必然也会伴随着城乡二元结构的消除、工业化和城镇化水平的提高、城乡差距的缩小和市民化进程的基本完成而退出中国社会。就目前我国发展的状况来看，短期内我国的农民工非但不会消失，反而会随着新时代的到来迎来新的发展前景，新时期也将会为农民工的转型提升创造新的契机。

第二节　农民工阶层的经济状况

改革开放40余年，农民工规模持续扩大，据国家统计局《2019年农民工监测调查报告》数据显示："2019年农民工总量达到29077万人，其中，本地农民工11652万人，外出农民工17425万人。"① 2020年，受新冠肺炎疫情影响，全国全年农民工总量稍有减少，但还是达到了28560万人，其中本地农民工11601万人，外出农民工16959万人。庞大的农民工群体作为重要的劳动力资源，在我国的劳动力市场中占据着重要的位置，研究农民工阶层的经济状况及其变化发展是考察我国劳动力市场发展程度的一个重要方面。

一、就业状况

对于农民工的发展来说，就业是非常关键的方面，劳动者只有参与就业才能获得参加国民收入一次分配的权利。就业关系着农民工的收入水平、生活保障、社会流动、市民化程度、人力资本的提升以及社会地位等各方各面。

（一）就业机会

20世纪80年代，由于户籍制度的管控，农村劳动力进城务工受到严格的限制，农民工数量少，就业形式大多是在乡镇本地的企业、工厂、矿场等地做临时工。以矿工为例，1982年发表在《计划经济研究》（现刊名为

① 国家统计局:《2019年农民工监测调查报告》，http：//www. stats. gov. cn/tjsj/zxfb/202004/t20200430_ 1742724. html。

《宏观经济研究》）的《关于贵州省盘江、水城矿务局使用农民工的调查报告》明确指出，“由于农村实行包产到户责任制，许多家居农村的职工，农忙季节回家种、收粮食，出勤率急剧下降。鉴于这种情况，于 1980 年 8 月实行使用农民工的办法，以解决维持正常生产的燃眉之急，农民工的招用，采取煤矿与公社签订合同的办法，合同期一般为半年到一年，到期辞退，重新签订合同，换用新的农民工。农民工在合同期内，如表现不好或不适于煤矿工作，煤矿可以随时辞退或要求社队予以更换”。① 此时的农民工承担的是补劳动力空缺的临时工角色，没有较多的就业机会。除此之外，1989 年刘援朝指出，80 年代的农民工就业还具有“兼业”的特点。“兼业”就是职业的兼任，农民工外出做工或是从事乡镇企业劳动，其目的仅仅在于获取更多的资金，当时土地仍是他们谋生的重要手段，从劳动分工论的角度来看，兼业是走向专业化分工的一个过渡阶段。总体而言，20 世纪 80 年代的农民工，无法抛开土地外出务工，只能选择“兼业”和“临时工”的工作形式，农民工数量较少、就业机会也较少。

到 90 年代初期，户籍制度对人口流动的阻力相对减少，农村劳动力大量向城镇转移，在城镇就业的农民工数量增多、就业机会增加，可以选择的职业类型也更加多样。但由于城乡差别的存在，城市的就业政策依旧存在缺陷，进入城市的农民工和城市工人无法合并成统一的劳动力市场，城市劳动力市场在很大程度上受到当时固有传统体制的保护，而对于农民工，劳动力市场非但没有给予他们相应的保护，反而给予了相当程度上的限制，如 1991 年国务院发布了《全民所有制企业临时工管理暂行规定》，其中就要求：“企业需要临时工，原则上在城镇招用；确需从农村招用时，应报经设区的市或相当于设区的市一级的劳动行政部门批准。”截至 1995 年，有人统计：“全国在职冗员 1500 万，进城的农民工 1500 万，企业内部一线工人缺口 1500 万。另外还有城镇显性失业劳动力近 400 万。”② 这样的就业环境导

① 庄启东、张晓川、李建立：《关于贵州省盘江、水城矿务局使用农民工的调查报告》，《计划经济研究》1982 年第 1 期。

② 童星：《失业问题的症结：隐性失业和显性失业的分割运行》，《探索与争鸣》1995 年第 1 期。

致就业资源的分配也越发失衡。90 年代后期，城镇企业改制使得许多城市职工变成了失业人员，城市的就业形势严峻，这时候城市政府为了避免农民工带来的过度竞争，还采取了限制农民工就业的政策，政府有意识地给城镇劳动者保留适当的就业岗位，并对农民工在城市当中就业的行业和工种做出了硬性的规定，农民工的就业机会也相应减少。

进入 21 世纪后，农民工总量继续增加。从就业机会上来看，城市政府减轻了对农民工就业的管控，城市的许多岗位开始向农民工开放。尤其是 2005 年以后，国家陆续发布了许多改善农民工就业状况的条例，以 2006 年为例，《国务院关于解决农民工问题的若干意见》规定“逐步实行城乡平等的就业制度。统筹城乡就业，改革城乡分割的就业管理体制，建立城乡统一、平等竞争的劳动力市场，逐步形成市场经济条件下促进农村富余劳动力转移就业的机制，为城乡劳动者提供平等的就业机会和服务。各地区、各部门要进一步清理和取消各种针对农民工进城就业的歧视性规定和不合理限制，清理对企业使用农民工的行政审批和行政收费，不得以解决城镇劳动力就业为由清退和排斥农民工”。[①] 目前，我国城乡统一、机会平等的社会就业制度表现在将城乡劳动力归入统一的就业管理服务体系，取缔劳动力市场对农民工的歧视性规定和不合理限制，取消在城镇就业岗位的招录条件和招录范围中针对劳动者户籍和来源地要求，以“公开、平等、竞争、择优”为原则进行城市就业岗位的招录等。经济高速增长减缓了城镇就业压力也增加了劳动力需求，劳动力市场的供求状况发生变化，市场对于非技术劳动力的需求大量增加，农民工的就业机会也逐渐增多，农民工可选择的职业也趋于多元化，就业的自由流动性明显提高。

（二）就业结构

从行业分布来看，2006 年，“进城农民工就业的行业首先是批发零售餐饮业和制造业，在这两个行业就业的农民工合计占农民工就业总人数的 60% 以上；其次是社会服务业和建筑业，在这两个行业就业的农民工约占农

---

① 新华社：《国务院关于解决农民工问题的若干意见》，http：//www. gov. cn/jrzg/2006 - 03/27/content_ 237644. htm。

民工就业总人数的25%。这些行业通常对劳动力技能要求不高，进入门槛较低，符合农民工自身的比较优势；而金融、保险、房地产、卫生、教育、文化等行业，进入门槛较高，因此，农民工就业的比例就非常低”。①

从事第二产业工人占比大，个体经营的比例日渐增加。截至2010年，农民工已经达到我国工人总数的三分之二以上，截至2017年，“第二产业每年为国民收入增加贡献率超过40%，从事第二产业的农民工占全部第二产业就业人员的67.8%，工资性收入对农民收入增长的年均贡献率达78%”。② 2005—2012年，“农民工就业类型中个体经营的比例日渐增加，比例从14%上升到33%；农民工的技能型人员比例不断提高，整体人力资本水平有所提升”③。

2010—2017年，公共部门就业比例逐渐提高，中西部地区就业比例有所提高。“以往农民工在公共部门的就业比例一直偏低，然而，近年来这一比例略有提高，从2010年的3.56%上升到2017年的5.62%。2010—2017年，农民工跨省流动的比例从48.68%下降到45.07%，东部地区就业比例从42.44%下降到36.95%。”④（详见表7.1）

表7.1　2010—2017年农民工就业特征分布

单位：%

年份	2010	2011	2012	2013	2014	2015	2016	2017
部门分布								
自我雇佣	38.91	43.05	35.00	37.00	37.99	40.59	38.09	39.88
公共部门	3.56	4.61	5.34	4.56	5.25	5.22	5.72	5.62
私人部门	57.53	52.34	59.65	58.44	56.76	54.19	56.19	54.49
流动范围								
跨省流动	48.68	47.27	52.58	47.35	45.53	45.58	45.05	45.07
流动范围								
省内跨市	34.81	33.39	30.15	31.19	33.32	32.80	36.49	35.63
市内跨县	16.51	19.34	17.27	21.46	21.15	21.62	18.46	19.30

① 高文书：《进城农民工就业状况及收入影响因素分析——以北京、石家庄、沈阳、无锡和东莞为例》，《中国农村经济》2006年第1期。

② 杨洁、邓也：《如何认识农民工的历史贡献及发展潜力》，http//epaper.scdaily.cn/shtml/scrb/20181207/206041.shtml。

③ 李实：《当前我国农民工的经济状况研究》，《中国人力资源开发》2014年第11期。

④ 李实、吴彬彬：《中国外出农民工经济状况研究》，《社会科学战线》2020年第5期。

续表

年份	2010	2011	2012	2013	2014	2015	2016	2017
就业地区								
东部地区	42.44	34.89	40.75	37.75	35.14	39.37	36.51	36.95
中部地区	20.21	21.67	18.43	20.94	21.22	20.74	21.63	21.47
西部地区	27.04	36.13	33.54	33.85	33.76	33.08	34.31	34.95
东北部	10.31	7.30	7.28	7.46	9.89	6.81	7.55	6.63
样本量（个）	80344	50928	62847	84037	85892	84522	71624	72617

资料来源：《中国外出农民工经济状况研究》，《社会科学战线》2020 年第 5 期。

（三）就业稳定性

农民工就业较不稳定，表现在农民工的非正规就业人数占比相对较高、职业流动频繁、工作地转换频繁等方面。“所谓非正规就业就是没有取得正式的就业身份、地位很不稳定的就业。”① 对于农民工来说，非正规就业主要是指两种情况，一种是在正式单位从事临时工，另一种是就业单位本身是非正式的单位或非正规部门。我国农民工进城之后基本都处在非正规就业的状态，“农民工从事的非正规劳动，主要集中在服务业、建筑业、零售、餐饮、制造业、交通运输等劳动密集、低技术水平的行业”。② 有农业户籍的工人不容易取得正式的就业身份，也不容易被纳入城市的正式就业体系之中，与正式职工在收入、福利、保障上均有明显差别。非正规就业的农民工与雇主之间的劳动契约往往是不够明确甚至是不具有法律效力的，雇佣关系较为松散，其中任何一方的毁约都会导致雇佣关系中止，使农民工的就业处于极不稳定的状态。

农民工就业的不稳定性，导致农民工的职业流动频繁且具有盲目性。21 世纪初的调查显示，“农民工中只有 29.87% 没有调换过工作，非农民工中则有高达 46.18% 的人没有调换过工作；而非农民工中只有 27.53% 的人调换过一次工作，有 25.86% 的人调换工作少于七次，0.43% 的人调换工作多于七次，相比较而言，农民工在这三方面的比例都高于前者，分别为

① 李强、唐壮：《城市农民工与城市中的非正规就业》，《社会学研究》2002 年第 6 期。
② 王春光：《农民工：一个正在崛起的新工人阶层》，《学习与探索》2005 年第 1 期。

35.71%、33.77%和0.65%，两者相差百分比还是比较大的”。[①]

近些年，我国对于农民工就业的引导政策逐渐增多，并且尽量给予农民工相对公平的就业环境和就业机会。但是新生代农民工有着相对于过去农民工较高的受教育水平和较少的工作经验，以及较高的就业期望与多元化的就业要求，所以他们在劳动市场上的就业匹配难度也在逐渐上升，职业转换仍然较为频繁。2017年有数据显示，“打零工的农民工占劳动年龄农民工总数的8.1%，随着年龄组上升打零工的比例也越高。从流入地变更情况来看，去过4个及以上城市的农民工占10.8%，甚至各个年龄组都不乏去过10多个地方打工的农民工。从业时间不足1年的农民工占26.4%，从业时间不足2年的农民工占43.8%”。[②]

（四）就业趋势

随着产业转移，农民工从事一线生产、建筑、矿业等工作的比例在持续下降，虽然农民工会继续流向工业、建筑业和餐饮、娱乐、新型服务业等第三产业，但技能型和创新型的现代产业岗位也在成为更多农民工就业的重要选择。截至2019年，“从事第三产业的农民工比重为51%，其中，从事交通运输仓储邮政业和住宿餐饮业的农民工比重均为6.9%，从事第二产业的农民工比重为48.6%，其中，从事制造业的农民工比重为27.4%，从事建筑业的农民工比重为18.7%”。[③]

在2013年及之前，农村剩余劳动力多，农村转移到城市的人口也多，农民工的数量多且增长速度较快。2013年之后，农村的富余劳动力的人数有所减少，农民工的增长速度逐渐放缓，加之国家对于农民工返乡的政策引导，农民工的流动大方向呈现出了异地返回家乡所在地，从城市返回农村的趋势。农民工的地域流动，自然也会带来职业的流动。近些年，政府给予返乡创业的农民工越来越多的政策支持，2015年，国务院先后出台了《关于

① 王春光：《农民工：一个正在崛起的新工人阶层》，《学习与探索》2005年第1期。

② 刘长全、李文：《农民工就业问题的发展及新特点、新挑战》，《河北学刊》2019年第2期。

③ 国家统计局：《2019年农民工监测调查报告》，http：//www.stats.gov.cn/tjsj/zxfb/202004/t20200430_1742724.html。

支持农民工等人员返乡创业的意见》《关于支持返乡下乡人员创业创新，促进农村一二三产业融合发展的意见》等一系列指导性文件，吸引了一大批有技术、有资金、有情怀的农民工返乡创业。截至2019年，“全国341个试点地区返乡创业人员已经达到近200万人，带动的就业人数超过700万人；在试点地区带动下，全国返乡创业人员已超过800万人，带动约3000万人就业”。①

从农民工的总体流向看，我国农民工向大型城市转移的趋势仍较明显，大城市能够给农民工带来的收入和发展机遇更多，对于农民工的吸引依然较强，不同于前些年的是，现阶段农民工职业区域流动更多地出现了向中小城市就近转移的趋势。“按照梯度递进规律，东部沿海发达地区的一些产业将向相对落后、成本较低的中西部地区转移。随着东部沿海地区产业结构的升级，适宜农民工就业的产业如一般加工业、资源开发业及劳动密集型产业将逐步向中西部地区转移，农民工的流向也将随着产业的转移逐步向中西部扩散。”② 国家统计局发布的最新报告显示，2019年全年，从输入地看，在东部地区就业的农民工仍然最多，在东北地区就业的农民工最少。东中西和东北地区的农民工总量分别为15700万人、6223万人、6173万人、895万人。东部地区的农民工总量相比上年减少了108万人，但也占了农民工总量的54%。农民工向中西部转移的趋势增强，在中部地区和西部地区就业的农民工比上年分别增加了172万人和180万人，分别占农民工总量的21.4%和21.2%。东北地区的农民工数量减少了10万人，占农民工总量的3.1%。随着我国经济的进一步发展，农民工的就业区域将会越来越多地流向欠发达城市。

二、收入状况

农民工的收入包括社会初次分配收入和社会再分配收入。社会初次分配是基础性的分配关系，大部分受雇于人或企业，以工资为主要或全部的收入，从农民中分化出来，从事非农业生产和经营活动，以工资收入为主要生

① 鲍一凡：《全国超800万人返乡创业 带动就业人口3000万》，http://finance.sina.com.cn/roll/2019-06-18/doc-ihytcitk6116295.shtml。

② 韩长赋：《中国农民工发展趋势与展望》，《经济研究》2006年第12期。

活来源。虽然农民工依然属于农民，并且仍然与农村土地保持一定的经济联系，但是其主要生活来源是工资。农民工的社会再分配收入是农民工的福利性收入，主要指国家或企业给予农民工的社会保障。

（一）收入来源

从目前农村人口生产经营方式的角度来看，农民的主要经济来源有以下五个部分：家庭农业生产经营收入、家庭非农经营收入、外出务工收入、转移性收入和其他收入。其中，工资性收入和家庭经营性收入所占比例最大。家庭农业生产经营收入是农村家庭经营性收入的基本部分，也是我国在实行家庭承包责任制后农民取得收入的最主要、最稳定的方式，主要是指农民在农村从事农业生产活动的收入，如土地种植、饲养畜禽、水渔养殖等；家庭非农经营收入包括农民在家庭农业经营之外进行的诸如开办工厂、个体经商等第二、第三产业收入，是农民的一个重要增收点；外出务工收入，也叫作工资收入，是农民外出务工所获得的劳务收入，也是农民工群体最主要的经济来源。

在没有完全退出农村的时候，我国的农民工就业的情况并非单一的务工或务农。农民工产生初期，半工半农的农民工占了很大一部分，当时农业收入是农民工群体收入中很重要的一部分。

在农民工大量异地转移到城市之后，他们的经济来源主要是工资收入了，但这并不意味着他们失去了全部的农业性收入。农民工的非农业收入大多是以家庭为单位的，在进城务工之后，他们虽然自身无法参与家庭经营性的生产劳动，但是可以通过其他方式来获得部分农业收入，比如将自己原本在农村的土地外包或租赁出去以获得额外的收入，或者家庭中其他成员替补他的部分工作以减少损失，但是从整体上看，他们的农业收入依然在逐渐递减。早在 2000 年左右，农民工经济来源中的农业收入就占比很小了，“从全国的抽样调查来看，务工经商的收入明显高于务农收入。纯粹务工经商的收入比农业与非农兼业的收入高很多，而兼业的收入又高于纯粹务农的收入，纯粹务工经商收入是纯粹务农收入的 2. 87 倍，兼业收入是纯粹务农收入的

2.12 倍。2002 年，农民增加的收入几乎全部来自非农业”。[①] 直到现在，新生代农民工中有相当多的一部分人已经没有了农业收入，即使是在农民工返乡之后，多数人也坚持从事非农业的生产活动。但是，在农民工逐渐失去农业收入的同时，我们也要认识到，农民非农业性收入的提高会增加农民的整体收入、缩小城乡收入差距，并且农民外出务工也为我国城市化和现代化发展提供了大量的劳动力。

（二）工资收入

农民工的工资收入状况需要根据不同时代的情况进行具体分析，不同的时期，农民工的工资状况是有很大差别的。

从工资数额来看，20 世纪 80 年代初，农民工平均月工资在 100 元左右。1989 年，“国务院《全民所有制企业临时工管理暂行规定》中规定：企业使用临时工，其工资的具体标准由用人企业与临时工本人协商确定”。[②] 受劳动力市场规模较小、就业市场成熟度较低、外出打工交易成本较高等制约因素的影响，企业需要支付较高的工资才能吸引农民工离土离乡地就业，20 世纪 80 年代末 90 年代初农民工平均月工资上升到了 200 元左右。20 世纪 90 年代中期，农民工现价月收入平均数在 500 元上下，2001—2003 年增长到 640— 690 元，即前期 7—8 年共增长 150 元左右。2006 年，《国务院关于解决农民工问题的若干意见》规定“规范农民工工资管理，切实改变农民工工资偏低、同工不同酬的状况。各地要严格执行最低工资制度，农民工和其他职工要实行同工同酬。建立企业工资集体协商制度，促进农民工工资合理增长”。[③] “2007 年超过 1000 元，2010 年达到 1690 元，即后期 7—8 年共增长 1000 元上下。”[④] 据人力资源和社会保障部劳动工资研究所的农民工薪酬课题报告显示，农民工的月平均收入“从‘十一五’末（2010 年）的 1690 元涨至‘十二五’末（2015 年）的 3072 元。从 1690 元到 3072 元农民

---

① 王春光：《农民工：一个正在崛起的新工人阶层》，《学习与探索》2005 年第 1 期。

② 马西恒：《关于中国入城农民工就业问题的分析》，《江海学刊》1996 年第 1 期。

③ 新华社：《国务院关于解决农民工问题的若干意见》，http://www.gov.cn/jrzg/2006-03/27/content_237644.htm。

④ 卢锋：《中国农民工工资走势：1979—2010》，《中国社会科学》2012 年第 7 期。

工的工资涨了 1382 元”。截至 2019 年，“农民工月均收入 3962 元，比上年增长 6.5%。农民工集中就业的六大行业月均收入均稳定增长，其中，从事制造业农民工月均收入 3958 元，比上年增加 226 元，增长 6.1%；从事建筑业农民工月均收入 4567 元，比上年增长 8.5%；从事批发和零售业农民工月均收入 3472 元，比上年增长 6.4%；从事交通运输仓储邮政业农民工月均收入 4667 元，比上年增长 7.4%；从事住宿餐饮业农民工月均收入 3289 元，比上年增长 4.5%；从事居民服务修理和其他服务业农民工月均收入 3337 元，比上年增长 4.2%”。①

从工资增速来看，不同时期的农民工工资增速差别明显，有调查显示，“20 世纪 80 年代增长较慢，80 年代后期年均增长率约为 6%；20 世纪 90 年代前期增长较快，90 年代后期增速较慢，90 年代除去少数年份如 1992—1993 年实际工资有明显增长外，整体来讲，似乎没有增长；进入 21 世纪后，农民工实际工资增长较快，年均增长率约为 10%”。② 据人力资源和社会保障部劳动工资研究所的农民工薪酬课题报告显示，“在‘十二五’期间，2012 年至 2015 年涨幅分别为 11.8%、13.9%、9.8% 和 7.2%”。截至 2019 年，“农民工月均收入比上年增长 6.5%。从事制造业、建筑业、批发和零售业、交通运输仓储邮政业、住宿餐饮业、居民服务修理和其他服务业的农民工的收入增速分别为 6.1%、8.5%、6.4%、7.4%、4.5% 和 4.2%”。③

20 世纪 80 年代至今，农民工的工资累计增长了 30 倍左右。以每 10 年为一时间节点的数据来看，农民工工资的增长确实有较为明显的提升，尤其是在 21 世纪后，农民工的工资额度得到了快速的提高。“近年来，从绝对值看，农民工工资平均每月提高 200 元以上。如果每年按照 10 个月计算，年增长幅度就是 2000 多元。”④ 但近年来，随着农民工就业的持续转型升级和中国经济的平稳运行，农民工工资的增速也在逐渐放缓。

---

① 国家统计局：《2019 年农民工监测调查报告》，http://www.stats.gov.cn/tjsj/zxfb/202004/t20200430_1742724.html。

② 卢锋：《中国农民工工资走势：1979—2010》，《中国社会科学》2012 年第 7 期。

③ 国家统计局：《2019 年农民工监测调查报告》，http://www.stats.gov.cn/tjsj/zxfb/202004/t20200430_1742724.html。

④ 卢锋：《中国农民工工资走势：1979—2010》，《中国社会科学》2012 年第 7 期。

从工资差距来看，对比农民工工资和城市工人工资，“20世纪80年代前期，农民工工资相对城市正式职工工资较高，二者比率趋势值在1.5倍上下。20世纪80年代后期以来的近20年间，农民工工资相对比率持续下降，大概在进入20世纪90年代后半期之后开始显著低于1”。[①] 受到文化水平、技术能力、城乡差异等因素的影响，2004年，农民工的平均月工资为780元，只相当于城镇职工的58%，其中，“因户籍差异造成的就业单位性质间的收入差异构成总体收入差距的大部分”。[②] 近年来，统一的用工制度使得农民工与城市工人在工资待遇上的差距日趋减少，现阶段农民工与城市职工之间薪资水平的差异主要是源于他们知识水平和技能水平的差异，但随着新生代农民工受教育水平的不断提高，农民工与城市职工的工资差异将会持续缩小。

对比农民工内部的工资，人口普查数据发现，“从收入分布来看，农民工内部的收入不平等程度要低于城镇职工”。[③] 并且有数据显示，“进城农民工的小时工资存在显著的性别差异，男性农民工的小时工资高出女性23.8%，农民工的城市工作经历年限与小时工资呈正相关关系，城市工作经历年限每增加1年，小时工资就增加5.5%，并且随着农民工城市工作经历年限的增加，它能够带来的边际收入是递减的。受教育水平对农民工的小时工资的影响显著为正，受教育年限每增加1年，小时工资就增加约6%，农民工的年龄与小时工资显著正相关，农民工年龄每增加1岁，小时工资会增加0.8%，建筑业和制造业这两个行业农民工的小时工资显著高于批发零售餐饮业农民工的小时工资，交通运输邮电仓储业和社会服务业虚拟变量对农民工收入的影响不显著。集体企业、股份有限公司、‘三资企业’、私营企业、个体工商户和自我雇佣虚拟变量对农民工收入的影响不显著”。[④] 从调查数据中可以得知，农民工的自身素质差距、就业单位的区别、工作经历的丰富程度均影响着农民工内部的工资差距。除上述内容之外，从2019年的

① 卢锋：《中国农民工工资走势：1979—2010》，《中国社会科学》2012年第7期。

② 田丰：《城市工人与农民工的收入差距研究》，《社会学研究》2010年第2期。

③ 邢春冰：《农民工与城镇职工的收入差距》，《管理世界》2008年第5期。

④ 高文书：《进城农民工就业状况及收入影响因素分析——以北京、石家庄、沈阳、无锡和东莞为例》，《中国农村经济》2006年第1期。

数据来看，“外出农民工月均收入4427元，比上年增长7.8%；本地农民工月均收入3500元，比上年增长4.8%。外出农民工月均收入比本地农民工多927元，增速比本地务工农民工高3%。分区域看，在东部地区就业的农民工月均收入4222元，比上年增长6.8%，增速比上年回落0.8个百分点；在中部地区就业的农民工月均收入3794元，比上年增长6.3%，增速比上年回落0.8个百分点；在西部地区就业的农民工月均收入3723元，比上年增长5.7%；在东北地区就业的农民工月均收入3469元，比上年增长5.2%，增速比上年提高3.8%”。[①] 可见，农民工内部的收入差距也表现在工作地域上，外出农民工的月平均收入要明显多于本地农民工，工资增速也更快，并且在东部地区就业的农民工收入要高于在中西部地区就业的农民工，但是数据也显示，在西部地区和东北地区就业的农民工的收入在逐渐增加，工资的增速也在逐步提高。

（三）劳动权益保障和社会保障

早在20世纪90年代，我国的社会保障体系就已经开始在社会上运行了。21世纪初，国家也多次发布中央一号文件来指导农民工问题的处理。随着经济的发展，农民工的社会保障和劳动权益保障程度得到了越来越快的提升，保障农民工各类权益的政策也越来越多。

1. 劳动权益保障

20世纪90年代末开始，学界对农民工的关注点就不仅局限于农民工对社会产生的影响，而是开始关注农民工自身的发展和社会对农民工权益的保护，随着我国劳动保障体系的逐步完善，农民工的劳动权益保障也得到了有效的推进和发展。

早期的农民工从事非正规劳动的现象很普遍，然而非正规就业的劳动是不受法律和制度保护的。“虽然我国《劳动法》同样适用于农民工的就业活动，但是却不能保证他们的就业权益。不管他们是否与企业、雇佣者签有合同，根据我国《劳动法》，他们从事的一些职业（比如保姆）还不能进入劳

① 国家统计局:《2019年农民工监测调查报告》，http://www.stats.gov.cn/tjsj/zxfb/202004/t20200430_ 1742724.html。

动部门监察监督和维权范围。”① 除此之外，农民工群体自身的维权意识也较低，许多农民工没有意识到权益保障的重要性，甚至还有农民工为增加收入，明确接受雇主的无保障性质的雇佣。

签订劳动合同是保障农民工劳动权益的十分有效的方式，早在农民工产生初期，国家就要求用人单位要与农民工签订劳动合同，2006 年，《国务院关于解决农民工问题的若干意见》中也规定，“所有用人单位招用农民工都必须依法订立并履行劳动合同，建立权责明确的劳动关系，严格执行国家关于劳动合同试用期的规定，任何单位都不得违反劳动合同约定损害农民工权益”。② 但是依旧有许多用人单位并没有很好地落实相关制度，各类劳动纠纷层出不穷。2008 年起，我国实施了《劳动合同法》，目的就是完善劳动合同制度，提高包括广大农民工在内的劳动者群体的劳动合同签订率。“国家统计局从 2009 年开始发布年度农民工监测调查报告，初期公布的劳动合同签订率仅限于外出农民工，直到 2013 年开始一并公布本地农民工劳动合同签订率。2009 年到 2016 年，外出农民工劳动合同签订率分别为 42.8%、42%、43.8%、43.9%、41.4%、41.4%、39.7%、38.2%。2013 年到 2016 年，本地农民工劳动合同签订率分别为 33.2%、33.3%、31.7%、31.4%，农民工整体劳动合同签订率分别为 38.1%、38%、36.2%、35.1%。”③ 除此之外，国家卫生健康委员会流动人口监测数据显示，截至 2017 年，“在有固定雇主的农民工中 73.3% 签订了一定形式的劳动合同，包括有固定期限和无固定期限合同，也包括完成一次性工作任务或试用期的合同”。④ 从各类的统计数据上看，外出农民工劳动合同签订率要高于本地农民工劳动合同的签订率，新生代农民工的劳动合同的签订比例要高于老一代农民工。

---

① 王春光：《农民工：一个正在崛起的新工人阶层》，《学习与探索》2005 年第 1 期。

② 新华社：《国务院关于解决农民工问题的若干意见》，http：//www.gov.cn/jrzg/2006-03/27/content_237644.htm。

③ 歆远：《农民工劳动合同签订率亟待提高》，https：//www.yicai.com/news/5303859.html。

④ 刘长全、李文：《农民工就业问题的发展及新特点、新挑战》，《河北学刊》2019 年第 2 期。

我国劳动法规定劳动者每日工作时间不超过 8 小时，每周平均工作时间不超过 44 小时，公司应当保证劳动者每周至少休息 1 天。2006 年，《国务院关于解决农民工问题的若干意见》规定，“严格执行国家关于职工休息休假的规定，延长工时和休息日、法定假日工作的，要依法支付加班工资”。① 但 2009 年国家统计局的监测报告显示，“外出农民工劳动时间偏长，行业差异明显。以受雇形式从业的外出农民工平均每个月工作 26 天，每周工作 58.4 小时。其中，每周工作时间多于《劳动法》规定的 44 小时的占 89.8%。从农民工集中的几个主要行业看，制造业农民工平均每周工作时间 58.2 小时，建筑业 59.4 小时，服务业 58.5 小时，住宿餐饮业 61.3 小时，批发零售业 59.6 小时。平均劳动时间最长的是住宿餐饮业的农民工，他们每周的工作时间超过 60 小时”。② 从数据统计来看，近 9 成的农民工每周的工作时间超过了《劳动法》所规定的 44 小时。2016 年国家统计局的监测报告中显示，“农民工年从业时间平均为 10 个月，月从业时间平均为 24.9 天，日从业时间平均为 8.5 个小时，均与上年持平。日从业时间超过 8 小时的农民工占 64.4%，周从业时间超过 44 小时的农民工占 78.4%，分别比上年下降 0.4 个百分点和 1 个百分点。其中，外出农民工日工作超过 8 小时和周工作超过 44 小时的比重比上年分别下降 1.8 个百分点和 0.6 个百分点”。③ 可见，农民工超时劳动的情况相比于 2009 年有所改善。随着我国农民工正规就业的人数逐渐上升以及农民工劳动权益保障事业的不断发展，农民工超时劳动的情况会进一步减少，加班补贴相应的政策也会逐步完善。

2. 社会保障

社会保险是社会保障的核心内容。2006 年 3 月，我国颁布了农民工专项政策《国务院关于解决农民工问题的若干意见》，首次明确了农民工的各项社会保障权益，指出“农民工的社会保障，要适应流动性大的特点，保险

① 新华社：《国务院关于解决农民工问题的若干意见》，http://www.gov.cn/jrzg/2006-03/27/content_237644.htm。

② 国家统计局：《2009 年农民工监测调查报告》，http://www.stats.gov.cn/ztjc/ztfx/fxbg/201003/t20100319_16135.html。

③ 国家统计局：《2016 年农民工监测调查报告》，http://www.stats.gov.cn/tjsj/zxfb/201704/t20170428_1489334.html。

关系和待遇能够转移接续，使农民工在流动就业中的社会保障权益不受损害。所有用人单位必须及时为农民工办理工伤保险，并按时足额缴纳工伤保险费，重点解决农民工进城务工期间的住院医疗保障问题，探索适合农民工特点的养老保险办法”。① 2009 年国家监测局报告显示，“外出农民工参加社会保险的水平总体较低，中西部地区农民工参保比例明显低于东部地区。雇主或单位为农民工缴纳养老保险、工伤保险、医疗保险、失业保险和生育保险的比例分别为 7.6%、21.8%、12.2%、3.9% 和 2.3%。从输入地看，中西部地区的农民工参保比例比较接近，但明显落后于在东部地区务工的农民工”。② 2010 年 10 月，《中华人民共和国社会保险法》发布，规定外出务工的农民工需按照相关法律法规参加所在工作单位的社会保险，从法律高度对农民工的社会保障权益做出了要求。2014 年 9 月，国务院出台了《国务院关于进一步做好为农民工服务工作的意见》，要求扩大城镇农民工参与社会保险的覆盖面，提出可以追究侵害农民工权利的相关部门及单位的责任。在 2019 年的《国税地税征管体制改革方案》中，国家明确指出，2019 年起，企业员工的各项保险包括养老、医疗、失业、工伤、生育等均由税务部门代收，由所在企业或单位统一购买。可见，我国对于农民工的社会保障问题越来越重视，出台了一系列条例规定农民工的社会保障权益不受侵害，也给予了农民工越来越便利的社保政策。随着社会保障的进一步发展，农民工参加社会保险的比例越来越高，“2014 年时，农民工平均各项社会保险的参保率为 20%，参保率最高的是工伤保险 29.7%”。③ 武汉大学中国乡村治理研究中心研究人员在调研报告中表示，2018 年底，中国有 2.86 亿农民工，有 6202 万人参加了城镇职工基本养老保险。参保率已经接近 22%。2018 年，人力资源和社会保障部联合五部门印发了《关于铁路、公路、水运、水利、能源、机场工程建设项目参加工伤保险工作的通知》，指出要将在各类

---

① 新华社：《国务院关于解决农民工问题的若干意见》，http：//www. gov. cn/jrzg/200603/27/content_ 237644. htm。

② 国家统计局：《2009 年农民工监测调查报告》，http：//www. stats. gov. cn/ztjc/ztfx/fxbg/201003/t20100319_ 16135. html。

③ 人民日报：《戴秀英委员：农民工参保率低 能否允许社保跟着走?》，https：//baijiahao. baidu. com/s? id = 1626946581910986925&wfr = spider&for = pc。

工程建设项目中流动就业的农民工纳入工伤保险保障，明确提出了要杜绝“未参保，先开工”甚至“只施工，不参保”的现象，这一通知的发布也在一定程度上提高了农民工的工伤保险缴纳率，从而提升了他们的劳动权益保障。截至2019年，“养老保险的参保率从2018年的15.7%上升至16.7%；工伤保险从25.5%下降至23.2%；医疗保险从17.6%到17.6%，保持不变；失业保险从9.1%上升至10.5%；生育保险从6.6%上升至7.8%”。[①]可见，我国农民工在社会保险上的参与度在逐年提高，并且，2020年，我国最新的《政府工作报告》又指出，将参保不足一年的农民工等失业人员都纳入常住地保障，进一步加强了农民工的生活保障。

住房保障是社会保障的重要方面。1999年，“我国国务院颁布了《住房公积金的管理条例》，这标志着我国将全面地施行公积金制度，但是，制度中明确指出了缴纳的对象是城镇的职工。2005年，我国公积金条例逐步将农民工纳入住房公积金的管理条例中”。[②] 农民工归入住房公积金的保障体系中，这一举措促进了农民工住房情况的改善。自2017年起，我国所有住房公积金管理中心全部接入全国住房公积金异地转移接续平台，住房公积金的异地转移和跨行业转移都方便了许多，如今我国的公积金已在全国范围实现“账随人走”。21世纪以来，我国对于农民工住房问题总体规划的演变分为以下几个阶段：“‘十一五’时期重点解决的是‘通铺变床铺’，‘十二五’时期重点解决的是‘工棚变工房’，‘十三五’时期将要重点筹划的是‘工房变公寓’，使农民工住宿从地下转入地上。”[③] 多年来，政府采取廉租住房、公共租赁住房、租赁补贴等多种方式来逐步改善农民工的居住条件，我国农民工在城市的人均居住面积也在逐年提升，截至2019年，“进城农民工人均居住面积20.4平方米，比上年提高0.2平方米。其中，在500万人以上城市人均居住面积增加较多，由上年的15.9平方米提高到16.5平方米；在300万—500万人口城市人均居住面积为19.7平方米，比上年提高

① 肖建义：《新时代我国农民工社会保障问题探究》，《中共云南省委党校学报》2020年第1期。

② 陈莉：《农民工住房公积金制度的“困境摆脱”研究》，《中国集体经济》2020年第7期。

③ 杨志明：《中国特色农民工发展研究》，《中国农村经济》2017年第10期。

0.3 平方米”。①

三、消费状况

“消费是人类社会经济生活的重要方面。消费行为即消费者通过消费支出，取得为自身生活的形成、维持和发展需要的商品或资源时的选择方式。它包括消费者的消费结构、消费方式等内容。由于消费行为与社会环境、社会结构、社会运行和社会发展无不具有密切的联系，因此，当一个人的职业发生变动后，不仅他的社会环境、社会角色必然发生变化，而且作为消费者的消费行为也会受到相应影响而发生嬗变。”② 农民进城打工后，在二元社会经济结构的作用下，经历着由农民到工人的身份转变，以及从乡村到城市的环境转变，在转变过程中，受双重生活方式的影响，农民工表现出了一种独特的消费行为。

（一）消费结构和特点

“农民工的消费结构是指他们不同内容、不同形式的消费项目，在消费整体中所占的比重及相互关系。消费结构可以用不同的标准来划分。根据消费资料的使用价值，将其划分为农民工的基本消费、家庭消费和其他消费三大部分。”③ 基本消费是指农民工维持生存和日常生活的消费，主要包括衣、食、住、用、医等方面的支出。家庭消费包括农民工用于贴补家用、养育子女和人情往来方面的支出。

我国学者冯桂林早在 20 世纪 90 年代就对农民工进行了“农民工消费结构各主要项目的基本状况”的问卷调查，结果表明，第一，农民工的享受和发展性消费比较贫乏，而且，农民工的精神文化类消费、享受性消费和发展性消费都较少，在农民工消费支出中的占比也很低。在学习和娱乐等方面的支出很少，在耐用品和交通上有较多支出的人也很少。第二，农民工的简朴

---

① 国家统计局：《2019 年农民工监测调查报告》，http：//www. stats. gov. cn/tjsj/zxfb/202004/t20200430_ 1742724. html。

② 冯桂林、李淋：《我国当代农民工的消费行为研究》，《江汉论坛》1997 年第 4 期。

③ 李淋、冯桂林：《试析农民工的消费行为——宜昌市农民工消费的调查与分析》，《社会主义研究》1996 年第 3 期。

型消费特征明显，农民工在基本的生存性消费资料上支出较多，如每月伙食开支为150—200元左右，衣着年花费480元左右，其他方面的开销很少。可见，农民工的生活需求过分单一，消费主要集中在生活必需品的支出上。第三，农民工的消费水平层次较为悬殊，在农民工群体中，绝大多数人的消费呈现简朴且低档的特点，但是又有10%左右的人消费水平偏高，数据统计显示，他们每月用餐支出在300元以上，15%的人每月在衣着方面的支出在200元以上，4%的人每月日用品的支出在50元以上。这些高消费者的存在使得农民工内部产生了较为悬殊的消费水平差距。农民工的消费水平和收入水平直接相关，20世纪90年代农民工的收入水平较80年代有很多增加，尤其是在一线城市的农民工收入水平要比在乡镇企业的农民工收入水平高很多，但是总体来看，90年代的农民工依然普遍收入水平低，与城市工人和城市市民的收入水平差距大，总体上消费能力不足，维持自身生存和日常生活的消费占极大比重，并且农民工的收入大部分都寄回老家补贴家用和养育子女，自己用于文化娱乐的消费和其他的消费微乎其微。

由于21世纪初的新生代农民工与老一代农民工的受教育水平和生活环境及生活年代的不同，新生代农民工的生活需求和精神需求及价值取向上都高于老一代农民工，新生代农民工消费能力提高，基本生活必需品的消费在消费结构的占比减少，精神娱乐消费占比递增，消费结构日趋多元化。据调查，“新生代农民工从消费项目上看，吃住方面的比重占到22.88%，平均11.03%的收入用于衣着服饰消费，通信、娱乐和人情方面都有7%左右的开支”。[①] 到了21世纪10年代，即便农民工消费水平逐年提高，但各类消费所占比例变化较小。以北京市的农民工为例，“随着他们的收入增长迅速，他们的月均消费也得到了较大提高，由2007年的697.53元增长到2013年的2351.7元，各类消费也相应增长，尤其是食品和住房支出增长较快。月均消费一直维持在月均收入的一半左右，食品和住房等生活消费仍占主要位置，但其他各类消费的比例小范围波动，有些项目如医疗保健和文教娱乐消费等支出未随着收入的提高而增长，占消费的比例反而变小。农民工在基

① 唐有财：《新生代农民工消费研究》，《学习与实践》2009年第12期。

本消费需求满足后，非基本消费需求仍以增加食品等生存资料消费为主”。①2016年的调查显示，“从农民工家庭的消费结构看，新生代农民工家庭的年人均衣食住行消费在总消费中所占比重高出上一代农民工家庭4.82个百分点。与之相反，新生代农民工家庭的教育消费所占比重，比上一代农民工家庭低4.85个百分点。两代农民工家庭的医疗保健消费占比基本相当。分细类观察，与上一代农民工家庭相比，新生代农民工家庭的年人均食品、衣着、居住、生活用品及服务、交通通信、文化娱乐和其他用品及服务消费在总消费中所占比重均更高”。②

从消费结构的变化来看，新生代农民工与老一代农民工在面对城市生活的态度也有所不同，他们进入城市务工不只是为了赚更多的钱，而是期待在城市生活中享受更好的生活环境，农民工的消费状况就在一定程度上体现了他们融入城市的状况。21世纪初的农民工消费结构与老一代农民工差异不大，农民工在城市的务工收入仍然是整个家庭收入的主要来源，他们的储蓄倾向较高，其消费具有暂时性和维持性，即“进城打工，回乡消费”，在流入地用于个人的消费“能省则省”，绝大部分收入被带回了流出地。21世纪10年代后，在消费特点上，新生代农民工的消费结构就产生了新的特点，享受和发展型消费所占比重更大，虽然农民工在总体上依旧呈现着简朴型的消费特点，但是用于娱乐、交通、服务等方面的消费比重在逐步增加。

（二）消费方式和特点

消费方式是人们消费物质生活资料、精神产品和享受娱乐，以满足物质生活、精神文化生活的主要方法或形式，包括就餐方式、衣着取得方式、住宿方式、交通方式、通信方式、闲暇活动方式等。消费方式反映了农民工的收入水平和现代化程度，受农民工的收入水平和消费观念影响，也受制于农民工所在的消费环境。

学者冯桂林的研究表明，20世纪90年代农民工的消费方式，明显可见

① 赵婉男、李晓峰、尹金辉：《北京市农民工消费结构及变化趋势分析》，《农业经济问题》2016年第12期。

② 王美艳：《新生代农民工的消费水平与消费结构：与上一代农民工的比较》，《劳动经济研究》2017年第5期。

两个特点：一是单调而高度同质，农民工的生活大多枯燥重复，能够接触到的新型消费方式较少，也不愿意在家庭支出以外产生消费；二是封闭而逐渐开放，农民工的消费虽然单一，但是进入城市后农民工的消费方式也在逐步开放。与农民工在农村时的消费方式相比，他们进入城市之后的消费方式已经有了商品化和社会化的进步。数据显示，“18.8%的人认为衣着打扮要讲究质量款式，要显示个性，合乎潮流。55%的人认为，拥挤、简陋的住宿暂时过渡尚可，长此以往则难以忍受。正由于此，尽管所在单位提供有集体宿舍，但仍然有14.5%的人宁愿多花些钱，也要到外面租借较为宽敞的房子”。[①] 可见，农民工内心的消费观已经逐渐包含了为舒适的生活买单，但是由于经济条件等因素的限制，在日常消费中还是有所保留，偏向于简朴型的消费。但是冯桂林的调查显示，农民工中也有极少数人因其独有专长而事业成功且收入颇丰，经济水平提升后其消费方式也快速转变，他们吃快餐、穿时装、坐的士、用家电、上歌舞厅、住单元房，成为农民工中在消费方式上走向开放的先行者和示范者。

21世纪后，农民工受到城市消费方式和消费观念的影响逐渐加深（见表7.2）。据2006年的调查显示，在对待价格打折商品、崇尚品牌、分期付款消费等态度上，新生代农民工表现出与老一代农民工不同的消费特征，逐渐与城市居民的消费方式趋同。除此之外，新生代农民工的消费方式逐渐呈现出“二元化”的特点，突出表现于21世纪10年代后，新生代农民工不同于老一代农民工，他们的消费方式、观念和结构都在逐渐发生变化，新生代农民工长期生活在城市中，衣、食、住、行、休闲、娱乐等日常生活都在不断地和城市市民相融合，消费上也存在着追求品牌、时尚的符号消费趋势，希望以此来提高自己的生活水平，建构自己的市民身份。但农民工的成长过程中不可避免地受到传统农村观念的影响，所以他们的消费方式又带有农村型消费的特征。所以，一方面，新生代农民工的消费方式正在向新的多元化的消费方式转型，另一方面，新生代农民工的消费方式呈现出二元化的特征，依旧保留着传统的消费习惯。综合来看，新生代农民工的消费方式处在

① 冯桂林、李淋：《我国当代农民工的消费行为研究》，《江汉论坛》1997年第4期。

变化的过程之中，消费方式从保守转向开放、消费结构从简单转向复杂、消费工具从传统转向现代、消费心理从后卫转向前卫，并且这种转型存在滞后性。

表 7.2　新生代农民工消费观念统计

单位：%

消费观念	非常同意	同意	不同意	非常不同意
居家过日子要量力而行	32.5	50.1	4.8	1.6
不应该只讲吃穿，宁可生活紧一点，也要适当学习和娱乐	21.7	46.0	16.3	4.2
衣着要讲究质量款式，合乎潮流	13.5	34.8	37.4	9.6
一分钱一分货	17.3	52.2	15.3	3.6
实用比流行更重要	26.9	51.9	6.4	3.5
要与时俱进，别人有的，我也要有	7.1	26.9	39.9	12.0
销价处理的商品也不错	15.2	48.5	20.1	2.5
能挣会花才是现代人	16.8	27.2	25.7	9.3
名牌的东西贵点是应该的	9.5	33.8	26.6	9.5
我赞成分期付款，超前消费	0.9	15.6	52.1	14.4

数据来源：《新生代农民工“二元化”消费方式与身份认同研究》，《人口与发展》2013 年第 2 期。

第三节　农民工阶层的政治状况

农民工阶层的政治状况影响着农民工整体上的政治认同取向。现如今，我国经济和社会的发展使大多数农民工的生存需要得到了满足，农民工的发展性动机逐渐显现，他们渴望社会的公正与民主，期盼能够享有各项政治权利、更多地参与政治生活。随着我国政治文明建设取得了一系列成效，农民工的政治状况得到了党和国家的关注和重视，他们也逐渐拥有了更多、更公平的政治权利，也更广泛地进行了参与政治。

一、政治参与状况

农民工政治参与的程度高低是他们城市融合程度的一个重要参考标准。“作为现代民主政治的重要现象，政治参与已成为社会政治体系的重要内容，甚至在一定意义上代表着一个社会民主政治的发展水平。新生代农民工政治参与意识逐渐觉醒，他们力图通过参与政治实现自己利益诉求的意愿正在不断加强。”① 推进农民工的政治参与度，也是解决农民工城市融入陷入困境的方式之一。

从参与途径的角度来看农民工的政治参与状况，可以将他们进行政治参与的渠道分为四类：政治选举、政治结社、政治表达、政治接触。

在政治选举方面，早期的农民工很难进行政治选举参与，他们中的很多人都是处在一种城乡“两栖”的状态，政治参与呈现出双重边缘化的特点，政治参与的途径有限。在居住地和工作地，根据《中华人民共和国城市居民委员会组织法》的规定，农民工无法在居住地和打工所在城市依法行使自身的民主权利，许多农民工不被允许参加本单位的政治活动。然而到了21世纪，随着我国政治的民主化的推进，公民参与民主决策的机会越来越多。21世纪初，有学者对于农民工的政治参与进行了调查，结果表明，“新生代农民工对政治的关注度比上一代明显提高，但呈现出明显的地域选择性。他们关注政治更多地集中在所在城市政治和自身的权益保护方面。他们中的大部分人都对国家的政策较为关注，有百分之七十以上的人表示自己的政治诉求愿望较为强烈”。② 2012年，民政部出台《关于促进农民工融入城市社区的意见》，其中规定：“本社区有合法固定住所、居住满一年以上、符合《城市居民委员会组织法》选民资格条件的农民工，由本人提出申请，经社区选举委员会同意，可以参加本社区居民委员会的选举。”流动的农民工的政治权利从而得以进一步实现以及被保障。

在政治结社方面，“改革开放以后，进城务工的农民成了农民工，在社

---

① 张永刚：《新生代农民工政治参与中存在的问题及对策》，《中州学刊》2011年第4期。

② 邓秀华：《“新生代”农民工的政治参与问题研究》，《华南师范大学学报（社会科学版）》2010年第1期。

会学意义上，成为身份群体或利益群体，并表现出阶层化或阶层固化的趋向”。[①] 但是由于身份的特殊性、职业的流动性、文化程度等因素，农民工内部比较不容易形成较为成熟的代表农民工自身群体利益的自治组织，所以农民工的利益表达机制相对单一化。并且，农民工在相当长的一段时间内不能建立自身的行业组织，“没有一个集团性的维护自身权益的正式组织，尽管农民工的非正式组织非常活跃，可以替代正式组织的某些保护功能，但无法替代正式组织的政治功能、法律功能、社会地位等”。[②] 但是近年来，我国农民工也可以在城市内加入工会来行使自己的政治权利，2003 年中华全国总工会发出通知明确要求，“凡与用人单位建立劳动关系的职工，不论其户籍所在地和工作时间长短，都有依法组织和参加工会的权利，任何组织和个人不得阻挠和限制”。截至 2019 年，“加入工会组织的进城农民工占已就业进城农民工的比重为 13.4%，比上年提高 3.6 个百分点。在已加入工会的农民工中，参加过工会活动的占 84.2%，比上年提高 1.9 个百分点”。[③]

在政治表达方面，2006 年的调查显示，“全国已注册的各类电视台有上千家，开办对农（农村、农业、农民、农工）栏目的只有 1%，省级电视台中这类栏目的开办率有 40%，新兴的网络媒体中也已出现了一批由农民工、打工者创办的网站”。[④] 近年来，随着新兴的网络媒体平台多元化，网络上出现各种为农民工、打工者创办的服务型网站，官方媒体传播的信息无论在内容上还是在形式上也更加多元化了，信息时代的发展使得农民工能够更多地参与议论性政治，尤其是新生代农民工，他们能较快地接受新鲜事物和适应现代化生活的节奏，他们的议论性政治参与意识也更强。近年来，有很多农民工开始通过媒体来向有关部门反映自己的诉求、维护自己的权益，许多话题经过网络热议后也得到了政府的高度重视。2020 年的相关调查显示，

---

① 周庆智：《农民工阶层的政治权利与中国政治发展》，《华中师范大学学报（人文社会科学版）》2016 年第 1 期。

② 艾丽颖、申菁菁、孟拥国：《论农民工的政治参与渠道状况》，《沈阳大学学报》2006 年第 3 期。

③ 国家统计局：《2019 年农民工监测调查报告》，http://www.stats.gov.cn/tjsj/zxfb/202004/t20200430_1742724.html。

④ 艾丽颖、申菁菁、孟拥国：《论农民工的政治参与渠道状况》，《沈阳大学学报》2006 年第 3 期。

“8.3%的新生代农民工经常利用网络提出自身诉求或对热议问题发表看法，其中，男性占52.4%，女性占47.6%，公司职员和个体经营者所占比例较高，47.5%的新生代农民工偶尔利用网络提出自身诉求或对热议问题发表看法”。[①] 可以看出，男性农民工在议论性政治参与上要略高于女性农民工，并且，农民工中公司职员和个体经营者的议论性政治参与水平较高。

在政治接触方面，“我国公民经常性、制度化的政治接触活动是信访，对于普通公民来说，既是他们参政议政的特殊途径，又与他们意见表达的习惯相吻合。在外来农民工比较集中的地区，劳动信访在处理劳资纠纷，保护劳动者权益方面，取得了较大成效”。[②] 我国劳动信访部门的设立，使得农民工有了维护自己权益、表达自己的意愿、寻求政府帮助的政治场所。劳动信访部门已经成为我国农民工维护权益、表达诉求的一个正式的、制度化的部门，是解决农民工特殊问题和困难的有效通道，同时，劳动信访部门的设立也促进了农民工与政府信息的双向沟通。

二、政治认同状况

“所谓政治认同，即社会成员对其所生活于其中的政治体系所产生的基于情感和意识的归属感，还包括以一定利益为目的的积极支持、参与所在政治体系的实践行为活动。”[③] 农民工的政治认同是农民工政治价值观中的一个关键要素。农民工的政治认同可以归结为政治认知、政治情感、政治信任等部分，这些部分是互相联系、不可分割、逐级增强的。

（一）政治认知

“政治认知是指关于政治制度、政治制度的作用和这些作用的执行者以及政治制度的输入和输出的知识和信仰。”[④] 农民工的政治认知体现着农民

---

① 曾燕波、叶福林：《“农民工二代”政治价值观与社会稳定》，《当代青年研究》2020年第5期。

② 艾丽颖、申菁菁、孟拥国：《论农民工的政治参与渠道状况》，《沈阳大学学报》2006年第3期。

③ 包心鉴：《论当代中国的政治认同》，《思想理论教育》2014年第9期。

④ 邓秀华：《长沙、广州两市农民工政治参与问卷调查分析》，《政治学研究》2009年第2期。

工对政治事件和我国制度等方面的知晓和理解程度。农民工政治认知水平的高低影响着农民工政治情感、政治信任和政治行为的取向。

随着农民工受教育程度的提高和现代通信媒体的发展，新生代农民工比老一代农民工对政治象征的认知水平要高。新生代农民工对媒体的运用熟练程度高，可以接收到的信息多且广泛，对国家的重要事件知晓程度较高。但相较于其他群体，农民工对于法律、政治法律程序等的认知水平是较低的。2016 年有调查显示，“有 98.7% 的新生代农民工能够准确回答出我国现任国家主席的姓名，大多数对国家的根本政治制度等都有一定的了解，没有回答正确的女性占 75%，男性占 25%，男性新生代农民工的政治认知水平高于女性农民工；没有回答正确的 50% 从事餐饮业，25% 从事建筑业，25% 从事其他服务业”。①

在对政治权益的认知上，史向军、李洁的相关调查结果显示，对于与农民工自身政治权利紧密相关的《村民委员会组织法》和《城镇居民委员会组织法》，只有不到 5% 的人了解。不到 50% 的农民工听说过负责农民工权益保障的相关工作机构。男性农民工对与自身权利义务相关的法律法规的了解程度高于女性农民工，了解三部以上法律的男性占 70% 左右，而女性只占 28% 左右。“90 后”农民工相比于“80 后”农民工对与自身权利义务密切相关的法律的认知水平要高，其中，了解两部法律的“80 后”农民工占 38% 左右，“90 后”农民工占 62% 左右；对任何法律都不了解的“80 后”农民工占 53% 左右，“90 后”农民工占 47% 左右。除此之外，具有劳动部门签发的专业技术等级证书的农民工不仅知识水平较高，在政治认知上的水平也要高于没有专业证书的农民工，并且，在企事业机关单位从业的农民工的认知水平也较高，而从事餐饮业和建筑业的农民工认知水平就偏低。

（二）政治情感

政治情感指人们对生活在所处政治系统之中的总体感受和体验，是在

---

① 史向军、李洁：《共享发展理念下新生代农民工政治认同研究》，《学术论坛》2016 年第 10 期。

政治认知的基础上产生的好恶、爱憎、亲疏等情绪体验。农民工的政治情感会对其政治信任产生直接影响，对农民工自身的政治行为也会产生导向作用。

政治关心是政治情感的组成部分，在一定程度上能够反映出农民工的政治情感状况。从农民工对政治的关心程度上来看，新生代农民工比老一代农民工对政治的关心度要高。2016 年史向军、李洁的相关调查结果显示，8% 左右的农民工每天都看新闻，21% 左右的农民工经常看新闻，12% 的农民工从不看新闻；男性农民工对政治的关心程度要高于女性农民工，80% 左右的男性农民工每天关注新闻，关注新闻的女性只占 20% 左右，从不看新闻的男性占 48% 左右，而从不看新闻的女性占 52% 左右；有专业技术证书的农民工对政治的关心程度要高于没有证书的农民工，农民工中公司职员的政治关心程度较高，每天收看新闻者所占的比例也较大，从事餐饮业、建筑业和美发洗浴美容等服务行业的农民工政治关心程度较低。

虽然农民工对政治的关心程度在逐渐增加，但是农民工的政治效能感还相对偏低。“政治效能感主要是指公民关于自身政治参与行为对其所处政治系统影响程度的主观评价，是评测政治态度的重要指标。一直以来，我国农民工的政治效能感都处于较低水平。”① 2016 年史向军、李洁的相关调查结果显示，农民工的政治效能感男性要略高于女性，“80 后”农民工略高于“90 后”农民工，从事个体经营的农民工和公司职员的政治效能感相对较高。

（三）政治信任

政治信任是指公民对生活于其中的政治系统是否能够通过运作产生出与他们的期待趋于一致的结果的信念或信心。政治信任对维护社会稳定、增强政府的公信力和促进公民的政治行为科学化都具有重要作用。

2014 年，唐斌对农民工的政治信任状况进行实证研究发现，新生代农民工的政治信任度较老一代农民工低，并且新生代农民工对中央政府的信任

---

① 史向军、李洁：《共享发展理念下新生代农民工政治认同研究》，《学术论坛》2016 年第 10 期。

程度最高，对生活所在地的镇政府或社区政府信任程度最低。2016 年有调查还表示，“有 64.7% 的新生代农民工表示积极赞成党和国家加大力度反腐；‘90 后’新生代农民工政治信任度高于‘80 后’农民工，认为对自己不重要的‘80 后’占 47.3%，‘90 后’占 52.7%”。[①] 并且在调查中，农民工中的很多人都对国家的方针战略充满信心，但同时他们也对有些基层政府的一些行为存有异议和不满。

在对党和政府的满意度和信任上，2020 年，曾燕波、叶福林的调查显示，在农民工中，中共正式党员占 14.5%，中共预备党员占 2.7%，共青团员占 39.5%，群众占 42.3%，民主党派占 0.3%。从调查数据来看，农民工群体中积极靠近党组织的人还不到 20%。这说明农民工群体中，党员的先锋模范作用还不够突出。并且，调查显示，农民工普遍对共产党持认可和信任的态度，但是农民工群体整体的入党积极性还不高。除此之外，当问到农民工“身为一个中国人感到自豪吗?”时，回答“非常自豪”的占 27% 左右，回答“自豪”的占 43% 左右，回答“一般”的占 26% 左右，回答“不自豪”的占 3% 左右，回答“非常不自豪”的占 0.4%。并且农民工中，“80 后”农民工对自己身为中国人有自豪感的占 67%，“90 后”农民工占 76% 左右。[②] 可见，农民工的国家民族自豪感也有随着代际更替而逐渐增强的趋势。

第四节　农民工阶层的社会状况

农民工是我国城市化建设中不可缺少的重要力量，在我国历史发展进程中发生了较大的演变和发展，在每一个阶段也呈现出了不一样的社会地位。对这一群体社会状况的研究有利于社会的和谐与稳定，尤其对新时代中国社会的健康、稳定发展具有重要意义。

---

① 史向军、李洁：《共享发展理念下新生代农民工政治认同研究》，《学术论坛》2016 年第 10 期。

② 曾燕波、叶福林：《“农民工二代”政治价值观与社会稳定》，《当代青年研究》2020 年第 5 期。

一、社会地位

20 世纪 80 年代进城务工的农民工是当代农民工的第一代群体，当时的农民工一般是在当地乡镇的企业或工地中务工的。刘援朝在 1989 年指出，当时农民工具有“边际人”的地位。“所谓‘边际人’，指的是一个人处在某个群体或文化环境的边缘上。他或她身受其影响，也能够与身在其中的人进行互动，但作为一个局外人，并不完全接受那些局内人所默默接受的社会现实。他们只愿意存在于自己所熟悉的‘地缘与亲缘关系’圈，却不愿意拓展自己的‘业缘关系’圈。农民工的互动行为，仅仅发生在‘同一宿舍’或‘同一队组’中间，邻近的宿舍或别的队组似乎与他们都无关系。”① 这里所说的农民工“边际人”地位，指的就是农民工对于所在新的群体的社会归属感不强，缺乏与社会人群必要而紧密的联系，受尊重程度较低。总体来说，20 世纪 80 年代的农民工大多是临时工，难以享受类似城市工人和固定工所拥有的福利和优势，大部分人还没有实现从农民到农民工的完全转化，文化素质低下、收入水平低、缺乏专业知识和技能的培训，职业声望普遍低下，哪怕是进入了城市的那一部分人，也是城市中的“边际人”。

20 世纪 90 年代的农民工，社会地位的“边缘性”依旧明显。当时农民工从事的职业普遍都是体力劳动，这些职业是很多当时城市人口不愿意接触的，大部分人的职业声望依然较低，社会资源和发展机遇少，社会地位提升的阻力大。一定程度上，农民工的职业种类决定其地位的高低，农民工在进入城市之后就获得了相对于从事农业生产的农民更高的社会地位和流动机会，但是受农村户籍的影响，90 年代的农民工难以在城市找到相对体面的工作，他们所从事的职业往往也是底层职业。1997 年李强的调查结果显示，社会职业排位中，最后几位是保姆、搬运工、保安、传达室人员、废品收购人员等，然而这些职业的从业者大多都是农民工。“直

① 刘援朝：《试论流动人口的行为特征——内蒙古阿拉善盟农民工调查》，《农村经济与社会》1989 年第 6 期。

接影响农民工社会地位基于职业的两个决定因素：职业种类和工资收入。国家统计局数据显示，农民工从事的职业87%以上集中在制造业、建筑业、批发和零售业、服务业、交通运输、仓储和邮政业、住宿和餐饮业。不到5%的农民工从事金融、商业、资讯、公共事业、文教、卫生、新闻出版行业。农民工所从事的职业声望远远低于机关事业单位和金融、商业、资讯、公共事业等这些行业，导致其社会地位低于从事机关事业单位和金融等行业人员的社会地位。”① 此外，农民工从事的职业通常是非正规就业，就业岗位的临时性使他们在各种临时职业中频繁流动，甚至在不同城市不停迁徙寻找就业机会。职业的低质性、临时性使农民工整体上相对城市居民社会地位低下。值得一提的是，90年代农民工的社会地位是具有两面性的。进入城市务工的农民工群体，对于家乡的农民来说，有着相对广泛的见识和相对较高的社会地位；但是在城市中，他们却是社会声望低下、身处城市底层的群体。

进入21世纪，农民工的社会地位在新生代和新世纪的变更下呈现出了不同的状况。新生代农民工对城市生活和新兴职业的适应度要高于老一代农民工，新生代农民工在追求高薪资的同时还十分注重自身的职业发展，农民工对职业的要求已经从谋求生存转向了追求更好的发展，新生代农民工对于职业声望和社会地位的需求和重视程度也比老一代农民工要高。新生代农民工的职业声望随之提高，通过职业身份的不断变化，新生代农民工的社会地位得到了较大提升。并且，近年来我国政府越来越重视对农民工权益的保护，出台了许多政策改善农民工在城市的生活环境，为农民工尽可能地解决生活困难，并且，随着我国产业转型升级的不断深化，国家也越来越关注农民工的就业、社会保障、职业发展等问题，农民工因身份而产生的被歧视现象在日趋减少，农民工社会地位在逐步提升。但是与此同时，随着社会转型的推进，农民工职业的分化进一步加剧，农民工职业分层界线更加清晰，农民工内部不同职业群体之间、农民工与其

---

① 杨大荣、徐晓宗：《农民工社会地位变迁影响因素及成因解析》，《人民论坛》2016年第8期。

他社会群体之间存在着比较明显的地位差异。一方面，农民工的职业更加多样化，职业结构也因日趋知识化、白领化而更加优化，农民工群体对其职业声望的评价也大大提高。但另一方面，至今农民工群体中仍旧有大部分人在从事着建筑工人、保姆、服务员等职业，然而从职业声望的角度来说，他们依然有着较低的社会地位。

二、婚姻状况

影响农民工婚姻状况的因素很多，包括接受教育的程度、工资收入、生活开支等，不同的背景、环境会给婚姻带来不同的影响，此外，农民工群体的流动性较强，这也决定了该群体婚姻状况比较复杂。

我国农民工的婚姻状况分为以下几个类型。第一，夫妻双方外出打工型。指夫妻双方都在城市中打工，这种婚姻往往发生在新生代农民工的身上。《中国流动人口发展报告 2015》表明，“近 9 成的已婚新生代流动人口是夫妻双方一起流动，与配偶、子女共同流动的约占 60%”。“仅 2008 年至 2012 年，举家外迁务工的农民工人数就由 2859 万人增加到 3375 万人，增加了 18%，超过时间段内全部外出农民工的增加幅度。”① 第二，夫妻一方外出打工型。指夫妻一方在外打工，一方留守在家的婚姻形式。这是最常见、最主要的类型。“其显著特点是留守在家的一方多半是女性，且男女双方有明确分工，即男性外出打工挣钱，女性照顾家庭。发生婚变的概率比较高，该婚姻稳定性不强。”② 第三，单身或未婚型。“农民工群体的文化程度较低，技术掌握水平较差，只能从事一些劳动力密集型的产业，因而与异性接触、交往的机会不多，结婚率较低。”③ 单身和未婚的农民工一般会在农民和农民工群体之间进行择偶，其中，住房被视为一个决定性因素，在城市中拥有住房会促进结婚率的提升。

---

① 杨洁、邓也：《如何认识农民工的历史贡献及发展潜力》，http//epaper. scdaily. cn/shtml/scrb/20181207/206041. shtml。

② 蒋成凤：《解读中国城市农民工的婚姻难题》，《安徽农业科学》2006 年第 22 期。

③ 冯虹、赵一凡、艾小青：《中国超大城市新生代农民工婚姻状况及其影响因素分析——基于 2015 年全国流动人口动态监测调查数据》，《北京联合大学学报（人文社会科学版）》2017 年第 1 期。

农民工的婚姻状况基本呈以下几个特点。一是离婚率在下降。据2008年的一项调查结果显示："初婚者占44.0%；在再婚的农民工中，因离异再婚者占63.4%，其余为丧偶再婚者占36.6%。"①，2011年，深圳市总工会的调查显示："在接受调查的5000名农民工中30岁以下的人群里，在已婚的青年农民工中，离婚率高达44.05%，青年农民工群体的离婚率远远高于全国离婚率平均水平。"② 但是2019年的调查显示："在全部农民工中，未婚的占16.7%，有配偶的占80.2%，丧偶或离婚的占3.1%；有配偶的占比比上年提高0.5个百分点。其中，外出农民工有配偶的占68.8%，比上年提高0.7个百分点；本地农民工有配偶的占91.3%，提高0.5个百分点。"③ 二是婚姻质量不高且女性对婚姻的满意度高于男性。2010年，刘莉关于《农民工婚姻与家庭状况的调查与思考》显示，农民工家庭中，进城务工的以丈夫为主，占30%左右，妻子独自进城务工的仅为8%左右，夫妻共同进城务工的为24%左右。关于婚姻幸福感的调查显示，农民工家庭中，妻子对婚姻的幸福感较强，丈夫的婚姻幸福感较弱，妻子比丈夫的婚姻幸福感高14%左右，并且，农民工家庭中进城务工的一方比农村留守的一方对婚姻家庭的幸福感强，前者比后者高8%左右。2011年，深圳市总工会调查显示，"在接受调查的5000名农民工中30岁以下的人群里，有437人对自己的感情和婚姻现状不满意，1268人认为一般，几乎占受访新生代农民工的一半"。④ 三是男女婚配率差明显。据2008年的一项调查结果显示："1/2的服务行业青年农民工未婚，男性未婚的比率高于女性6.2%。"2017年有调查显示："从性别来看，女性已婚率略高于男性，且女性平均初婚年龄比男性

---

① 肖和平、胡珍：《青年农民工婚姻家庭状况研究报告——基于成都市服务行业的调查》，《中国青年研究》2008年第6期。

② 吴新慧：《传统与现代之间——新生代农民工的恋爱与婚姻》，《中国青年研究》2011年第1期。

③ 国家统计局:《2019年农民工监测调查报告》，http：//www. stats. gov. cn/tjsj/zxfb/202004/t20200430_ 1742724. html。

④ 吴新慧：《传统与现代之间——新生代农民工的恋爱与婚姻》，《中国青年研究》2011年第1期。

要早1.5岁。”[①] 2019年有调查显示：“在全部农民工中，有配偶的农民工男性占64.9%，女性占35.1%。女性占比比上年提高0.3个百分点。其中，外出农民工中女性占30.7%，比上年下降0.1个百分点；本地农民工中女性占39.4%，提高0.8个百分点。”[②]

三、城市融入状况

农民工是城市的建设者，近些年来农民工的城市融入问题受到了社会的广泛关注，“农民工市民化，是指农民工通过个人努力实现生活环境和身份角色转变，获得与城市居民相同的市民身份与社会权利，在政治思想观念、文明礼貌素养、身份心理认同、生产生活方式、人际交往方式、社会权益保障等全方位向城市市民转化的过程”。[③] 农民工的市民化程度是衡量城市本身发展水平的一个重要指标。

（一）城市落户

刘传江曾指出，“农民工市民化进程的推进应当从农村退出、城市进入和城市融合三个环节进行”。[④] 落户在城市是农民工进入城市和农民工与城市融合的基础，我国从20世纪90年代就提出，外来人口可以在城市落户，但是当时政府支持政策的力度并不大，而且农民工在城市的落户需求也不明显，农民工落户在城市的比例较低。

进入21世纪后，我国逐渐开放了农民工落户在城市的政策，2014年，国务院印发了《关于进一步推进户籍制度改革的意见》，提出要实施差别化落户政策，全面放开城镇和中小城市落户限制，有序放开中等城市落户限制，合理确定大城市落户条件。2017年，党的十九大报告明确指出：“以城市群为主体构建大中小城市和小城镇协调发展的城镇格局，加快农业转移人

---

① 冯虹、赵一凡、艾小青：《中国超大城市新生代农民工婚姻状况及其影响因素分析——基于2015年全国流动人口动态监测调查数据》，《北京联合大学学报（人文社会科学版）》2017年第1期。

② 国家统计局：《2019年农民工监测调查报告》，http://www.stats.gov.cn/tjsj/zxfb/202004/t20200430_1742724.html。

③ 蒋笃君：《新生代农民工市民化的现状、困境与对策》，《河南社会科学》2019年第12期。

④ 刘传江：《新生代农民工的特点、挑战与市民化》，《人口研究》2010年第2期。

口市民化。”[①]“到 2017 年底，全国共有 8000 多万农业转移人口成为城镇居民，50% 以上的农村劳动力实现了转移就业。”[②] 1978 年到 2017 年，“我国城镇化率从 17.9% 增长为 58.5%，2 亿多农民工事实上成了中国城镇化率突破性提升的主要贡献者”。[③] 2019 年，国家发展改革委发布《2019 年新型城镇化建设重点任务》的通知指出，城区常住人口 300 万—500 万的Ⅰ型大城市应全面放开放宽落户条件，并全面取消重点群体落户限制；超大特大城市要调整完善积分落户政策，大幅增加落户规模、精简积分项目，确保社保缴纳年限和居住年限分数占主要比例。此次改革全面取消了城区常住人口 300 万以下的城市落户限制，全面放宽了城区常住人口 300 万至 500 万的大城市落户条件，加速了城市放宽放开落户在实施层面的落实，此次制度改革为常年在大城市务工的农民工提供了落户在城市的便利条件，农民工群体成为最大受益群体之一，农民工落户在城市的比例得到逐渐提升。

2020 年政府工作报告显示，我国城镇化率已达到 60% 以上。2020 年，国家发改委发布《2020 年新型城镇化建设和城乡融合发展重点任务》指出：“督促个别超大城市外的其他超大特大城市以及Ⅰ型大城市坚持‘存量优先原则’，取消进城就业生活 5 年以上和举家迁移的农业转移人口、在城镇稳定就业生活的新生代农民工升学以及参军进城的人口等重点人群的落户限制。”对于还没有实现转移到城市的人口，国家提倡他们流动到常住人口低于 300 万以下的城市，城市为已经实际转移到了城市中的人口提供了落户的优先原则，农民工落户在城市的机会进一步扩宽。

（二）对城市文化的认同感

2002 年，朱力学者表示，农民工转移到城市，在区域移动的同时，也实现了文化观念的转变，“它涉及了农民的生活方式、价值观念和社会心理

---

① 习近平：《决胜全面建成小康社会 夺取新时代中国特色社会主义伟大胜利：在中国共产党第十九次全国代表大会上的报告》，北京：人民出版社，2017 年。

② 杨志明：《我国农民工发展的历程和特色》，http：//theory. people. com. cn/n1/2018/1015/c40531 – 30340378. html。

③ 国家统计局：《2019 年农民工监测调查报告》，http：//www. stats. gov. cn/tjsj/zxfb/202004/t20200430_ 1742724. html。

等方面的转变过程”①，2011 年李国新学者也在《文化融入是农民工融入城市的根本标志》一文中明确表示，“文化融入是农民工融入城市的根本标志”。② 在城市融入上，国家政策可以给予农民工开放的环境和进入城市的各方面福利和保障，却无法左右他们对文化的认同感，相较于政策性的硬性门槛，农民工的认同感、思想观念、行为习惯等或许才是判断农民工是否已经融入城市的真正标志。

农民工与城市市民的协调发展和融合是一个相对漫长的过程，在 20 世纪 90 年代，农民工与市民还是界限分明的两个群体，李强曾在 1995 年的调研后表示，“绝大多数农民工都提到了‘被人家看不起’和‘受歧视’的情况，而且多数农民工都认为，这一点是他们最不满和最难以忍受的，物质上的、生活上的艰苦倒在其次”。③ 农民工大量地涌入城市后，市民与农民这两个社会、文化、生活背景差异都很大的群体之间有着明显的社会距离，彼此之间都缺乏对对方的理解和认同，他们之间的关系，也由本来应该融合在一起的关系演变成了持续性的对立关系，然而矛盾越是激烈，农民工就越不容易融入城市文化之中。与现在人们追求更好发展的观念不同，中国人传统观念中的宗族意识和亲缘地缘关系使得早期的农民工除了外出务工之外，难以接受背井离乡迁徙到一个陌生又难以融入的地方，也很难对于城市文化有较高的认同感，所以有许多农民工在城市中工作几年之后还是选择了返回家乡。

21 世纪初，农民工在身份认同方面依然处于“农民”和“市民”之间的尴尬境地，也依然存在着对城市文化认同感较弱的特点。与此相矛盾的是，农民工心理上对城市文化的认同感不足，不能够改变依然需要生活在城市中的事实，虽然他们心里存在着对部分城市文化的不满和抗拒，可生活在城市中就又不得不面临在社会生活中逐渐融入城市的趋势，所以又由此产生了在文化上融入城市过程的第二个特点，即心理上的“两栖”特征。农民

① 朱力：《论农民工阶层的城市适应》，《江海学刊》2002 年第 6 期。

② 李国新：《文化融入是农民工融入城市的根本标志》，《中国文化报》2011 年 10 月 13 日。

③ 李强：《关于城市农民工的情绪倾向及社会冲突问题》，《社会学研究》1995 年第 4 期。

工从农村进入城市，但又没有完全脱离农村，也没有完全实现从农村到城市的转移，与此同时，他们既没办法认同城市文化，也没办法再认同乡村文化。这表现为，农民工在行为上会逐渐靠近社会的主流文化，时而会放弃自身的文化特征，在语言和穿着打扮以及消费行为与生活方式上模仿城市人口的特点，以使自己看起来不那么具有农村人口的特征，压抑自己原有的文化倾向，但在心理上农民工对城市人口对他们的偏见仍然感到愤懑委屈，对城市产生怀疑和不信任的敌意心态。并且，“由于文化冲突带来的剥夺感通常难以通过制度化手段得到解决，他们往往选择非制度性抗争来回应这种社会不公”。① 这种非制度性的抗争就是犯罪行为，所以21世纪初期，农民工群体成为城市社会不稳定因素的重要来源，犯罪行为和扰乱社会治安行为时有发生。

与21世纪初不同的是，当前，农民工对城市文化的适应力和认同感有了很大程度的提升。我国越来越重视农民工的发展状况，不断出台相关政策保障农民工在城市中的住房、医疗、教育等方面权益，国家对于农民工群体的重视使农民工内心所产生的剥夺感和抗争性逐渐减少，在城市长期生活中所感受到的社会关怀日益增加，对所在城市的归属感提高。农民工在城市生活时，他们的生活环境、社会地位、经济水平等的提升和变化都是一个长期的过程，他们对于城市的认同感伴随着这种长期的过程逐渐地增加。2019年，在进城农民工中，“40%认为自己是所居住城市的‘本地人’，比上年提高2个百分点。从进城农民工对本地生活的适应情况看，80.6%表示对本地生活非常适应和比较适应，其中，20.8%表示非常适应，比上年提高1.2个百分点；仅有1.1%表示不太适应和非常不适应。进城农民工在不同城市规模生活的归属感和认同感较上年均有提高，但城市规模越大，农民工对所在城市的归属感越弱，对城市生活的适应难度越大”。②

---

① 楚德江：《农民工市民化进程中的文化融入：困境与改革》，《学术界》2019年第10期。

② 国家统计局：《2019年农民工监测调查报告》，http://www.stats.gov.cn/tjsj/zxfb/202004/t20200430_1742724.html。

第五节　农民工阶层的道德文化状况

农民工的文化状况决定着农民工能否在城市立足并且能否获得良好的发展，关系着我国农业、农村、农民的发展，关系着我国城镇化和现代化的发展，关系着市民化进程和新农村建设以及城乡一体化的发展。“马克思在《共产党宣言》中说，城市化使‘城市人口比农村人口大大增加了起来，因而很大一部分脱离了乡村生活的愚昧状态’。而在这种从封闭向开放，从贫穷到富裕，从愚昧到文化的过程中，教育起了巨大的作用。‘要改变一般的人的本性，使它获得一定劳动部门的技能和技巧，成为发达的和专门的劳动力，就要有一定的教育和训练’。因此，教育及继续教育机会的获得情况，对于身处城市化、工业化进程之中的农民工来说至关重要。”①

一、知识学历

随着我国从计划经济向市场经济的转型，人力资本越来越成为影响个人收入的主要因素，农民工也是如此。受教育程度是农民工整体素质水平的基础决定因素，它影响着农民工的就业选择、工作能力、社会关系、道德素质等方方面面。

早年间，我国儿童虽然有受教育权利，却普遍缺乏能够长期接受教育的家庭条件，尤其是在农村，能够长期接受教育并且接受高等教育的人少之又少。

1986 年，我国通过了《义务教育法》，2006 年，我国农村义务教育实现全免费，我国农村地区适龄儿童获得教育的机会大幅度增加，所以与老一代农民工相比，新生代农民工的受教育程度更高。2009 年，“外出农民工中初中文化程度的占多数，但高中及以上文化程度的比例提高。在外出农民工中，文盲占 1.1%，小学文化程度占 10.6%，初中文化程度占 64.8%，高中文化程度占 13.1%，中专及以上文化程度占 10.4%。高中及以上文化程度

① 代振华、周杏梅：《农民工素质提升的困境与对策》，《甘肃社会科学》2010 年第 4 期。

比重比上年提高 1.7 个百分点，占 23.5%。分年龄组看，低年龄组中高学历比例要明显高于高年龄组，30 岁以下各年龄组中，接受过高中及以上教育的比例均在 26% 以上，其中，21—25 岁年龄组中接受过高中及以上教育的比例达到 31.1%”。[①]

近年来，我国的教育水平日益提高，受教育程度越来越高，并且，2016 年开始，为了进一步提升农民工的科学文化素质，全国各地开展了“农民工求学圆梦”的活动，为农民工免费提供继续学习知识的机会，并且可以根据农民工工作特点，采取灵活有效的教学模式，让农民工能够有机会就近接受教育，这给农民工创造了良好的学习机会。2016—2020 年，国家开放大学招收 16 万余名职业学员，农民工的知识文化水平在逐步地提高。据 2018 年的数据统计显示，“在全部农民工中，未上过学的占 1.2%，小学文化程度占 15.5%，初中文化程度占 55.8%，高中文化程度占 16.6%，大专及以上文化程度占 10.9%”。[②] 截至 2019 年，调查显示：“在全部农民工中，未上过学的占 1%，小学文化程度占 15.3%，初中文化程度占 56%，高中文化程度占 16.6%，大专及以上文化程度占 11.1%。大专及以上文化程度农民工所占比重比上年提高 0.2 个百分点。在外出农民工中，大专及以上文化程度的占 14.8%，比上年提高 1 个百分点；在本地农民工中，大专及以上文化程度的占 7.6%，下降 0.5 个百分点。”[③] 目前，农民工一般都接受过九年制义务教育，具有一定的文化知识和一定的学习能力，但是由于经济条件的限制、自身落后的思想观念和学习意愿不强等因素，他们中接受过高等教育的人数不多。总体来说，与以往相比，新生代农民的知识文化水平已有了较大的提高，但他们的受教育程度主要还是局限在中等教育水平内。

---

① 国家统计局：《2009 年农民工监测调查报告》，http：//www.stats.gov.cn/ztjc/ztfx/fxbg/201003/t20100319_16135.html。

② 国家统计局：《2018 年农民工监测调查报告》，http：//www.stats.gov.cn/tjsj/zxfb/201904/t20190429_1662268.html。

③ 国家统计局：《2019 年农民工监测调查报告》，http：//www.stats.gov.cn/tjsj/zxfb/202004/t20200430_1742724.html。

二、职业技能素质

新生代农民工产生之前，我国的经济发展的特点是经济增长速度快，但总体呈现着粗放型的增长态势，对人力资源粗放利用，忽视对农民工人力资本的提升。然而，在进入经济新常态之后，中国经济结构升级、发展服务业需要大量农民工到第三产业就业。农民工正面临着由原来总量不断扩大的人力资源优势向技能素质不断提升的人力资本优势转变的压力。对农民工进行专业培训是提升农民工技能素质的最有效的方法。

改革开放后，我国劳动力短缺，农民工大量涌入城市，当时就有一批学者提倡要对农民工进行专业技能的培训和教育，1997 年，国务院也下发过《关于进一步做好组织民工有序流动工作意见的通知》，指出将民工管理工作纳入常态化、制度化发展轨道，要求强化民工输出职业技能和职业道德培训。但是由于早期我国劳动力的培训体系还处于起步阶段，所以技能培训并没有在用工方面形成普及的态势，老一代农民工的职业技能素质相对较低。

“与老一代农民工相比，新生代农民工文化层次更高、接受能力强、掌握技术更快、精力更充沛、对岗位的适应性更强，这无疑使我国现代产业工人的整体素质跃上了一个新台阶。”① 随着农民工职业技能培训工作的开展，我国农民工的职业素质技能在逐渐地提高。2006 年，《国务院关于解决农民工问题的若干意见》规定，“加强农民工职业技能培训，各地要大力开展农民工职业技能培训和引导性培训，扩大农村劳动力转移培训规模，提高培训质量。劳动保障、农业、教育、科技、建设、财政、扶贫等部门要按照各自职能，切实做好农民工培训工作。建立由政府、用人单位和个人共同负担的农民工培训投入机制”。② 2009 年调查显示，“从外出农民工接受技能培训的情况看，51.1% 的外出农民工没有接受过任何形式的技能培训，文化程度越低接受过技能培训的比例也越低。在文盲、半文盲农民工中接受过技能培

---

① 刘文烈、魏学文：《关于新生代农民工经济地位的理论思考》，《理论学刊》2011 年第 10 期。

② 新华社：《国务院关于解决农民工问题的若干意见》，http://www.gov.cn/jrzg/2006-03/27/content_237644.htm。

训的占 26.3%，小学文化程度的农民工接受过技能培训的占 35.5%，初中文化程度的农民工接受过培训的占 48%，高中和中专以上文化程度的农民工接受过技能培训的比例分别为 54.8% 和 62.5%”。[①] 2010 年，我国《政府工作报告》明确指出，要“加强职业技能培训，重点提高农民工和城乡新增劳动力的就业能力，进一步推动农民工职业技能培训”。[②]

“到了新常态下的经济转型期，产业升级对劳动力技能要求的提升与新增农民工增幅的下降也交错在一起，倒逼着农民工提升技能和从事新业态，农民工发展总体上已进入以技能促就业、以公共服务促进融入城市的阶段。”[③] 农民工的技能提升关系到社会产业转型发展的需要，随着我国产业结构的升级，农民工需要技能提升成为社会共识。近些年，我国也先后出台了农民工技能培训的相关政策，2019 年人力资源和社会保障部印发了《新生代农民工职业技能提升计划（2019—2022 年）》，要求加强新生代农民工职业技能培训，农民工的职业技能培训将进一步得到提升。根据《新生代农民工职业技能提升计划（2019—2022 年）》，到 2022 年末，要努力实现新生代农民工职业技能培训“普遍、普及、普惠”，即普遍组织新生代农民工参加职业技能培训，提高培训覆盖率；普及职业技能培训课程资源，提高培训可及性；普惠性补贴政策全面落实，提高各方主动参与培训积极性。农民工的职业技能培训将会得到进一步的发展。

三、道德素质

加强公民道德建设，提高公民道德素质也是构建社会主义文化强国的一项重要任务。伴随着我国市场经济的快速发展，以及近年来经济全球化、文化多元化的影响，农民工的道德观念在逐渐发生改变，准确把握农民工这一特殊群体的道德素质状况，具有十分重要的现实意义。

（一）社会公德

从道德素质结构看，农民工道德素质作为一个综合性范畴，包含四种基

---

① 国家统计局：《2009 年农民工监测调查报告》，http：//www.stats.gov.cn/ztjc/ztfx/fxbg/201003/t20100319_16135.html。

② 温家宝：《政府工作报告》，《光明日报》2010 年 3 月 16 日。

③ 杨志明：《中国特色农民工发展研究》，《中国农村经济》2017 年第 10 期。

本构成要素，那就是道德认知、道德情感、道德意志和道德行为。一个人的道德素质取决于这四种构成要素的发展水平，这四个要素既相对独立又相互联系，形成了一个完整有序的结构。

农民工经历了从农村到城镇转移过程中环境的改变，在这个过程中经历了社会转型时期新旧道德原则的转换。2007 年有学者调查指出，“86. 93%的被调查者对‘社会公德是每个公民应该必须具备的道德素质’这一观点持‘同意’的态度。这在一定程度上反映出我国大多数农民工存在积极的道德认知，有追求良好的道德人格的主观愿望。但同时农民工也存在着消极的道德认知、薄弱的道德意志以及失范的道德行为，具体表现在以下几个方面：第一，我国农民工道德认知积极与消极并存，农民工积极的道德认知占主导，从农民工公共交往道德认知，到公共场所道德认知，到公共环境道德认知积极性呈现递减趋势。第二，丰富的道德情感与薄弱的道德意志并存。第三，规范的道德行为与失范的道德行为并存”。[①]（见表 7. 3）

表 7. 3　农民工道德素质现状

单位：%

分类	观点	非常同意	较同意	一般	较不同意	很不同意
公共交往道德认知	赡养老人是每个子女应尽的义务	67. 31	23. 80	6. 61	1. 68	0. 60
	家庭中夫妻地位平等	46. 64	32. 37	15. 10	5. 16	0. 72
	应该真诚地对待他人	42. 07	35. 46	19. 00	3. 13	0. 36
	人应该讲信用	49. 40	31. 06	14. 62	3. 48	1. 44
公共场所道德认知	乘车、买票都应该自觉主动排队	51. 20	30. 22	15. 71	2. 52	0. 36
	过马路时应当依据红绿灯指示，并走人行横道	42. 74	31. 81	20. 76	3. 36	1. 32
公共环境道德认知	随地吐痰是一件很平常的事情，大家都这样	3. 60	11. 16	22. 93	29. 41	32. 89

数据来源：《我国农民工道德素质现状及对策分析》，《安徽农学通报》2007 年第 17 期。

① 段丽华、钟德华：《我国农民工道德素质现状及对策分析》，《安徽农学通报》2007 年第 17 期。

2015 年有关社会公德方面的调查显示，“在涉及‘您是否会在公共场所吸烟?’时，有 27.9% 的人选择了不会注意是否是公共场所，在涉及‘当您遇到老人摔倒您会去扶吗?’问题时，有 68.1% 人选择会扶，在涉及‘您拾到别人财物时的做法’时，有 79% 的人选择会归还失主”。①

2017 年的调查显示，与老一代农民工相比，新生代农民工中狭隘性的道德观念已经消失，对于当下中国的核心价值观念的认同感在不断增强。“其积极方面表现为，第一，新生代农民工具有强烈的正义感，在问卷调查的过程中，88% 的农民工表示在当今的市场经济条件下，非常认同社会主义核心价值观并积极遵守；有 10% 的新生代农民工对于这一基本价值观念基本认同，只有极少数的人持无所谓的态度。但是在对社会主义核心价值观的具体内容以及它的实施意义等的认识上，绝大多数的新生代农民工表示理解困难。第二，新生代农民工三观准确且具有社会责任感，对于提到现代社会生活中乐于奉献的精神没有过时，应该提倡助人为乐的精神时，超过七成的新生代农民工是认同的，表示在必要的情况下他们会勇于与社会不好的现象做斗争。但是新生代农民工在社会公德的遵守上存在许多不足。在现实的生活中，新生代农民工虽然或多或少接触到社会规范的知识，但是对于社会公德的理解仍然是比较低水平的、片面的。在社会公德方面存在一些欠缺，主要表现在诚信意识的缺失、公共意识的淡薄以及集体意识的欠缺等几个方面。市场经济发展促使我国经济社会得到较大发展，但也存在一定的弊端，导致当今社会中部分人诚信观念缺失，在新生代农民工这一群体中，也存在这样的问题。相比较第一代的农民工，新生代农民工在作出道德上的判断时所要考虑的因素也会更复杂，有报道指出，他们在作出选择时首先考虑的是自己的付出所能得到多少回报，已经不是简单的助人为乐这些道德因素了”。②

（二）职业道德

职业道德是社会一般道德要求在职业生活中的具体体现，“职业道德是

---

① 兰春红、王永明：《关于新生代农民工公民道德素质现状的调查报告》，《经济研究导刊》2015 年第 2 期。

② 华磊：《新生代农民工道德问题研究》，上海师范大学硕士学位论文，2017 年。

指与人们的职业活动紧密联系的符合职业特点所要求的道德准则、道德情操与道德品质的总和，它有两方面的内涵，一方面是对从业人员在职业活动中的标准和要求，另一方面又是某个职业对社会所负的道德责任和义务”。① 农民工的职业道德是同农民工的职业活动紧密联系的，当然，随着时代的变化和就业情况的变化，农民工群体也表现出了不同的行为模式和职业道德状况。

与老一代农民工相比，新生代农民工在受教育程度、对新事物的接受能力等方面具有优势，但是职业道德水平却没有老一代农民工高。新生代农民工在职业道德观念方面的欠缺主要表现在以下几个方面。

在职业诚信和行为规范方面，农民工的诚信意识不够高，职业行为规范程度也较低。相关调查显示，“37% 左右的农民工认为经济效益和诚信都很重要，15% 左右的农民工只选择经济利益。讲职业诚信的农民工还不到一半。并且经调查发现，新生代农民工纪律观念较为薄弱，无故旷工误工、工作期间打游戏、玩手机等现象普遍，农民工因严重违反纪律而造成较大事故的事情经常发生”。②

在员工忠诚度方面，农民工的员工忠诚度是比较低的，“主要表现为两方面：一方面，思想意识和价值观无法与企业保持一致，跳槽频繁，企业人才流失现象严重；另一方面，工作中缺乏集体意识和对企业的奉献精神。据中国社会调查事务所调查的数据显示，2001—2006 年，民营企业存在着严重的人才流失现象，员工流失率达到 25%，其中新生代农民工群体占了较大的比例。在 2008 年举行的中国民营经济发展分析会上，经济学家辜胜阻指出，在现在民营企业劳资问题中存在的最突出问题就是不稳定性，员工流失率居高不下。我国民营企业的人才流失率高达 30%，其中，中小民营企业近几年的人才流失率高达 50% 以上。人才流失现象已经到了非常严重的

① 石宏伟、李乾：《新生代农民工职业道德现状和对策》，《农村经济与科技》2015 年第 5 期。

② 叶欢：《新生代农民工职业道德困境研究》，《湖北经济学院学报（人文社会科学版）》2018 年第 9 期。

程度。而民营企业的就业者中，新生代农民工占了相当大的比重”。① 另一段相关数据统计，2007—2018 年，“68% 左右的新生代农民工换过工作，高出老一代农民工约 32%，其中换过一次工作的新生代农民工占 40% 左右，高出老一代农民工约 18%；换过两次工作的新生代农民工占 20% 左右，高出老一代农民工约 9%；换过三次及以上工作的新生代农民工占 6% 左右，高出老一代农民工约 3%”。② 这些统计数据表明，新生代农民工与老一代农民工相比，“多数新生代农民工以体力劳动为主，所从事的职业多是运输、服务业、劳动密集型加工企业等，主要是服从性的工作方式，工作中缺乏话语权，生活中也处于弱势，所以一旦在工作中遇到挫折，他们首先想到的就是辞职”。③ “跳槽”、“旅游式” 打工、“短工行为” 等现象更为普遍，相比于老一代农民工也欠缺吃苦耐劳的精神。

在职业责任感方面，农民工表现出来的职业责任意识较为淡薄，主要体现在三个方面：首先，在日常工作中，从业者缺乏热情和责任心，工作态度消极；其次，从业者在职业行为中缺乏道德认知和自我监督，以假当真，以次充好，在面临道德选择时总是倾向于做出符合经济利益的选择，而缺乏道德约束；最后，从业者对自己的职业行为及其后果缺乏自我评价和自我检讨，对不符合道德要求、损害他人利益的行为，缺乏相应的羞耻心，甚至不感到内疚和后悔。在对新生代的调查中，有数据显示“涉及‘您对现有工作所持的态度’时，有 38% 左右的农民工选择了为了谋生必须干好和选择少不得不干；在涉及‘对您来说您认为追求经济效益和诚实守信哪个更重要’时，有 37% 左右的农民工选择了两者兼顾的理想状态；在涉及‘您认为该如何处理个人与集体的关系’时，仅有 32% 左右的农民工选择了集体利益为重；在涉及‘对单位制订的规章制度的遵守情况’时，有 65% 左右

① 石宏伟、李乾：《新生代农民工职业道德现状和对策》，《农村经济与科技》2015 年第 5 期。

② 许传新：《农民工的进城方式与职业流动——两代农民工的比较分析》，《青年研究》2010 年第 3 期。

③ 叶欢：《新生代农民工职业道德困境研究》，《湖北经济学院学报（人文社会科学版）》2018 年第 9 期。

的农民工能够做到完全遵守”。①

第六节　问题及对策建议

农民工是我国社会发展中产生的特殊社会群体，改革开放40多年来，他们联结在城市和农村之间，牵引着城乡的一体化发展。农民工的出现使我国社会能够实现更好更快的发展和建设。农民工在其产生和发展的过程中引发了一系列的社会变化，也因其身份的特殊性，面临着各种各样的问题，这些社会问题被我们统称为农民工问题。农民工问题使得城乡之间存在了许久的差异和矛盾更为突出地显现出来，也让我们充分认识到社会发展的不平衡和不充分。农民工问题不仅直接关系到农业、农村、农民的发展，而且关系到我国工业化和城镇化的进程，关系到社会稳定与和谐，关系到全面小康社会的建设和现代化事业的全局。随着社会的发展，农民工问题会被进一步解决，农民工也会得到更好的发展。

一、需要重视的问题

农民工问题主要是指农民进城从事非农工作，却未改变农民身份，未被城市认同接纳，处在产业的边缘、城乡的边缘、体制的边缘，由此所产生的一系列问题。农民工问题是伴随着农民工的存在而出现的，不同时期会产生不同的农民工问题，根据对农民工阶层状况的考察发现，农民工问题主要集中在以下几个方面。

（一）就业问题

过去已有的阶段性研究表明，在20世纪90年代和21世纪10年代，“在中国城镇劳动力市场上，农民工群体属于‘二等公民’。第一，他们不能享有公平的就业机会权利，被排斥到相对低端的劳动力市场，在就业领域处于底层。第二，在工作条件方面，农民工劳动强度大、劳动时间长，缺少

---

① 兰春红、王永明：《关于新生代农民工公民道德素质现状的调查报告》，《经济研究导刊》2015年第2期。

劳动保护。第三，较长一段时间内，农民工的收入水平明显低于城镇本地劳动者。农民工与正式职工工资比率呈先高后低的走势，且农民工与城镇本地劳动者的收入差异部分是由于‘同工不同酬’的户籍歧视导致的。第四，农民工的社会福利保障状况没有得到明显改善，大部分农民工仍被排斥在城市社会保障体系之外”。① 然而近年来，中央政府陆续出台了一系列改变农民工就业的政策和措施，农民工的就业状况在逐步提高和改善。不断发展着的劳动力市场已成为劳动力资源配置的主导方式，不同时期市场供求关系的变化也给农民工的就业方面带来了不同的问题，现今农民工的就业问题已经有了新变化。

1. 返乡就业遇难题

近些年，国家对于农民工返乡的政策引导使农民工的流动大方向呈现出了从异地返回家乡所在地、从城市返回农村的趋势。新生代农民工回流之后，就业相对较难的问题主要体现在两个方面：一个是农民工回流早期，当地缺乏就业岗位，另一个是农民工回流后自主创业遇到瓶颈。

当地缺少就业岗位的原因，首先是欠发达地区的工业支柱产业还是较为缺乏，其次是第三产业所提供的就业岗位不足。由于成长环境的原因，新生代农民工中的大部分人没有农业劳动的经验和知识，也不愿意再从事农业劳动，所以返乡的农民工所需要的岗位就是以工业和第三产业的岗位为主，然而这些产业提供的岗位是有限的。“尽管国家已决定在贷款发放、税费减免、工商登记、信息咨询等方面开辟‘绿色通道’，为农民工返乡创造就业机会，但是由于政策出台实施所具有的滞后性，就业岗位短期内大幅增加难度较大，这使得许多返乡农民工难以寻找到自己满意的工作。而且，当地的工资水平一般都比较低，那些长期在外就业的技术工人，也难以接受本地的工资待遇。”② 就业岗位的缺乏，还与老一代农民工的下岗再就业有关。进入 21 世纪后，新生代农民工取代了老一代农民工成为农民工群体中主要的劳动力，老一代劳动力逐渐退出了劳动力市场，返回家乡。这批劳动力成为

① 李实、吴彬彬：《中国外出农民工经济状况研究》，《社会科学战线》2020 年第 5 期。

② 韩俊、汪志洪、崔传义等：《中国农民工问题总体趋势：观测“十二五”》，《改革》2010 年第 8 期。

“下岗再就业”的人群，他们相对于年轻一代比较容易接受较低的薪资和待遇、可以参与简单的企业劳动和生产、从事门槛较低的服务行业，这一部分人使得劳动力市场对于招工问题的需求得到了部分满足，分走了农民工回流后的一部分对就职要求较低的就业岗位。

农民工回流后的自主创业瓶颈主要来自资金方面的不足，首先，因为筹措资金难，“农民融资难的主要原因是农村中小金融机构严重不足，金融机构低放贷、高吸储现象严重，农民缺乏贷款抵押物，有60%的村认为没有不需要抵押的小额贷款”。①其次，农民工普遍认为农村的消费水平不足，当地购买力不高，又难以找到适合投资的创业项目，所以往往在创业上望而却步，不愿意轻易投入自己的积蓄。并且，部分地方政府鼓励农民工创业工作的执行力度和落实程度也不尽如人意，地方管理人员对农民工创业提供的服务有限，农民工的创业项目立项难、审批更难，这使得农民工难以依靠地方政府提供的服务来实现自己创业的理想，然而独自扛起大旗又面临能力不够、资金不够等多方面的问题，所以农民工返乡创业屡屡遭遇瓶颈。

2. 就业服务体系不健全

随着我国产业结构的进一步升级、城镇化的继续发展、经济水平的稳步上升，以及城乡发展一体化的推进，我国发展也进入了新的时代。新生代农民工的文化素质和受教育水平在逐步提高，农民工的就业结构、就业方式也产生了较大的变化。从事制造业和建筑业的农民工比重继续下降，农民工虽然会继续流向工业、建筑业、餐饮、娱乐、新型服务业等第三产业，但技能型和创新型的现代产业岗位也成为更多农民工就业的重要选择。

2007年我国颁布《就业促进法》，其中第五章“就业服务与就业援助”对公共就业服务做出了专门的规定，强调了公共就业服务的重要性，从法律上明确了各级政府在就业服务发展和就业服务体系完善等方面的责任，要求政府加大促进就业力度，重点解决农民工的就业问题，为他们提供均等的公共就业服务，促进他们顺利地实现转移就业，进而实现安居乐业。新生代农

---

① 韩俊、汪志洪、崔传义等：《中国农民工问题总体趋势：观测“十二五”》，《改革》2010年第8期。

民工就业结构的新变化早已来临，但我国对于农民工的就业服务体系的实质性进展却不够明显，表现在政府对于农民工就业的公共服务依然不足，以及乡镇与城市的就业服务体系水平差距大，乡镇的就业服务依然较为短缺且流于形式化等方面。

首先是职业介绍方面，农民工的职业流动性使得农民工对于就业信息的需求是强烈的，尤其是在信息化的时代，就业信息的同步和职业介绍的跟进是相当迅速的。但是对于农民工来说，存在的问题是，就业信息的获取渠道相对闭塞，许多就业信息不能够有效地被农民工所接收。我国的社会市场上有各种各样的职业介绍机构，有公共开设的也有个人开办的，但是总体而言，市场上的职业介绍机构远远承担不起农民工职业流动的服务重任。社会上个人开办的就业服务机构力量弱、不正规、规模小，根本不能够满足农民工对于职业流动的服务需求。公立的社会就业服务体系又不够全面，对于农民工就业的服务功能不够重视，对优秀的、规模化运作的社会就业服务的政策引导和推广都不够完善。并且，我国的就业供求信息还存在严重的不对称问题。有些行业过度饱和，有些行业却依然存在着“用工荒”，这不仅体现了劳动力市场被扭曲的状态及经济运行中的多层次矛盾，还体现了信息不对称所导致的市场招工需求与农民工就业需求不能很好地进行信息衔接的现状。除此之外，城乡就业信息服务不同步也是问题之一。从全国范围看，虽然现在的就业信息网多种多样，并且也有专门针对农民工的就业信息平台，但是在已经建立的就业信息平台中，专门设立乡镇或农村劳动力需求专栏的不多，主要还是以发布在城市就业的信息为主。

其次是就业训练方面，在新时代的经济发展时期，我国非常需要专业技术熟练的工人和高技能的人才，农民工的转型升级也意味着农民工需要进行系统的教育和培训。不少地区为了响应国家号召，开设了农民工就业和创业扶持服务。但我国的农民工就业训练服务，还存在地方执行效果不明显、落实不到位、落实方式有待改善等问题。

最后是失业保障方面，农民工群体中有过失业经历的人数多，并且长期失业的情况要比城市工人严重。农民工就业十分不稳定，许多农民工没有固定收入，并且农民工中非正规就业的人员也较多，他们中的许多人不符合社会失业保障的要求，这些因素都使得农民工无法享受正常的失业保障，社会对农民工的失业救济、失业医疗补助、失业管理等问题的处理存在着较大的难度。虽然现在我国的失业保障制度日趋完善，但是失业保障对于农民工群体的覆盖面还需进一步拓宽，政府也需要大力引导促进农民工的正规就业。

总体而言，我国的就业服务市场在世界范围内还不是很发达，就业服务体系的发展较发达国家来说还比较缓慢，就业服务方式的提供也需要进一步规范和统一，尤其是针对农民工群体的就业服务，还需要深入宣传和发展。并且，我国就业服务系统运作所产生的社会效力和积极影响稍显不足，所惠及的农民工群体的范围也较为狭窄。

（二）收入问题

1. 工资被拖欠问题仍然存在

农民工工资被拖欠问题由来已久，农民工产生以后，大批农村劳动力进入城市成为建设城市的一分子，成为推动城市发展的重要力量。然而他们的劳动成果却难以得到根本的尊重和保障，劳动薪资经常被拖欠。农民工工资被拖欠这一社会问题屡禁不止。

农民工薪资被拖欠的原因有很多方面：第一，农民工非正规就业、合约意识薄弱、维权意识淡薄等；第二，雇主的经营项目入不敷出、工资支付渠道不合理、工程团队成员管理不当等；第三，我国对于薪酬支付问题的管理机制不健全、监督机制不完善、法律法规不健全、对违法行为的打击力度不够。

农民工工资被拖欠的问题具有普遍性、严重性、集中性。首先，这个问题早期是在全国范围内普遍发生的。2004 年，“全国总工会的资料显示，全国进城务工的农民工被拖欠的工资估计可能在 1000 亿元左右，涉及 9400 万进城务工的农民工”①。其次，农民工工资被拖欠问题发展态势严重，农民工被拖欠薪资的金额大、时间长。“建筑施工企业拖欠农民工工资约为 700 亿元，则该领域平均每个农民工拖欠工资达 2300 多元。这个数据大体相当于平均每个亦工亦农的农民工一年的货币工资收入。从整体来看，农民工工

---

① 陈平：《拖欠农民工工资问题的法律思考》，《河北法学》2004 年第 5 期。

资被拖欠的平均时间是一年左右。”① 并且，农民工工资拖欠问题还具有一定的集中性，“工资拖欠问题主要发生在建筑施工企业和餐饮服务等企业，其中建筑施工企业占拖欠农民工工资案件的70%”。②

被拖欠工资的农民工中从事建筑、餐饮、贸易等行业的占了很大的比例，在这些行业内，雇佣关系很大程度上是没有足够的制度和合约保障的。“2001年，农民工中被拖欠工资的人员比例为12%；2003年，温家宝总理亲自为农民工追讨工资后，我国下发了《国务院办公厅关于切实解决建设领域拖欠工程款问题的通知》，大规模治理农民工工资拖欠问题的序幕得以拉开。到2005年，这一比例下降到2%。这表明，政府在2003年和2004年先后实施的一系列治理农民工工资拖欠的政策措施，确实起到了显著的作用。但与2001年相比，2005年，在被拖欠工资的农民工中，就业于建筑业的比例降低了6%，而就业于批发和零售贸易、餐饮业、制造业，以及其他行业的比例略有提高。”③ 这就表明，短时期内农民工工资被拖欠问题的治理在建筑行业内效果显著，可同时期内的其他行业被拖欠工资的问题仍待解决。“国家统计局的调查表明：2009年以受雇形式从业的外出农民工中，被雇主或单位拖欠工资的占1.8%，比2008年的4.1%下降了2.3个百分点；尽管外出农民工在建筑业中的就业比例只占17.3%，但工资拖欠仍主要发生在这一领域，其次是制造业。”④ 从总体的且长时期的数据来看，农民工工资被拖欠问题是一个长期存在的问题，并且早期地方政府打击拖欠农民工工资的工作存在着不平衡不彻底等问题。

2010年，一些地区接连发生因企业拖欠农民工工资引发的群体性事件，严重影响了社会稳定，随后国务院办公厅发布了《关于切实解决企业拖欠农民工工资问题的紧急通知》要求明确地方各级人民政府和有关部门的责任，集中力量重点解决建设领域企业拖欠农民工工资问题；2014年，国务

① 邹新树：《拖欠农民工工资：问题、成因及对策探讨——基于建设领域的实证研究》，《乡镇经济》2004年第9期。

② 陈平：《拖欠农民工工资问题的法律思考》，《河北法学》2004年第5期。

③ 王美艳：《农民工工资拖欠状况研究——利用劳动力调查数据进行的实证分析》，《中国农村观察》2006年第6期。

④ 张兴华：《农民工工资拖欠的现状、根源与治理》，《经济与管理》2010年第7期。

院要求进一步完善工资保证金制度，实施实名制工资卡的建设工作；2017年，国务院“十三五”通知，又提出了全面落实劳动合同制度，完善工资保障机制建设。“2019 年 12 月 4 日，国务院常务会议审议并原则通过了《保障农民工工资支付条例》，2020 年 1 月 7 日文件正式发布实施。这是贯彻落实习近平总书记关于根治农民工欠薪问题的重要批示精神和 2019 年《政府工作报告》关于抓紧制定根治农民工欠薪专门行政法规工作部署的实际行动，开启了依据国家行政法规治理拖欠农民工工资问题的法治局面。”① 新的条例健全了工资清偿和责任清单制度，健全了管理和监察机制，加强了失信惩戒和信用体系的建设，为进一步解决拖欠农民工工资的问题提供了新的实行方案。但是近年来，农民工工资被拖欠又演变出了新的形式，例如，房地产开发商在工期结束后，不支付农民工工资，而是以赠予“包工头”该地房产来抵销工资，这样包工头既没有办法给工人结工钱，又不能诉讼开发商欠薪。如今，通过政府不断治理，农民工的工资被拖欠的问题有了很大程度的改善，可依旧没有彻底被根除，农民工工资被拖欠的情况仍有发生。

2. 参加社会保险的比例仍需提高

农民工没有相应的社会保险，也就意味着他们在劳动、失业、医疗和生育等方面都难以得到足够的保障，一旦有相应的问题发生，没有保障的农民工会承担相对较大的生存压力和经济压力。

农民工参加社会保险的比例低有很多原因。第一，我国的社会保障制度没有充分考虑到农民工的流动性，农民工区域流动十分频繁，他们的居住条件也比较不稳定。各省市的标准不一，也增加了农民工的社会保障转移和接续的难度，并且农民工的职业流动也很频繁，非正规就业的农民工不在少数，部分没有稳定在城市的农民工也不符合部分社会保障的缴纳要求，这就使得农民工的社会保障事业前进难度大，目前的社保制度又难以适应农民工的流动变化。第二，我国的户籍分化也是农民工社会保险参与比例低的因素之一，以往我国与户籍制度挂钩的个人权利有 20 多项，涉及政治权利、就

① 刘军胜：《依法治理拖欠农民工工资正当其时》，《中国人力资源社会保障》2020 年第 3 期。

业权利、教育权利、社会保障、津贴补贴等各个方面。然而我国社会保障制度的灵活性不够高。2017 年户籍改革以前，农民工生活在城市但是户籍仍属于农村，他们无法被完全纳入城镇保障体系，而我国的社会保险体系本身又难以适应农民工的返乡生活，所以部分农民工在失业或返乡后，只能选择退保。第三，虽然在我国劳动法与相关规章制度中，明确规定了企业需为员工缴纳社保费用。但是，员工个人仍需要承担 8% 的费用，农民工的工资水平低，维持日常生活都面临着诸多困难，就更不愿意承担社会保险的剩余费用。这也说明很多人只注重眼前利益，对社会保障没有长期且准确的认识，不能认识到缴纳社会保险的重要性。除此之外，很多用人单位制度违规不给员工缴纳社会保险，而农民工也缺乏相应的法律意识和维权意识。

截至 2019 年，“养老保险的参保率为 16.7%；工伤保险的参保率为 26.2%；医疗保险的参保率为 17.6%；失业保险的参保率为 10.5%；生育保险的参保率为 7.8%”。① 虽然近些年我国农民工参加社会保险的比例在逐年上升，可是农民工群体的社会保险参与率还是较低，社会保险的参与度仍需提高。

3. 住房保障制度有待进一步完善

农民工的住房保障是农民工社会保障中较为重要的一部分。农民工在城市的住房问题所涉及的领域比较广泛，这不仅能检验政府为农民工提供的社会保障落实是否到位，还能反映农民工的社会福利是否仍然有所欠缺，也关系着农民工的城市融合和市民化程度。

我国对于农民工住房的保障和开放政策的开始时间较晚，所以住房保障体系也建立得晚。早些年许多农民工居住在临时搭建的工棚、出租房的集体宿舍和城市的地下室中，这些地方的卫生条件和建筑安全都得不到保障，还易发生安全事故。根据 2005 年课题组的调查，“农民工中有 37.1% 的人由单位免费提供宿舍，31.1% 的人在外租私房，另外，还有 9.1% 的人租住单位提供的宿舍，也有 4.5% 的人在务工地的亲戚或朋友家居住。与他们相

① 肖建义：《新时代我国农民工社会保障问题探究》，《中共云南省委党校学报》2020 年第 1 期。

比，住工棚的环境要恶劣了许多，甚至面临着危险，但也不乏其人，占到了18.2%”。[①] 直到2010年，“城市的经济适用房、廉租房等公共住房基本上不对农民工开放，各地政府对农民工在城市的住房实际上是放任自流，农民工住房仍游离于城镇住房保障体系之外，这种情况严重影响了农民工的生活质量，并成为他们融入城镇的最大障碍之一”[②]。

农民工流动的不稳定性决定了他们的地域流动和职业流动都较为频繁，现今农民工在城市中的住房特点主要表现在以下两个方面。第一，政府给予农民工的住房福利政策惠及面有限。在学者们的社会调研中，有不少农民工表示自己并没有切实享受到公共廉租房和租赁补贴的政策，所以住房支出仍然占据了农民工生活支出的很大一部分。第二，农民工缴纳公积金存在许多问题，并且问题相对复杂。农民工对公积金的缴纳意识不够，我国要求用人单位和企业给员工缴纳公积金，可许多企业依然存在着不给员工缴纳公积金的行为，而政府对用工单位和企业的监督又不足。企业给员工缴纳公积金和社会保险会消耗一部分利润，这部分被消耗的利润最终很可能会以减少员工工资的形式被挽回，所以如果政府加大监督力度，农民工的工资也可能会相应地减少，而如果放宽监督力度，则会弱化农民工的住房保障。农民工的基础工资本身就较低，扣除公积金和社保的费用后，剩余的日常可支配工资则会更少，然而以农民工的工资水平来看，他们所缴纳的公积金在面对城市的高额房价时，也难以提升他们的购房能力。可见对于农民工来说，社会福利和保障往往是与负担并行存在的，所以，农民工公积金的缴纳问题应当得到特殊的处理，然而我国现在还没有对农民工等弱势群体制定相应的政策。

（三）政治参与问题

政治参与是公民表达政治意愿、实现政治权利的重要手段，是现代政治体系的重要构成。新生代农民工相比第一代农民工，其政治参与意识不断增

① 刘传江、程建林：《第二代农民工市民化：现状分析与进程测度》，《人口研究》2008年第5期。

② 韩俊、汪志洪、崔传义等：《中国农民工问题总体趋势：观测“十二五”》，《改革》2010年第8期。

强，政治参与能力不断提升。但是农民工在政治参与的实践中，仍面临政治参与不足的问题。

农民工是社会的流动人口，由于流动性，农民工的利益获得还与其政治权利的行使发生了矛盾，带来的结果是，城乡二元户籍制度阻碍了农民工选举权的实现，不论在农村还是城市，农民工的政治权利都没有得到充分的行使。“据有关调查显示，农民工参与村委会选举的情况并不乐观，这主要表现为三点：一是，农民工参与村委会选举的比例比较低；二是，从参选的方式上看，不利于农民工真实意愿的表达；三是，服从性参与的特点比较明显。这样既影响了村委会选举的质量，也使法律所赋予的选举权利处于虚置状态。另一项调查显示，在参与农村社区政治活动方面，多数农民工自外出务工后，回乡参与政治活动的状况并不乐观。当问及自出来后是否参加过村委会的投票、选举时，在被调查的农民工中，高达 81.7% 的人自外出务工就没参加过。”① 农民工并不存在主观上“能不能”或“愿不愿”参政的问题，他们中的很多人都是处在一种城乡“两栖”的状态。他们受到城乡二元制的影响，既没有完全地脱离农村，又没有完全地进入城市，他们这种双重身份使得他们的政治参与遭遇困境。“因受到户籍制度、城市化政策以及个人能力等的影响，农民工既无法完全融入城市、成为真正的城里人，从而参加务工地的政治生活；又远离乡村社会，被排斥于乡村社会之外，无法实现户籍所在地的政治权利，这使得新生代农民工政治参与呈现出双重边缘化的特征。”② 这种边缘化的政治参与特征给农民工带来的影响，就是政治参与的途径有限，他们不知道怎样才可以表达自己的政治诉求，也因为没有合理的政治参与的渠道而感到沮丧和不公，政治参与积极性就受到了挫减。本来很高的政治参与热情，也因为没有能够很好地行使政治参与权而日益消减了。

新生代农民工的生活环境和成长背景与老一代农民工不同，他们愿意参与到政治活动中，行使自己所拥有的政治权利。但是他们在政治参与的过程

---

① 张丽红：《农民工的政治权利探析》，《理论与现代化》2005 年第 1 期。

② 左珂、何绍辉：《论新生代农民工政治参与：现实困境与路径选择》，《中国青年研究》2011 年第 10 期。

中还存在着信息获取不及时的问题。总体来说，他们的政治参与意愿强烈，但是政治参与却仍然呈边缘化。农民工自身的素质不高也是阻碍农民工行使自己政治权利的因素，现代农民工的受教育水平相较于老一代有明显的提升，但是总体上看，农民工的思想观念还是具有局限性的，这表现在他们在政治参与中大多只关心与自己利益相关的部分，眼光只局限于自己眼前的利益，没有很好的发展意识。有调查结果显示，在新生代农民工中，“只有21.6%的‘新生代’农民工参加过老家最近一次的村委会选举，参加过打工地所在城市社区居委会选举的‘新生代’农民工仅占5%。对家乡村干部选举表示‘无所谓’或‘不想当’的接近半数。在二元结构体制下‘新生代’农民工的政治权利实际上处于一种城乡两不靠的‘边缘化’状态。”①并且，政治素养和文化素养的不足也导致农民工在政治参与中遇到一定的瓶颈，“农民工的低文化素养使他们难以准确把握参政信息，在利用参政渠道时，他们也难以及时有效地克服一些技术性难题，这无疑会影响他们参与政治的质量”②。相较于城市市民，农民工政治参与的相关知识与相关能力依然较为缺乏。

近些年农民工的政治参与越来越多地呈现出了群体性的特征，这使得他们的政治参与又有着相对明显的群体导向性。他们愿意或希望以团体的形式参与政治，在寻求自己的利益和行使自己的权利的过程中十分依赖群体的存在。如果他们所在群体在政治参与中不具有存在感和优势，他们也会因此感觉到自己是弱势的一方，这是一种被动的表现，不利于他们有效地进行政治参与。然而一旦他们的群体优势完全消失，他们中独立的个体便会放弃、掩盖抑或削弱自己的政治诉求。据调查，我国农民工相关利益的表达组织发展呈现不平衡趋势，主要体现为弱势群体的利益表达组织发展缓慢且相对滞后，弱势群体组织化程度偏低、自主性偏弱态势日益凸显。这不利于农民工群体利益的合理表达，也不利于他们形成良好的程序意识，在一定程度上削弱了他们的政治效能感。农民工的这种较为消极和从众的政治思想特点，对

---

① 邓秀华：《“新生代”农民工的政治参与问题研究》，《华南师范大学学报（社会科学版）》2010年第1期。

② 张永刚：《新生代农民工政治参与中存在的问题及对策》，《中州学刊》2011年第4期。

于他们的政治参与会产生不利的影响，导致不能有效地通过政治参与环节来表达他们个体自身的政治诉求，同时也会一定程度地消减自己参与政治的积极性。

（四）农民工子女受教育问题

农民工子女的受教育问题包含两个部分：流动子女的受教育问题和留守子女的受教育问题。

1. 流动子女的受教育问题

随着广大农民工在城市中生活的时间越来越长，农民工子女的教育问题就越来越突出，“国家人口和计生委流动人口司流动人口动态监测数据显示，2010 年，流动人口家庭 15 周岁及以下子女中，56.3% 随父母流动，43.7% 留在老家”①。农民工自身在城市中生活和发展，其子女在城市中也渴望得到足够的发展机会和条件，然而流动人口的教育又面临着一定的难题，重点表现在教育机会不均等、教育资源不平衡、教育过程易间断等方面。

首先是教育机会不均等。早期由于户籍制度的原因，进城的农民工子女还不能被纳入流入地公办义务教育体系范围内，不能进入城市接受正规的教育。农民工子女的教育难问题十分突出。直到 2001 年，我国才逐渐开放了农民工子女准入城市公立学校的政策。教育准入政策开放以后，农民工子女又面临着教育门槛的问题。“城市基础教育设置的入学门槛让新生代农民工随迁子女教育较为棘手，新生代农民工不得不负担子女义务教育阶段迁入城市公办学校昂贵的借读费用，或者在城市农民工子弟学校就学，农民工子弟学校又难以享受到城市优质教育资源。”② 农民工子女想要在城市的公办学校借读就要支付昂贵的费用，而大多数的农民工工资低，难以承担高额的借读费，民办的农民工子弟学校又存在着教学条件普遍不高、收费标准参差不齐的状况，多数民办农民工子弟学校得不到政府的扶持，其义务教育经费没

① 国家人口和计划生育委员会流动人口服务管理司：《中国流动人口发展报告》，北京：中国人口出版社，2011 年，第 237－238 页。

② 蒋笃君：《新生代农民工市民化的现状、困境与对策》，《河南社会科学》2019 年第 12 期。

有列入财政预算，只是靠向农民工收费维持运转。这样的教育门槛不仅仅影响了农民工子女接受教育的质量，还加重了农民工的负担。2003 年，国家发布了《关于进一步做好进城务工就业农民工子女义务教育工作的意见》，提出农民工子女应享有平等接受教育、减轻学杂费等权利。这在一定程度上减轻了农民工的经济负担，也在一定程度上保障了农民工子女的受教育机会。但是农民工子女入学的机会不均等问题还是没有得到根本的解决，他们又面临着学籍难以迁办的问题，所以许多农民工不得不选择自己在城市打工，将子女留在老家读书。当前，为解决农民工随迁子女教育问题，我国实施“流入地政府负责，城市公办学校为主”的政策措施。但是城市的教育资源毕竟有限，无法容纳数量庞大的农民工随迁子女。多种问题的存在使得农民工子女很容易成为留守儿童，这对于农民工子女的心理健康和他们受教育的水平都有着不利的影响，有些学习成绩不好的农民工子女在初中后就放弃了学业，跟随父母一同进城打工了。总之，21 世纪初农民工子女入学难的问题十分突出，面临着许多限制和困难。截至 2014 年，许多公立学校还推出了实行核准流动儿童入学资格的审核办法，这又变相地增加了农民工子女在城市入学的难度。

其次是城市内的教育资源不平衡。农民工属于城市中的外来人口，也是一定意义上的社会流动人口。“流动人口由于其职业特征和经济方面的原因，在城市中的分布往往呈现出聚集性的特点，且一般分布在城市的城乡接合部。这些地带往往是城市教育资源布局中最为薄弱的地带，这就形成了农民工子女居住地的教育需求与教育供给的不平衡。这种不平衡状况使流动儿童入学在客观上仍存在着较大的困难。”① 我国的大中型城市每年都要接收数百万农民工，他们基本聚集在城市的郊区和其他经济欠发达的城市区域，而城市中的各类教育资源则重点集中在城市中经济较为发达的城区内，这就使得农民工的子女一般就读于教学条件和教育资源普通或较为低下的学校。除此之外，农民工的子女进入城市后，相应的就学需求也在大量增加，而学

① 黄祖辉、许昆鹏：《农民工及其子女的教育问题与对策》，《浙江大学学报（人文社会科学版）》2006 年第 4 期。

校办学又有一定的招生限制，所以城市内的教育资源难以大量地供给到农民工子女。由此许多城市只能够以学校扩招来缓解当地学生的就学压力，但这也是短期性的解决方式，难以满足农民工子女长期输入城市而带来的教育需求。

最后是教育过程易间断。农民工外出务工的选择是多种多样的，根据自身发展的需求，在不同时期流动到不同城市和工作岗位中，频繁地更换工作岗位和转移居住地就会影响子女接受教育的连续性和稳定性，子女随着父母的流动而转移学业现象普遍，所以农民工子女教育过程易间断。教育过程易间断又会产生一系列的衍生问题，如适龄儿童延迟入学、已入学的儿童要不断适应新环境、转学后面临的学习进度差异和留级问题等，这样一来，“导致义务教育阶段学生辍学的主要原因可能不再是经济方面的原因，而是这些流动儿童由于学习的不连贯和地点的不稳定所导致的成绩滑坡、丧失学习兴趣，进而导致了辍学”。[①] 除了学习成绩之外，农民工子女在城市中学习和生活不稳定的状态也会在一定程度上影响心理健康，还容易引发其他的校园问题和社会问题。

2017 年发布的《国务院办公厅关于进一步加强控辍保学提高义务教育巩固水平的通知》要求创新教育管理体制机制，健全政府主责、学校尽责、家长或其他监护人履责控辍保学工作体系，妥善解决好进城务工随迁子女和农村留守儿童教育、生活、心理、安全等问题，落实“籍随人走”的学籍管理政策。根据国家统计局发布的农民工检测报告显示，截至 2018 年，农民工子女在义务教育阶段，随农民工迁徙的儿童在公立学校就读的比例高达 80% 以上，并且在政府支持的民办学校就读比例也有所提高。“十三五”规划也提出了普及高中阶段教育，逐步分类推进中等职业教育免除学杂费，这对农民工随迁子女就地上高中、免费上中专有促进作用。并且，截至 2020 年《政府工作报告》显示，我国的义务教育学生生活补助人数增加近 40%，高职院校扩招 100 万人。但是就目前来看，农民工子女在城市接受教育仍然

① 黄祖辉、许昆鹏：《农民工及其子女的教育问题与对策》，《浙江大学学报（人文社会科学版）》2006 年第 4 期。

面临着部分困难，随迁儿童上学升学难、费用高问题依然严峻。2019 年，国家统计局调查显示，“50.9%的农民工反映随迁子女在城市上学面临一些问题。对于义务教育阶段随迁儿童，回答本地升学难、费用高的农民工所占比重较高，分别为34.2%和28.9%，分别比上年提高7.5和1.7个百分点；回答随迁子女无法在本地参加高考的农民工所占比重增加明显，比上年提高4.3个百分点至14.3%。东部地区农民工反映随迁子女存在升学难、费用高、无法在本地参加高考问题，所占比重分别为44.9%、30.1%和21.3%，分别比上年提高14.1、3.6和7.8个百分点，显著高于其他地区。城市规模越大，升学、费用和高考问题越突出，在500万以上人口的大城市这些问题更加显著”。①

2. 留守子女的受教育问题

20 世纪 80—90 年代，农民工外出打工也处于适应环境的阶段，基本是以个人的形式外出务工的，虽然多存在着和亲戚、朋友结伴的现象，但是家庭流动的情况较少，并且早期由于我国户籍制度和教育体制的原因，农民工子女是没有办法进入城市读书的，很多农民工子女为了接受教育不得不留守在农村。1994 年，《瞭望》杂志发表了一篇呼吁人们关注留守儿童的文章，开始引发人们对于农民工子女留守问题的关注和讨论。进入 21 世纪之后，农民工外出务工的越来越多，也逐渐呈现出了家庭流动的特征。我国在 21 世纪初也开放了农民工子女在城市的教育准入相关政策，但留守儿童问题的形势依然严峻。

造成农民工子女留守在农村的原因在于多个方面，其中，经济原因是最主要的原因，农民工难以承担子女在城市中的读书费用和日常开销，所以将子女留在家乡接受本地学校的教育。就升学和读书本身来说，留守在农村的农民工子女的学习连续性可以得到一定程度上的保障，在本地上学面对的是同等起点和竞争力的同学，升学压力也较小，但这不代表留守子女的教育会面临着更少的问题。留守子女的教育问题主要体现在农村教育资源较城市落

① 国家统计局：《2019 年农民工监测调查报告》，http://www.stats.gov.cn/tjsj/zxfb/202004/t20200430_1742724.html。

后，父母对子女家庭教育的缺失、隔代监护所产生的多种问题，留守儿童的心理障碍等多方面。

城乡之间的教育资源分布存在着很大差距，农村的教育环境和教育资源相对于城市都更为落后，留守子女中即便是学习意识较强的那一部分儿童，也面临着受教育不充分的问题，农村儿童受教育的方式一般单一且落后，与全面发展的同龄城市儿童相比，他们的文化水平还是不足。

家庭环境对于儿童人格的形成发展和社会化程度的积累具有非常重要的作用，父母作为子女日常相处的最亲密的家庭成员，是子女在成长过程中的心灵依托，他们在子女成长过程中所起到的教育作用是其他家庭成员不可代替的。然而对于常年缺失父母家庭教育的农民工留守子女而言，父母在他们的学习和成长中没有较多的存在感，父母支付他们的生活和教育的费用，而他们的监护人一般都是爷爷奶奶或者其他亲属，父母所尽到的教育责任并不多。隔代监护会带来老人溺爱儿童或者对儿童疏于管教的问题。留守子女因缺乏父母的照顾和关爱，还容易在成长过程中产生性格缺陷和行为偏差，多表现为自卑、孤独、缺乏安全感，易形成不良性格、养成不良习惯，同时，遭受人生意外伤害的可能性也会较大。

2015 年，我国实行了乡村教师支持计划，计划实施后，乡村教师生活补助首次实现了全覆盖，乡村学生对于教师的满意度也在提升，教师表示愿意继续在乡村任教的比例也高达 80% 左右。2016 年，国务院发布了《国务院关于加强农村留守儿童关爱保护工作的意见》，要求各级政府做好留守儿童的相关服务工作，为他们提供物质帮助、精神呵护以及安全保障，为其创造良好的生长环境，减轻外出农民工的后顾之忧。虽然留守儿童的受教育状况逐渐改善，但是 2019 年东北师范大学中国农村教育发展研究院发布的《中国农村教育发展报告 2019》显示，超过一成的全国义务教育阶段在校生为农村留守儿童。民政部统计，2017 年全国农村留守儿童数量为 1550.56 万人，2018 年全国共有农村留守儿童 697 万余人。可见，留守儿童的人数规模依然庞大，并且农村留守子女的心理和安全等问题还需要我们长期且持续的关注。

二、对策建议

农民工问题较多且相对复杂，我国的农民工跟着改革开放的步伐成长和发展，其问题的形成是一个长期的过程，当然，解决农民工问题也是长期的任务，需要我们在发展中不断寻找解决的路径和方向。目前随着各项制度的改革和完善，农民工问题正在得到持续解决，农民工群体也呈现出了明显的向好发展态势。

（一）就业问题

深层次地完善农民工的就业保障体系，在保证经济长期持续增长下稳定农民工的就业，打造更加平等和谐的社会就业环境，为农民工提供相对充足的就业机会。大力监督劳动力市场的用工规范情况，促进农民工的正规就业，降低农民工失业率。面对失业农民工，进一步加强对失业或转业农民工的政策帮扶。

持续完善乡村就业服务体系，提出多种就业服务形式，开展多项就业服务活动，通过组织招聘活动、加强就业服务、引导返乡创业等服务继续促进农民工的就业和创业。继续大力促进农民工的技能提升，支持农民工自主创业，以积极的政策来引导农民工转型发展，促进和带动农民工群体的整体发展。加强引导新生代农民工合理返乡就业，以创带促，为返乡农民工提供新的就业岗位。加强宣传和引导我国中西部地区和东北部地区的农民工回乡创业，提升欠发达地区的创业势头。

进一步推进我国城乡就业服务体系一体化的建设，保障农民工能够持续享受到免费的就业技能培训、创业培训、工作介绍等服务。除此之外，重点加快建设科学化、专业化、现代化的就业服务信息系统是关键，着重搭建农村劳动就业服务中心、乡镇就业服务站所等多层次平台，进一步拓展城乡统一开放、纵横相连、快速联动的网络劳动就业服务体系。增加就业信息的公布渠道，及时向农民工更新播报就业大数据，让农民工可以快速获取包括培训信息在内的各类就业相关信息。规范农民工进城就业中介市场，发挥职业介绍所的中介作用，加强劳动保障和工商部门对民办职业介绍机构的监督，进一步打击欺诈农民工的不正规中介。

（二）收入问题

重点解决农民工工资被拖欠的问题。目前的工作重点就是要实施好、落实好“解决拖欠农民工工资问题”的任务，严厉打击拖欠农民工工资的行为，进一步保障农民工的劳动权益，充分发挥劳务输出地“劳动服务组织”的作用，促进劳动服务组织建立更多救助渠道，为陷入困境的本地劳动力服务。

完善农民工社会保障体系，扩大社会保障范围，增强社会保障力度。政府要加强监督力度，强化企业的责任意识，督促用人单位进一步承担社会责任，各级劳动部门加强监督，对违规的企业和用人单位加大处罚力度。提高农民工的社会保险参保率，针对农民工的住房、医疗、养老等多项社会保障问题出台更多的政策支持，促进未来社会保障涉及的农民工群体范围越来越广。劳务输入地的大城市应建立“公共劳动”形式的流动人口最低生存保障体制，使那些失业的、身无分文的、陷入绝境的城市农民工能够通过“公共劳动”暂时找到合法活路。

推行更为全面具体的农民工社会福利，将社会福利惠及更广的农民工群体。进一步改革并完善住房公积金制度，将社会福利更多地面向农民工等弱势群体，采取有针对性的措施着力解决农民工问题。建构更加完善的农民工城镇住房保障体系，注重新生代农民工的保障性住房建设，更多地开拓社会服务中的社区建设渠道，为农民工提供更多的低价廉租房，进一步减少农民工的生活成本，着重提升农民工在城市的生活质量。

（三）农民工政治参与问题

进一步促进完善新生代农民工政治参与的法制建设。加强立法工作，继续完善相关法律法规，明确农民工参与政治的方式和规则，让农民工有章可循，有序参与，定期对有关法律落实情况进行检查监督和引导。加强法制教育，通过多种形式的教育加大法制宣传力度，积极引导农民工依法有序地参与政治。为农民工提供更广泛的法律援助，增加他们对我国政治制度的认同感，对于农民工的法律诉讼请求，国家法律机关可以考虑减免相关费用。

完善新生代农民工利益表达机制，建立多种有效的新型农民工利益表达平台。加强落实政府信息公开制度，维护农民工对自身相关事宜的知情权，拓宽农民工的参与途径，公开透明与人民利益直接相关的政策信息。鼓励农民工的网络政治参与，加强农民工与政府的互动，对农民工的诉求及时给予回复，通过建立通畅的“诉求—回应”机制，给农民工的权益和利益的表达提供新的渠道。进一步完善听证制度，在参与听证的人员选择上，增加农民工的参与比例，确保他们在诸如城市公共议题等问题上享有足够多的话语权、有较强的参与感。强化新生代农民工的组织化程度，提高新生代农民工群体的组织化水平，鼓励他们积极参加工会。鼓励社会各界政治组织广泛吸收农民工群体中的先进分子，不断形成示范效应。

（四）农民工子女受教育问题

政府要进一步优化公共资源配置，促进农民工随迁子女与城市教育的融合。加大社会教育的供给力度，完善农民工随迁子女的教育经费保障机制。进一步为在城市公办学校就读的农民工子女减轻费用负担，取消农民工随迁子女就读城市公办学校的借读费、择校费等。加强农民工子女义务教育阶段的学费补贴，拓宽儿童义务教育阶段费用补偿的实施主体、范围、补偿条件等。农民工流入地政府也要加强对农民工子女教育的政策倾斜，通过教育财政支出和教学信贷扶持等方式，进一步扶持农民工子弟学校发展，不断改善农民工子弟学校的教学环境和办学条件。城市各类学校也应该根据自身的实际情况以及农民工随迁子女的多少，开展有针对性的教育管理工作，建立健全农民工随迁子女可以充分适应的教育教学制度，针对农民工随迁子女流动性大的现实情况，城市各学校应简化入学与转学手续，着力破除户籍制度与学籍制度之间的连接障碍，取消教育的隐性门槛，保障农民工子女平等的教育机会，进一步重视留守儿童的身心健康。全面完善落实“籍随人走”的学籍管理政策，加快实现农民工子女与城市儿童的教育平等。

重点关注留守儿童的教育问题，政府要继续加大力度引导农民工就地就近转移与回乡创业，才能最大限度地减少农村留守儿童的数量。在农民工子女较多的地方，当地政府要积极动员社会力量，鼓励社会各界公益组织合力开办多种形式的留守儿童看护中心、寄宿公寓，给有不同需求的农民工子女提供不同条件的学习、看护和寄宿条件。目前有些地方已经出现了留守儿童的“代理家长”和“抚养中心”之类的民间托管机构和场所，政府应当针对这些机构进一步制定相应的政策，明确其职责，规范其行为，打击不规范机构的违法犯罪行为，重点关注留守儿童的安全。开放多种渠道，组织“青年志愿者”和高校学生参与农村留守儿童的教育工作，为留守儿童提供多样化的教育和生活支持。加强农村学校的建设，加大经费投放，招聘高水平的乡村教师，在乡村学校进一步开展丰富多彩的活动来吸引学生参与课余活动，培养留守儿童的兴趣和爱好，有针对性地开设心理健康课程，加强心理健康教育，确保能够及时预防、发现和疗愈学生出现的心理健康问题，设定相关部门和负责人，建立留守儿童心理发展档案，点对点地精准关爱留守儿童。

第八章

下岗失业工人阶层状况考察

下岗失业工人阶层，是指处于法定劳动年龄，有劳动能力和就业要求，但未能就业的工人群体。改革开放以后，这一群体的出现和构成状况的变化，成为社会各方面关注的焦点。这一群体再就业及其生活问题的解决，关系到国家发展与稳定的大局，因而社会相关部门对此一直高度关注。

第一节　下岗失业工人阶层的历史演化及构成

“下岗”与“失业”今天已经被作为同义语使用，而在中国历史发展过程中，这原本是两个含义不同的概念。社会主义改造到改革开放前（1958—1978 年），我们通常把城市中没有工作而在家等待就业的人称为待业者，直到 1993 年国家开始正式使用“失业”取代“待业”。20 世纪 90 年代，“下岗”这一概念在中国社会一度成为热词。随着中国由计划经济向社会主义市场经济转型，国有和集体企业直面市场竞争，在此过程中，一部分企业破产、倒闭，一部分企业进行市场化改革，因而出现大量人员“下岗”。当时使用下岗这一概念，是指对原国有和集体企业工作人员进行市场化剥离产生的一种特殊失业现象。“下岗职工是指实行劳动合同制度以前（1987 年 7 月 1 日前）参加工作，没有与企业解除劳动关系、在原企业已没有工作岗位、有就业要求，但还没有找到新工作的职工。失业人员与下岗职工的主要区别是失业人员已与企业解除劳动关系，个人档案已转入户口所在街道、镇劳动和社会保障部门，而下岗职工虽然无业，但未与原企业解除劳动关系，档案关系仍在原企业。”① 随着国家政策的不断调整，到 2005 年“下岗”和“失

---

① 杨宜勇：《下岗失业群体的产生、演变和发展趋势》，《经济与管理研究》2007 年第 8 期。

业”被同等看待，并成为相同意义的概念。因此，今天我们所说的下岗失业工人阶层，指的就是我国的失业工人群体。从新中国成立到今天，我国集中出现的大规模失业（又称失业高峰）主要有以下几次。

一、新中国成立初期（1949—1957年）

新中国成立之初，国民经济遭到严重破坏，尤其在城市，各行各业因多年受战争影响而百废待兴。据资料显示，1949 年我国城镇公开失业人口高达 474.2 万人，失业率为 23.6%，经国家多方努力，到 1952 年失业人口降至 376.6 万人，但失业率仍为 13.2%。[①] 当时失业现象在全国各大城市普遍存在，失望和不满情绪在一部分工人和城市贫民中蔓延。这次严重失业局面，被看作新中国成立后的第一次失业高峰。追溯历史，这次大面积失业是战争破坏、经济转型、经济政策变化、农民进城等多方面因素综合作用的结果。当时的城市失业人员包括工厂工人、知识分子、公教人员、旧官吏军官等，人员构成十分复杂。

从 1950 年 6 月起，全国开始治理失业。治理措施主要包括：（1）新中国成立前后新旧政权交替过程中，对国民党政权遗留下来的 600 余万公职人员和企业职工采取“包下来”的政策，进行了妥善安置，避免了失业人数扩大。（2）实行“公私兼顾、劳资两利”的政策，防止有利于国计民生的私营企业停工倒闭。（3）规范公私企业的用人政策，避免劳动力市场混乱。（4）劝阻农民盲目进城。（5）设立专门机构，对失业人员进行统一登记和管理，举办失业救济。（6）实行政府介绍就业与失业者自谋职业相结合的就业政策。（7）加快经济发展，创造更多的就业岗位。

通过党和政府多年的艰苦努力，到 1956 年已经基本消化了 400 多万失业人员。旧中国遗留下来的失业职工，基本上得到安置。城镇失业人数到 1957 年底降到 200.4 万人，城镇失业率由 1949 年的 23.6% 下降到 5.9%。[②] 失业治理的成功，使党和政府在人民群众中树立了良好形象，获得了广大人

---

① 国家统计局社会统计司：《中国劳动工资统计资料（1949—1985 年）》，北京：中国统计出版社，1987 年，第 109 页。

② 何光：《当代中国的劳动力管理》，北京：中国社会科学出版社，1990 年，第 47 页。

民群众的衷心拥护，巩固了新生的人民政权，调动了人民社会主义革命和建设的积极性，为新中国国民经济的迅速恢复与发展打下了坚实基础。

二、新中国成立后（1962—1963年）

20世纪60年代初的这次失业高峰，根本原因在于1958年中国的“大跃进”运动。1958年5月中共八大二次会议通过了“鼓足干劲，力争上游，多快好省地建设社会主义”的总路线。工作重心转移到工业，确定了以钢产量为中心的一系列工业高指标，进而全国掀起全民大炼钢铁的热潮。城市企业出现很大的用工缺口，很多城镇在家赋闲人员（如家庭妇女等）被招工入职，大量农民被调到城市做工。

持续3年的“大跃进”运动，导致劳动就业格局紊乱、国民经济比例严重失调，国民经济遭受重大打击。城镇职工增速迅猛造成国家粮食供应紧张，财政工资支出负担过重。在此情况下，国民经济的调整势在必行。1961年1月，中国共产党八届九中全会提出了“调整、充实、巩固、提高”的经济指导“八字方针”，并于1962年全面贯彻执行。在“八字方针”的指导下，大量工业企业实行“关、停、并、转”，各种单位实施裁员，全国各城市又一次出现失业高峰。

为了解决城市出现的大量失业人口，中央规定，各机关、企事业单位的职工，特别是1958年以来从农村招收的职工，凡是能够回农村的，都要动员回乡支援农业生产。由于决心大，措施得力，政府工作人员的说服解释工作耐心细致，这一计划得以迅速落实。从1961年1月开始到1963年6月，共精减城市职工1940万人，如扣除新安排就业的大中专学生等，净减职工1744万人，其中回乡务农者达1300万人。同期减少城镇人口2600万人。①

三、改革开放初期（1978—1985年）

1978年10月，知识青年上山下乡工作会议在北京召开，会议决定终止通过上山下乡安置城镇青年的做法，并且对已经下乡的知识青年积极妥善地

① 袁伦渠：《新中国劳动经济史》，北京：劳动人事出版社，1987年，第137页。

安排，中央经过酝酿和讨论，提出把“知青”纳入城镇就业制度改革轨道。1979 年，上山下乡知青如潮水般返回城市。“据统计从 1962—1979 年，全国城市知识青年上山下乡共计 1776 万人，其中前 5 年 129 万人，后 13 年 1647 万人。”① 而当时返城，需要国家统一分配工作的人员达到 1500 多万人，失业率高达 13.6%。②“文化大革命”时期积累的就业矛盾和数百万下乡知青回城形成了失业高峰，给城市就业带来巨大压力。

1980 年 8 月初，全国劳动就业会议在北京召开。中共中央分析了我国目前的就业和失业问题，提出“三结合”的就业方针，即劳动部门介绍就业、自愿组织就业和自谋职业相结合。国家正式启动就业制度改革，使国营企业、集体企业和个体工商服务业成为吸纳待业人员的三个重要渠道。在此就业方针的指导下，全国各地积极改革，如创新就业措施、组织就业活动、建立劳动服务公司。在此期间，党中央、国务院先后颁布实施了发展城镇非农业个体经济、城镇集体所有制经济、城镇劳动者合作经营等一系列政策和措施，使多年积累的城镇待业问题得到初步化解。经过几年努力，全国在 1979—1985 年共安置了待业青年 3523 万，加上大中专学生分配及军转干，共计安置了 5200 多万人就业。③ 至此，第三次失业高峰的失业压力基本缓解。

四、市场经济转型初期（1993—2005年）

上面我们已经提到，下岗是特指我国 20 世纪 90 年代对原国有和集体企业工作人员进行市场化剥离产生的一种特殊失业现象。当时国有和集体企业工人集中大量下岗，形成下岗潮，一度成为当时社会的主要矛盾。

1. 下岗潮

20 世纪 90 年代，中国经过 10 多年改革开放，商品经济在中国社会获得了迅速发展。沿循放权让利思路的国有企业的改革一直进展缓慢。城市经济

① 张小建：《上山下乡知青集中返城催发就业制度改革》，《中国就业》2009 年第 6 期。

② 安锦：《五次失业高峰对我国反失业政策选择的启示》，《内蒙古财经学院学报》2005 年第 6 期。

③ 段兴民：《及早决策迎接第四次失业高峰的挑战》，《中国人力资源开发》1989 年第 1 期。

体制改革的发展，主要表现为非公有经济的迅速成长。1992 年邓小平南方讲话及同年 10 月党的十四大提出并确立了我国经济体制改革的目标是建立社会主义市场经济。在这一历史背景下，我国各类企业逐步成为独立的市场主体，企业的生存和发展需要直接面对市场竞争。在此环境下，一些缺乏竞争力的国有和集体企业停产、倒闭，致使大量员工失去工作岗位。能够继续经营的国有和集体企业为了适应市场竞争的需要，按照市场化规则进行大幅度减员增效，也导致了大量人员下岗。到 20 世纪 90 年代中期，中国基本结束短缺经济时代，卖方市场转变为买方市场，市场竞争日趋激烈。消费市场的变化，使产业结构大调整成为必然。在市场化和产业结构调整的双重压力下，国有企业改革开始触动利益刚性的就业保障领域，过去国有企业隐含的富余人员，很快以大量职工下岗的方式凸现出来。

这一次下岗人员呈现以下几个突出特征：（1）从下岗职工组成看，主要以国有和集体单位职工为主。1997 年，国有和集体的下岗职工分别占当年下岗总数的 64.3% 和 32.2%。（2）从下岗分布地域上看，中西部地区和老工业基地失业率较高。1997 年我国城镇登记失业率平均为 3.0%，而青海、贵州、甘肃、宁夏和陕西却分别高达 7.2%、6.2%、5.5%、5.2% 和 5.2%。（3）从年龄分布上看，下岗失业人员中成年人所占比重较大。据国家统计局 1997 年对 750 万名下岗职工的统计，24 岁以下的下岗职工约占 11%，25—40 岁的下岗职工约占 70%，40 岁以上的下岗职工约占 19%。（4）从文化程度上看，下岗失业人员中大部分学历水平低，技能水平单一，较难适应时代发展的需要，也难胜任新的工作岗位。据调查，在 1997 年的下岗职工中，初中及初中以下文化程度占 62%，高中文化程度占 29%；初级工占 80%，中级工占 19%，高级工仅占 1%。①

2. “下岗”和“失业”并轨

下岗，是 20 世纪 90 年代中国国有或集体企业在就业体制市场化转变过程中的一种过渡性制度安排，它与失业的定义存在差异。“下岗”，指的是

① 徐全彬：《浅析我国经济转型期城镇失业的现状及政府政策》，《社会工作》2008 年第 2 期。

职工失去了原工作岗位，但仍与原国有或集体企业保持着劳动关系，并能够在原企业“再就业中心”领取生活费。“失业”，则是泛指处于劳动年龄，具有劳动能力和劳动意愿，却没有工作，并且与任何单位不存在劳动关系，个人档案在户口所在街道、镇劳动和社会保障部门。从经济学的角度看，“下岗”实际上也是失业，只是二者在保障制度方面有所不同。

在计划经济时期，中国的政府、企业与职工之间形成了一种特殊的社会保障关系，在市场化改革不断推进过程中，20 世纪 90 年代原有的单位保障体系已难以发挥作用，而新的社会保障体系尚不完善，要在比较短的时期内完成结构调整和国有企业减人增效、三年脱困的目标，政府和企业只好选择让职工离开工作岗位但继续保留与企业之间劳动关系的“下岗”方式，并采取专门适用于下岗职工的基本生活保障制度和再就业政策。1998 年 5 月，中共中央和国务院在北京召开全国国有企业下岗职工基本生活保障和再就业工作会议，制定全国统一的制度并在全国普遍实施。核心内容包括：（1）存在下岗职工的企业必须要建立再就业服务中心，对下岗职工进行管理并提供相关服务，确保下岗职工的基本生活保障。（2）下岗职工基本生活保障资金由企业、社会和政府财政各负担 1/3。（3）下岗职工档案关系在再就业服务中心最多保留三年，其间实现再就业的，其劳动关系要转入新的单位；不能实现再就业的，三年期满后也要解除与原单位的劳动关系，转为正式失业。

下岗职工基本生活保障制度确立以后，全国各地遵照施行。应该说，这一制度的实行，对于保障下岗职工的基本生活，维护社会稳定发挥了很大作用。但存在的问题也比较明显，主要表现在如下几个方面：一是给国家财政带来巨大压力；二是增加了社会管理成本；三是未能从根本上减掉国企负担，也不能从根本上解决下岗职工生活保障的问题。总之，下岗制度不能从根本上解决旧体制遗留下来的问题，也没有真正为市场导向的改革扫清前进道路上的障碍。因此，国务院决定从 2001 年起，国有企业原则上不再建立新的再就业服务中心，企业新减人员原则上不再进入再就业服务中心，而由企业依法与其解除劳动关系，按规定享受失业保险待遇，施行下岗与失业并轨。经过 4 年的努力，到 2005 年底全国基本实现国企下岗职工基本生活保障向失业保险制度的并轨工作（见表 8.1）。困扰中国多年的“下岗”大潮得到逐步缓解。

表 8.1　1993—2006 年我国城镇失业下岗情况表

项目 年份	城镇失业人数（万人）	城镇失业率（%）	城镇下岗人数（万人）	下岗率（%）	项目 年份	城镇失业人数（万人）	城镇失业率（%）	城镇下岗人数（万人）	下岗率（%）
1993	420.1	2.6	300	1.88	2000	595.0	3.1	1098	5.16
1994	476.4	2.8	360	1.96	2001	681.0	3.6	515	—
1995	520.0	2.9	564	2.95	2002	—	4.0	410	—
1996	552.8	3.0	891	4.50	2003	800	4.3	194	—
1997	570.0	3.1	1151	5.22	2004	827	4.2	92	—
1998	571	3.1	1080	5.22	2005	835	4.2	61	—
1999	575.0	3.1	1174	5.59	2006	847	4.1	0	—

资料来源：《中国劳动统计年鉴》（2000）、《年度劳动和社会保障事业发展统计公报》（2001—2006）。

通过对新中国成立以来我国不同时期失业高峰的回溯，我们可以看到，“在过去相当长的一个历史时期，中国实行国家安排工作的充分就业政策，失业几乎成为陌生的集体记忆”①。计划经济时期，我们把达到就业年龄而没有工作的状态称为待业，因为就业是由国家“统包统配”，无业者需要等待国家统一安排。从“待业”到“就业”，由政府统一制定政策。大批企业富余人员和待业青年由国家统 转移到农村，从而使城市的就业压力得以解决。而 1978 年改革开放后，中国实行市场取向的改革开放政策。20 世纪 90 年代到 21 世纪初所发生的失业高峰，是市场化转型所造成的结果，而这一次失业矛盾的解决，也是在尽力遵循市场经济规律的前提下进行的。按照马克思的理论，相对过剩人口即失业人口的存在，是市场经济不可避免的必然结果。因而，随着社会主义市场经济的逐步建立，失业人口的存在便成为社会的常态，下岗失业阶层便成为社会主义市场经济建设中的一个长期存在的群体。2005 年底我国下岗和失业制度并轨之后，我国失业人口比例时高时

① 李培林、张翼：《走出生活逆境的阴影——失业下岗职工再就业中的“人力资本失灵”研究》，《中国社会科学》2003 年第 5 期。

低，受2008年国际金融危机的影响，2009年我国失业率又有一个明显的升高，而后基本处于下降趋势，2009年的失业率为4.3%，2014年下降至4.09%。自2014年以来，我国城镇失业率持续保持下降态势，到2019年下降到3.62%。[①] 2020年受新冠肺炎疫情的影响，城镇失业率反弹到4.24%。（见图8.1）

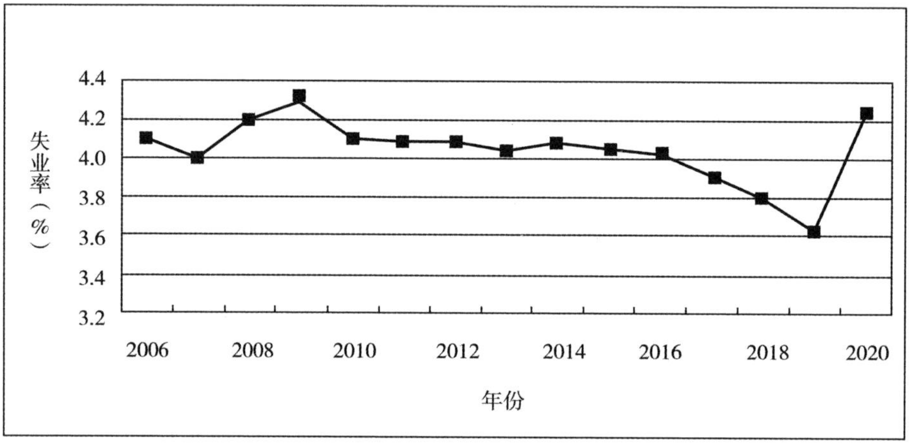

图8.1　2006—2020年城镇登记失业率变化情况

数据来源：《2006—2020年度人力资源和社会保障事业发展统计公报》。

第二节　下岗失业工人阶层的经济状况

对于下岗失业工人阶层来说，他们面临的最突出、最直接的问题就是不容乐观的经济状况。下岗失业就意味着失去经济来源，失去经济来源就会面临一系列的问题，包括经济支出多、居住条件差。探究下岗失业阶层面临的经济方面的问题，将更为直观地了解到下岗失业阶层的现状。

一、经济收入状况

对于下岗失业工人阶层来说，他们的经济收入主要来自两个方面：最低

① 数据来源：《2006—2019年度人力资源和社会保障事业发展统计公报》，人力资源和社会保障部网站。

生活保障和再就业收入。在下岗后的短期内下岗失业人员的经济收入主要来自最低生活保障。最低生活保障是指为保障居民的基本生活，国家对家庭人均收入低于该政府规定的最低生活标准的相关居民进行一定标准的现金资助，包括城市居民最低生活保障和农村居民最低生活保障。

下岗失业工人作为具有劳动能力的社会底层群体，在下岗之后的三年甚至更长的时间里都是依靠低保维持生活。在相关研究数据中，该样本中有98.7%的家庭享受城市居民最低生活保障金。2010年底层社会群体的平均年收入为6102.3元，其中年收入最高为72000元，最低为0元，没有年收入的占7.6%，平均月收入为508.5元。① 这种月工资对于一个家庭来说，只能满足最基本的生活支出。

截至2019年底，全国共有城市低保对象524.9万户、860.9万人。全国城市低保平均保障标准624.0元/人·月，比上年增长7.6%，全年支出城市低保资金519.5亿元；农村低保对象1892.3万户、3455.4万人。全国农村低保平均保障标准5335.5元/人·年，比上年增长10.4%，全年支出农村低保资金1127.2亿元。②

《2019年民政事业发展统计公报》数据显示，2015—2019年，我国城乡低保人员和特困人员数量呈现连年下降趋势（见图8.2），这得益于国家多年以来持之以恒的脱贫攻坚政策和精准扶贫工程。但在脱贫人口中，农村脱贫成效更加显著。2020年底，我们克服种种艰难险阻，完成了全面脱贫攻坚任务，这在世界历史上都是一个伟大的壮举。然而如何巩固脱贫成果，防止返贫，需要我们持续不断地努力。

由于下岗失业工人处于失业状态，没有收入来源，或者收入不稳定，因此只能依靠最低生活保障勉强维持生活。但是随着社会的发展、物价水平的上涨、消费的增加，最低生活保障标准并不能完全满足居民生活需求。习近平总书记在党的十九大报告中指出："中国特色社会主义进入新时代，

---

① 毛飞飞：《城市底层群体样态及生存矛盾研究——基于江苏省的调查》，南京大学学位论文，2012年。

② 民政部：《2019年民政事业发展统计公报》，http://images3.mca.gov.cn/www2017/file/202009/1601261242921.pdf。

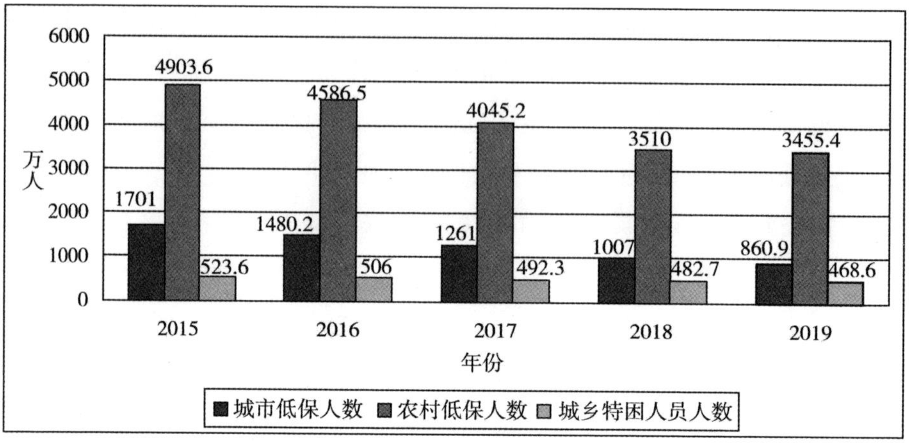

图 8.2　2015—2019 年城乡低保对象、城乡特困人员情况

数据来源：《2019 年民政事业发展统计公报》。

我国社会主要矛盾已经转化为人民日益增长的美好生活需要和不平衡不充分的发展之间的矛盾。”① 我国社会主要矛盾的转化需要对我国最低生活保障标准进行调整。目前，多地根据本地市经济发展情况，调整本地市的城乡居民最低社会保障标准。例如大连市委印发《大连市人民政府办公室关于提高城乡居民最低生活保障、特困人员基本生活、孤儿基本生活养育和 60 年代精简退职职工生活补助标准的通知》，决定自 2019 年 7 月 1 日起，提高有关救助标准。其中，城市最低生活保障标准为每人每月 720 元，普兰店区、瓦房店市、庄河市农村居民最低生活保障标准为每人每月 500 元；其他地区农村居民最低生活保障标准与当地城市居民最低生活保障标准一致，为每人每月 720 元。山东济南市民政局、市财政局近日印发《关于调整城乡居民最低生活保障和城乡特困人员救助供养标准的通知》，自 2020 年 4 月 1 日起，济南市提高城乡居民最低生活保障标准和特困人员救助供养标准。其中，城市最低生活保障标准由每人 685 元/月提高到 740 元/月，农村居民最低生活保障标准由每人 457 元/月提高到不低于 494 元/月，城市特困人员供养资金生活补助标准由每人 1028 元/月提高到 1110 元/月，农村特困人员基本生活

① 习近平：《决胜全面建成小康社会 夺取新时代中国特色社会主义伟大胜利——在中国共产党第十九次全国代表大会上的报告》，北京：人民出版社，2017 年，第 11 页。

标准由每人594元/月提高到不低于643元/月。① 深圳市自2020年1月1日起，全市最低生活保障标准提高到1250元/月。

最低生活保障作为一项社会保障制度，只能保障居民基本生活，而更高的生活需求的满足还是需要增加经济收入。下岗失业工人应通过再就业获得收入，改变自身经济状况。

二、再就业状况

下岗失业工人要想摆脱现状，必须通过再就业，再就业一方面可以使得他们获得经济收入，另一方面使他们重新体现人生价值。但是，对下岗失业人员来说，他们大多数人学历低、掌握的技能单一且简单，在再就业竞争中处于劣势，他们的再就业面临很大的困难。有调查研究显示，“处于失业状态的底层社会群体，有近42.0%的人失业长达三年以上”②。

由图8.3可知，从2016—2019年，城镇失业率在逐年降低，城镇失业人数在逐年减少。2020年，受新冠肺炎疫情影响，失业率有所上升。

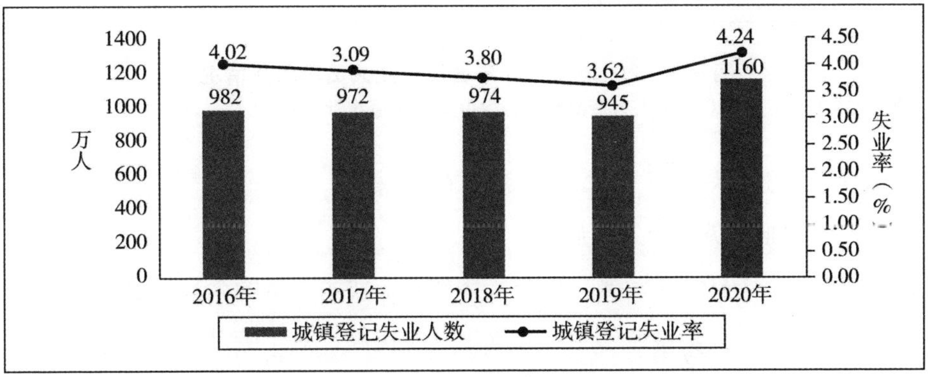

图8.3　2016—2020年城镇登记失业情况

数据来源：《2020年度人力资源和社会保障事业发展统计公报》。

---

① 济南日报：《下月起济南市提高城乡居民最低生活保障标准》，https://news.e23.cn/jnnews/2020-03-12/2020031200011.html。

② 毛飞飞：《城市底层群体样态及生存矛盾研究——基于江苏省的调查》，南京大学学位论文，2012年。

由图 8.4 可知，2016—2019 年城镇失业人员再就业人数总体来说逐年小幅减少，但每年都维持在 550 万人左右，约占城镇失业人数的 57%，就业困难人员就业人数总体来说逐年小幅增长，近两年维持在 180 万人，约占城镇失业人数的 18.5%，这部分人主要是指越轨群体，包括两劳释放人员、吸毒人员以及社区矫正人员。失业下岗工人大多数人长期处于下岗，一部分人选择再就业，再就业包括自主就业和政府帮扶就业，还包括自主创业。但是，由于失业下岗工人在年龄、专业素质等方面不适应社会发展的需要，再就业现状不容乐观。

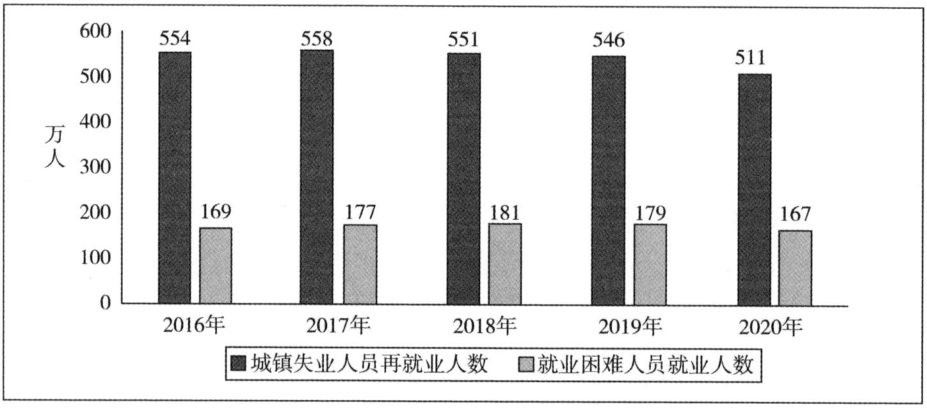

图 8.4　2016—2020 年城镇失业人员再就业情况

数据来源：《2020 年度人力资源和社会保障事业发展统计公报》。

（一）影响失业下岗工人再就业的因素

1. 再就业人员的个人素质

随着经济社会快速发展，整个社会都处于技术变革的大环境之下，技术变革和进步必然会使得劳动生产效率进一步提高，对于劳动力分配也会产生全新影响。尤其是近些年，我国 5G 技术、互联网技术、人工智能技术的快速发展，社会急需拥有相关高新技术的人才。技术的发展，催生了一大批相关的岗位，但对于缺乏相关技能素质的人来说，他们很难适应社会发展的需求。另外，我国外卖行业、快递行业在近几年也得到迅猛发展，这两个行业的人员虽然对高新技术的要求并不高，但他们主要与人打交道，因此对行业人员的个人素质要求更高，同时需要熟练使用手机等电子设备以及熟练操作外卖和快递软件。对于当前很多城镇失业人口来说，他们的年龄偏大，受教育程度低，综合素质较差，学习能力也较弱，大部分人都并不具备一技之长，即使是原有技术人员也不能够跟上当前技术变化步伐，无法实现技术实时更新，这也导致了很多城镇失业人口再就业非常困难。

2. 劳动力总量供求不平衡

我国作为一个人口大国，劳动力总量很大。新中国成立后，人口总量在不断增加，劳动力总量也在不断增加，在就业市场上呈现供大于求的现象。在计划经济时期，企业实行政策性安置就业，这种行为成了体现社会主义制度优越性的一个标志。在统包统配的就业政策下，国有企业承担了过多的安置就业任务，致使人浮于事，3 个人的活要五六个人干的现象普遍存在。实行市场经济以后，企业要参与市场竞争，要在市场中求得生存与发展，就必须把以往的积存人员分离出去，实现减员增效，轻装上阵。失业下岗工人大多是“40 后”和“50 后”，在下岗之前也大多从事体力劳动或者技术水平不是很高的岗位，因此下岗之后的再就业难度有所增加。

3. 产业结构的调整

自新中国成立以来，我国的产业结构经历了三个发展阶段：第一阶段是 20 世纪 50 年代至 70 年代，初步奠定工业化基础；第二阶段是 1979 年至 20 世纪 90 年代，我国实行改革开放，进入工业化的中期阶段；第三阶段是 20 世纪 90 年代初，我国提出建立社会主义市场经济体制之后，到 2020 年左右，我国将在工业化的同时，初步完成信息化。在进行产业结构的调整之时，一些劳动密集型产业逐渐失去其重要地位，相应地，劳动密集型产业相关岗位也会减少。

表 8.2　2015—2019 年我国三大产业总值及国内生产总值

单位：亿元

年份 项目	2015	2016	2017	2018	2019
国内生产总值	688858.2	746395.1	832035.9	919281.1	990865.1
第一产业	57774.6	60139.2	62099.5	64745.2	70466.7
第二产业	281338.9	295427.8	331580.5	364835.2	386165.3
第三产业	349744.7	390828.1	438355.9	489700.8	534233.1

数据来源：《中国统计年鉴》（2020）。

根据国家统计局数据显示（见表 8.2），2019 年中国国内生产总值约为 990865 亿元，比上年增长 6.1%。其中，第一产业增加值约 70467 亿元，增长约 3.1%，占国内生产总值比重为 7.1%；第二产业增加值约 386165 亿元，增长约 5.7%，占国内生产总值比重为 39.0%；第三产业增加值约 534233 亿元，增长约 6.9%，占国内生产总值比重为 53.9%。中国第二产业和第三产业产值之和已超过 GDP 总量的 90%。从数据上可以看出，目前，我国第一产业、第二产业增长减缓，第三产业增长加快；第一产业、第二产业对国内生产总值的贡献率降低，第三产业对国内生产总值的贡献率增加。根据近五年全国就业人员产业构成情况图表（见图 8.5）可以看出，近五年来，我国第一产业、第二产业的就业人员占比在逐年减少，第三产业的就业人员占比在逐年增长。第一产业、第二产业是劳动密集型产业，但如今对劳动力的需求量大大减少，由吸引劳动力转为排斥劳动力；虽然第三产业占比增加，但第三产业对劳动力的需求量很小，并且对人员的全方面素质以及年龄要求较高，因此严重制约吸纳下岗失业工人再就业，再就业难度大大增加。

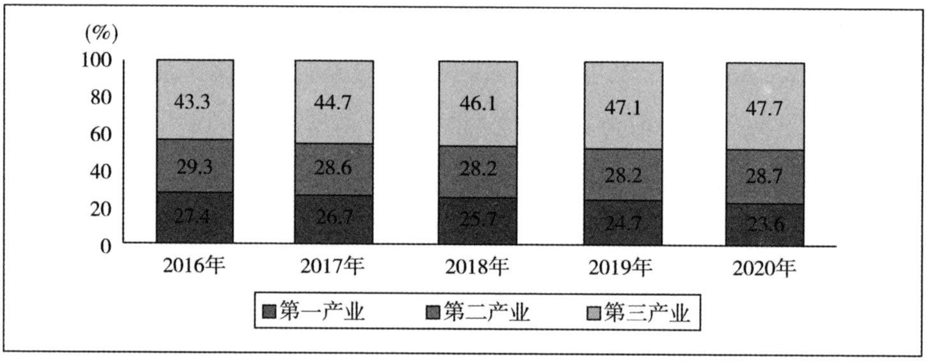

图 8.5　2016—2020 年全国就业人员产业构成情况

数据来源：《2020 年度劳动和社会保障事业发展统计公报》。

4. 经济周期

经济周期波动对于失业再就业也会产生深远影响。当经济处于飞速发展阶段之时，就业机会多，好的就业机会也多，不管是就业还是再就业形势都很好；当经济处于衰退阶段之时，社会总需求不足，很多企业都会破产，出现大量的失业人员，这就使得再就业根本无从谈起。在 2020 年，受新冠肺炎疫情的影响，世界经济处于下行阶段，对外贸易严重受阻，这也导致了很多企事业单位、外贸工厂破产，这些工厂为社会提供了大量的工作机会，他们的破产，使得低学历、低技能的工人失去工作，势必会给城镇失业人群再就业蒙上一层阴影。

（二）下岗失业工人再就业的现状

1. 自身竞争力弱

新的历史时期，经济快速发展，信息技术飞速发展，每一天都会有新的事物出现、新的岗位出现。首先失业下岗工人在年龄上不占优势，“30 岁及以下的占 8.4%，31—40 岁的占 21.1%，41—50 岁的占 54.9%，51 岁以上的（在劳动年龄范围内的）占 15.7%。这说明，低收入群体中未就业人员主要为‘40 后’和‘50 后’人员”①。其次，文化程度偏低，“小学文化水平占 1.4%，初中占 23.6%，高中占 58.3%，大专及以上占 16.8%。这说明，低收入人员整体的文化水平主要集中在高中及以下学历，文化程度偏低”②。最后，缺乏专业技能，“拥有专业技能、职称的低收入人员只占 30%，而其中具有低级职称的占 31.7%，中级职称的占 61.7%，高级职称的仅占 6.7%。这说明，低收入人员有专业技能的很少，而拥有高级职称的更是少之又少”③。现如今，科学技术迅速发展，创造出的一批新的适应社会发展要求的岗位，并不能提供给下岗失业工人，他们自身的就业竞争能力也无法胜任新的岗位。

在目前的失业群体中有一部分是“新失业群体”，这部分失业人群，年龄处于 18—29 岁之间，学历水平在初高中及以上，整体素质较高，对于这部分人群来说，他们的自身竞争力较强，更容易接受新事物。面对科学技术的发展带来的新的就业要求，也有能力去满足。同时，和“老失业群体”

---

① 王欣：《低收入群体就业与再就业的促进研究——基于北京市原宣武区的数据分析》，《中国城市经济》2011 年第 2 期。

② 王欣：《低收入群体就业与再就业的促进研究——基于北京市原宣武区的数据分析》，《中国城市经济》2011 年第 2 期。

③ 王欣：《低收入群体就业与再就业的促进研究——基于北京市原宣武区的数据分析》，《中国城市经济》2011 年第 2 期。

不同的是，他们的就业观念在提高，敢于接受和尝试新的工作，而不仅仅局限于稳定的工作。

2. 再就业岗位满意度低

从图 8.6 中可以看出失业人员求职的主要信息来源为朋友介绍和居委会介绍，以及家人、亲戚介绍和职介所介绍，工作信息来源很狭窄，可以预测出再就业的岗位很少会是高工资、优待遇的好岗位。下岗失业工人由于年龄大、学历水平低、专业技能单一等自身条件缺乏优势，再加上工作信息来源狭窄的原因，再就业的岗位大多为对学历、技能水平要求较低的岗位，例如，清洁员、保姆、社区保安、绿化人员等。这些岗位大多属于低级岗位，社会地位低、工资收入低，因此下岗失业人员对这些岗位的满意度也很低。

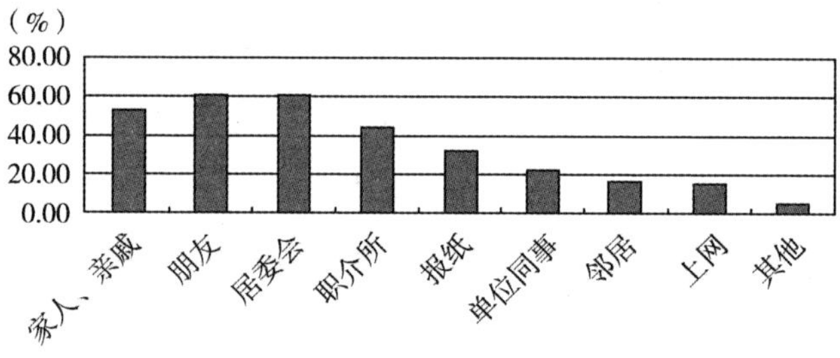

图 8.6　失业人员求职的主要信息来源

资料来源：《下岗失业人员再就业状况调查与应对策略探讨》，对外经济贸易大学学位论文，2006 年。

但是，近些年网络技术发展迅速，互联网行业迅速壮大，推出各种求职的网站、软件。求职软件相比于其他求职的方式最大的优势在于其招聘信息丰富，下岗人员可以在软件上挑选自己喜欢的工作，对再就业的岗位的满意度更高。另外，科技的发展，也使得现代人的思想观念有了很大的转变，对新鲜事物的接受程度更高，对岗位的包容度也更高。所以，随着社会的发展，下岗失业群体对再就业岗位的满意程度在提高。

三、经济支出状况

马斯洛的需求层次理论认为，人的需求分为五个层次，从低到高依次是生理的需要、安全的需要、归属与爱的需要、尊重的需要和自我实现的需要。目前，下岗失业工人大部分仍处于生理的需要，也就是对水、食物、空气、睡眠的需要。在经济支出方面，主要包括基本生活支出和教育支出。

1. 基本生活支出

由表 8.3 可以看出，我国居民在食品烟酒、衣着以及居住上的人均消费逐年增加，这是因为我们国家近些年经济发展迅速，人们的消费水平有了很大提高，对衣食住行的质量更加看重，食品烟酒的人均消费居于这三种消费的第一位，并且每年都在稳步增加；2013—2019 年，食品烟酒的人均消费增长率为 47.4%，衣着的人均消费增长率为 30.3%，居住的人均消费增长率为 68.6%，可以看出人均消费在居住方面增长得最快，其次是食品烟酒，最后是衣着。这主要是因为近些年房地产行业发展迅速，房价明显上涨，无论买房还是租房的消费均增长明显。

表 8.3　2013—2019 年我国居民衣食住行方面的消费金额均值

单位：元

人均消费	2013 年	2014 年	2015 年	2016 年	2017 年	2018 年	2019 年
食品烟酒	4126.7	4493.9	4814.0	5151.0	5373.6	5631.1	6084.2
衣着	1027.1	1099.3	1164.1	1202.7	1237.6	1288.9	1338.1
居住	2998.5	3200.5	3419.2	3746.4	4106.9	4646.6	5054.8

数据来源：《中国统计年鉴》（2020）。

2010 年，“城市底层群体每月生活平均消费开支 1032.87 元，其中食品支出平均为 582.64 元，恩格尔系数为 56.4%”。[①] 根据恩格尔系数的划分，在 2010 年，城市底层群体家庭处于温饱阶段。城市底层群体的工作、生活主要还是关注温饱问题，在马斯洛的需求层次理论里属于最底层，对生理的需要，也就是对水、空气的需要。要尽快解决他们的贫困现状，维护社会和谐稳定。

根据图 8.7 国家统计局关于 2011—2020 年我国城乡居民家庭的恩格尔系数的数据显示，在 2011—2019 年我国城乡居民家庭的恩格尔系数大致呈

① 毛飞飞：《城市底层群体样态及生存矛盾研究——基于江苏省的调查》，南京大学学位论文，2012 年。

逐年下降趋势。在2019年，城市居民家庭的恩格尔系数为27.6%，农村居民家庭的恩格尔系数为30%。2020年因受疫情影响，恩格尔系数略有回升。根据联合国对恩格尔系数的大小划分的标准，一个国家平均家庭恩格尔系数大于60%为贫穷；50%—60%为温饱；40%—50%为小康；30%—40%为相对富裕；20%—30%为富裕；20%以下为极其富裕。2019年，我国城乡居民家庭的恩格尔系数均在20%—30%之间，也就是说，在2019年，我国步入富裕生活阶段。恩格尔系数被称为“社会幸福度”的晴雨表，恩格尔系数越大，社会幸福指数越低，恩格尔系数越小，社会幸福指数越高。

图8.7　2011—2020年我国城乡居民家庭的恩格尔系数

数据来源：《中华人民共和国2011—2020年国民经济和社会发展统计公报》。

2. 教育支出

对于每个家庭来说，除去基本生活支出，教育支出在整个家庭支出中占有很大的比重，但又是不可避免的支出。尤其是近些年，党和国家高度重视发展教育事业，强调把教育事业放在优先位置，习近平总书记在党的十九大报告中指出要“健全学生资助制度，使绝大多数城乡新增劳动力接受高中阶段教育，更多接受高等教育”。①

根据表8.4可以看出，近几年我国各层次教育的在校人数逐年增加，尤其是中等教育和高等教育层次，这两个层次人数的增加意味着我国每个家庭

① 习近平：《决胜全面建成小康社会 夺取新时代中国特色社会主义伟大胜利——在中国共产党第十九次全国代表大会上的报告》，北京：人民出版社，2017年，第46页。

的教育支出在逐年增加，对于下岗失业阶层来说，他们的年龄大多在40—59岁，家庭中一般有一到两个处于受教育阶段的子女，在满足家庭成员基本生活需求之后，在子女的教育问题上会加大关注和投入。但这样会造成两种后果：一是用家庭较低且不稳定的收入支付子女受教育费用，即使我们国家实行的是九年义务教育，免除学费、杂费，但相关的辅导资料、生活学习用品等也是笔不小的开支，这对本来生活就已经很拮据的家庭来说，更加困难；二是一些家庭无法负担子女的教育费用，选择让子女辍学，子女得不到受教育的保障，过早地步入社会。短期来看，子女辍学打工可以为家庭增加收入，减轻家庭负担，但从长期来看，子女缺少义务教育，整体素质低，学历低，凭借自己的个人努力突破阶级壁垒的难度极大。

表8.4　2015—2019年我国各层次教育在校人数

在校人数	2015年	2016年	2017年	2018年	2019年
初等教育	97869989	99962809	101691216	104125004	106034691
中等教育	83888441	83274403	84257502	86027102	88323364
高等教育	35739705	41814539	42976126	45208036	48442922

数据来源：《中国统计年鉴》（2016—2020）。

四、住房状况

习近平总书记在党的十九大报告中指出："坚持房子是用来住的、不是用来炒的定位，加快建立多主体供给、多渠道保障、租购并举的住房制度，让全体人民住有所居。"① 作为衣食住行这四种基本生活需要中的居住这种需要，从古至今一直以来都有着极其重要的作用，房屋在中国人看来就是"家""归宿"，有了房子就有了家，有了安全感。对于下岗失业人员来说，也是如此，住房面积大小、住房基本设施的齐全程度等方面都是下岗失业人员经济状况的体现。

1. 住房面积

下岗失业工人的住房一般有自有住房、政府廉价房和私人出租房三种。

① 习近平：《决胜全面建成小康社会 夺取新时代中国特色社会主义伟大胜利——在中国共产党第十九次全国代表大会上的报告》，北京：人民出版社，2017年，第47页。

2012年毛飞飞的调查研究显示“城市底层群体的主要居住地为自有住房，占59%；居住在政府廉租房的比例为17.1%，此外住在私人出租房的占7.1%，这两部分合计为24.2%”。[①] 这主要是指“老失业群体”“40后”“50后”的那些下岗人员，那时的房价低，在单位的政策上也会有买房的优惠政策，分房子也是那时的政策，因此自有住房的比例较高，租房的比例较小；但对近10年的下岗失业工人来说，他们生活重担的很大一部分是在住房上，表现为房贷和房租。

“调查数据显示，私人出租房每月最高房租为900元，最低为12元，平均月房租为229.49元；而政府廉租房每月最高房租为1500元，最低为0元，平均月房租为68.42元。城市底层群体家庭平均住房面积为57.9平方米，平均住3人，人均19.3平方米。”[②] 2018年，城镇居民人均住房建筑面积39平方米，比1978年增加32.3平方米；农村居民人均住房建筑面积47.3平方米，比1978年增加39.2平方米。由此可见，城市底层群体的人均住房面积远远低于全省和全国城镇居民人均平均水平。

2. 住房基本设施

一个人的居住状况，除了看住房面积以外，住房结构和住房基本设施也是重要的方面。下岗失业工人的住房一般为自有住房或租房，住房的基本设施配置情况可以体现一个人的经济状况。通过有关调查数据显示，基本的住房结构通常包括两室一厅一厨一卫一阳台。此外，住房的基本设施（水、电、气）基本普及，自来水、电的拥有率在99%以上，管道煤气、液化气的拥有率在89%以上。而对家庭生活比较重要的家电，电视机的拥有率在90%以上，洗衣机和抽水马桶的拥有率在65%以上，其他家电的拥有率则普遍较低。其中，空调的拥有率为28.4%，热水器的拥有率为33.2%，对于现代信息社会生活比较重要的电脑拥有率仅为13.5%，摩托车或电动车

---

① 毛飞飞：《城市底层群体样态及生存矛盾研究——基于江苏省的调查》，南京大学学位论文，2012年。

② 毛飞飞：《城市底层群体样态及生存矛盾研究——基于江苏省的调查》，南京大学学位论文，2012年。

的拥有率为37.8%，而在现代生活中普及的手机，拥有率仅为58.6%。①

第三节　下岗失业工人阶层的政治状况

在我国，公民有依法享有参与国家政治生活的权利，包括选举权和被选举权；公民言论、出版、集会、结社、游行、示威自由的权利；担任国家机关职务的权利；担任国有公司、企业、事业单位和人民团体领导的权利。经济的拮据、知识水平的限制使得下岗失业人员参与国家政治生活的积极性减弱，参与国家社会治理的意识不强。

一、对新闻的关注程度

对于广大人民群众来说，了解国家政治理论方针、政策的最直接的方式是通过看新闻报道节目（如新闻联播）、关注新闻博主（如央视新闻、《人民日报》）等方式。对于下岗失业工人来说，这也是他们获取国家政策信息的主要方式，另外，他们会更加关注地方新闻，因为地方新闻会侧重于具有地方特色的本地新闻，发生的都是本地区的新闻事件，发布的也是本地区的政府文件、政策，是和人们的生活息息相关的新闻。

在对社会底层人员进行访谈时，关于“您会经常看新闻报道节目，了解政治社会事件吗？”的回答，选择“经常看”和“天天看”的人占了53.3%，有39.5%的人知道本市书记和市长的姓名，23.6%的人只知道其中一个，而都不知道的人只占了36.7%。② 从访谈数据中可以看出，一半以上的社会底层人员会“经常看”和“天天看”新闻报道节目，有60%以上的人至少知道本市市长或者书记中的一位，说明通过观看新闻节目，人民群众对本地区的领导、发生在本地区的事件有了一定了解。同时在本地新闻中，下岗失业工人可以获得本地区关于失业保障、失业救助、再就业政策等

① 毛飞飞：《城市底层群体样态及生存矛盾研究——基于江苏省的调查》，南京大学学位论文，2012年。

② 毛飞飞：《城市底层群体样态及生存矛盾研究——基于江苏省的调查》，南京大学学位论文，2012年。

切合自身利益的信息，下岗失业工人可以利用获得的政策信息寻求政府帮助，解决自己的实际困难，一方面，自己的困难得到有效解决；另一方面，政府的政策用在真正需要帮助的人身上，保证了政府政策的有效性。

二、对贫富差距的看法

改革开放以来，我国的经济获得突飞猛进的发展，人们的生活水平获得显著提高，同时我们也要注意到我国贫富差距的问题。贫富差距问题是一个全球性问题，贫富差距越大，社会越不稳定，存在潜在的风险，但国家的发展，免不了会让一些占据社会资源、拥有资金的人率先获得富裕起来的机会，对于没有资源、没有资金的大多数人来说，富裕起来的机会很小，要保证“先富”和“后富”之间的差距不要太大。对于我国来说，贫富差距较大，根据国家统计局数据，2003 年我国的基尼系数为 0. 479，2008 年达到最高点 0. 491，2014 年的基尼系数是 0. 469，2018 年的基尼指数大约也在 0. 474，可以说中国现在的基尼系数都超过了国际 0. 4 的警戒线。但是基尼系数比我们还大的国家也是存在的，世界上超过 0. 5 的国家占 10%，一般发达国家的基尼系数在 0. 24—0. 36 之间。

我国社会不同阶级对贫富差距的看法各不相同，根据王培刚的调查研究显示，越是经济收入水平高的人群，他们越能感受到贫富差距大，越能明白贫富差距大所带来的严重后果，但又不认为当前的贫富差距状况已经达到十分严重的情况。处于社会底层的人群经济收入低、社会地位低，对贫富差距所带来的严重影响有着切身感受。有 58. 6% 的城市底层社会成员认为目前我国贫富差距很大，并且差距越来越大。在谈到目前贫富差距状况是否需要改变的问题时，38. 7% 的人认为“必须立即改”，45% 的人持“需要时间改”的观点。尽管 5 成多的人认识到了目前我国贫富差距越来越大，但是当问及“对富人的看法”时，很多人表示没有什么看法，关键是心态好，保持一颗平常心。① 由此可以看出，社会底层人员已经感受到贫富差距给他们

① 毛飞飞：《城市底层群体样态及生存矛盾研究——基于江苏省的调查》，南京大学学位论文，2012 年。

的生活带来的严重影响，认识到目前我国的贫富差距的状况，很多人认为贫富差距“必须立即改”。

三、政治参与状况

关于政治参与的研究，国内外已经进行多年，但对于政治参与的概念，学术界讨论很多，至今没有一个统一的概念。塞缪尔·亨廷顿认为，政治参与是“平民试图影响政府决策的活动”①。学界对亨廷顿的这一观点相对认可，并将这一观点作为研究的基础性理论。聂运麟曾为政治参与下过定义，认为“政治参与是公民为争取、实现和维护自身利益，通过合法途径和方式对国家的政治构成、政治运作、政治决策施加影响的行为过程；它是公民权利得以实现的重要方式，反映公民在社会政治生活中的地位和作用，对加强社会的政治稳定具有重要的意义”②。下岗失业工人的政治参与程度可以通过政治参与态度和政治参与行为体现出来。

（一）政治参与态度

政治参与态度是指对参与政治生活的想法的积极性。政治参与态度的积极与否和两方面因素有关。一是政治参与的成本问题。当政治参与的成本大于收益的时候，公民政治参与的积极性就会减弱，政治参与的态度就会不积极；当政治参与的收益大于成本的时候，公民政治参与的积极性就会增强，政治参与的态度就会更积极。根据有关调查显示，收入和政治参与程度呈正比关系，高收入、高教育水平的人，政治参与的成本更低，因为他们掌握相关的政治知识，并且拥有较多社会资源，获取政治信息的成本降低，因此他们的政治参与程度高。对于下岗失业人员来说，他们的收入来源于最低生活保障，收入很低，因此他们政治参与的成本大于收益，政治参与的态度比较消极。二是政治参与的认同感问题。政治参与的认同感和政治参与带来的利益价值有关，当政治参与可以给自己带来切身利益的时候，政治参与的认同

---

① ［美］塞缪尔·亨廷顿、琼·纳尔逊，《难以抉择》，汪晓寿等译，北京：华夏出版社，1989 年，第 3－4 页。

② 聂运麟：《政治参与与政治稳定》，《华中师范大学学报（人文社会科学版）》2000 年第 1 期。

感就会强；当政治参与不能给自己带来切身利益的时候，政治参与的认同感就会弱。在有关政治参与态度的测量中，“中央政府是值得信任的”和“法律是公平公正的”这两个说法，城市底层群体的回答基本集中于“比较同意”。[①] 在对“地方政府能否落实国家政策”的问题中，大部分人认为国家政策是好的，是为人民的切身利益服务的，但是地方政府在落实上会有偏差。

（二）政治参与行为

政治参与行为是指公民通过直接或者间接的方式参与政治生活，表达自己意见建议的方式方法，有研究从选举参与、政策参与、自治参与、维权参与四个维度来考察政治参与行为。

通过表8.5可以看出，选举参与、政策参与、自治参与和维权参与这四个维度的均值都在0.5以下，尤其是维权参与和选举参与分别为0.07和0.16，说明我国城市居民的政治参与水平普遍偏低，政治参与的有效性不足；在这有效的政治参与中，我国城市居民又更加侧重于政策参与和自治参与。相比于选举参与和维权参与来说，政策参与和自治参与更好实现，尤其在今天，信息技术快速发展，新媒体迅速崛起，人们进行政治参与更加方便快捷，并且方式多种多样。以前的手机、电脑等通信、办公工具不普遍或者功能不齐全，社交平台也不多，但现在微博、微信、知乎等社交平台深受广大民众欢迎。党中央出台的政策文件等能以各种形式在最短的时间内被广大民众获知，并且可以在社交平台上进行政策的参与，政治参与的有效性大大增强。

表8.5 政治参与变量描述统计

变量定义	样本量	均值	标准误	最小值	最大值
选举参与	6019	0.16	0.370	0	1
政策参与	6191	0.25	0.434	0	1
自治参与	6232	0.37	0.483	0	1
维权参与	6165	0.07	0.270	0	1

数据来源：《中国城市居民政治参与的实证分析》，《经济学报》2018年第1期。

① 毛飞飞：《城市底层群体样态及生存矛盾研究——基于江苏省的调查》，南京大学学位论文，2012年。

第四节 下岗失业工人阶层的社会状况

市场经济的发展一方面使得经济快速发展、财富大量积累，另一方面会造成贫富分化程度的加深。在城镇，这种分化的程度尤为明显，由于贫富分化的巨大差别，使得一部分人成为影响社会稳定的重要因素。

对于下岗失业群体来说，下岗失业带来的最直接的影响是经济收入的下降。1999 年，经抽样调查，有 38.5% 的居民收入比上年有所下降。在下岗失业工人中，有 72.4% 的人认为自己收入下降，有 16.9% 的人收入有所增加，但下岗职工所占比例不到 5% 。2000 年被调查城市的情况总体来说要好一些，但下岗失业人员仍然是严重的利益受损者，他们的收入水平下降的比重比在岗人员高出一倍多，分别为 42.7% 和 21.3% ；下岗失业工人收入增加的比例则微乎其微，只有 4.9% ，而在岗人员为 19.1% 。[①]

下岗失业人员由于失去原有工作岗位，没有了经济来源，或者经济收入低，在整个社会上处于底层位置，社会声望低，社会认同感差。李春玲的调查研究显示，收入和教育水平是决定社会声望高低的重要因素，在中国，还受权力的作用，权力的作用非常大，甚至超过收入和教育水平的作用。下岗失业工人是在社会转型、产业结构调整过程中由于学历、技术等不符合企业发展的需要而被淘汰的一个群体，这些工人的下岗会产生很多消极的社会影响和心理影响。下岗失业工人的社会状况表现在其社会行为、社会心理以及社会声誉三个方面，通过这三个方面可以分析出下岗失业对下岗失业人员造成的影响。

一、社会行为状况

工人在下岗失业之后会有两种行为表现，一种是积极的行为表现，另一种是消极的行为表现。一些人在下岗失业之后，能及时调整自己的情绪，积

① 王绍光、胡鞍钢、丁元竹：《经济繁荣背后的社会不稳定》，《战略与管理》2002 年第 3 期。

极和周围人沟通交流，获取再就业信息，积极寻求再就业。但与一般人群相比，下岗失业人员更多地表现出消极的行为，例如，一些人整天在家无所事事，睡大觉、打游戏，整天萎靡不振；还有一些人吸烟、酗酒、赌博成瘾；更为严重的是有些人有自杀的念头，并且对社会产生很大的抱怨，有厌世的情绪，成为社会的不稳定因素。在徐慧兰、肖水源等人的研究中可以发现下岗工人样本中有23.5%的人表述自己在下岗后“认真想过要主动结束自己的生命”，有12.7%的人只是在短时内有自杀念头；有3.4%的人自杀意念持续时间在一周以内；有7.4%的人自杀意念持续时间在2周以上；有1.8%的人有过一次自杀未遂；有1.0%的人有过两次以上自杀未遂。①

下岗失业人员在下岗之后整体表现出消极的态度，不管对自己还是对他人和社会都表示怀疑，一些人还存在过激的想法和行为，这种状态对下岗失业工人的再就业以及接下来的工作和生活都产生了不好的影响。

二、社会心理状况

“社会心理是指社会群体对社会生活的认知、情感和期望的表达，通过社会舆论、日常活动和社会风气映射出来，既在一定时期内相对静止，又不断变化和转化。”② 通过对社会行为的观察，可以推测出一个人的社会心理，一个人的社会行为积极、健康，那他的社会心理也会积极、健康；一个人的社会行为消极、堕落，那他的社会心理就会消极、堕落。

下岗失业工人在失业之后会产生不同的社会心理，包括积极的社会心理和消极的社会心理。积极的社会心理是指对自身发展以及社会发展产生正面影响的社会心理。消极的社会心理是指对自身发展以及社会政治、经济、文化等各方面发展产生负面影响的社会心理。从李悦辉的调查研究中可以看出，下岗之后绝大多数下岗职工有自卑、苦闷、失望等消极感受，占到65.3%，有8.7%的下岗职工甚至感到绝望，有16.7%的下岗职工比较平静，只有9.3%的下岗职工有奋发的状态（见表8.6）。

① 萧黎、刘杨、姚琦：《下岗人群心理障碍与社会干预》，《医学与哲学》2005年第4期。
② 秦攀博：《疫情防控视域下的社会心理：分化与融合》，《行政与法》2020年第8期。

（一）消极的社会心理

消极的社会心理是下岗失业人员在下岗失业之后普遍存在的社会心理，一般包括自卑心理、懒惰心理和疏离心理。

1. 自卑心理

下岗失业工人在失业之后没有了经济来源，社会地位也会下降，和下岗之前的生活形成鲜明对比，这种下岗前后的差距使得他们形成自卑心理。下岗失业工人的自卑心理大致分为两种类型。一种是“能力性自卑”，下岗失业工人在失业之后会产生对自己能力的质疑，认为自己能力不行才会被辞退，或者自己的技能水平比较落后，未能跟上时代发展的要求而被时代所淘汰。另一种是“身份性自卑”，下岗失业工人在下岗之后身份迅速由工人转变为无业游民，这种身份的转变使他们感到自己身份卑微，会被歧视，因而会不自信。特别是在与其他群体进行交往的时候，身份的对比会更加明显。下岗失业工人对自己的评价很低，认为自己没有了经济收入，依靠社会保障生活，社会地位低下，在与其他社会阶层的比较中处于劣势，产生极大的自卑心理。

表 8.6　下岗职工下岗后的感受统计表

单位:%

项目	百分比
自卑	24.4
失望	19.6
绝望	8.7
苦闷	21.3
平静	16.7
奋发	9.3

数据来源:《下岗失业与再就业问题研究》，华中师范大学，2003 年。

2. 懒惰心理

工人下岗失业之后每天处于休息状态，无所事事，本来紧张忙碌的工作状态随着下岗失业变得自由自在，这种转变使得下岗失业工人在短时间内变得懒惰，对于一些年轻的下岗失业人员来说，他们懒惰的时间会更长。有的会无所事事，抽烟、喝酒，整天躺在家里玩手机、打游戏；有的会整天打牌、打麻将，更有甚者会参与赌博、吸毒等违法行为。这种懒惰心理严重损害下岗失业工人的工作积极性、阻碍工作技能的提升，不利于下岗失业工人的再就业。

3. 疏离心理

疏离心理是指个人因为主观原因或者客观原因而对社会和他人产生的疏远、冷漠、自我隔离的心理状态。当前下岗失业工人的疏离心理主要表现在两个方面。一是疏离他人。下岗失业工人在失业之后的第一个表现就是待在家里不出门，怕碰到认识的人，怕被别人问起工作的事时无话可说，所以他们会尽可能地减少与他人的接触。二是远离社会。远离社会最突出的表现是不参加社会活动，社会活动的特点是人数多、范围广，这是下岗失业人员在失业之后最抗拒的两个方面，同时，下岗失业在他们看来是被社会淘汰的结果，因此对社会怀有抱怨、敌对的情绪，因此对社会活动消极看待，并且躲避参加社会活动。

由于科学技术水平的快速发展，生产力急速发展，使得社会结构转型、产业结构调整，由劳动密集型转向技术密集型，产业结构的转型、技术含量的增加，导致一些企业破产，增加了很多剩余劳动力，这些劳动力在下岗之后失去经济收入，成为弱势群体中的一部分。当他们在之后的生活中遇到困难的时候，心理会更加脆弱，更容易感受到挫败感和不安全感。下岗失业会使他们觉得自己被时代所淘汰，是市场竞争的失败者，在社会交往中缺乏信心，焦虑不安，抗拒社交，更有一些患上社交恐惧症、焦虑症、抑郁症等心理疾病，这种对社会的抗拒极容易让人产生暴力、厌世等极端想法和行动，让他们成为社会潜在的不稳定隐患。

（二）积极的社会心理

积极的社会心理是一种在下岗失业之后的积极心态，但比较少存在于下岗失业阶层。一部分人在下岗失业之后即使有一些委屈和不甘心的情绪存在，也会在较短的时间内调节过来。一方面，接受自己下岗的现实，也理解原单位的这一决定，较为清楚地了解自己的劣势，包括学历水平低和技能水平低等，认为自己还有上升的空间；另一方面，更为积极地选择再就业，对再就业的前景有着积极的心态，积极地参加政府组织的再就业培训，除了政府提供的工作外，自己也主动寻找。这种积极的社会心态可以帮助自己走出目前的困境，也有助于社会的稳定和政府工作的有效开展。

三、社会声誉状况

社会声誉是指社会对一件事或一个人的评价好坏。社会声誉可以分为自我评价和他人评价。

（一）自我评价

自我评价是指下岗失业工人对自己现状的评价。从表8.7中可以看出，大多数下岗职工在下岗之前对自己很自信，下岗之后自信的人迅速减少，由之前的78.1%下降到22.1%，同时自我怀疑和自卑的比例迅速增加，自我怀疑的比例由之前的16.2%增加到51.2%，自卑的比例由之前的4.1%增加到24.4%，由此可见，大多数人在下岗之后对自己的评价不高，负面情绪较多。

在自我评价方面，有人认为下岗失业使自己成为一个失败者；有人认为下岗失业是自己被时代抛弃的表现；还有人认为下岗失业会给自己更多的自由时间等。但是大多数人还是认为下岗失业带来的负面影响很大，对自身而言，失去工作岗位，个人价值得不到体现；对家庭而言，失去经济来源，影响家庭和谐；对社会而言，成为闲置劳动力，成为社会的不稳定因素。不管是“老失业群体”，还是“新失业群体”，他们对于失业下岗都更多地表现出负面情绪，但“新失业群体”对待失业下岗更为积极乐观，一方面，他们整体的综合素质较高；另一方面，现如今的就业环境较为宽松，新兴的行业也提供了更多的就业机会，整体的就业形势还可以。

表8.7　下岗职工下岗前后对自己的评价

单位：%

评价	下岗前	下岗后
自信	78.1	22.1
怀疑自己	16.2	51.2
自卑	4.1	24.4
不清楚	1.6	2.3

数据来源：《下岗失业与再就业问题研究》，华中师范大学学位论文，2003年。

（二）他人评价

他人评价是指他人对下岗失业工人现状的评价，包括正面评价和负面评价。对下岗失业群体，社会上对他们的评价主要是负面评价。

从表 8. 8 中可以看出，下岗之后 37. 6% 的人几乎没有交往，有 22. 8% 的人交往次数减少，说明下岗对职工交往的负面影响较大，但仍有 18. 9% 的人的交往次数增多，说明有部分下岗职工的心态较好。

表 8. 8　下岗职工下岗后的交往情况

单位：%

交往情况	百分比
交往次数减少	22. 8
与以前一样	20. 8
交往次数增多	18. 9
几乎没有交往	37. 6

数据来源：《下岗失业与再就业问题研究》，华中师范大学学位论文，2003 年。

工人在下岗失业之后，失去了工作以及经济来源，没有了生活保障，家庭负担猛然增加，这让下岗失业工人的不安全感增加，对生活感到迷茫不安和手足无措，同时不公平感增强，让他们感到自己被社会抛弃。再加上他们处于社会利益分配的底层位置，掌握少量社会资源，在社会上掌握的话语权不够，因此下岗失业工人对社会产生了负面情绪，对社会制度产生了质疑。失业的时间越长，负面情绪积累得越多，他们越会对社会制度产生怀疑，对党和政府产生不信任感，很容易成为不稳定的人群或者不稳定的因素。

下岗失业工人从年龄上看大多处于 35—55 岁这个年龄段，在自己正值青春壮年的时候，将自己的大好青春奉献给了原单位，并且在单位工作期间，错失了学习新技术、新技能的机会，因此他们会对原单位抱有怨恨之心，当他们无法排解自己的负面情绪的时候，就会对社会的稳定产生一定的威胁。

虽然贫穷不一定会导致犯罪，但导致犯罪的原因中贫穷肯定是一个重要方面，贫穷分为物质上的贫穷和精神上的贫穷。在一定程度上物质上的贫穷会导致精神上的贫穷，精神上的贫穷会加重物质上的贫穷，无论哪一种贫穷，极端情况下就会导致犯罪事件的发生。

一直以来，党和国家对下岗失业人员都很关注，先后颁布了《城市居民最低生活保障条例》《中共中央、国务院关于进一步做好下岗失业人员再就业工作的通知》《国务院关于进一步加强就业再就业工作的通知》《财政部国家税务总局关于下岗失业人员再就业税收政策问题的通知》《国务院关于在全国建立农村最低生活保障制度的通知》《关于进一步规范城乡居民最低生活保障标准制定和调整工作的指导意见》等文件，为下岗失业人员提供物质、政策上的帮助。

已有研究表明，文化传统、社会风尚和社会心理气氛是社会支持的重要来源因素。在信息技术快速发展、新媒体迅速崛起的今天，更应该充分利用新媒体技术营造有利于下岗失业人员再就业的社会心理氛围，为下岗失业人员积极投身再就业培训和再就业实践提供强有力的社会舆论支持。如利用社会舆论为下岗失业人员提供情感支持；营造尊重下岗失业人员人格、提高下岗失业人员待遇的社会舆论氛围；树立再就业榜样、激励下岗人员自强不息；利用新媒体技术具体宣传各级政府为促进下岗失业人员再就业而制定的优惠政策，以及社会各界为下岗失业人员再就业所创造的有利条件，让下岗失业人员充分感受到国家、社会对他们的关注。只有为下岗失业人员营造出良好的社会心理氛围，他们才能有信心面对下岗失业的事实，同时，重拾信心，积极寻找工作，实现再就业。

第五节　下岗失业工人阶层的道德文化状况

分析下岗失业工人下岗的原因时，除了社会转型、产业结构的调整等客观原因之外，个人的学历水平、技能水平和道德素质等主观原因更是重要原因。下岗失业工人的文化道德素质状况是指下岗失业工人的文化素质和道德素质，一般来说，文化素质和道德素质相互促进，文化程度越高，道德素质也就越高，文化程度越低，道德素质也就越低。因为文化程度高的人受过全面、系统的教育，他的思维具有全面性，看待一个事物或者一件事，能够从全局的角度来看，全面地分析一件事情的利弊，然后做出准确的判断，更明白什么该做什么不该做，怎么做才会做得更好，在这个过程中，道德体系也就随着知识水平的提高在逐步建立。

一、学历水平

在分析下岗失业工人阶层时，我们就可以发现这个阶层的整体学历水平处于偏低的位置，一方面，当时的教育水平有限，没有普及九年义务教育，也没有高校助学贷款和奖助学金等政策资金的支持；另一方面，当时的就业机会较多，对学历的要求也较低。在调查研究中发现“城市底层群体的受教育程度文盲占 17.1%，小学占 22.8%，初中占 39.6%，高中占 15.8%，高中以上学历仅占 4.7%”①。

根据抽样调查显示，重庆市下岗失业群体中受教育程度为小学及以下占 4.18%，初中文化的占 20.37%，高中文化的占 66.93%，而大专以上的仅占全部样本的 9.52%。有近三成的失业人员是初中及以下文化程度。② 由此可见，下岗失业群体学历水平大多在高中学历以下，整体学历水平较低，在下岗的原因里“学历低”成为很重要的一个因素，并且在再就业方面，“学历低”也成为再就业选择的一个很大的阻碍；另一个就是技能水平方面，重庆市 70% 左右的下岗失业工人是普通工人，他们掌握的技能普遍单一，技术含量低，市场竞争力较弱。因此，他们的再就业选择面很窄，只能选择学历要求低、技能水平低的工作，并且因为学历要求低、技能水平低，下岗失业工人在求职的时候很被动，这也使得他们的再就业长期处于不稳定状态。

关于城镇失业人员受教育情况的数据显示，在失业人群中初中学历的比例为 53.1%，高中学历的比例为 33.9%，占总失业人口的 87%③，由此可见，失业人群的学历主要集中在初高中学历。另外，随着近些年国家在教育上的政策扶持、资金投入，比如实行九年义务教育、高校助学贷款以及增加

---

① 毛飞飞：《城市底层群体样态及生存矛盾研究——基于江苏省的调查》，南京大学学位论文，2012 年。

② 王艳华：《城镇失业人员受教育程度对再就业的影响研究——以重庆市为例》，西南大学学位论文，2011 年。

③ 刘继媛：《关于城镇失业人员再就业的困境及对策研究——以青山区再就业工作为例》，中央民族大学学位论文，2010 年。

奖助学金的比例和数额等，国家整体的教育水平有了很大提高。

截至2020年，我国的文盲率从新中国成立之初的超过80%下降至4%以下，习近平总书记在党的十九大报告中指出："要全面贯彻党的教育方针，落实立德树人根本任务，发展素质教育，推进教育公平，培养德智体美全面发展的社会主义建设者和接班人。"① "加快建设学习型社会，大力提高国民素质。"② 国家一系列发展教育的政策方针、资金投入促使全民的受教育程度提高，这也就意味着有一小部分下岗失业工人是受过高等教育的，这部分人的下岗在一定程度上是人才资源的闲置和浪费。

二、再就业培训

下岗失业人员2020年"全年共组织补贴性职业培训2700.5万人次和以工代训2209.6万人，其中，培训农民工1046.6万人次，培训贫困劳动力270.4万人次，培训城镇登记失业人员80.5万人次，培训高校应届毕业生109.8万人次"。③

根据人力资源和社会保障事业发展统计公报显示（见图8.8），2015—2020年城镇登记失业人员在小幅增加，但培训城镇登记失业人员在逐年大幅递减，失业人员的培训占比在逐年减少，说明对失业人员的培训不够。下岗失业人员本身就因为自身学历低、技能水平低而下岗，要想维持自身的生活质量，必须进行再就业，要想有个好的再就业的选择，就需要加强对自身的培训，增长技能水平，增强下岗失业人员的个人竞争力。

相关研究调查显示，首先，下岗失业人员接受培训的占比很低，大多数下岗失业人员都没有接受过培训，王奋宇在1998年中国城镇劳动力流动调查中发现，下岗职工接受再就业培训的比例为6%左右；赵延东在2000年第一次对武汉市下岗职工的调查中，发现下岗职工接受再就业培训的比例

① 习近平：《决胜全面建成小康社会 夺取新时代中国特色社会主义伟大胜利——在中国共产党第十九次全国代表大会上的报告》，北京：人民出版社，2017年，第45页。

② 习近平：《决胜全面建成小康社会 夺取新时代中国特色社会主义伟大胜利——在中国共产党第十九次全国代表大会上的报告》，北京：人民出版社，2017年，第46页。

③ 人力资源和社会保障部：《2020年度人力资源和社会保障事业发展统计公报》，http：//www.mohrss.gov.cn/SYrlzyhshbzb/zwgk/szrs/tjgb/202107/t20210726_419319.html。

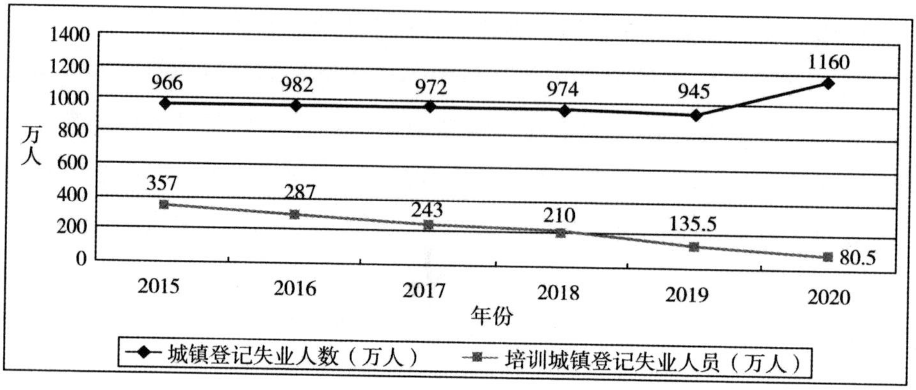

图 8.8　2015—2020 年城镇登记失业人员和培训城镇登记失业人员

数据来源：《2015—2020 年度人力资源和社会保障事业发展统计公报》。

为 5%；而在 2003 年的调查中，这一比例虽有提高，但也只有 14%。由此可以看出，我国下岗职工再就业培训的比例很低。其次，培训和再就业并无显著的关系。2000 年一次对武汉和沈阳两市进行的抽样调查结果表明，82% 的下岗失业人员认为培训对他们得到目前的工作没有帮助，在自谋职业和自己创业的下岗职工中这一比例高达 91%。而赵延东在 2003 的调查中也“并未发现职工下岗后接受的培训对他们的再就业产生多少实际作用”。①这说明我国再就业培训的质量不高，再就业培训体系不健全，未能为下岗失业人员提供有效的再就业培训，他们对再就业培训的积极性也不高，这也更进一步加大了国家的再就业工程完成的难度。

根据图 8.9 的再就业培训成本和收益的关系可以看出，在未来的净收益超过成本的时候，对再就业培训进行投资才是理性的。并且可以得出以下推论：（1）下岗失业人员年龄越小，越倾向于接受培训。因为年龄越小的人接受培训，获得的投资回报期越长，培训产生的收益越高。（2）下岗前的文化程度越高越倾向于接受培训。因为文化程度越高，学习能力会越强，培训的成本会越低，培训的时长也会越短，投资回报期会越长。

虽然国家、政府和企业会组织培训，但对于下岗失业工人来说，参加

① 丁煜：《下岗失业人员的再就业培训：效用与局限性——从人力资本理论的分析视角》，《市场与人口分析》2005 年第 6 期。

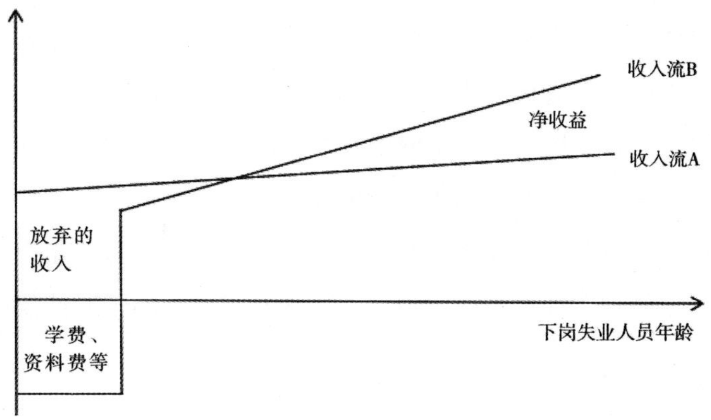

图 8.9　再就业培训的成本与收益图

资料来源：《下岗失业人员的再就业培训：效用与局限性》，《市场与人口分析》2005 年第 6 期。

培训所付出的成本在短期来看并未收到较大收益，这让很多下岗失业人员看不到培训带来的价值，所以即使国家、政府和企业组织了培训，但他们参加培训的积极性却不高。

从培训的供给方来说，一方面，对提供培训缺乏动力。任何培训都是高投资慢回报的，再就业培训更是如此。有研究表明，为失业人员提供直接保障的成本要比积极的劳动政策成本更低。积极的劳动政策，像再就业培训这种，更加注重的是长期利益和社会整体利益，但对接受培训的人来说，他们更关注的是短期利益和自身利益。政策提供者和政策接受者这种利益需求上的不一致，就会导致在政策执行上出现偏差，会在一定程度上动摇政策的刚性。另一方面，再就业培训的体系不健全。虽然在国家层面出台了相关的政策文件，但是在整个社会层面对再就业培训的关注不够，再就业培训的体系不健全，例如，培训大都是短期学习班（近 60% 的培训班时间不足 1 个月），难以真正起到帮助职工转换旧有的人力资本、增加新的人力资本的目的；培训多半是收费的培训班（约占总数的 58%），其中由个人支付全部或部分费用的又占到2/3左右。[①] 另外，再就业培训的方式、内容、考核的方式等都不太符合实际工作需要，一些培训仅是一些素质教育，很难提供具体的岗位需要。因此，下岗失业人员对培训的效果并不太满意。

虽然我国的再就业培训体系不健全，在再就业培训供需上，存在一定的局限性，但并不能忽视再就业培训的重要作用和意义。对于下岗失业工人来说，再就业培训虽然对再就业并不起决定性作用，但对于再就业的岗位选择以及再就业岗位的稳定性等方面，再就业培训有着很大的辅助性作用。

三、道德素质

道德素质一般是指人在道德方面的内在基础，一般包括社会公德和个人私德。社会公德和个人私德虽然分属于不同的领域，但不管在公共领域还是在私人领域，都具有公德和私德的双重规定性，公德和私德在一定条件下可以相互转化。

（一）社会公德

社会公德是指在社会领域的道德，下岗失业人员的社会道德主要体现在对社会稳定的影响，对社会活动及社会公益的关注和参与，对党和政府的信任感等方面。下岗失业人员在下岗失业之后往往存在情绪上的不稳定，对社会产生抱怨，这会成为影响社会安定的潜在因素，诱发抢劫、杀人等犯罪行为。同时，大多数下岗失业人员在消极的情绪作用下减少甚至不关注社会活动；下岗失业使他们失去经济来源，也无心关注社会公益；下岗失业人员在下岗之后会对社会制度产生怀疑，进而会对党和政府产生一定的不信任感。

（二）个人私德

个人私德是指在个人领域的道德，包括处理家庭关系等方面的内容。家庭关系的和谐与家庭收入、工作稳定有着很大的关系。下岗失业工人下岗后失去工作岗位、失去家庭收入，这必然会危及家庭关系的和谐。据上海市妇联调查，大约33%的下岗女工曾表示下岗失业会影响夫妻感情、家庭和谐

---

① 丁煜：《下岗失业人员的再就业培训：效用与局限性——从人力资本理论的分析视角》，《市场与人口分析》2005年第6期。

关系等。下岗失业以后再就业的愿望很强烈，迫切地想要获得一份新的职业，而对下岗失业女工来说，在寻求工作的过程中面临很多诱惑和陷阱，稍有不慎便会踏上一条不归路。2002 年7 月至9 月，中国人民大学潘绥铭教授带领“中国东北地区劳动力市场中的女性性工作者”课题组在东北的 A、B、C 三市进行了为期2 个月的考察，结果发现那些从事性服务的工作者中，下岗女工占了一半多，三地平均为51.0%。[①] 她们原本都在国有或集体的正规单位工作，下岗失业之后选择了一条不正规的道路，这些非正当的职业无疑又给她们的家庭带来新的问题。

第六节　问题及对策建议

下岗失业阶层是处于社会底层位置的阶层，一方面，下岗失业对他们来说失去了工作，失去了收入来源，生活陷入窘迫；另一方面，下岗失业使得他们陷入迷茫，感觉被社会抛弃，心理负担加重，一部分人会成为社会的不稳定因素。除了关注下岗失业阶层在经济、政治、社会和文化素质方面的状况的同时，还应注意到下岗失业阶层的心理健康问题、“新失业群体”的出现，并提出相应的对策建议。

一、需要重视的问题

（一）下岗失业工人的就业观念陈旧

就业观念是指对就业的一系列想法和看法。曾经长期实行的计划经济体制，已经在人们的就业观念上造成了根深蒂固的影响，这让下岗职工对曾经工作过的企业和国家仍抱有十分强烈的等待、祈盼和依赖的心理，而不是积极主动地寻求工作，从而错失很多就业机会，即使有就业机会出现，下岗失业工人也会因为不符合自己的择业标准或者不如原工作单位好而选择放弃。这也成为再就业过程中的一大障碍。一些下岗失业人员在原单位工作数年，

---

① 黄盈盈、潘绥铭：《中国东北地区劳动力市场中的女性性工作者》，《社会学研究》2003 年第 3 期。

适应了安稳的工作，缺少自强自立精神和自主就业的意识。具体的表现为：（1）很多下岗失业人员不愿出去工作，就业的愿望不强烈，更愿意待在家中“啃老”或者接受救济；（2）在选择就业岗位的时候通常选择离家近的工作，而不选择往大城市寻求工作，虽然大城市就业机会多、工资水平高，但他们缺乏长远眼光。（3）寻找工作的时候更看重工作的长期性、稳定性，不考虑做季节工或临时工，在目前严峻的就业形势下，如果下岗失业人员不做观念、心态与期望值方面的调整，长期心理失衡，再就业的愿望将难以实现。

（二）心理健康存在问题

下岗失业人员在下岗之后通常不能接受自己下岗失业的现实，一方面是陷入迷茫，以前每天上下班的生活在下岗之后将中断，经济收入也将中断，但老人、孩子、家庭的花销仍在增加，对于下岗失业人员来说，心理压力瞬间增加，如果再有一些变故，那更是雪上加霜；另一方面是内心产生不平衡，大多数下岗失业人员在得知下岗之后的第一个想法就是“为什么下岗的是我”，这一想法是带着对企业的怨恨，当这种怨恨无法在企业中得到解决时，便会产生对社会制度的质疑，更有甚者会产生对党和国家的质疑，这都不利于社会秩序的稳定。因此，需要关注下岗失业人员的心理健康问题，让他们保持良好的心态，以应对下岗以及生活中遇到的种种问题。

（三）再就业质量需要更多关注

国家和政府发布了一系列文件、政策来关注下岗失业工人的再就业问题，比如《中共中央、国务院关于进一步做好下岗失业人员再就业工作的通知》《国务院关于进一步加强就业再就业工作的通知》《财政部 国家税务总局关于下岗失业人员再就业税收政策问题的通知》，从国家层面重视下岗失业人员的再就业问题，但在实际的政策执行上更多的是关注下岗失业工人能否实现再就业，对再就业的质量问题没太关注，但再就业的质量问题又是下岗失业人员更为关注的方面，他们不仅仅希望能实现再就业，更希望实现满意的再就业。

（四）对于解决再就业问题的职责还不够明确

党和政府颁布政策和文件从国家层面积极推动再就业的问题，充分调动各方力量，可是推进再就业工作的各个方面的职责并不明确。主要表现在：（1）作为下岗失业人员的原单位，有些企业不重视再就业工程的问题，丧失企业责任感和道德，当企业的发展不顺利，处于不景气状态的时候，就会实行“裁员”，非但不解决再就业的问题，反而给社会增加了下岗失业人员，加大了再就业工程的难度；（2）为下岗失业人员提供技能培训等业务的再就业服务中心工作效率低，无法在最短的时间内满足下岗失业人员的再就业需求；（3）再就业的工程缺乏制度上的保证。一些地方的政府在推动再就业工作的时候，对再就业的工程不够重视，只知道轰动的效应而忽视实际的效果，缺少该有的责任心和责任感。

（五）要高度关注“新失业群体”的出现

目前我国城市“新失业群体”是指具有一定教育背景，没有系统工作经历，具备一定就业能力和意愿，但在城市中长期或经常处于失业状态的青年群体。今天看来，城市“新失业群体”实际上就是城市青年失业群体，他们的年龄被限定在18—29岁之间。随着岁月的推移，城市“新失业群体”也由曾经的“80后”，变成了今天的“90后”和“00后”。

目前我国城市“新失业群体”主要包括两个部分：城市低学历新失业群体和城市高学历新失业群体。所谓城市低学历新失业群体，指的是学历在初高中以下、无就业经历或就业不稳定的城市青年失业者。在2003年孙立平提出城市“新失业群体”的最初几年，学者们关注和研究的就是这部分人。所谓城市高学历失业群体，指的是学历在大学以上，其主体是本科毕业生也包括部分研究生，毕业后没有就业或没能稳定就业的城市青年群体。二者最主要的区别在于学历的高低，而就其生活和工作状况而言，我们调查研究后发现，二者存在着很多共性。

1. 失业与就业的频繁转换

调查中我们发现，对于一些“新失业群体”而言，就业与失业是他们生活中切换得非常快的两种状态。在他们的认知中，自己到底是就业者还是失业者，自己到底处于怎样的劳动状态，自己也觉得模糊困惑而说不清楚。

据我们的走访调查，“就想待在家里，不想工作”的城市青年，在“新失业群体中”所占比例并不大。2018年我们曾在沈阳和大连做过一次社区调查，数据显示没有工作意愿的失业青年占比不足2%。98.2%的“新失业群体”都表达了工作意愿，90.7%的青年做过求职尝试，76.5%的人有打零工的工作经历。

2. 经济上普遍依赖父母或其他家人支持

对于很多城市“新失业群体”，跟父母要钱花，似乎并非很难为情的事情，因为他们是独生子女，他们在心理上一直认为自己“还是个孩子”，从小养成了被父母照顾的“习惯”。在“新失业群体”中，“啃老”现象非常普遍。因为中国家庭结构的变化，城市“新失业群体”绝大多数没有其他兄弟姐妹，因而他们的生活主要依靠父母的收入，有些也会从爷爷奶奶或姥姥姥爷那里得到一定资助，但近90%的人依靠父母。

据调查，城市“新失业群体”大多选择和父母居住在一起，有些即使谈恋爱，也带着自己的异性朋友一起住在父母家里，这种情况以男性居多。“啃老”现象的出现，被视为两代人不同生命历程的一种错位，是一种社会病态，引起人们的担忧，需要进行治理。

3. 上网成瘾现象普遍

我们在调查中发现，很多城市“新失业群体”与社会联系和娱乐的主要方式是互联网。他们每天把大量时间消耗在网上，而且很多人是“夜游神”。他们生活很不规律，经常凌晨两三点仍然沉迷网络，上午睡觉，中午起床。

中国互联网络信息中心发布的第43次《中国互联网络发展状况统计报告》显示，截至2018年12月，中国网民规模达8.29亿，其中城镇网民规模为6.07亿，占比达73.3%；在网民学历结构中，初中学历占38.7%，高中/中专/技校学历占24.5%，大专学历占8.7%，大学学历占9.9%；从年龄结构上看，10—39岁群体占67.8%，20—29岁年龄段的占比最高，达26.8%；而在网民职业结构方面，下岗失业网民占比8.8%，居所列14种职业的第4位，比2017年增长了1.9%，仍有上升趋势。①

① 中国互联网络信息中心：《第43次中国互联网络发展状况统计报告》http：//www.cac.gov.cn/2019－02/28/c_1124175677.htm。

4. 心理状态不健康

根据一部分学者的研究和我们的调查发现，城市“新失业群体”的精神状况存在一些共性特征，应该引起我们的高度关注。

首先，求知欲弱化。城市“新失业群体”中，有60%以上的人求知欲不高或正在走向弱化，不读或基本不读严肃的书。很多“新失业群体”的精神生活匮乏，乐于追求安逸、享乐的生活，求知欲大大降低，每天沉迷于刷短视频，把大量的时间放在娱乐上，对知识的渴望程度很低。

其次，偏狭、自私、冷漠、消极。城市“新失业群体”，大多只关心身边跟自己日常生活有关的事情，而对于国内外大事不感兴趣。他们通常认为自己的观点非常正确。对于父母为他们的辛勤付出习以为常，认为理所应当，但对父母未来的生活却考虑得很少或者并不关心，对于“啃老”心安理得。

最后，缺乏志向、精神空虚。我国明代思想家王守仁把人生志向比作万物之主帅，“夫志，气之帅也，人之命也，木之根也，水之源也”，强调人无志则不立，立志乃是成事立人的根本。志向是人生自强、实现自身价值的重要基础。若一个人胸中无志或志向扭曲，则生活中常会表现为得过且过或走向歧途。我国城市“新失业群体”中的很多人，在人生理想志向方面存在着严重的问题。

二、对策建议

（一）转变就业观念

不管是“老失业群体”还是“新失业群体”，普遍存在对岗位的挑拣问题，这一问题在“新失业群体”中更为明显。要想改变失业群体的现状、实现再就业，首先就是要改变自身的择业观念，“三百六十行，行行出状元”，每一个行业都是社会所需要的，工作不分高低贵贱，只是分工不同，充分发挥自己的能力，每个人都可以干出一番事业。市场经济的发展、经济的快速增长，为社会提供了越来越多的就业机会，对任何一个寻求就业的人来说，获得一份工作，并不是困难的事。但是，我们在分析失业群体的现状及失业的原因时，也注意到他们对政府提供的工作不满意时会选择不干，或者干一段时间之后不适应、不喜欢也会离职，有着很强的自主择业观念，希望寻求一份工资水平高、待遇好、工作强度适中的工作，但这种工作机会很少，对“老失业群体”和“低学历失业群体”来说，他们的受教育水平、技能水平等都不占优势，因此很难获得这种工作。转变自身的择业观念，先就业再择业，在工作中提升自身能力，增长经验和资历，让自己不至于与社会脱节，这样才会在再就业的时候有一定的竞争力。

（二）构建技能培训网络

解决“老失业群体”问题的关键是生活保障问题，而解决“新失业群体”问题的关键是就业能力问题。新失业群体大多数缺乏工作经验，而一些用人单位的“经验歧视”却在就业市场存在已久，成为阻碍毕业生就业的重要障碍，这就决定了解决新失业群体就业问题的政策取向必须以提高就业能力为出发点。再就业培训，是有效提高新失业群体就业能力的重要途径和方法。当前我国的再就业职业培训发展缓慢，培训内容单一，培训师资不足，教师水平整体较低，培训规模非常有限，因此在失业人员再就业的过程中很难发挥作用。对于城市“新失业群体”而言，走出校门后，匹配不到合适的工作，因此这种再就业职业培训对他们的就业有着重要意义。在对培训合格率和就业率进行综合考核和评估达标后，由政府给予培训经费补贴，切实提高对“新失业群体”就业培训的效果。各级劳动就业部门要积极与企业取得联系，开展“新失业群体”的职业介绍工作。

（三）丰富就业信息网络

全面准确的市场信息和稳定灵敏的信息渠道是就业市场良性运行的基础。用人信息和求职信息的掌握和及时发布，对促进城市“新失业群体”就业发挥着重要作用。在今天的网络时代，年轻人对网络高度依赖，因而要高度重视和不断完善网络就业平台，构建就业信息网络体系，实现信息共享，为求职者提供更多的就业信息，帮助求职者寻找到自己满意的工作岗位。就业服务的主体不应只局限于地方政府、高校，还应该扩展到社会领域，依赖社会公共就业服务机构。

（四）加快经济发展和产业升级

经济规模的扩大和经济总量的增长，与劳动力的需求之间是正相关的。

在解决失业问题时，通过各种途径尽力增加就业岗位的供给量，是解决问题的重要方面，因为失业问题的本质，就是劳动力的相对过剩。

而在经济发展过程中，相伴而生的是技术进步和产业升级。从国际经验看，不论是发达国家还是新型工业化国家，无一不是在产业升级中实现经济持续快速发展的。产业升级，通常包括“产业结构升级”和“价值链升级”两个方面。“产业结构升级”指的是第一产业、第二产业、第三产业产值比重的变化，是“后序”占比的上升；“价值链升级”，是指国家或地区的企业以及产业整体在国际价值链之间的攀升过程。随着我国教育投入的不断提高，我国高等教育规模不断扩大，培养出来的高级人才数量也在不断增多。而对于每年培养的大批高校毕业生来说，他们更加青睐有较高薪酬和社会认可度高的高新产业。因此，加快经济结构转型升级，创造更多年轻人喜欢、满意的就业岗位，是解决大量城市高学历“新失业群体”就业难问题的重要途径。

第九章

工人阶级变化的新问题新领域

进入21世纪，全球新一轮产业革命兴起，新的科学技术代替旧技术，全球经济呈现新的发展态势。在此背景下，我国正加快转变经济发展方式，制定新的经济发展目标和发展战略。2016年3月，李克强总理在《政府工作报告》中指出："要推动新技术、新产业、新业态加快成长，以体制机制创新促进分享经济发展，建设共享平台，做大高技术产业、现代服务业等新兴产业集群，打造动力强劲的新引擎。"① 共享经济正在成为经济发展和工人就业的新领域。以人工智能为代表的新技术也正在建立新的就业生态。

第一节　共享经济领域工人就业状况分析

随着互联网技术的更新，一种新型商业模式——共享经济逐渐兴起并不断发展起来，对社会生活产生重大影响。本节将考察工人阶级在共享经济中的就业状况，了解工人阶级在这种经济模式中的生存状况，直面其中存在的一些问题，深入分析研究，并探索可能的解决路径与具体方案。

一、概念与特点

1. 概念

共享经济（Sharing Economy），也译作分享经济，或合作经济，是信息技术发展到一定阶段后出现的一种新型经济形态和商业模式。共享经济的概念于1978年由美国教授琼·斯潘思和马科斯·费尔逊首次提出，美国人罗宾·蔡司在2000年成立共享租车公司Zipcar，被认为是共享经济的实践开

① 李克强：《政府工作报告——2016年3月5日在第十二届全国人民代表大会第四次会议上》，http：//www. gov. cn/guowuyuan/2016 -03/17/content_ 5054901. htm。

端。罗宾·蔡司认为，共享经济应该是一种协作经济（Collaborative Economy），其核心要点在于利用过剩产能、利用科技建立共享平台和个人的参与，实现供需之间的对接。

然而，事物是不断变化发展的，随着共享经济本身不断发展，通过一般认为的“共享”商业模式流动的经济要素逐渐不仅限于“过剩产能”的范畴，如优步、滴滴打车的创立本质是解决出租车的供需匹配问题，而哈罗单车、美团单车等“共享”特质更加突出的企业，则是由运营商出资购买单车等运营器具，人为地制造了新的资产和新的需求。这些经常被我们用以指代共享经济的企业所经营的对象不再仅限于“过剩产能”，可见共享经济这一概念的语义随着时间流逝发生了变化。针对这一变化，吉林大学于莹教授综合了包括罗宾·蔡司在内的中外学者和活动家的观点，认为可以按照是否“利用闲置资源或者过剩产能”为标准，将共享经济划分为典型共享经济和非典型共享经济，前者侧重闲置资源的优化配置，后者则扩大了在这一配置过程中主体提供资源的范围，包括一般资源的供需匹配①。这对共享经济的概念做了适应现实需要的延伸和拓展，也符合人们对共享经济的一般认知。

本研究延续这一观点，认为共享经济是指互联网企业通过移动设备，依托网络共享平台，利用网络支付、GPS等技术手段整合社会各类资源，对供需双方进行精准快速匹配，从而实现资源优化配置的一种经济形态和商业模式；同时在此基础上，认为本质上属于传统租赁行业但互联网化的如共享单车、共享充电宝等，因其“使用权共享”的鲜明属性，也应纳入共享经济的范畴之中。

2. 特点

其一，共享经济与现代信息技术深度融合。截至2020年6月，我国网民规模为9.40亿，我国手机网民规模为9.32亿，较2020年3月新增手机网民3546万，网民中使用手机上网的比例为99.2%。② 每个人轻点手机屏

---

① 于莹：《共享经济用工关系的认定及其法律规制——以认识当前“共享经济”的语域为起点》，《华东政法大学学报》2018年第3期。

② 中国互联网络信息中心：《第46次〈中国互联网络发展状况统计报告〉（全文）》，http：//www.cac.gov.cn/2020-09/29/c_1602939918747816.htm。

幕就能叫外卖、打车，这些我们已经习以为常的共享经济参与形式，离不开互联网和个人移动智能终端的发展与普及。前互联网时代的传统信息沟通方式效率是十分低下的，供需之间很难有效对接，可见互联网和个人智能移动终端的发展和普及是共享经济产生、拓展的基础。同时，先进的互联网技术也可以为共享经济体中经济过程的具体运行提供帮助，如共享经济知识技能的平台代表、在线教育平台“学霸君”搭建了基于自然语言处理的AI教学系统，使用云计算、大数据、人工智能等技术精准刻画学生的个体行为特征，针对每个学生的特定需求实现差异化的教育供给，从而实现自适应教育的精准化教学和个性化学习。① 反过来，共享经济在运行中处理的海量信息亦能作为“信息库”，为AI技术的进一步发展提供学习的素材。可以说共享经济作为一种新型商业模式，其起源、发展和具体运行深度寓于互联网技术的发展过程之中，二者是密不可分的。

其二，共享经济有效对接了需求与供给。在传统商业模式下，交易的供需双方需要在固定的经营场所、特定的营业时间里完成交易，而共享经济的交易参与者不再需要花费时间精力在线下寻找交易机会，因为大数据算法会通过整合信息为交易双方自动计算出最优的选项，卖主即刻找到合适的买家，买主轻松找到心仪的商品和服务，通过双方点对点的直接沟通实现了供需的有效对接。这极大地提高了交易的便利程度，减少了因信息不对称带来的交易困境，显著降低了交易者的时间成本，由此对社会资源的节约和社会运行效率提升的贡献是传统商业模式所不能比拟的。

其三，共享经济组织系统的包容性较强。互联网技术的发展不受人数、空间的限制，以其为基础的共享经济也因此而具有更广泛的吸引收纳特征，在组织系统上呈现出较强的包容性。从单一平台来看，平台规模越大，吸纳的用户就越多，通过用户反馈或人们之间口口相传等方式，平台的用户范围扩大，使用平台软件的频率增加，从而形成良性循环。从平台之间的关系来看，平台与平台可以实现更多资源的共享，互相辅助，互相补充，对单个平

① 道客巴巴网：《2017年中国共享经济发展年度报告》，https：//www.doc88.com/p-1903809415412.html？r=1。

台的局限性和孤立性进行修正，让平台的外延更广阔、内容更丰富，实现平台与平台间的顺畅对接，将各个层级、各个领域、各个行业优质高效的资源融合在一起，在加强相互之间合作的同时拓宽了平台的整体外延，让共享经济在更广阔的范围内发展革新。①

其四，共享经济应对市场的反应较迅速。共享经济以现代信息技术为基础，因而对于市场现状的分析和判断能够更加迅速和快捷。在现代社会的经济活动中，企业要想立足于市场，其先决条件是对于市场信息的精准把握，由此方能针对市场供需变化及时做出利于自身的迅速反应，调节自身经营的服务和商品的内容与方式，这使得共享企业无论在时间还是经营成本上，相较于传统经济体都占有极大优势。

3. 在我国的发展现状

2010 年滴滴打车和快的打车先后成立，标志着共享经济在我国出现；2014 年优步进入我国，同年，北大毕业生戴威为解决校园出行问题，与 4 名合伙人共同创立 ofo。此后，共享交通企业如雨后春笋般出现，不断整合。而在共享交通领域的引领下，其他领域的共享平台也在不断涌现，共享经济领域快速渗透至日常生产生活的各个方面，并不断壮大，业务类型也在不断增加和深化，涵盖了交通出行、网络众筹、房屋住宿、交通物流、知识技能、生产能力等多个领域②。

2019 年，我国共享经济约有 32828 亿元的经济市场营业额，比上年增长 11.6%，参与者约 8 亿人次，其中参与提供服务的人数达到 7800 万人，平台企业员工数为 623 万人。近两年我国共享经济进入调整阶段，就 2019 年来看，一方面，市场交易规模在经历了超高增长后出现增速显著放缓，直接融资也受国内国际资本市场信息不足的影响而出现大幅下滑；另一方面，平台发展理念和行为更加理性，从追求规模和速度的粗放模式转为注重效率和质量的集约模式，整体呈现出稳中向好的发展态势。③

① 李楠：《共享经济下网约工权益保护问题研究》，吉林大学博士论文，2020 年。

② 马强：《共享经济在我国的发展现状、瓶颈及对策》，《现代经济探讨》2016 年第10 期。

③ 信息化和产业发展部：《中国共享经济发展年度报告（2019）》，http：//www. sic. gov. cn/News/557/9904. htm。

此外，受新冠肺炎疫情影响，2020 年的共享经济增速出现了一定幅度的回落。[①] 但疫情带来的冲击只是暂时的，随着疫情形势缓和，加上常态化防控的落实，被压抑和限制的共享经济将再现往日活力。

二、工人的就业状况

1. 以网约工为主要用工形式

共享经济作为一种新的经济运行模式，其运行依旧处于整个社会经济体系运行框架之内，保留了传统经济的部分内容；同时共享经济的运行依托于共享平台，作为互联网经济的一种，也表现出了截然不同于传统经济的特征。因而共享经济中企业的用工形式（亦即工人就业形式）也在传统基础上发生了很大的变化。

根据现有的研究，平台和工人是共享经济供给端的两大主体，工人在共享经济中的就业存在两种情况：一种是工人向互联网平台方直接提供服务，如共享单车的修理维护人员、共享网络平台运维人员、客服人员等；另一种是工人以互联网平台为中介向他人提供服务，如外卖送餐员、网约车司机、网络家教等。前一种情况与传统就业形态没有区别，依旧处于传统经济模式下“企业 + 工人”的劳动关系框架中；后一种情况下的就业人员与平台企业没有直接的劳动关系，而是依据平台要求从事平台企业经营范围内的工作，直接为消费者提供服务，这类劳动者因其为消费者提供服务往往通过网络预约的形式而被称为“网约工”。2019 年我国共享经济供给端参与提供服务者人数约 7800 万人，其中登记在册的平台企业员工数为 623 万人[②]，92% 的劳务提供者都是网约工，可见网约工已成为共享平台主要的用工形式。

共享经济涵盖的业态丰富、要素多元，在观察时应当抓住其主要矛盾。笔者认为，网约工作为共享经济最主要的就业形式，是最值得学界关注的；

---

① 信息化和产业发展部：《中国共享经济发展年度报告（2019）》，http：//www. sic. gov. cn/News/557/9904. htm。

② 信息化和产业发展部：《中国共享经济发展年度报告（2019）》，http：//www. sic. gov. cn/News/557/9904. htm。

因此对共享经济领域工人就业状况分析应在统筹全局的基础上，以对网约工群体就业状况的观察分析为主。

2. 劳动关系碎片化

传统就业形式下，劳动者需要服从用人单位的安排，在固定的时间、地点完成固定任务；而共享经济下网约工的就业呈现出更加灵活的特点，出现了越来越多的兼职就业和非全日制就业。根据国家统计局 2015 年对北京、广州、深圳、杭州、武汉、成都 6 个城市优步平台吸纳就业情况的抽样调查显示，优步平台的兼职司机占比达 80.7%，专职司机占比仅为 19.3%，部分从业人员同时借助多个平台提供服务。① 可见，非全日制就业使得工人可以同时为多家共享平台提供分散的劳务，与多家平台构成劳动关系，从而工人与平台之间的劳动关系呈现出碎片化的特征。

在此过程中，一方面，共享经济充分利用闲置资源、吸纳就业的优势得以凸显，有利于促进社会经济发展；另一方面，碎片化的、非标准的劳动关系也对工人的劳动权利和职业安全造成了一定损害。

3. 自主性较强

在共享经济中，网约工可以选择自己提供生产资料，如外卖员自己选择合适的交通工具出行，网约车司机可以直接用私家车开展业务，网约教师则可直接使用自己的书本资料。网约工同时拥有选择具体劳动任务的自由，如外卖送餐员面对系统派单可以根据自身情况选择接单与否。网约工在劳动中几乎没有受到来自企业直接监督的压力，不必受到企业规章制度的严格限制，可以根据自己的收入预期和需要自行决定工作的方式。网约工在劳动过程中获得了更多的自主选择权，有利于提高劳动积极性。

4. 对集体的依赖度较低

网约工的自主性同时体现在共享平台企业对网约工的工作时间和地点没有绝对的限制，网约工的工作往往不在固定的场所进行，在一定程度上，网约工可以根据自身情况自行选择工作地点和区域。同时，由于网约工的每单

---

① 王文珍、李文静：《平台经济发展对我国劳动关系的影响》，《中国劳动》2017 年第 1 期。

任务在需求端都是由消费者预约发起，再由单一的网约工独自完成的，网约工之间较少合作，单一个体的工作内容又具有不连续性，因而在工作过程中具有任务独立化的特征。网约工在工作中缺乏相互沟通，成了一个个松散的原子化个体。正如学界已有研究的观点所言，网约工在劳动中的组织方式已经由传统的“公司 + 员工”发展到“平台 + 个人”。[①] 网约工作为独立个体对集体依赖度的降低，使得群体本身的组织性也降低了。

5. 劳动管理以平台智能化管理为主

网约工的工作任务多为独立的项目订单。现阶段共享企业管理这些订单多使用平台智能化手段，通过统一的标准核算订单完成情况，并以此作为确定网约工报酬质量的依据。智能化管理手段对网约工复杂多变的工作场景带来了监管上的便利，但管理上的不人性化、刻板僵化和不公平等新问题也随之凸显出来。

三、工人就业存在的主要问题

2020 年度《中国共享经济发展年度报告》认为，共享经济在稳就业方面发挥了积极作用，表现为在整体就业形势压力较大的情况下，共享经济领域就业仍然保持了较快增长[②]。可以看出，共享经济在充分利用现有资源的基础上，吸纳了大量就业人员，对于解决就业问题、推动经济发展有重大意义；但共享经济中网约工作为一种新的就业形态，尚未能与传统的法律规制和管理体制完全适应，因而在劳动权益落实的过程中出现了一些比较集中和突出的问题，从而导致工人的多项基本权益难以得到有效保障。

1. 平台企业与劳动者的劳动关系难以认定

劳动关系的确定是工人权益得到保障的基础。但在共享经济中，存在工人与平台的劳动关系难以认定的情况，这对工人权益保障带来的威胁是根本

① 段嘉政、杨紫贞：《“网约工”劳动权益的法律保障机制》，《中国商论》2019 年第 15 期。

② 信息化和产业发展部：《中国共享经济发展年度报告（2019）》，http：//www. sic. gov. cn/News/557/9904. htm。

性的，也反映了我国在相关法律制定和实施上存在的缺陷。

如笔者前文所述，在共享经济领域，工人与互联网平台的关系有两种：直接为平台本身提供劳务和担任网约工。在前一种情况下，共享经济平台对从事服务的劳动者采取同传统企业一样的管理，劳动提供者从平台获得劳动工具或相应工作条件，按照平台要求从事工作，那么这类共享经济的用工形态则与传统用工形态无异，即表现为劳动提供者专职化的、固定化的工作形态。而“网约工”的劳动关系认定在理论上则处于法律的灰色地带，存在认识上的模糊，在实践中不可避免地遇到了许多问题。据北京市朝阳区人民法院统计，自 2015 年 1 月至 2016 年 8 月，共受理了 140 件与互联网有关的劳动争议案件，其中典型案件有 118 件，而这些案件的争议焦点，正是集中在双方是否存在劳动关系上①。

如何认定平台和网约工之间的劳动关系？这给现存的劳动关系理论提出了严峻的考验。在网约工出现之前，劳资双方之间的争议可以通过《劳动法》和《劳动合同法》的相关规定解决。网约工出现之后，作为一种新型的就业形式，没有相关的法律对其进行具体明确的规定，其复杂多样、灵活多变的特质，也对法官的专业素养提出了要求。这种情况下，不可避免地会出现司法认定的分歧，存在从事同样职业的网约工请求确认其与公司之间的劳动关系的案件，但是法院却做出认定存在劳动关系与认定不存在劳动关系两种完全不同判决的情况②。可以发现，我国司法实践中关于劳动关系的问题依然存在很大的争议与分歧。而一旦劳动关系认定困难，劳动者的权益也必然在法理和实践上都难以得到有效保障；特别要尽量避免平台拒绝与劳动者形成雇主—雇员关系，并有意将后者申报为“独立承包商”“自营业主”“自由职业者”，逃避政府对平台自身经营活动的行业监管和平台的雇主责任义务，从而将全部风险和成本转嫁给劳动者的情况③。

---

① 王文珍、李文静：《平台经济发展对我国劳动关系的影响》，《中国劳动》2017 年第 1 期。

② 王芳芳：《网络用工关系研究——以外卖平台为例》，上海师范大学学位论文，2019 年。

③ 崔学东、曹樱凡：《“共享经济”还是“零工经济”？——后工业与金融资本主义下的积累与雇佣劳动关系》，《政治经济学评论》2019 年第 1 期。

2. 缺少工会维权支持

维权渠道的畅通是劳动者权益保护的重要一环。在我国目前的维权体系中，相比成本高、耗时久的诉讼方式，工会维权因其柔和、便捷、高效的特质成为劳动者维权方式的更优选。但现阶段，网约工在利用工会维权时面临着一定困难。

根据我国现行的工会制度，企业工会可保障员工与企业建立确定劳动关系时的劳动权益。如笔者前文所述，网约工与平台在劳动关系认定上存在困难，因而网约工难以被纳入企业工会的保障范围。与企业工会相对的行业工会，又因网约工的工作性质特殊，其工作场所流动化、工作任务独立化、工人的组织性差的特征而难以发挥对工人的保障作用。这使得工人在与平台进行涉及自己切身利益的谈判时缺乏可以依靠的组织，势单力薄，往往处于弱势地位。

3. 劳动安全缺乏保障

人身安全是劳动者在工作中最基础的权利。网约工从事的工作没有固定工作场所，需要在不同地点、不同环境中来回切换，所以对于网约工，特别是网约车司机、外卖派送员等经常在外跑单的网约工而言，发生交通事故、治安事故等人身伤害的可能性较高。但现状显示，网约平台对于网约工的安全保障并不完善，很多平台并不会为网约工的人身安全设置保障措施。即便是考虑到对网约工的保护，大多数平台也仅仅是与商业保险公司合作，在每笔订单发生时附带给网约工投保意外伤害险。但是平台投保的商业意外伤害险并不能覆盖全体网约工，仍有大部分网约工在受到人身伤害时无法得到保障。“而且这种商业险的理赔比较难，程序复杂且条件严格，赔偿数额也比较低，难以满足网约工在受到人身伤害时的实际需求。”①

4. 社会保险缴纳不足

社会保险权是与劳动者就业稳定、财产和人身利益直接相关的重要权利。网约工的工作本身具有较高的流动性，特别是外卖员等职业的风险较高，工人对失业保险、工伤保险等的需求也较高。但由于网约工与平台之间

① 李楠：《共享经济下网约工权益保护问题研究》，吉林大学学位论文，2020 年。

的劳动关系存在如前文所述的认定上的困难，便存在平台拒绝承认与网约工之间的关系，不为其缴纳社会保险的现象。于是网约工便只能被迫自己缴纳社会保险，或者干脆不缴纳社会保险，权益得不到保障，这本质上是平台将负担职工社会保险的责任转嫁给了工人自己。同时，在网约工自行缴纳社会保险的情况下，还要受到户籍地政策的限制①。我国只有几个省份在社会保险参保方面破除了户籍的障碍，大部分省份对灵活就业人员投保社会保险在户籍上是设有限制的，规定非本地区户籍人员不能以个人名义进行参保，这就阻碍了许多从事网约工作的外来人员参保社会保险，并将其排除在了社会保险制度之外。

5. 劳动报酬不稳定

劳动者在就业过程中最关心的是自身的收入。我国实行以按劳分配为主的基本分配制度，劳动者按照其劳动的数量与质量获取相应的报酬。就目前情况来看，如笔者前文所述，网约工的工作任务多为独立的项目订单，现阶段，共享企业管理这些订单的方式多使用平台智能化手段，通过统一的标准核算订单完成情况，并以此作为确定网约工报酬质量的依据。但由于评价过程高度标准化，在实践过程中多存在不人性化、刻板僵化的现象，比如外卖员超出送餐时间或收到消费者差评时，多采用罚款等方式直接对网约工进行处罚，而不去了解背后的原因或探索完善规则。且平台在支付相应报酬时，会根据订单交易金额和完成情况的不同予以调整，因而网约工的收入具有不稳定性。同时由于平台之间存在低价竞争，据央视调查显示，平台会极大地压缩劳动者的报酬待遇，网约工若想提高收入，就不得不延长劳动时间，通过增加接单量来赚取更多的报酬②。

综上，劳动强度和收入的不对等，打击了网约工的工作积极性，侵害了网约工的劳动报酬权。

6. 劳动时间难以控制

休息对劳动者而言意义重大，不仅能使劳动者身心得到充分休养，也是

① 李楠：《共享经济下网约工权益保护问题研究》，吉林大学学位论文，2020 年。

② 何兆飞：《我国网约工劳动权利保护的困境与法律思考》，《法制博览》2020 年第36 期。

劳动者参与家庭活动、社会活动和利用休息时间不断提升劳动技能的保证。我国《劳动法》规定，劳动者每日工作时间不得超过8小时，并且依法享有法定节假日、公休假日等假期，特殊恶劣工作环境下（如高温）还有休假或额外工资补贴等权利。但是对于网约工而言，这种工作时间的限时规定很难得到遵守。首先，网约工可能同时为多个平台工作，因此在休息休假上存在困难。网约工从一个平台“退出”后可能在另一个平台仍然处于“登录”状态，平台之间无法准确掌握网约工的实际工作或休息情况。其次，由于共享经济网约用工不受时间限制，因此平台在接收服务需求和推送工作任务时也摆脱了时间的约束。网约工在平台软件上随时能够收到平台推送的相关任务，这使网约用工在工作和休息时间的划分上难以找到明确的界限。这种时间上的模糊性会减弱网约工区分工作与休息的意识，无形中增加了网约工的工作时长。因此导致网约工得不到充足的休息。新华网调查显示：网约工要想拿到高工资，每日工作时间在12小时以上，外卖员表示，他们每天工作时间在14小时以上，法定假日、高温雨天等恶劣天气环境下也往往是网约工最繁忙的工作时段①。《劳动法》关于劳动时间的规定，在网约工身上难以实现。

四、解决思路与方案

由前文的分析可知，由于法律规制和组织体系上的缺陷导致的网约工权益保障问题是共享经济领域工人就业十分突出的问题。2017年，国家发改委发布的《关于促进分享经济发展的指导性意见》肯定了共享经济在促进社会就业方面显现出的积极作用，同时指出要进一步加强对新型用工形势下劳动者权益的维护。这也从侧面表明共享经济下的网约工权益保护问题已经得到了国家层面的广泛关注。因而，为了保障工人权益，促进行业健康和可持续发展，本研究认为，应当充分调动各方面积极性，以原有的研究路径和理论框架为基础，从改进法律法规、制定相关政策、完善组织体系三方面形成对网约工权益保护的规范体系，从而实现问题的合理解决。

---

① 何兆飞：《我国网约工劳动权利保护的困境与法律思考》，《法制博览》2020年第36期。

1. 完善相关法律法规

在司法过程中，网约工与平台之间的劳动关系难以从传统雇佣关系角度认定，对网约工身份的认定在法律上实际处于较空白的状态；然而在现有的法律体系框架下，对劳动者的劳动关系认定是保障其权益的前提。这要求相关法律法规应针对实际需要作出适当的更新，赋予网约工这一用工形式以法律保障，从而维护劳动者的权益。这一问题尚无成熟的解决方案，理论界基本形成了三种较为主流的观点①。

其一，在传统雇佣劳动关系框架内，对平台用工适用新的标准和要素，在司法认定中根据劳动者的实际工作情况决定其工作属性，这符合具体问题具体分析的原则，但过于依赖司法个案解决，具有不稳定性，一定程度上不适应我国的大陆法体系。其二，打破既有的“雇佣—自佣”二分法，创立第三类劳动者解决平台劳动者的身份与权益保障问题，认定这类劳动者享有部分传统雇员的权利。这是一种全新的解决思路，但存在标准模糊、相关理论基础薄弱等问题，可行性尚待研究。其三，避开劳动者关系认定难题，尝试在法律上构建覆盖所有劳动者的不同层级的权益保障体系，这能够暂时搁置相关争议，但具体实践形式仍在研究之中。

笔者认为问题的重点是在学理上明确劳动者身份认定与权益保障之间的关系，推动相关立法的完善。应以上述已有的三条研究路径为基础，以司法个案中有代表性的情况为参考，加强学理研究和实践探索，对《劳动法》《工会法》等与网约工切身利益相关的法律进行符合实际需要的修订，为构建全国性的网约工权益保障体系提供法律支持，让工人维权做到有法可依。

2. 加强相关政策制定

法律对于社会关系的规定和调整具有一定滞后性。比起法律，政策在应对问题时更加灵活和具有柔性。因而在相关法律建设尚未成熟的当下，通过制定多种政策作为网约工权益保障问题的应对手段，具有较强的现实意义。在设计和实施政策的过程中，应针对网约工与平台作为供给端两大主体的矛

① 燕晓飞：《中国职工状况研究报告（2019）》，北京：社会科学文献出版社，2019 年，第 233 – 235 页。

盾关系，特别是二者间的不平等地位，做好政策的选择。

为减少平台对其与网约工关系中优势地位的滥用，督促企业承担应负的法律责任和社会责任，对平台的必要监管是不可或缺的。政府可以利用自己的权力，对平台进行严格的行业运营资质审查，针对外卖送餐员这一类安全事故较多发的职业，可以监督平台是否尽到了职业安全教育的义务，是否为工人配备了应有的防护器具，是否购买了商业保险；同时针对平台在用工过程中具体的不合理现象，如一味压低工人每单劳务的工资、对工人工作评价方法粗暴草率等，可以通过给予探索新的评价体系和用工方法，以技术研发补贴等方式鼓励科技创新，促进平台派单、结算和评价过程的科学化、人性化，从而推动对工人更加友好的就业环境建设。

3. 强化工会建设

总体来看，共享经济中的网约工群体未能切实充分地享受到工会权利的保障，这和现阶段共享经济内部工会建设的不足密切相关。加强工会建设，借助工会的力量，方有利于促进平台经济服务者的权益保护。2019 年 1 月 9 日，广州首家即时配送领域工会——广州野马科技有限公司工会委员会正式成立，首批共 350 名饿了么外卖骑手加入工会。① 这标志着共享经济的工会建设向前迈出了可贵的一步。

在将分散的工人纳入工会后，工会应当发挥出其代表和维护劳动者利益的作用。首先应从认知上增强工人对于个体合法权利的认知和对工会作用的了解，综合利用新媒体技术在线上线下同步推进宣传，可选的手段包括但不限于微信公众号和手机 App、联合平台方开展宣传活动、线下宣讲会等。同时针对新型就业群体突出面临的劳动权益保障难题如工伤事故等，工会应当组织专业人员研究该群体维权的难点，做好具体维权服务建设的有关规定，在切实维护新业态从业人员的合法权益上真正做到有据可依。

① 高晓惠：《“网约工”劳动权益保护研究》，《太原城市职业技术学院学报》2020 年第 11 期。

第二节　人工智能对工人就业和收入的影响①

21世纪，人工智能被认为是与人类未来最为密切相关的技术之一，已经成为最引人注目的科学技术。各国政府、企业、学术界、媒体和普通大众对人工智能都寄予了前所未有的热望与期待。2016年世界经济论坛创始人克劳斯·施瓦布（Klaus Schwab）在《第四次工业革命》中宣称，新一代人工智能的出现标志着第四次工业革命已经到来。人们认为："人工智能作为引领第四轮工业革命的关键性技术，正在成为全球科技竞争的制高点，也正在成为全球经济发展的新引擎和产业变革的核心驱动力。"② 各国政府纷纷制定人工智能国家发展战略，企业也纷纷投资布局，人工智能及其相关技术专利大量涌现。然而，与此同时对于人工智能的发展，人们又表现出了深深的"忧惧"。人工智能因其不同以往技术的经济特点，将对整个社会各个方面尤其是普通劳动者的就业和收入产生巨大影响，这些影响既有正面的也有负面的，对于负面影响需要引起我们的高度重视，并需未雨绸缪，采取正确措施予以有效应对。

一、人工智能技术的发展和经济特点

人工智能（Artificial Intelligence）简称AI，是一种模拟人类思维、感知和行动的人工机器系统。人工智能研究工作始于20世纪40年代，1956年约翰·麦卡锡在达特茅斯会议上正式提出这一术语，因此1956年被称为人工智能元年。到目前为止，人工智能发展经历了三个阶段。

第一阶段为20世纪50年代中期，掀起了人工智能发展的第一次热潮，这是基于符号逻辑的推理证明阶段，这一阶段因人工智能先后在机器定理证明、机器翻译等领域遭遇瓶颈而于20世纪70年代中期陷入第一次低潮；第

---

① 本节核心内容以《人工智能的文明作用与发展悖论》为题，发表在《马克思主义研究》2021年第8期。

② 郭晗：《人工智能培育中国经济发展新动能的理论逻辑与实践路径》，《西北大学学报（哲学社会科学版）》，2019年第5期。

二阶段为20世纪80年代，人工智能因研制出多种专家系统而引发了人工智能的第二次热潮，到20世纪90年代，又因专家系统无法与人类专家持续学习进步能力相匹配而陷入第二次低潮；第三阶段为21世纪初，云计算和移动互联网的兴起，深度学习技术取得突破，人工智能发展迎来了第三次发展热潮，这一热潮持续至今日，整个社会对人工智能的热情依然不减。

美、俄、日及欧洲各国政府近年来都纷纷出台了大量关于人工智能及其相关领域的国家发展战略。中国政府也于2017年发布《新一代人工智能发展规划》，并在2017—2019年连续三年的政府工作报告中重点提到人工智能的发展，强调要推动互联网、大数据、人工智能和实体经济深度融合，要打造工业互联网平台，拓展“智能+”，为制造业转型升级赋能。习近平总书记在致第三届世界智能大会的贺信中指出：“中国高度重视创新发展，把新一代人工智能作为推动科技跨越发展、产业优化升级、生产力整体跃升的驱动力量，努力实现高质量发展。”[①] 据《2018世界人工智能产业发展蓝皮书》显示，2013—2017年，全球在人工智能领域的投资融资热情不断增高，到2017年投融资总规模达到395亿美元。2016年开始，全球人工智能企业数量持续增长，截至2018年上半年，国际社会人工智能企业总量已达4998家。[②] 2018年中央经济工作会议第一次正式提出“新型基础设施建设”的定义，简称“新基建”，其中人工智能、5G、工业互联网、物联网等成为“新基建”的重点发展项目。人工智能作为新基建，显示着广阔的发展空间和对经济社会发展的极端重要性。

那么，人工智能技术有哪些经济特征呢？学者们研究认为，人工智能技术是一种通用目的技术，作为新一代信息技术，它具有渗透性、替代性、协同性、创造性等经济特征。渗透性，指技术具有与经济社会各行各业、生产生活各个环节相互融合并导致经济运行方式改变的一种性质；替代性，指人工智能对其他资本要素和劳动要素的替代性；协同性，指人工智能的应用能

① 习近平：《习近平致第三届世界智能大会的贺信》，http：//www. xinhuanet. com/politics/leaders/2019 -05/16/c_ 1124502438. htm。

② Gartner、中国信息通信研究院：《2018世界人工智能产业发展蓝皮书》，https：//www. sohu. com/a/254813127_ 468714。

够提升经济过程中各要素间衔接配合的契合度，降低摩擦成本，从而提高经济运行效率的性质；创造性，指人工智能技术能够帮助人类更快地开拓新的工作领域和研究领域。人工智能的渗透性特征决定了人工智能对经济社会影响的广泛性和全局性；人工智能技术的替代性决定了它对劳动力要素即工人就业的巨大影响；人工智能的协同性特征导致了全要素生产率的提升；人工智能的创造性促进了研发效率的提高。①

二、人工智能对工人就业的影响

在技术发展史上，每一次技术革命都对就业影响深刻。人工智能以其速度快、规模大、程度深的特点对就业所造成的冲击较以前更加广泛深远。有学者甚至断言，以人工智能技术为核心的第四次工业革命，“在可以预期的一段时间内，会在不同层次上对就业问题产生直接的，甚至是颠覆性的影响”。②

（一）对就业总量的影响

由于人工智能技术具有渗透性和替代性特征，这就决定了人工智能的推广应用，不仅使其他非人工智能要素被替代，而且还使大量劳动力要素被直接替代，造成部分就业岗位直接消失。事实上，历次技术革命都会引发就业替代效应，导致一部分就业岗位消失，但与此同时新技术也会通过扩大生产规模和催生新产业、新业态从而创造提供新职业和新岗位，这就是新技术的创造效应。许多研究者认为，人工智能技术对就业的影响同样存在着这样两种相反的效应：替代效应和创造效应。

就人工智能对劳动就业岗位的替代效应而言，普华永道预测，到2030年，美国将有38%的工作完全被人工智能取代。③ 世界银行估计，在未来20年内OECD国家将有57%的工作可能被机器替代。④ 国内研究认为，未来20

---

① 蔡跃洲、陈楠：《新技术革命下人工智能与高质量增长、高质量就业》，《数量经济技术经济研究》2019年第5期。

② 周嘉昕：《“第四次工业革命”：一个马克思主义的分析》，《天津社会科学》2017年第1期。

③ PWC.，“Workforce of the future：The Competing Forces Shaping 2030”，https：//www. pwc. com/gx/en/services/people – organisation/workforce – of – the – future/workforce – of – the – future – the – competing – forces – shaping – 2030 – pwc. pdf.

④ 邓洲、黄娅娜：《人工智能发展的就业影响研究》，《学习与探索》2019年第7期。

年在我国总就业人口中，有约76.76%的就业人口将受到人工智能的冲击，若排除农业就业人口，这一比例也高达65.58%。① 麦肯锡研究报告指出，未来60%的职业或被新技术替代，到2030年将会有30%不同行业的工作将被自动化技术替代。② 据李开复预测，未来10年预计50%的人类工作都将受到人工智能的影响，其中客服、会计、司机、翻译、助理、销售、保安、家政等职业，将有90%的人被人工智能替代。③

而对人工智能的就业创造效应来说，研究发现，虽然新工业革命使制造业就业的工人比例大幅下降，但同时也使服务业就业人员的占比大幅度提高。④ Acemoglu和Restrepo的研究指出，1980—2007年美国就业人数大约增长了17.5%，其中8.84%的增长受益于新增就业岗位，而这些新出现的工作岗位确保了美国经济近30年的发展。⑤ 同时，还有研究发现，近些年来，几乎所有人工智能企业都在扩大规模、增加工人人数，全球人工智能产业产值年增长率超过50%，是2008年金融危机后工人就业增长最快的产业之一。人工智能在底层硬件和算法、通用人工智能机平台、应用产品等领域正在创造数量巨大的劳动用工岗位。研究指出，在应用层面，每10台大型智能机器人需要一名人工智能工程师，而小型机器人需要的工程师数量则更多，到2019年，全球有近150万人工智能机器人在使用，这大约需要15万支工程师队伍。⑥

据此，研究者认为，人工智能对工人就业数量的影响表现为，“就业总量基本稳定的趋势还将延续一段时间；在中短期人类作为劳动者完全被替代

---

① 陈永伟：《人工智能与经济学：近期文献的一个综述》，《东北财经大学学报》2018年第3期。

② 麦肯锡报告：《到2030年，自动化和人工智能的发展将对就业产生怎样的影响?》，https：//www.sohu.com/a/217374308_814235。

③ 李开复、王咏刚：《人工智能》，北京：文化发展出版社，2017年，第156－157页。

④ Autor，D.，and Dorn，D.，“The Growth of Low skill Service Jobs and The Polarization of The US LaborMarket”，American Economic Review，Vol. 103，No. 5，2013，pp. 1553－1597.

⑤ Acemoglu，D.，Restrepo，P.，“The Race between Machine and Man：Implications of Technology forGrowth，Factor Shares and Employment”，American Economic Review，Vol. 108，No. 6，2018，pp. 1488－1542.

⑥ 邓洲、黄娅娜：《人工智能发展的就业影响研究》，《学习与探索》2019年第7期。

的极端情形不会出现”。[①] 然而，从长期来看，人工智能作为一种新技术，对劳动力的替代则是一种必然，但具体替代的方式，目前仍无法完全确定。

（二）对工人就业结构的影响

虽然，从目前来看，社会劳动用工岗位的总数并没有大幅度减少，但人工智能对劳动力市场工人就业的影响仍然不能忽视，这种影响主要体现为就业结构发生重大变化，使社会发生结构性失业或技术性失业。近些年来，一些学者针对职业和岗位的人工智能替代风险进行了大量研究，研究认为，“由于人工智能不具有创造性和情感，因此，创造性劳动和情感性劳动是人工智能难以替代的，包括基础研究、技术开发、决策管理等创造性脑力劳动和数量较少的创造性体力劳动，以人的身体作为服务对象的理发、按摩、医疗等领域的情感性体力劳动，以及以人的精神作为服务对象的教育、培训、咨询、艺术创造、表演、体育比赛等领域的情感性脑力劳动等。文学艺术创造、表演等既属于创造性劳动，也属于情感性劳动，更难以被人工智能替代”。[②] 那么，建立在创造性劳动和情感性劳动基础上的工作岗位，也是人工智能所难以替代的，而非情感性的、重复性的、规律性的职业和岗位则容易被人工智能所替代。因此，虽然人工智能在消灭一部分职业和岗位的同时，会产生新的职业。但是，劳动者个人在新旧职业岗位间的转换通常不大可能实现无缝对接，而劳动力要素的大范围重新配置更不可能无摩擦实现，相反，需要承担大量的社会成本。[③]

研究还发现，相较于高技能职业而言，低技能职业容易被替代。同时，相较于高层和低层岗位来说，中间层就业岗位更容易被替代。国内外多项实证研究表明，目前劳动力就业结构呈现两极分化趋势，绝大部分劳动力集中在职业的高端和低端，被称为职业“极化现象”。根据对人工智能替代规律的考察，人们发现高端的职业多为创造性的脑力劳动，低端的职业通常为重

---

① 蔡跃洲、陈楠：《新技术革命下人工智能与高质量增长、高质量就业》，《数量经济技术经济研究》2019 年第 5 期。

② 陈明生：《人工智能发展、劳动分类与结构性失业研究》，《经济学家》2019 年第10 期。

③ Acemoglu，D.，Restrepo，P.，Artificial Intelligence，Automation and Work，NBER Woeking Paper，2018，No. 24196.

复性、非情感性、非创造性体力劳动，这二者都较难被人工智能替代；而目前处于中间层的职位，虽然需要一定的知识技术支撑，但多为程序化、重复性的工作，因此更容易被人工智能替代。随着自动化和智能化进程的不断推进，就业结构双峰分布的极化现象愈加明显。

三、对工人收入分配的影响

人工智能对收入分配的影响主要体现为使社会收入差距进一步拉大。

首先，人工智能的应用加剧了资本和劳动之间的贫富两极分化。财富的初次分配，首先是在资本和劳动之间进行的。人工智能的广泛应用，在根本上意味着“物”对“人”的替代，在企业中就表现为资本有机构成提高，也就是技术和资本密集程度提高。人工智能的广泛应用，一方面，使现有经济对劳动力的需求减少，从而使劳动力的回报率降低；另一方面，人工智能作为资本密集型技术，使资本回报率大大提升。统计表明，近些年来人工智能技术获得了飞速发展，同时“资本回报率在全世界范围内都呈现出增加的趋势，更多的收入和财富向少数资本所有者聚集”①，而从过去几年的情况来看，全球贫困人口所拥有的财富不仅没有增加，反而在不断减少。②

人工智能应用所带来的生产率提高，意味着资本的回报率提高，进一步降低劳动报酬在国民收入中的比重，使劳动和资本在国民收入初次分配中的差距扩大。1947—2000 年，劳动报酬在美国国民收入中的平均占比为 64.3%，而此后 10 年持续下降，到 2010 年第 3 季度降至 57.8%。其他主要经济体从 20 世纪 80 年代开始，便出现了劳动报酬占比下滑的势头，而资本回报在全世界范围内则呈现上涨趋势，更多财富向少数资本所有者聚集。③这种情况促使社会财富分配更加不平等，两极分化程度进一步加剧。

其次，人工智能应用造成了工人阶级内部收入分配的巨大分化。人工智

---

① 陈永伟、曾昭睿：《第二次机器革命的经济后果：增长、就业和分配》，《学习与探索》2019 年第 2 期。

② 刘卫东、Michael Dunford、高菠阳：《“一带一路”倡议的理论建构——从新自由主义全球化到包容性全球化》，《地理科学进展》2017 年第 11 期。

③ 蔡跃洲、陈楠：《新技术革命下人工智能与高质量增长、高质量就业》，《数量经济技术经济研究》2019 年第 5 期。

能的广泛使用带来就业结构的变化，而就业结构的两极分化则会转化为不同劳动者之间的收入差距扩大。一方面，在就业结构不断“极化”趋势下，使原本就职于中层的劳动者滑向低端工作岗位甚至失业，从而使劳动者内部的收入差距拉大。另一方面，就业结构的调整使低技能就业岗位的工人数量增加，竞争进一步加剧，致使他们的工资下行压力持续加大，导致高技能人群与低技能人群之间的工资差距持续增大，最终表现为收入分配上对高学历、高技能劳动者群体的不断倾斜。实证研究表明，20 世纪 80 年代以后，美国本科以上学历群体收入不断增加，其中研究生群体的收入涨幅最大；本科学历以下劳动群体的收入水平则陷入停滞，高中肄业群体的收入甚至开始下降。而对欧盟国家的研究发现，与自动化技术高度互补的高薪职位劳动群体的工资待遇远远高于未受过教育的低薪阶层，很多发达经济体的收入分配都明显偏向于高等教育精英群体。① 人工智能是一种高技能偏向型技术进步，而中低技能劳动岗位在减少的同时，工资水平也在下降。研究表明，机器人使用提高了企业内部的高学历溢价②，“从事人工智能研发的科研人员年薪可以达到普通工作岗位的好几倍，甚至几十倍”。③ 而大量被人工智能替代的下岗无业的普通工人，收入则更加没有保障，处境也更加艰难。

四、对策建议

人工智能是 21 世纪最重要的科技成就之一，是第四次科技革命的核心技术，是生产力发展的最新成果，必将给人类的生产和生活带来翻天覆地的变化，人工智能时代的到来是不可逆转的历史大趋势。但是，人工智能的发展既推动了人类的进步，也为我们带来挑战。尤其是对普通工人而言，人工智能将给他们的就业和收入带来巨大冲击。

---

① 蔡跃洲、陈楠：《新技术革命下人工智能与高质量增长、高质量就业》，《数量经济技术经济研究》2019 年第 5 期。

② 张翕：《中国社会科学院—欧盟就业总司国际研讨会（2019）综述》，《劳动经济研究》2020 年第 1 期。

③ 谢璐、韩文龙、陈翥：《人工智能对就业的多重效应及影响》，《当代经济研究》2019 年第 9 期。

（一）变革教育

从历史上来看，每一次科学技术革命都伴随着教育的重大变革。可以说，现代教育理念、教育内容和教育模式都是适应科技不断进步的成果，同时也是推动科学技术进一步向前发展的重要现实基础与前提。对于一项新技术，民众只有理解认识后才能更好地适应它所带来的变化。人工智能是一种颠覆性的技术，将显著影响未来社会发展的方方面面。“如果人才培养体系不能及时提供人工智能时代所需要的新知识、新技能，那么大多劳动力人口在适应人工智能等技术发展方面将处于劣势地位。”① 教育在未来人工智能时代工人的就业准备中起着至关重要的作用。

1. 调整教育内容

首先，要加强人工智能领域的专业人才培养。人工智能技术本身能够创造出许多新产业和新业态，因而人工智能本身能够创造出大量新的就业岗位。目前人工智能及其相关产业需要大量的人工智能专业人才。人工智能人才不仅指拥有高学位的高级人工智能科学家和工程师，还包括能够在人工智能集中应用的工作场所发挥作用的操作工人。2020 年腾讯研究报告指出，目前中国大约有 30 万人工智能方面的专业人才，这一领域所需专家空缺 80 万人，未来几年将出现 500 万合格工人的缺口。目前全球共同面临着人工智能人才短缺的问题，各国政府纷纷在教育、移民等方面推出相关针对性举措。② 我国教育系统，尤其高校应该尽快增设人工智能学科和相关专业，并在各类学校和各类专业中加强人工智能普及性教育，尽快为我国培养出人工智能专业人才。同时还要培养出适应人工智能时代各行各业需要的各类人才。2018 年 4 月，我国教育部颁布《高等学校人工智能创新行动计划》，旨在进一步提升高校人工智能领域科技创新、人才培养和服务国家需求的能力。计划提出，到 2020 年，建设 100 个“人工智能 +”复合特色专业，建立 50 家人工智能学院、研究院或交叉研究中心，编写 50 本具有国际一流水

① 曹守新、徐晓雯：《人工智能对劳动力就业的影响及其应对》，《山东社会科学》2020 年第 12 期。

② 王保华、张婕、何欣蕾、郑波：《人工智能与教育准备》，《人民政协报》2020 年 7 月 29 日。

平的本科生和研究生教材；到2030年，让我国高校成为世界主要人工智能创新中心和引领人工智能发展的人才高地，① 有效解决研究人才短缺和技术应用人才短缺的问题。

其次，加强能力和素质教育，尤其是创新能力教育。智能机器并非能消灭所有劳动岗位，而是在一些传统劳动岗位上替代工人的同时，催生新的岗位，是就业结构不断调整的过程。当前，我们应该厘清人工智能和人类智能之间的关系，要弄清机器可以代替人类做些什么。人工智能机器能做的，人类不要也不必与之竞争，我们培养的劳动者应该做机器不能做和不擅长做的事。教育要培养两类人才：人工智能专业人才和人工智能很难替代的其他领域人才。与人工智能相比，人类的创造能力、创新能力、创意能力，是目前人工智能所不能比肩的，而人工智能最先和最容易替代的岗位是需要一定知识性支撑的常规性岗位，对于非常规性尤其是创造性岗位则很难替代，而且随着一些传统性工作岗位的消失，人们在转岗过程中，学习能力和素质高低是能否顺利转岗的关键。因此，培养学生良好的快速学习能力和学习素质是适应人工智能时代工人经常转换工作岗位状况的重要对策。

2. 变革教育方式

最近几年，信息技术和互联网的不断发展已经使教育环境和教育方式发生了巨大改变，联合国教科文组织2019年发表《教育中的人工智能：可持续发展的挑战与机遇》指出，人工智能技术能够支持和包容无处不在的学习访问，有助于确保提供公平和包容性的教育机会，促进个性化学习，提升学习成果。② 利用人工智能助力教育，正在引起教育方式的一场革命。当前，以互联网为载体的在线教育主要有两种形式：辅助性在线教学和大规模开放性在线课程（MOOC）。这两种教学方式的融入，提高了教学效率并使得优质教育资源可以被广泛获得，这就为劳动者实现持续教育和终身学习提供了可靠途径。

---

① 王保华、张婕、何欣蕾等：《人工智能与教育准备》，《人民政协报》2020年7月29日。

② 搜狐教育：《联合国教科文组织报告：人工智能技术融入教育仍存在六大挑战》，https：//www.sohu.com/a/314570536_484992。

3. 建立终身教育体系

随着人工智能技术发展，很多工作岗位将逐步被人工智能替代并永久消失。面对这种情况，各行各业的工人就需要不断学习新的知识和技能以便及时转岗，不断胜任新的工作，这样终身教育和培训就成为必然的事情。在这种情况下，国家就要改变传统的教育模式，以满足劳动者终身学习的需要，建立起完善的终身学习教育体系和教育观念，通过继续教育、终身教育等方式帮助工人进行知识、技能更新，以满足新的工作岗位需要。这就要求把基本义务教育、普通高等教育、职业教育有机结合，使教育的重点环节由课堂教育延伸到职业培训，共同应对人工智能时代需要。

（二）创新开拓新的工作领域

从历史上看，随着新技术的出现，人类传统的工作岗位在不断消失，而新的工作领域也在不断拓展。我们目前的工作岗位是在今天的技术水平下根据人们的需要而设置的。然而，人类的生产力是不断向前发展的，人类的需要也会不断变化，这就意味着人类的工作范围会不断扩大。传统的工作岗位被人工智能替代了，就需要我们去开辟新领域，满足人类更多样化的需求，使人类的整体生活变得更加自由和丰富多彩。事实上，人工智能发展蕴含着无产阶级解放和人类解放的征兆，马克思说："资本在这里——完全是无意地——使人的劳动，使力量的支出缩减到最低限度。这将有利于解放了的劳动，也是使劳动获得解放的条件。"① 人工智能发展尽管会在一定的历史阶段给社会带来失业和贫富加剧的痛苦，但同时它也促进了人的劳动解放，为社会成员创造出大量自由时间，为人的自由而全面发展奠定了坚实的物质条件。我们不能消极看待人工智能对工人工作岗位的替代，而应群策群力、万众创新，共同在新的技术水平上开拓出新的更多更大的工作领域，挖掘出人类更大的潜力和创造力，使人类社会在更高的水平上发生质的飞跃。

（三）建立相应的社会保障制度

社会保障制度被视为现代市场经济的"安全网"，是劳动者在遇到不可预测与不可避免的市场风险时的重要保障。由于人工智能具有技术偏向性，

① 《马克思恩格斯文集》（第8卷），北京：人民出版社，2009年，第192页。

因而人工智能发展所创造出来的新岗位大多面向高知群体，而容易被人工智能替代、面临更加频繁失业或永久性失去工作岗位的群体则是文化技术水平较低的大量普通工人。人工智能所造成的失业潮使大量有着就业愿望的普通劳动者难以就业，没有收入来源，生活无以为继，社会贫富差距越来越大，长此以往，必然会影响社会稳定。对此，中外学者都在积极寻找应对之策，其中“无条件基本收入”方案最具代表性。所谓无条件基本收入，是指国家对所有国民实行无条件定期支付现金以保障全民最低收入的普惠性社会保障制度。此方案虽然还存在很多争议，但也有很多人表示支持。无条件基本收入制度对我国是否适用、能否实施，尚需做进一步研究探讨，但目前，就我国的情况来看，“人工智能在提高全要素生产率方面的作用，将有力支撑中国经济高质量增长；但就业人口整体受教育水平偏低、年龄构成偏大的国情决定了中国在人工智能技术推广过程中将面临更为严峻的结构性冲击。岗位结构与年龄构成错配和整体受教育程度偏低的劣势相叠加，很可能在中短期内造成较为严重的结构性失业，带来不同群体间收入差距的扩大”。[①] 这就需要我们提前筹划，在职工失业保险和最低生活保障等方面做深入研究，进行适时的调整和完善，加强失业保险和最低生活救济方面的保障力度。

（四）变革税收制度

人工智能的持续发展是一种不可逆的经济趋势，加快人工智能产业布局、占领人工智能的制高点，意味着在新一轮技术革命中占得先机。因而近几年来，美、欧、日、韩等各国政府都先后制定了人工智能国家发展战略，将人工智能列入战略性新兴产业和重点扶持产业，实施鼓励性经济政策，给予税收等方面的优惠。这便造成一种人工智能时代的经济困境，资本拥有者的税负越来越轻而劳动者的负担越来越重。生产资料的所有者将资本投入人工智能，使用自动化生产，不仅能降低人工成本、提高效率、增加利润，还能获得国家税收优惠，而普通工人则不仅要缴纳个人所得税，还面临被智能机器取代而失业的风险，这种税收设计扩大了贫富差距。

---

① 蔡跃洲、陈楠：《新技术革命下人工智能与高质量增长、高质量就业》，《数量经济技术经济研究》2019 年第 5 期。

为此，在西方“机器人税”的设想被提出并引起社会广泛讨论。2016年5月，卢森堡政治家马迪·德尔沃（Mady Delvaux）在全球首先提出征收“机器人税”的建议；2017年3月，比尔·盖茨（Bill Gates）公开支持征收机器人税，美国多个州已开始对征收机器人税的可行性进行研究；2017年8月，韩国政府宣布对使用机器人的企业减少税收优惠，截至2019年底，韩国政府对投资工业自动化设备的企业的税收优惠幅度从3%—7%降低至2%，间接实现了对机器人征税，成为全球首家征收机器人税的国家。机器人税主要用来资助因人工智能而失业群体的重新训练，以实现再就业，缓解人工智能革命所引发的收入差距。目前，绝大多数国家对机器人税的课征方式和课征标准等还处于探讨阶段，但这不失为一种可行而重要的解决问题之道。就我国而言，我们是否征收、何时征收、如何征收都要根据我国人工智能的具体发展状况而定，我们既不能阻碍技术进步，也要努力实现人工智能技术发展成果的共享，平衡效率与公平之间的关系。

五、结语

人工智能是21世纪最重要的科技成果，“人工智能作为新一轮产业变革的核心驱动力，将进一步释放历次科技革命和产业变革积蓄的巨大能量，并创造新的强大引擎，重构生产、分配、交换、消费等经济活动各环节，形成从宏观到微观各领域的智能化新需求，催生新技术、新产品、新产业、新业态、新模式，引发经济结构重大变革，深刻改变人类生产生活方式和思维模式，实现社会生产力的整体跃升”。[①] 人工智能的发展，使人们在“劳动时间”之外将拥有更多的“自由时间”。马克思指出，机器的使用使“生产某种物品的必要劳动量缩减到最低限度”[②]，“而在必要劳动时间之外，为整个社会和社会的每个成员创造大量可以自由支配的时间”[③]。人工智能是缩短必要劳动时间进而增加劳动者剩余劳动时间的最新手段，“成了为社会可以

① 国务院：《国务院关于印发新一代人工智能发展规划的通知》，http：//www. gov. cn/zhengce/content/2017 - 07/20/content_ 5211996. htm。

② 《马克思恩格斯文集》（第8卷），北京：人民出版社，2009年，第192页。

③ 《马克思恩格斯文集》（第8卷），北京：人民出版社，2009年，第199页。

自由支配的时间创造条件的工具，使整个社会的劳动时间缩减到不断下降的最低限度，从而为全体社会成员本身的发展腾出时间”①。

然而，我们也要保持清醒，科学技术总是以双刃剑的形式展示其作用的两面性。当今正在不断崛起的人工智能，在给我们带来飞跃式发展机遇的同时，也给大量普通工人的就业和收入带来极大挑战。马克思指出，“劳动资料一作为机器出现，就立刻成了工人本身的竞争者。资本借助机器进行的自行增殖，同生存条件被机器破坏的工人人数成正比”②。在这种情况下，大量相对过剩人口即失业人口便出现并长期存在。“一旦工具由机器来操纵，劳动力的交换价值就随同它的使用价值一起消失。工人就像停止流通的纸币一样卖不出去。工人阶级的一部分就这样被机器转化为过剩的人口。”③随着资本积累规模的扩大，“社会的财富即执行职能的资本越大，它的增长的规模和能力越大……产业后备军也就越大……常备的过剩人口也就越多……官方认为需要救济的贫民也就越多。这就是资本主义积累的绝对的、一般的规律”④。

在资本主义生产条件下，机器排挤工人是资本主义经济规律作用下的必然产物。而在我国社会主义市场经济条件下，我们要高度重视“机器对工人的排挤”，发挥社会主义制度优越性，有效控制人工智能发展过程中资本的过度逐利性，有效保护普通工人的劳动权和收入权，使科技发展成果真正惠及每一个人。

---

① 《马克思恩格斯文集》（第8卷），北京：人民出版社，2009年，第199页。
② 《马克思恩格斯文集》（第5卷），北京：人民出版社，2009年，第495页。
③ 《马克思恩格斯文集》（第5卷），北京：人民出版社，2009年，第495页。
④ 《马克思恩格斯文集》（第5卷），北京：人民出版社，2009年，第742页。

后　记

本书内容主要是笔者所承担的国家社科基金项目——“当代中国工人阶级状况变化研究（15BKS027）”的重要成果，此项目研究历时5年有余，倾注笔者大量心血，最终在多方支持和共同努力下得以完成，项目成果鉴定等级为“良好”。在此，对国家社科基金的资助表示谢意！

这里要特别说明的是，在本书写作过程中，笔者曾到中国社会科学院社会学研究所访学，得到研究所领导和多位专家学者的指导和帮助，在此深表敬意和感谢，尤其要对中国社会科学院社会学研究所社会发展室全体老师的关心和帮助表达我由衷的谢意。

同时本书的写作还受到清华大学、中国人民大学多位专家的无私指导和帮助，在此一并向他们表达崇高的敬意和感谢。

这里还要特别说明的是，书中许多数据，是笔者在大连海事大学工作时，与课题组成员和我的学生们共同采集、整理所得。而我于2019年调到天津师范大学以后，我的博士研究生张雪娇、王玉华参与了本书第三、六、八章的部分撰写工作，我的硕士研究生常紫玲、陈萍萍、陈姝凝分别参与了本书第四、五、七章的撰写工作，我的硕士研究生薛云婷、权宇婷、李美娇、武娟参与了第一章第三节的撰写工作，我的学生张博涵参与了第九章第一节的撰写工作，我的博士研究生姜芳参与了资料收集整理和全书的校对工作。可以说本书是笔者与同事和学生们共同探讨与合作的结晶，在此向课题组全体成员和我各位心爱的学生们表示感谢！如果没有大家的支持与帮助，就不会有本书的完成与付印。

本书的出版过程中，中国工人出版社提出了很多专业而中肯的建议，对本书内容的完善起到了非常重要的作用。作为本书的责编，蒋佩轩、黄冰凌对工作的严谨认真以及对学术研究的帮助与体谅，都让我深受感动并受到巨大鼓舞。对此，深表敬意与感谢。

本书的出版，得到天津师范大学相关部门领导的大力支持，受到天津师范大学马克思主义学院各位领导的高度重视和帮助，也得到学院相关老师的诸多帮助，并受到全国重点马克思主义学院建设经费资助，在此对学校和学院领导及同事们表示感谢。

同时，也非常感谢对我的工作和生活一直给予大力支持、理解的父母和家人。

最后，我从内心深处衷心感谢对我的成长影响极大、指引我在学术研究的道路上不断前进的学术前辈。没有前辈的悉心教诲与无私帮助，就不会有我在学术领域的任何进步。在此向学术前辈表达我由衷的感谢与敬意！

刘海军

2021 年 10 月于天津

图书在版编目（CIP）数据

当代中国工人阶级状况变化研究：1978—2020 / 刘海军著 .
—北京：中国工人出版社，2021.10
ISBN 978-7-5008-7735-6

Ⅰ . ①当…　Ⅱ . ①刘…　Ⅲ . ①工人阶级—研究—中国—1978-2020
Ⅳ . ① D663.1

中国版本图书馆 CIP 数据核字（2021）第 191025 号

当代中国工人阶级状况变化研究（1978—2020）

出 版 人	王娇萍
责任编辑	蒋佩轩　黄冰凌
责任印制	栾征宇
出版发行	中国工人出版社
地　　址	北京市东城区鼓楼外大街45号　邮编：100120
网　　址	http://www.wp-china.com
电　　话	（010）62005043（总编室）（010）62005039（印制管理中心） （010）62382916（工会与劳动关系分社）
发行热线	（010）82029051　62383056
经　　销	各地书店
印　　刷	三河市国英印务有限公司
开　　本	710毫米×1000毫米　1/16
印　　张	29.25
字　　数	460千字
版　　次	2021年10月第1版　2021年10月第1次印刷
定　　价	78.00元